꼰대들은 우리를 눈송이라고 부른다

꼰대들은
우리를
눈송이라고
부른다

We Need
Snowflakes

왜 예민하고 화내고
불평하면 안 되는가

해나 주얼 지음
이지원 옮김

눈송이(snowflake): 요새 젊은이들을 얕잡듯지 욕석방이로 자란 자기집착적이고
유악하고 예민하고 쉽게 집색하는 우리멜틸 MZ로 꼼하는 말칭

뿌리와
이파리

일러두기

1. 이 책은 Hannah Jewell(2022), *We Need Snowflakes: In Defence of the Sensitive, the Angry and the Offended*, UK: Coronet을 번역한 것이다.
2. 한글 전용을 원칙으로 했으며, 독자의 이해를 돕기 위해 인명, 단체명, 간행물 제목 등은 처음 나올 때 1회만 원어를 병기했다. 주요 개념이나 한글만으로는 뜻을 이해하기 힘든 용어의 경우에도 원어나 한자를 병기했다.
3. 원문의 이탤릭, 대문자 강조는 모두 진한 돋움체로 표시했다.
4. 각주는 모두 저자 주이며, 본문에서 인용한 문헌은 미주로 서지정보를 밝혔다.
5. 옮긴이가 이해를 돕기 위해 추가한 내용은 본문에 작게 [ ]로 표시했다. 그 외 본문 속 대괄호는 저자가 표기한 것이며 이 경우 [-저자]로 표시했다.
6. 단행본, 정기간행물은 『 』, 단행본 장 제목, 기사, 칼럼, 인터뷰, 논문, 법안은 「 」, 노래, 영화, 드라마, 영상, 연설, TV·라디오·팟캐스트 프로그램은 〈 〉로 구분했다.
7. 국립국어원 외래어 표기법을 따랐으며, 그 외 경우는 원어 발음에 가깝게 표기했다.
8. 단행본의 국역본이 있을 경우, 본문과 미주에 국역본을 밝혀두었다.

나의 실없는 부모님께

Snowflakes

서문

이 책의 첫 번째와 두 번째 원고가 작성되는 사이에 팬데믹이 있었다.

맞다, '있었다'는 과거형이다. 물론 팬데믹은 여전히 **진행 중**이다[WHO가 코비드19로 인한 전 세계적 위기 상황의 종식을 선언한 것은 2023년 5월의 일이다]. 하지만 내가 홀가분하게 초고를 보냈다가 간신히 마음을 다잡고 앉아 글을 다듬기까지의 그 수개월 동안, 코비드19는 전 세계에서 수백만 명의 목숨을 앗아갔다.

다른 많은 사람과 마찬가지로 나는 취약 집단의 보호를 위해서는 자유의 희생을 약간은 감내할 수 있다고 믿는 부류와 그런 행동을 나약함의 표출로 여기는 듯한 부류의 싸움이 공중 보건의 위기를 최신의 전장으로 삼아 벌어지는 광경을 지켜보며 몸서리쳤지만 그리 놀라지는 않았다.

손 씻기, 마스크 쓰기, 사회적 거리 두기, 백신, 심지어 병의 유무 자체를 둘러싼 논쟁은 '우리'와 '그들'을 가르는 또 다른 잣대가 되었다. 병의 확산과 대규모 인명 손실, 경제적 타격을 막아내는 것에만 집중해야 했을 지도자들은, 그보다는 외국인 혐오를 퍼뜨리고 자신이 상남자임을 증명하는 데 그 대단한 권력을 이용했다.

2020년 3월 12일, 나는 영국의 팬데믹 대책은 그저 굳세게 버티는 것일 뿐이라는 보리스 존슨 총리의 발표를 지켜보았다. 집단면역의 형성을 명목으로 한 이 전략에 얼마나 엄청난 대가가 따를지 명백해지면서 열흘도 못 되어 없던 일이 되긴 했지만.

8월의 어느 더운 저녁, 미국의 사망자 집계는 18만 명을 넘어섰고, 나는 워싱턴 백악관의 남쪽 잔디마당 입구 바깥쪽에 서 있었다. 한껏 차려입은 트럼프 대통령의 내빈들이 마스크를 쓰지 않은 얼굴에 미소를 띠고서 보안 검색대 앞으로 몰려들고 있었다. 그들은 공화당 전당대회의 마지막 날을 장식할 트럼프의 연설을 듣기 위해 백악관 경내로 향하는 길이었다.

그들과 엇갈리면서, 대체로 마스크를 쓴 시위자들이 백악관 바로 맞은 편, 워싱턴 시장이 새로이 블랙라이브즈매터 플라자라 이름 붙인 구역으로 향하고 있었다. 그들은 미국 흑인에 대한 경찰의 지속적인 폭력 행사를 규탄하는 그해 여름의 시위를 이어가고 있었다. 그 두 집단 사이의 간극, 정치와 공중 보건, 젠더와 인종, 그리고 상대방에 대해 그들이 가진 생각의 간극은 아득하게만 느껴졌다.

그날 연설에서—나흘 저녁에 걸친 다른 대부분의 공화당 전당대회 연설에서와 마찬가지로—트럼프는 팬데믹을 과거시제로 언급했다. 사람들이 병실에서 고독한 죽음을 맞는 동안에, 그는 코로나바이러스에 대한 합리적인 예방책을 그것이 아닌 다른 무언가로 둔갑시켰다. 그것은 과민함의 표징, 히스테리의 표징, 정치적 올바름의 표징이었다.

그때 나는 트럼프의 재선 여부를 알지 못했고, 당연히 대선 이후의 몇 주간이 얼마나 황홀하고 또 무시무시할지를 예견할 수도 없었다. 하지만 미국과 영국이 공히 코로나바이러스 억제에 실패하게 된 배경이자 두 나라에서 존슨과 트럼프를 당선시킨 요인들이 쉬이 사라지지 않으리라는 것만큼은 알고 있었다. 지금은 조 바이든이 대통령이지만, 나는 이 점을 그 어느 때보다도 더 확신한다.

이 책은 소위 '문화전쟁'에 관해 다룬 글이다. 문화전쟁은 흔히 우스꽝스럽고 어처구니없는 것으로 그려지지만, 불행하게도 우리 삶의 모든 측면과 맞닿아 있다. 나는 그것이 영국과 미국에서 수십만 명의 죽음에 일조하는 것을 목도했다. 내 두 나라의 지도자와 국민들이 코비드19의 위협을 진지하게 받아들이지 않은 건, 상처받기 쉽고 연약해 보이는 걸 원치 않았기 때문이었다. 그들은 유난스러운 눈송이처럼 보이고 싶지 않았다.

눈송이라는 말은 깊은 거부감을 불러일으킨다. 그것은 누군가가 지나치게 예민하거나 화를 잘 내거나 쉽게 불쾌해한다고 비난할 때 쓰는 말이다. 하지만 2020년의 끔찍한 전개를 지켜보면서 나는 어느 때보다도 분명히 깨달았다. 이들 '유난한 눈송이', '예민한 눈송이', 그리고 물론 '빌어먹을 눈송이'야말로 우리 모두가 더 나은 삶을 살게 해줄 이들이라는 것을. 우리가 그들을 방해하지만 않는다면 말이다.

Snowflakes

차례

Snowflakes

서론

내가 보기에 오늘날 나이든 평론가나 칼럼니스트들이 동경하는 것은 이전 세대들의 강인함, 도덕적인 목적의식, 전방위적 투지다. 그런 동경을 명시적으로 표현하건, 아니면 모든 게 엉망이 되어버린 '요즘'의 세태나 젊은 눈송이에 대한 불만을 통해서 드러내건 말이다. 그러니 우선, 이 책을 싫어하셨을 내 할머니 이야기를 해보겠다.

캘리포니아에서 성장기를 보낸 나는 아버지의 어머니를 잘 몰랐다. 내가 20대가 되고 할머니가 90대가 되어서야, 그녀 생의 마지막 몇 년 동안에 내가 영국으로 돌아가 대학원 과정을 밟게 되면서, 비로소 나는 줄담배를 피우고 위스키를 즐기고 불굴의 의지를 지닌 내 할머니를 알게 되었다.

내가 아기였을 때 부모님이 캘리포니아로 건너온 공식적인 이유는 아빠의 직장 때문이었다. 아빠는 컴퓨터 프로그래머였고, 아빠가 다니던 영국의 소프트웨어 회사가 (소프트웨어 회사들이 곧잘 그러듯) 베이에어리어로 사업을 이전하고 있었다. 그러나 비공식적인 이유는 부모님이 영국을, 그 춥고 습하고 음울한 곳, 아빠의 표현대로라면 "사지를 옥죄는 계급 체제하에서 낡아빠진 사고방식에 찌들어 있던 사회"를 벗어나고 싶었기 때문이었다. 여기서 케케묵은 가족사를 낱낱이 밝힐 수야 없지만, 두 분께는 뒤로하고픈 쓰라린 일들이 많았다. 그리하여 그들은 그곳 생활을 접고 캘리포니아로 넘어와 삼나무 숲을 신나게 누볐고, 넘쳐흐르는 햇살을 고향 친구들에게 자랑했다.

그렇지만 우리는 2년에 한 번 꼴로는 영국을 찾았고, 아이였던 나는 이따금 코트를 입어야 한다는 사실에 넌더리를 냈다. 조부모님 댁을 방문한다는 건, 내가 어려서 아주 조금밖에 알지 못했던 파란만장한 가족 드라마의 깊숙한 세계 속으로 조금씩 발을 들여놓는다는 걸 뜻했다. 거기선 으레 **엄청난** 양의 간접흡연에 노출된 채로 할머니가 하는 이야기를 들었는데, 그런 이야기에는 대체로 세상과 이웃, 가족에 대한 혹독한 평가가 담겨 있었다. 할머니의 직설은 재미있기도 했다. 할머니는 크리스마스 푸딩 만드는 법부터 언어적인 애정 표현을 삼가는 것까지 모든 방식에 주관이 확고했다. 자부심이 강하고 완고했으며, 혐오하는 것들, 가령 모든 종류의 스포츠, 종교 일반, 그리고 억압적인 남자들을 오지게 혐오했다. 그녀는 노동당을 지지하는 가정에서 자랐지만 1980년대에 대처 총리를 열렬히 지지했다. 정치적으로든 일반적으로든 유럽을 싫어했고, 브렉시트 투표 한 해 전에 돌아가시지만 않았다면 찬성표를 던졌을 것이다. 뉴스가 "질질 짜는 애엄마들"은 너무 많이 보여주고 "묵묵히 제 할 일 하는 사람들"은 별로 안 보여준다며 불평한 적도 있다.

할머니가 시력을 거의 완전히 상실한 무렵에는 진짜 시계를 봐야 할 필요가 생체 시계로 대체돼 있었다. 매일 정오, 레모네이드를 넣은 위스키를 마실 시간이 되면 느낌만으로 알 수 있었다. 영국 사람이나 영국 물건이 아닌 모든 것에 대한 의심은 정원으로까지 이어져서, 아일랜드 골웨이에 정착한 아들이 갖다준 식물은 "그 아일랜드 식물"이라 부르며 업신여겼다(그녀는 정원에 있는 다른 모든 화초의 정식 이름을 알고 있었다). 고령에도 담배 피우기를 그 무엇보다 사랑했고(흡연이 해롭다는 의사들은 그저 "과학으로 사람을 눈멀게" 하는 이들이었다), 세상 돌아가는 일에 관해 몇 시간이고 이야기하면서 경악스러운 외국인 혐오를 드러내기도 하고 자식들을 매번 집에서 낳은 믿기 어려운 재미난 일화들을 들려주기도 했다("산파가 못 온다는 거야. 그래서 내가 사촌 마지한데 말했지, '가위 삶아!'").

할머니의 차가운 성정은 상처가 되기도 했다. 할머니는 내 아버지에게 사랑을 표현하는 어머니가 아니었다. 할아버지가 생의 마지막에 이르러 지력이 떨어지기 시작한 무렵, 60년을 함께한 아내인 할머니에게 사랑한다고 말한 적이 있었다. 그때 20대 초반이었던 나는 계단에 앉아 두 분의 대화에 귀를 기울이고 있었다. "우리 집에선 그런 말 안 하잖아." 할머니는 할아버지를 핀잔주었다. 나는 일기에 이렇게 썼다. "내 혈관에 할머니의 피가 흐른다는 걸 믿을 수 없다." 사람이 대체 어떻게 그럴 수 있는지 도저히 이해가 가지 않았다. 그 원인에 대해서는 생각해보지 않았다. 할머니는 그냥 할머니였고, 우리를 인정하거나 혹은 꽤 자랑스러워한다는 걸 다른 방식으로 표현하기는 했어도, "사랑한다"고 말하는 건 할머니 방식이 아니었다.

그 뒤 20대 후반에 영국으로 돌아가 대학원 과정과 그 후의 직장생활을 거치면서, 난생처음 나만의 관점으로, 그러니까 내 부모 세대의 기억이나 갈등의 개입 없이, 할머니를 알아갈 기회가 생겼다. 나 혼자 할머니 집을 찾아가면서 우리 사이에는 새로운 관계가 생겨났다. 할머니는 남편과 내가 두 번째 데이트를 한 날 그를 만났다. 샘은 할머니께 진한 커피 한 잔을 만들어드렸고, 그녀의 인생 이야기에 큰 관심을 보였다. 할머니는 그를 마음에 들어했다.

그렇게 할머니와 만나면서 나는 할머니의 삶과 어린 시절, 특히 2차 세계대전의 경험에 관해 더 많은 것을 알게 되었다. 내가 어렸을 때 부모님은 런던 북서부 출신인 어머니의 유복한 성장 과정과 런던 남부 공공임대주택의 노동계급 가정에서 자라난 아버지의 유년기에 관해 종종 농담을 주고받곤 했다. 하지만 할머니와 긴 저녁 시간을 함께하면서 비로소 나는 할머니와 아버지가 어려서 겪은 가난이 얼마나 혹독했는지를 알게 되었다.

여러 해 동안 할머니는 임박한 죽음을 예고했다. 식사 후에는 그릇을 치우면서 "이제 한 끼 덜 남았네" 하고 중얼거리곤 했다. 끝이 다가옴을 예감하면서 할머니는 회고록을 쓰기로 마음먹었다. 앞이 거의 보이지 않으면서도 어린 시절에 관해 기억하는 모든 것을 90쪽에 걸쳐 대부분 대문자로 또박또박, 두꺼운 검정 펜으로 꾹꾹 눌러 적었다.

나는 할머니답게 무뚝뚝한, 이 건조하디건조한 회고록을 사랑한다. 공책두 권 분량의 글에는 내가 아버지 쪽 가계에 관해 아는 거의 전부가 담겨 있다. "캐럴라인(내 할머니)은 90대까지 살았다. 그녀의 남편은 자식들이 아직 어렸을 때 술에 취해 크레인에서 떨어졌다(그는 크레인 조종사였다)" 같은 세부정보들도 들어 있었다. 가족의 역사를 알고 소중히 여기는 건 중요한 일이다.

회고록에는 할머니의 어머니인 그레이스에 관한 이야기가 많다. 1894년생인 그레이스는 14살 때부터 세탁소에서 일했다. 그레이스의 어머니는 부잣집 가정부였는데, 양친이 모두 돌아가시고 나서는 10대인 그레이스가 근근이 집세와 공과금을 내며 그리니치에서 가족 전체를 부양하며 살았다. 결혼 후 얻은 첫 아이 엘라(별명이 '법시'였다)는 18개월 만에 디프테리아로 죽었다. "그들은 크게 상심했고, 아버지는 종종 어머니가 목숨을 부지하고 정신줄을 붙들 수 있었던 건 내가 태어난 덕분이라고 말했다"고 할머니는 썼다.

젊은 가족이 새로 이사한 곳은 빈대가 들끓었다. 대공황 때 할머니의 아버지는 "강 건너", 즉 런던 북쪽에 있던 도료 공장에서 십장 자리를 잃었다.

생계가 무너진 가족은 하루 한 끼의 자선 급식에 의지해야 했다. 집에서 "가장 큰 푸딩 반죽 그릇"에 꽉 차도록 음식을 받아와 온 가족이 나눠 먹었다. 질병, 불안정한 일자리, 추위, 굶주림에 시달렸고, 그보다 더한 것도 겪었다. 회고록에 기록하지는 않았지만, 할머니는 나와 있을 때 지나가는 말로 아버지의 신체적 학대에 관해 언급하곤 했다.

할머니의 아빠는 참호 속의 가스전에서 살아남은 1차 세계대전 참전군인이었다. 할머니는 주로 그의 손에 "흠씬 두들겨 맞은" 일을 기억했지만, 그가 그녀 편이 돼주었던 때도 있었다고 회고했다. 그는 지역도서관 사서를 설득해 아직 7살이 안 된 그녀가 회원이 되게 해주었고, 어린 자식들만 집에 놔두고 거리 청소일을 하러 다녀야 했을 때는 동생들을 돌본 그녀를 "착한 딸"이라 불렀다. 그녀가 주 정부 초등 장학생으로 선발돼 학비 보조를 받으면서 그래머스쿨[대학입시를 준비하는 영국의 7년제 중등학교]에 진학할 수 있게 됐을 때, 그보다는 일자리를 얻을 수도 있었고 그녀의 어머니는 "어차피 결혼할 테니 엄청난 낭비"라고 했지만, 그는 그녀를 두둔해주었다 (할머니의 교복 재킷은 교장선생님이 사비로 사주었다). 그녀는 또한 1938년에 런던 벨링햄의 임대주택으로 이사한 일을 기억한다. "아빠는 그 행운을 믿을 수 없었다. … 가장 멋진 건, 난생처음 전깃불에다 욕실까지 생긴 것이다. 꼭 부자가 된 것 같았다."

할머니가 2차 세계대전의 발발과 함께 기억하는 건 방독면을 지급받은 일이다. 그녀는 시골로 소개되었는데[당시 영국 정부는 '피리 부는 사나이' 작전을 통해 공습 위험이 높은 도시 지역의 학령 아동을 시골이나 해외의 위탁 가정으로 대피시켰다], 평생 그때의 일을 따뜻하게 추억했다. 처음으로 집에서의 팍팍한 생활을 벗어나 런던 아닌 곳의 신선한 공기를 즐기며 마음껏 공부할 수 있었기 때문이다. 하지만 16살이 되던 날 받은 생일카드에는 집으로 돌아와 일자리를 얻어 가계를 도우라는 호출이 담겨 있었다. "어쨌든지 간에, 내가 한가한 호사를 계속 누리도록 여동생이 그렇게 죽어라 일해서야 쓰겠느냐"는 꾸지람과 함께. 그녀는 내게 셀 수 없이 여러 번 그 이야기를 했다.

런던으로 돌아온 할머니는 울위치의 로열 아스널[Royal Arsenal. 유서 깊은 왕립 무기고로, 2차 세계대전 당시 군수품 공장으로 쓰였다]에서 일하면서 주당 1파운드를 벌었다. 그건 엄청난 부자가 된 것처럼 느껴지는 액수였고, 할머니는 전시 내내 씀씀이가 커졌다. 할머니의 전쟁 이야기는 종종 무척 우스꽝스러웠다. 그녀는 휴가 나온 군인들과 자주 데이트를 즐겼는데, 한 번은 어느 미군과 작별 키스를 나누느라 그의 주머니에 안경을 넣어 두었다가 다음날 막사로 찾으러 가야 해서 동료 병사들에게 큰 웃음을 주었다. 어느 날은 댄스파티에서 돌아오는 길에 새벽 배달을 도는 우유 배달부의 차를 얻어 탔는데, 그는 할머니가 본드로 드레스에 달았던 스팽글 장식이 차 좌석에 들러붙는 통에 질겁을 했다. 미군과 더불어 런던에는 재즈가 상륙했고, 할머니는 전시의 여흥을 한껏 즐겼다.

그럼에도 그녀는 여전히 아버지 기세에 눌려 살았다. 그녀는 회고록에 이렇게 썼다. "나는 옷, 헤어스타일, 화장에 관심을 두기 시작했는데, 화장은 당시만 해도 헤픈 여자들이나 하던 것이었다! 어느 날 점심 시간에 6펜스짜리 립스틱을 하나 샀다. 그걸 발랐다가 집에 오기 전에 씻는 걸 깜박했다." 그녀의 아버지는 불같이 화를 내며 그녀를 붙잡고 행주로 립스틱을 지웠다. 그리고 그녀가 집안에 수치를 안겨주었다고 말했다.

다른 기억들은 꼭 영화의 한 장면 같다. 블리츠[Blitz. 1940~41년 사이에 독일군이 영국 주요 도시에 가한 대대적인 공습] 당시의 어느 날 밤, 여기저기 폭탄이 떨어지고 사방이 불길에 휩싸인 와중에 할머니는 청년단 친구들과 함께 전차를 타고 집으로 돌아가면서 연신 캠프 송을 불러 승객들의 사기를 북돋웠다. 그 위험천만한 여정이 끝났을 때, 전차에 타고 있던 한 노인은 극심한 공포로부터 주의를 돌려준 데 대해 감사를 표하며 그들과 악수를 나누었다.

이런 추억들을 떠올리면서 할머니는 종종 생각해보면 믿기 어려우리만치 끔찍한 이야기들을 아무렇지 않게 툭툭 던지곤 했다. 그녀는 어느 날 밤 친구들과 함께 그리니치 찰턴하우스의 청년단에서 평소보다 조금 이른 시간에 쫓겨났던 일을 즐겨 이야기했다. "제멋대로 구는 녀석들" 중 하나가 찰턴하우스 감독관에게 욕을 했기 때문이었다. 밖으로 나온 그들이 어슬렁어슬렁 길을 걷다 멈춰 서서 별자리와 별똥별을 쳐다보고 있는데, 폭탄 하나가 그들이 조금 전 통과한 건물 입구에 떨어졌다. 다른 날 같았으면 그들이 건물에서 나오고 있었을 시각이었다. 그녀는 이 일을 가까스로 죽음을 모면한 경험이 아니라 가게에서 옛 친구와 마주친 정도의 사소한 우연처럼 이야기했다.

할머니가 회고록에 넣을 만큼 대단한 일이 아니라고 여긴 또 다른 일화에서, 그녀는 평소 그러듯이 울위치 아스널 구내식당에서 점심을 먹지 않고 밖에 나가서 피시앤칩스를 사 먹기로 마음먹었다. 그녀가 나간 사이에 아스널은 폭격을 당했고 많은 사람이 죽었다. 그녀는 그저 사소한 일인 양, 이 일을 딱 한 번 내게 말했을 뿐이다. 죽은 이들 중에 할머니의 친구들이 있었다고 했는지는 기억나지 않는다.

나도 사는 동안 거의 늘 그랬지만, 우리는 쉽게 그 당시—많은 이들이 그리워하는 그 **옛 시절**—에는 사람들이 훨씬 더 강인했다고 가정한다. 수차례의 폭격을 아슬아슬하게 모면하고 전쟁통에 친구와 가족을 잃었어도, 워낙 흔한 일이었으니 그리 고통스럽지는 않았을 거라고 말이다. 사실 그 **옛 시절**에는 다들 서른쯤엔 죽고 자식 절반은 잃고 하지 않았나? 그래서 나는 할머니도 그랬을 거라 짐작했다. 그 시절 할머니는 강인했고, 남은 평생도 강인했다. 그녀는 결코 감정을 드러내는 법이 없었고, 심지어 임종을 맞으면서도 덤덤하게 "갈 준비 됐다"고만 말했다. 나는 깜짝 놀랐지만, 이내 "갈 준비가 됐다"라는 건 대단히 귀한 특권이라는 생각이 들었다. 할머니는 손주와 증손주들을 자랑스러워했다. 그녀는 가족 앨범을 꼼꼼히 관리했고, 특히 손녀들이 모두 학업이나 일에서 성공을 거두었다는 점에 뿌듯해했다. 그녀 자신도 그럴 기회를 원했지만, 대체로 거부당했기 때문일 것이다. 돌아가시기 얼마 전, 나는 레모네이드를 섞은 위스키를 스프라이트 병에 담아 몰래 병원으로 들여갔다. 음료의 정체를 알아챈 할머니는 내 팔을 잡더니 사람들한테 내가 할머니를 닮았다고 말하라고 했다. 한때는 그 말에 질겁했을 테지만, 지금은 흐뭇하다.

나는 할머니의 차가움과 강인함이 그저 성격이려니 믿으며 자랐다. 타고난 기개 덕분에 유년기의 학대와 가난, 청년기의 전쟁과 끊이지 않는 폭격의 공포를 견뎌낼 수 있었다고. 당시 모든 런던 사람이 그랬던 것처럼 말이다. 그때나 지금이나 내게 할머니는 소위 회복탄력성—비판자들이 보기에 오늘날의 젊은 세대들에게 결여된 그런 종류—의 화신이다. 나는 할머니가 강한 사람이라 믿었고, 내가 할머니처럼 강하지 않다면 그건 내가 이상한 거라고 믿었다.

하지만 그건 정말로 회복탄력성이었을까? 그 강인함이 할머니의 진짜 본래 성격이었을까? 팍팍한 유년기와 전쟁이 아니었어도 할머니는 그런 사람이 되었을까? 회복탄력성이란, 역경으로 인해 정서적인 삶은 억눌린 상태에서 그저 살아남고 버티는 능력을 의미할까?

사람들이 요즘 청년들에게 어떤 종류의 단단함이 없다고 비판할 때, 우리는 한편으로는 그것이 전혀 사실이 아님을 설득력 있게 논증할 수 있다.

청년들은 조부모 때와는 다른 새로운 종류의 도전에 직면해 있다. 그들은 젊은 나이에 팬데믹을 겪으면서 그 시기에 허락된 인생의 통과의례와 즐거움을 1년 넘게 누리지 못했다. 경제적으로는 불평등하고 불안정한 험로를 헤쳐가고 있다. 지구상의 많은 젊은이들은 1940년대 런던 젊은이들이 경험했던 것과 똑같은, 혹은 더 혹독한, 전쟁의 고통을 겪고 있다.

하지만 다른 한편으로는 이런 주장이 가능하다. 이전 세대들의 그 '강인함'은 지향할 만한 것이 **못 된다**. 그것은 우리가 굳이 본받아야 할 것이 아니라 도리어 슬퍼해야 할 것이다. 나와 여러분의 조부모들은 심리적 트라우마라는 개념이 일반적 상식은커녕 의학적 지식에 도입되기도 훨씬 전에 청년기의 트라우마에 대처해야 했다. 피상적으로 회복탄력성처럼 보이는 그것은, 때에 따라서는 그저 고통에 대한 억압과 회피였을 것이다. 그것은 고통을 인정하고 그런 후에 거기서 치유되는 것과는 다른 종류의 대처 방식이다.

만약 내 할머니가 어느 정도는 연약한 눈송이여도 괜찮았다면 어땠을까? 그녀의 인생은 어떻게 달라졌을까?

할머니의 자필 회고록 마지막에는 '**요약**'이라 이름 붙이고 굵은 검정 펜으로 밑줄을 그은 부분이 있다.

"전반적으로 나는 그 당시에 어린 시절을 보낸 것이 행운이라고 생각한다." 그녀는 이렇게 썼다. "요즘 아이들에 비하면 우리는 위험으로부터 보호된 삶을 살았다. 그때 우리는 지금[은 아는-저자] 세상의 해악에 대해 아무것도 몰랐다. 모름지기 지금처럼 그때도 성범죄자들이 있었을 터이고, 흉악범과 마약왕, 도둑놈과 사기꾼도 주변에 있었을 것이다. 하지만 우리는 그런 건 다 동네 경찰들이 처리해준다고 알았고, 그래서 별 상관 없이 살았다."

할머니가 돌아가시고 나서 수년 후 마침내 제대로 이 회고록을 읽게 되었을 때, 나는 할머니가 어떤 면에서는 자신의 어린 시절이 요즘 젊은이들에 비해 수월했다고 생각했다는 데 깜짝 놀랐다. 그건 노인들 특유의 "나 때는 말이야, 학교까지 눈을 헤치고 15마일[약 24킬로미터]을 걸었어. 게다가 갈 때도 올 때도 오르막길이었다고!" 하는 식의 단정과 정반대였다. 할머니는 정말로 그 유명한 15마일 눈길을 걸어 다녔지만, 그래도 그런 종류의 고됨과 그에 비해 다소 모호한, 현대 세계가 야기하는 다른 종류의 괴로움 간의 차이를 구별했다. 어렸을 때 "세상의 해악에 대해 아무것도 몰랐다"는 말은, 할머니가 가정에서의 폭력이나 심지어 도시 위로 떨어지는 폭탄을 직접적으로 경험하면서도 그것들을 세상의 해악으로 간주하지 못하도록 조건화되었다는 걸 보여준다. 할머니에게 그때 세상은 원래 그런 곳이었다.

그럼에도 불구하고, 죽기 전 할머니는 **요즘** 아이들이 너무 빨리 자라도록 등 떠밀린다고 생각했다. "요즘 아이들은 세상의 해악을 너무 많이, 너무 빨리 아는 것 같다." 그녀는 이렇게 썼다. "하지만 그런 일이 벌어지게 한 장본인은 라디오, 자동차, 텔레비전, 컴퓨터, 휴대폰, 영화 같은 기기를 발명한 우리 세대일 것이다. 이런 것들은 유익보다 해악을 더 많이 끼쳤을까?" 언제나 우리의 선생님이었던 할머니는 이렇게 글을 맺는다. "논하시오!"

나는 고통, 가난, 전쟁, 학대를 빼고는 할머니를 상상하기 어렵다. 이것들은 할머니의 존재 자체와 한데 엮였고, 할머니가 세상을 바라보는 관점과 세상 모든 사람에 대한 할머니의 평가를 결정지었다. 하지만 많은 사람들이 트라우마에서 살아남아 그 경험을 자기 삶의 서사와 통합하는 데 실패하는 것과 달리, 할머니는 자기 삶의 서사에서 목적을 찾았다. 그녀는 자신을 무엇에도 굴하지 않는 억센 사람으로 확고히 정체화했다. 그랬던 그녀는 분명 완벽한 부모가 아니었고, 손주인 나는 멀리 떨어진 화창한 캘리포니아에서 자라난 덕분에 그녀의 고약한 성벽에 직접적으로 노출되는 걸 모면했다는 데 여전히 감사한다.

하지만 아마 할머니의 과거는 정말로 그녀를 더 강한 사람으로 만들어주지는 않았을 것이다. 그녀는 그저 어떤 감정이든 더 잘 숨기게 된 건 아니었을까? 할머니는 우리 중 누구도 다가갈 수 없는 어딘가에 삶의 고통을 묻어버렸다. 세상 돌아가는 꼴을 늘 못마땅해했지만, 놀랍게도 자녀와 손주들이 그래도 더 편한 삶을 살기를 바랐고, 더 고통받기보다 덜 고통받기를 바랐다.

할머니는 삶에서 무엇을 놓쳤을까? 만약 그녀에게 약간만이라도 눈송이가 될 여지가 주어졌다면, 그녀는 무엇을 경험할 수 있었을까? 할머니가 집 안에서나 런던 거리에서나 안전했다면 어땠을까? 할머니 세대가 다들 감정을 느낄 줄 알았다면 어땠을까? 2차 세계대전 중에 겪은 고통의 양으로 보자면 할머니는 상황이 나은 편이었다. 그녀는 군인이나 강제수용소 포로가 아니었다. 그렇더라도, 할머니가 겪었던 일들을 겪지 않았을 때 이후의 삶이 어떻게 달라졌을지는 아무도 모를 일이다. 적어도 그녀가 가족들에게 사랑을 표현하고 그들의 사랑을 받아들일 수 있었을 거라 가정하는 데는 무리가 없어 보인다. 만약 그랬다면, 그녀의 자녀들이나 그들의 자녀들의 삶은 또 얼마나 달라졌을까.

할머니가 겪었던 문제들은 오늘날 수백만 명의 아이들이 여전히 세계 곳곳에서, 영국에서, 그리고 (그녀가 살았을 적에는 갓 지어져 깔끔했던) 런던 남부의 임대주택 지구에서 겪고 있는 문제들이다.

요즘 아이들의 문제가 과연 그들이 내 할머니만큼 강하지 않다는 것일까?

우리는 내 할머니를 이 책의 주제인 눈송이의 대척점으로 생각해볼 수 있다. 눈송이는 블리츠 정신이라고는 눈곱만치도 없이 언제까지나 덜 자란 모습으로 세상을 방황하는, 유약하고 한심하고 예민한 영혼의 소유자로 여겨진다. 이 허구의 인물은 세상 사람들이 다 낭만화된 버전의 내 할머니 같았던 시절, 안전이나 과학, 상냥함, 감정 따위에는 무심한 굳센 이들만 살았던 그 '옛 시절'에 대한 위협이자 모욕이다.

나는 여러 면에서 내 할머니를 닮은 게 좋고, 모든 할머니는 존중과 이해와 용서를 받아 마땅하다. 하지만 우리는 그들과 똑같아지기를 바라서는 안 된다. 우리가 할 일은 '눈송이'라는 말을 그 비판자들에게서 되찾고 지난 몇십 년간의 '눈송이' 관념을 재전유[再專有, reclaim]하는 것이다. 따지고 보면 그것은 맨 처음 노인들이 청년들을 보며 혀를 끌끌 찼던 때를 시작으로 어느 세대에나 존재했던 하나의 동일한 관념이 최근 또다시 되풀이된 것에 불과하다.

무려 2000년도 더 전에 다름 아닌 아리스토텔레스가, 젊은이들은 "무슨 일이든 지나치게 하는" 경향이 있고, 자기가 뭐든 다 안다고 생각하고, 주로 "강한 열정"(말하자면 성적 욕망)과 세상에 대한 "기고만장한 생각"을 따른다고 썼다.[1] 짜증난 『선데이 타임스Sunday Times』 칼럼니스트를 방불케 하는 어조로, 아리스토텔레스는 젊은이들이 "이성적 판단보다는 도덕적 감정에 이끌려" 분별 있고 현명한 노인들과 대조를 이룬다고 전한다. 하지만 이건 나쁜 얘기만은 아니었다. 아리스토텔레스는 "이성적 판단은 우리로 하여금 유용한 것을 선택하도록 이끄는 반면에, 도덕적 선량함은 고상한 것을 선택하도록 이끈다"고 했다. 그다지 품이 넓지 못한 오늘날의 평론가들은 젊은이들의 열정에 깃든 고상함을 보지 못한다.

그들을 눈송이라 부르건, 장발 히피, 쓰레기 10대, 혹은 과도하게 열정적인 아테네 청년이라 부르건, 겨냥하는 대상은 같다. '눈송이' 같은 말은 정치적인 목적을 수행하며, 그 목적이란 젊은이들(과 그 지지자들)을 괴롭히고 폄하하는 것이다. 그 같은 멸칭은 젊은이들의 기세와 연대를 꺾고 그들의 급진적인 발상을 짓밟기 위한 수단이다. 이에 맞서기 위해, 우리는 눈송이 담론의 기원을 이해해야 하며, 타인과 공감할 줄 알며 고상하기까지 한 인물로서 눈송이의 의미를 재전유해야 한다.

어쩌면 '눈송이'라는 말의 기원을 추적하고, 그것이 이 어지러운 시대에 관해 알려주는 바를 밝히고, 그것의 재전유를 시도하는 작업이 죄다 부질없게 느껴질 수도 있다. 중요한 의미를 찾는다면서 꽉 막힌 멍청이들의 저서와 과열된 인터넷 논쟁을 낱낱이 톺아본다는 게 우스꽝스러워 보이기도 할 것이다. '눈송이'라는 문화전쟁의 핵심어와 그 말을 무기삼아 휘두르는 사람들의 실상을 파헤치려 드느니, 차라리 내 고양이 시모어에게 무슨 생각으로 우리 집에서 제일 좋은 모직 담요 위에다 제가 먹은 저녁을 발사하는지 물어보는 게 나을 수도 있겠다. 시모어가 고양이의 본성에 사로잡혀 있듯 어쩌면 우리 모두는 어떤 불변하는 인간적인 본성에 사로잡혀 있는지 모른다. 어쩌면 그 무엇도 우리가 트위터에서 말고기 육포 토사물처럼 끔찍한 생각을 쏟아내는 걸 막을 수 없을지도 모른다.

나는 또 사람의 생각을 바꾸기가 얼마나 어려운지 안다. '눈송이'를 조롱하는 말로 쓰지 않도록 누군가를 설득하는 건, 그 사람이 친구의 형편없는 애인이건, 인터넷상에서 어쩌다 마주친 트롤[troll. 게시판에 의도적으로 불쾌하거나 논쟁적이거나 엉뚱한 내용을 올려서 감정적인 반응을 유도하는 사람. 이런 행위를 트롤링이라고 하며, 자기 만족적 쾌감이나 관심 끌기, 혹은 논의의 방해가 목적이다]이건, 저명한 평론가이건, 가망 없는 헛수고인지 모른다. 그 말을 입에 달고 사는 정치인이나 언론인에게 시간과 관심을 쏟는 것이야말로 정확히 그 형편없는 인사들이 바라는 바일 때가 많다. 어떤 사람들이 눈살 찌푸려지는 모욕어를 쓰면서 얻는 달콤한 즐거움은 도무지 무디어지게 할 길이 없는 것인지도 모른다. 그들은 새로운 관점으로 사고할 의사가 아예 없을지도, 어쩌면 오로지 게시물을 올리고픈 마음뿐인지도 모른다. 아마 피어스 모건[Piers Morgan. 영국의 보수 성향 방송인, 평론가]은 트위터에서 젊은 이들을 눈송이라 불러서 화를 돋우면 돋울수록 그를 꼴통이라 욕하는 답글이 더 많이 달린다는 걸, 그리고 그의 성공적인 커리어가 그렇게 해서 유지된다는 사실을, 잘 알고 있을 것이다. 하지만 악명 높은 꼴통들만 눈송이라는 말을 사용하거나 그에 얽힌 고정관념을 품고 있는 건 아니다. 앞으로 살펴보겠지만, '눈송이'처럼 극우 진영에서 시작된 단어와 그에 얽힌 온갖 모욕적인 표현들은 점차 너른 독자층을 보유한 칼럼니스트, 대학 총장, 저명한 페미니스트, 정치 지도자의 언술로도 흘러들곤 한다. 그리고 많은 경우 '눈송이'라는 모욕은 사실 아무 의미도 **없는** 것처럼 보이기도 한다. 그것은 진지한 비판의 대상이 되는 걸 교묘히 회피한다. 의미와 의도를 수시로 바꾸며, 그 멍청함을 연막 삼아 자신을 가린다. 만약 여러분이 언쟁 중에 자신이 눈송이가 **아니라고** 주장한다면, 그렇게 비난한 사람의 눈에 여러분은 더 확실한 눈송이로 비칠 것이다. 확실하게 눅눅하고 질척거리는, 한심하고 가소로운 눈송이. 누구도 그런 사람은 되고 싶지 않다.

하지만 대단히 얄팍해 보일 수 있는 한 단어의 의미를 깊이 파고듦으로써 우리는 우리의 정치와 언론, 우리가 서로를 대하는 방식에 무슨 일이 일어났는지에 관해 의외로 많은 것을 알 수 있다. '눈송이'라는 말을 생각 없이 멋대로 쓸 때는 많아도, 보기와 달리, 그것이 무의미한 경우는 없다. 그러므로 그 지독한 악취에도 불구하고, 나는 저 멀리 뉴질랜드에서 시어머니가 보내주신, 우리 집에서 가장 좋은 모직 담요 안으로 점점 더 깊이 스며드는 그 토사물 덩어리 위로 허리를 숙여 그것을 찬찬히 살펴보려 한다. 그 역겨운 것이 우리에게 무엇을 가르쳐줄 수 있을지 들여다봐야 하고, 그런 다음엔 담요를 세탁소에 맡겨야 한다.

근본적인 문제는 이렇다.

미국과 영국 등 세계 곳곳의 많은 평론가들, 즉 대부분 일정한 나이대에 속하고, 폭넓은 영향력이 있으며, **사실 그대로의 전달자**라는 자기 브랜드를 형성하고 있는 이들은 TV와 라디오, 높은 고료를 받는 칼럼과 인기 높은 책의 지면을 통해 이런 메시지를 전하고 있다. 오늘날의 젊은이들은 그야말로 **한심하다**. 그들은 예전의 우리처럼 논증할 줄을 모른다. 그들은 **정치적으로 올바르지 못하다**는 약간의 기미만 보여도 경악과 공포, 그야말로 패닉에 **사로잡힌다**.

그들은 끔찍하다, 눈송이처럼 지극히 나약하다, 그러면서도 여하튼 사회에 심각한 위협이 된다. 이렇게 말하는 인사들—이제부터 이들을 눈송이 비판자라 부르겠다—이 보기에 눈송이란, 아동기의 애정 과다로 손쓸 수 없게 망가진 데다, 보건·안전 규정에 가로막혀 단단해질 기회를 얻지 못한, 현실 세계를 감당하지 못하는 징징대는 응석받이에 자기도취적인 젊은이다.

만약 눈송이가 이런 인물이라면, 어째서 아무도 눈송이가 되고 싶지 않은지 알 만할 것이다. 사람들은 약해 보이고 싶지 않다. 우리는 용감하고 대담해 보이고 싶다. 장바구니 **전부**를 차에서 집까지 한 번에 옮길 수 있다는 걸 남들이 알아주기를 바란다. 눈송이가 되겠다는 말은 실패자가 되고 싶다는 말처럼 들릴 것이다. 눈송이가 이토록 밉살스럽고 한심하게 여겨지기 때문에, 눈송이라는 말은 적에게 휘두르기 좋은 무기다. 만약 피어스 모건이, 이를테면 여성의 공직 진출을 제한하는 보리스 존슨의 새로운 계획에 분개한다는 이유로 당신을 눈송이라 부른다면, 당신은 트위터에서 꼴통이라는 소리 좀 듣는다고 그토록 격분하는 **그 사람이야말로** 진짜 눈송이라고 응수할 수 있다. 이것은 출구가 보이지 않는 지긋지긋한 진흙 던지기 싸움이다. 결국엔 모두가 진흙을 뒤집어쓰고 아무도 만족하지 못한다.

눈송이라는 말은 대안 우파의 소셜네트워크에서 처음 유행하기 시작했지만, 눈송이를 혐오하는 건 보수주의자만이 아니다. 요즘엔 **철저하게 비-편파, 비-이념적이며 보편적 상식에 부합**한다고 자부하는 부류의 언론인들은 물론, 상당수 중도주의자와 진보주의자까지도 일반적인 인터넷 나치만큼이나 눈송이를 혐오한다. 개중에는 자신의 전지적 권위에 도전하는 눈송이를 경멸하는 대학 교수도 있다. 일부는 반-트럼프 진보 '저항 세력'의 존중받는 일원이다. 모두 다 젊은이들이 못마땅한 나이든 사람들도 아니고, 다 극우 과격분자도 아니며, 다 도널드 트럼프 스타일의 포퓰리스트나 그 추종자도 아니다. 일부는 자신이 하는 말을 진심으로 믿는 듯하다. 일부는 손쉽게 이목을 끌고 자기 일에 필요한 자금줄을 찾아낸 사기꾼이다. 일부는 그저 『선Sun』[영국의 대표적인 타블로이드 신문]의 조회수 극대화를 위해 시키는 대로 글을 작성하는 사람들이다. 그들이 누구건, 우리는 눈송이를 가장 혐오하는 이들과의 만남에서 현대의 눈송이에 관해 많은 것을 배울 수 있다. 또한 눈송이 혐오자들에 관해, 그들이 바라보는 세상과 모든 것을 집어삼키는 그들의 불안에 관해서도, 많은 것을 알 수 있다.

멸칭으로서 '눈송이'의 힘은, 무엇보다도 약해 보이는 걸 두려워하는 인간 심리에서 기인한다. 그것은 징징거리는 사람이 되는 것에 대한 두려움이다. 그러나 사실 눈송이와 징징이는 다르다. 예를 들어 내가 중학교 2학년 때, 본명은 제시카가 아니었지만 딱 그 이름과 어울리는 분위기를 가졌던 한 여자아이가 농구 연습을 하다가 손가락을 다쳤다면서 내게 차 문을 대신 열어달라고 한 적이 있다(나는 현장에 있었고, 그녀는 손가락을 다치지 않았다). 혹은 간단한 일을 제대로 해내지 못하고서 자기 탓이 명백한데도 연장 탓을 하는, 그런 부류의 남자를 떠올려보라. 보드게임에서 졌다고 불같이 화를 내거나, 보슬비가 내린다고 부루퉁한 부류들. 잘할 것 같지 않다는 이유 하나만으로 한결같이 새로운 시도를 꺼리는 이들. 이런 사람들은 정말로 징징이일 수 있다. 하지만 징징이가 반드시 눈송이인 것은 아니다. 눈송이의 불평에는 정치적인 목적이 있기 때문이다. 그 목적은 대체로 차 문을 열기 싫다는 것보다는 무게감이 있다.

하지만 눈송이 비판자는 정치적 표현으로서의 비난을 순전한 징징거림으로 둔갑시킨다. 이것이 눈송이라는 말의 효과다. 그것은 정치적인 문제 제기를 개인적인 불만 표출로 축소한다. 눈송이 비판자는 젊은이들의 정치적인 의견을 두고 이렇게 말한다. 이건 **완전히 약해 빠진** 소리다, **가당찮은** 불평이 늘어졌다. 우리는 이런 장면을 앞으로 몇 번이고 보게 될 것이다! 친애하는 독자 여러분, 바로 이것이 문제다. 다름 아닌 이 문제가 나를 전형적인 눈송이 스타일로 폭발하게 했다. 오늘날 전 세계의 어처구니없음과 더더욱 멍청해질 미래에 대한 분노로 말이다. 비판자들이야말로 눈송이들의 징징거림을 두고 정말 참을 수 없게 징징거린다!

사실 내가 알고 사랑한 눈송이들은 나약하지도 징징대지도 않고, 이를테면 일정 나이대의 평균적인 보수 성향 남성들보다 딱히 더 예민하지도 않다. 다만 그들과 예민한 부분이 다를 뿐이다. 우리는 타인에게 무해하면서도 얼마든지 강하고 용감한 사람일 수 있다. 커다란 통나무를 들어올릴 수도 있고, 차가운 물에서 수영할 수도 있고, 불편한 논란에 정면으로 맞설 수도 있다. 연민과 예민함을 유지하면서도 믿기지 않을 만큼 강인할 수 있다.

그간의 일과 삶 속에서 나는 그런 대범하고 경탄스러운 눈송이들을 수없이 많이 마주쳤다. 학부 시절에는 캘리포니아대학 버클리 캠퍼스[이하

UC 버클리]의 공동주택에서 나체 비건들과 함께 살았다. 지역 활동가들의 모임에서는 부드러운 동의를 표하며 손가락을 튕기곤 했다[박수 대신 모임의 흐름을 덜 방해하는 finger snapping으로 즉각적인 동의, 공감을 표현하는 관행은 1960년대 시 낭송회나 여학생회 모임에서 자주 사용되었고, 근래 들어 온라인 화상회의를 포함한 다양한 환경에서 다시 빈도가 증가하는 추세라고 한다]. 인터넷에 눈송이에 관한 내 나름의 해석을 게재하기도 했다. 『워싱턴 포스트 Washington Post』 보도를 위해 미국 전역을 누비며 대학생, 교차성 활동가, 젊은 사회주의자, 나이든 히피들을, 또한 트럼프 지지자와 코비드 마스크 반대자를 비롯한 온갖 종류의 음모론자들을 인터뷰해왔다. 따라서 나는 눈송이라 불리는 사람들이 불편한 상황이나 생각을 회피하는 부류가 아님을 경험으로 증언할 수 있다. 종종 그들은 **유일하게** 불편한 상황이나 생각을 기꺼이 대면하는 사람들이다. 그들은 자기중심적이거나 과도한 특권을 누리지 않는다. 도리어 줄기차게 타인의 상황에 관심을 기울이며, 비특권적 공간에서 특권적 공간으로 진입한 경우가 많다. 이것이 눈송이의 긴장성이다. 눈송이라 불리는 사람들은 그들의 행동이나 말로써, 혹은 단지 그들을 위해 만들어지지 않은 공간에 **존재**함으로써 현 체제를 위반하는 사람들이다. 눈송이들, 특히 대학의 눈송이들은 특권을 누리는 응석받이로 그려진다. 하지만 그건 대체로 사실이 아니다. 그들 대부분은 엘리트 집단 안에서 생소한 정체성을 가진 이들이다. 그들은 늘 아보카도 토스트를 즐길 수 있는 이들이 아니다.

또한 그들은 유별나게 무시무시한 사람들이 아니다. 만약 당신이 눈송이들을 모종의 사나운 무리—널리 회자되는 그 악명 높은 '떼거리'—로 여기고 있다면, 아마도 당신은 타인을 불쾌하게 하는 자신의 언행에 좀 더 주의를 기울여야 할 것이다. 아마도 때때로 자신의 말을 바로잡아야 할 것이다.

당신이 화나게 한 이들의 말에 이따금 귀를 기울여야 할 것이다. 종종 이렇게 자문해야 할 것이다. "내가 악의적인 '떼거리'에게 당하고 있는 것인가, 아니면 내가 권력을 쥔 쪽이고 그걸 부당하게 휘두르고 있는가? 나를 비판하는 이들이 새로운 생각에 마음을 닫고 있는 건가, 아니면 내가 그런가?"

놀라게 할 생각은 없지만, 눈송이들은 여러분 주변 어디에나 있다. 때로 그들은 시끄럽다. 거리에서 소리를 지르기도 하고, 17세기 노예 무역상의 동상을 끌어내려 브리스틀 항구에 던져 넣기도 한다. 하지만 때로는 훨씬 더 조용하다. 어떤 이들은 각자의 지역사회나 일터, 가정에서 정의를 위한 작은 실천을 이어간다. 어떤 이들은 그저 그들의 정체성 때문에 눈송이인 사람들이다.

하지만 일반화하자면, 눈송이는 현대의 삶을 구조화하는 위계질서와 강한 불평등에 도전하는 사람이라 말할 수 있을 것이다. 그들은 고착화한 계급권력, 인종권력, 경제권력 관계를 위협하며, 이것이 그들이 악마화되는 근본적인 이유다. 또한 눈송이는 전반적으로 그들이 위협하는 자들에게 손쉬운 표적이 된다. 그건 그들이 감정을 말하는 데 거리낌이 없기 때문이고, 끊임없이 변화를 시도하기 때문이며, 또한 그들의 외모 때문이기도 하다. 아리스토텔레스 시대에 아테네를 소란스럽게 하던 젊은이들과 마찬가지로 눈송이는 열정에 이끌리며, 그건 두려움을 자아내는 광경일 수 있다.

이 책에서 내가 하고자 하는 일은 여러분이 눈송이가 **되고 싶어**하도록, 혹은 적어도 눈송이를 볼 때마다 경탄하도록 설득하는 것이다. 우리는 눈송이가 누구에 의해서 어떻게 정의되었는지를 짚어보고, 특히 학생 운동을 둘러싼 패닉이 젊은이들에 대한 경계심으로 이어진 경위를 살펴볼 것이다. 우리는 표현의 자유free speech와 '철회 문화cancel culture'에 관한 위선적인 주장이 어떻게 금융·정치·문화권력의 비호에 복무하는지 살펴볼 것이다. 또한 감정에 대한 공포와 이전 세대들의 치유되지 못한 트라우마가 어떻게 오늘날 약자를 침묵시키고 도외시하는 효과를 낳는지 살펴볼 것이다. 눈송이에 대한 두려움이 어떻게 트랜스인에 대한 혐오를 부추기는지도 살펴볼 것이다. 그리고 더 공정하고 덜 끔찍한 일터를 만들려는 눈송이들의 노력이 어떻게 불평등의 수혜자들을 격분시키는지 살펴볼 것이다.

만약 이 책을 다 읽고 나서도 여러분 **자신이** 눈송이라는 확신이 들지 않는다면, 적어도 어째서 우리 사회에 눈송이가 필요한지는 이해할 수 있기를 바란다.

그도 아니라면 최소한의 최소한의 **최소한**, 여러분이 젊은이들에게 덜 꼰대스럽기를 바란다.

제1장
눈송이의 기원

눈송이란 무엇인가?

   간단히 답해서, 온 세상의 장엄함을 드러내 보이는 말도 안 되게 아름다운 결정체, 그 작고 기분 좋은 실제의 눈송이를 가리킬 때가 아닌 한, 그것은 하나의 멸칭이다. 구체적으로 그것은 젊은이들을 (더러는 나이든 사람까지도) 겨냥한 모욕의 말이며, 젊은이들이 인종주의, 성차별주의, 불평등과 같은 사회정의 문제에 우려를 드러낼 때나 그런 문제를 영속화하는 권력자를 비판할 때, 또는 그들 자신의 안락과 행복을 지키기 위해 행동에 나설 때, 그들을 폄하하려는 의도로 사용된다.

   눈송이가 누구인지를 가장 자주 정의하는 이들은 눈송이 혐오자들이다. '요즘 아이들의 문제'를 과도하게 일반화하는 것으로 생계를 유지하는 사람들은, 눈송이 세대가 우리 모두를 위협한다는 식의 논평을 끝도 없이 내놓는다. 하지만 우선은 '눈송이'라는 말이 실생활에서 보통 어떻게 사용되고 눈송이로 불릴 때의 기분은 어떤지를(감정에 충실하지 않은 눈송이는 눈송이가 아니므로) 몇 가지 사례를 통해 살펴보도록 하자.

   나는 사람들이 언제 눈송이라 불렸는지, 어째서 그런 소리를 들었고, 그때 기분이 어땠는지에 관한 경험담을 인터넷 설문조사로 수소문했다. 인터넷 사용자라면 예상할 수 있겠지만, 그 일로 나는 금세 털려버렸다(엄마를 위한 첨언: '털린다owned'는 건 온라인에서 멍청한 짓을 했을 때 보기 좋게 조롱당하는 걸 말해요). 자신을 '스메들리 위타빅스, 29세, 컨설턴트'로 밝힌 그 남성은 가장 먼저 설문에 응한 이들 중 한 명이었다.

질문: 언제 왜 눈송이라고 불렸나요?

스메들리의 답: "내 돈 내기 싫은 공짜 물건을 요구할 때마다."

질문: 인종이나 종족, 섹슈얼리티나 젠더 정체성 때문에 눈송이라고 불렸나요?

위타빅스 씨: "내가 눈송이라고 불린 이유는 순전히 공짜 물건을 요구하고 나와 의견이 다른 사람은 표현의 자유가 제한되어야 한다고 주장했기 때문이다."

질문: 눈송이라는 말에 어떻게 반응했나요? 그 말을 들었을 때 기분은 어땠나요?

위타빅스 씨: "숨을 한번 크게 들이쉬고, 나한테 내 돈 내기 싫은 물건을 얻을 자격이 있다는 걸 인정하라고 다른 사람들한테 말했다." 등등.

참여해주셔서 감사합니다, 위타빅스 씨.

하지만 그 밖의 응답자들은 눈송이 담론 최전선의 다양한 일화들을 공유해주었다. 그런 일화들은, 눈송이라는 말을 사용하는 의도가 당연히 누군가를 기분 나쁘게 하려는 것이기도 하지만 동시에 화자를 더 강한 사람으로 느껴지게 하려는 것임을 보여준다. 상대를 무력화하고 굴욕감을 주면서, 그와 대조적으로 화자는 강하고 쉽사리 흥분하지 않는 사람으로 비치게 하려는 것이다. 하지만 누군가를 눈송이라 부르는 사람은 대개 **극도로** 흥분한 상태다.

뉴질랜드의 행정직 여성인 내털리 에스크릭은 슈퍼마켓에서 신용카드 문제로 한 미국인 관광객에게 호통을 듣고 있던 젊은 계산원과 교감의 눈빛을 주고받은 직후에 눈송이라는 말을 들었다. 남자는 에스크릭을 향해 버럭 소리를 질렀고, 그녀를 '진보띨빡libtard'이라고도 불렀다(진보주의자를 뜻하는 'liberal'과 지적장애인을 비하하여 이르는 'retard'를 합친 말이다). 에스크릭은 그것이 "좀 이상한" 일이었다고 말한다. 두 차례 뉴질랜드에 사는 친지를 방문했던 유쾌한 경험에 비추어, 나는 이것이 뉴질랜드의 일반적인 계산대 상황이 아님을 확언할 수 있다. 에스크릭은 그녀를 모욕한 사람이 '눈송이'라는 말을 사용함으로써 무엇을 얻으려 했다고 생각할까? 그녀는 이렇게 답했다.

> 내 생각에 그 말을 쓰는 사람들은 자신의 행동을 조정해달라는 요구를 받는 데 대한 분노를 표출하는 것 같다. 대명사 사용의 문제[트랜스인과 논바이너리인을 본인이 선호하는 성별 대명사로 지칭하는 것을 일컫는다]이건, 매장 직원을 존중하는 문제이건, '눈송이'라는 말은 지금과 다른 방식으로 대우받기를 요구하는 사람들을 폄하하는 수단으로 보인다.

에스크릭은 남자의 심기가 불편한 이유를 예리하게 간파한다. 자신의 행동을 바꾸는 것보다는 다른 사람을 모욕하는 편이 어떤 상황에서나 더 쉽다. 슈퍼마켓에서 자기 등 뒤로 비꼬는 표정을 지은 낯선 여성을 향해 그가 한 말은 무례하다거나 졸렬하다는 게 아니었다. 물론 그는 자신이 격분하는 통에 계산이 지체된 데 대해 사과하지도 않았다. 그가 그녀를 '눈송이'라고 불렀을 때 그 말에는 여성이 남성을 판단하는 듯한 상황에 대한 분노가 내재해 있었다. 그는 그녀의 재미있어하는 가벼운 비웃음에서 하나의 정치성향 내지 세계관 전체를 보았고, 그것은 **그**와 **그**의 정치성향, **그**의 세계관을 위협했다. 그 말을 내지르면서 그는 **격분**했다. 아마 상황의 주도권을 상실

했다는 느낌, 성 역할의 전도에 대한 격분이었을 것이다. 그것은 다른 신용
카드로 감자칩을 샀다면 간단히 정리되었을 상황에서 필사적으로 존중과
힘을 되찾으려는 시도였다. 과연 '아주 이상한' 일이었다.

눈송이라 불린 경험을 공유해준 또 다른 응답자는 20대의 소셜미디어
관리자로, 얘기가 그녀의 직장과 연결되기에 본명을 밝히고 싶어하지 않았
다. 여기서는 그녀를 세라라고 부르겠다. 어느 날 그녀가 동료들과 함께 술
을 마시고 있는데, 예전에 그 회사에서 함께 일했던 다른 동료가 합석해서
또 다른 전 직장 동료를 험담하기 시작했다. 그가 욕한 전 직장 동료는 흑
인 여성이고 운동가였으며 세라의 친구였다. 세라의 설명을 들어보자.

내가 동성애자라는 걸 아는 그는 화제를 돌려 자기는 게이는 괜찮은데 트
랜스는 아니라고 본다는 식의 이야기를 하기 시작했다. … 나는 그래야 옳
을 것 같아 반박을 좀 했지만, 술에 취하기도 했고 분위기를 깨고 싶지 않
기 때문에 정중한 태도를 유지했다. 그때부터 그는 내가 어디 출신이고 우
리 가족이 왜 여기로 왔는지, 그리고 내가 어째서 그의 의견에 동의하지 않
는지―그는 아예 꽉 막힌 사람이었다―물었고, 나는 (매우 정중하게) 백인
남성 특권의 수혜자인 그로서는 이해하기 어려울 거라 말하는 우를 범했다.
그러자 맙소사, 그는 완전히 **이성을 잃었다**. 그는 자리에서 일어나 나를 향
해 고래고래 소리를 질렀다. 이 나라가 분열된 건 다 나 때문이다, ○○[그
가 미워하는 전 직장 동료]의 친구와 이야기를 나눠보려 했던 자기가 어리석
었다, 그리고 아나나 다를까, 나는 '눈송이'였다. 나는 되받아치려고 했지
만, 술에 취한 데다 전혀 무방비 상태에서 길길이 퍼붓는 소리를 들었기 때
문에 울음이 터졌다. 자리를 뜨기 전에 그는 몇 번이나 "눈송이의 트리거를
건드려서 미안하게 됐다"고 했다.

백인 일색인 사회적 장면에서 유일한 유색인이었던 세라는 백인 남성의 분노와 공격성의 표적이 되었다. 백인 동료 중 누구도 그녀를 위해 나서주지 않았고, 이 점이 더 큰 상처가 되었다. 세라가 보기에 이 상황에서 눈송이라는 말은 "터무니없는 진술로 상대를 고의로 도발하되 의미 있는 대화는 피하고 싶을 때 쓰기 좋은 경멸적인 표현"이었다. 세라가 반박을 시도했을 때 그는 불같이 화를 냈다. 세라가 울었을 때 그녀는 '트리거'[과거의 트라우마와 관련된 부정적인 감각·감정적 반응을 되살리는 자극]에 발작한 눈송이가 되었다. '트리거'라는 정신건강 용어로 마치 의학적인 문제가 있는 사람처럼 취급당한 건 그녀에게 분노를 폭발시킨 그 남자가 아니라 그녀였다. 결과적으로 동료들과의 가벼운 저녁 모임은 끔찍한 경험이 되고 말았다. 그녀는 친구를 옹호했고, 그 때문에 힐난을 당했다.

어느 20대 행사 매니저는 친구에게 눈송이라 불린 경험을 공유해주었다. 그녀를 올리비아라고 부르자. 그 일이 있었던 건 올리비아가 친구에게 디즈니 영화 〈공룡 사라지다One of Our Dinosaurs is Missing〉가 TV에 나오지 않는 이유는 "백인인 영국 배우들이 얼굴에 노란 칠을 하고서 중국인인 척하기 때문"이라고 설명했을 때였다. 아마 여러분에게는 이것이 지극히 자명한 설명으로 느껴질 것이다. 하지만 그저 **다른 누군가**(이 경우에는 TV 프로그램 편성 책임자)의 인종 감수성을 언급했을 뿐인데도 친구는 **그녀를** 눈송이라 불렀다. 올리비아는 "화가 나고 서운"했지만, 자신이 처한 딜레마를 깨달았다. "이러지도 저러지도 못하는 상황이었다. '네가 날 눈송이라고 부르는 게 싫어'라고 말하는 순간 (그들에게) 내가 예민하다는 걸 증명하는 셈이니까."

'눈송이'라는 말로 우리에게 가장 큰 상처를 줄 수 있는 사람은 우리와 가장 가까운 이들이다. 한 응답자는 남편의 형에게서 "기억할 수도 없을 만큼 여러 번" 눈송이라는 말을 들었다고 했다. 그녀의 실제 가족에 관한 이야기이므로, 여기서는 그녀를 안젤라로 부르겠다. 안젤라에 따르면, 그런 일은 "대체로 그녀가 그의 눈에 전형적인 밀레니얼 세대의 행동으로 보이는 무언가를 할 때" 일어난다고 한다. 그중 한번은 그녀가 "잔인한 마약 중독자 같은 상사 때문에" 새로 얻은 일을 그만두었을 때였다. 안젤라는 이렇게 설명했다. "나는 내 인생이 망가지기 전에 끔찍한 직장을 관두는 게 정상적인 일이라고 생각했다. 하지만 그가 보기에 그건 눈송이스러운 행동이었다." 일이 아닌 자기 자신을 지키기로 한 것이, 가족에게서 눈송이로 비난받을 이유가 된 것이다.

다른 응답자들은 뉴스기사에 힘 있는 사람들이나 특정 정책을 비판하는 댓글을 달았을 때, 혹은 트위터에 자신의 견해를 올렸을 때, 눈송이라는 소리를 들었다고 했다. 그들이 느끼기에 눈송이라는 비난은 "담론을 차단하는" 손쉬운 수단이다.

내 친구 암나 살림은, 누군가를 눈송이로 부르는 이유는 대화의 진전을 미연에 차단해 특권을 위협하지 못하게 하려는 것이라고 생각한다. 스코틀랜드-파키스탄계 저술가인 암나는 수시로 대중의 시선에 노출되며 인종주의와 성차별주의에 관해 자주 언급한다. 그 결과 그녀는 항상 눈송이나 그 비슷한 유의 말을 듣는다. 암나는 말한다. "대개 그들이 실제로 의미하는 바는 **'감히 네가 나에게 유리한 현 상황을 흔들려 들어?'**이다."

나는 또한 백인, 남성, 이성애자, 혹은 이 모두에 해당하는 사람들의 이야기도 들었다. 그들 역시, 다른 배경을 가진 사람들을 지지하거나 혹은 다른 집단에 속하는 사람들에게 힘을 실어줄 것으로 기대되는 정치적 입장을 옹호할 때 눈송이로 불리곤 한다. 말하자면 그들은 다른 백인 남성들과 보조를 같이하지 않는 데 대한 처벌로서 눈송이라는 말을 듣는다.

토머스 워드는 벨파스트에 거주하는 박사학위 과정생이다. 그가 눈송이라 불린 건 두 번이었다. 한 번은 2019년 맨체스터 프라이드 축제[해마다 영국 맨체스터에서 열리는 대규모 LGBTQ+ 행사]에서 "좆까 보리스!"라고 외쳤을 때였다. 다른 한 번은 요크대학에서 그의 표현대로라면 "갈취 수준의" 기숙사 임대료에 항의하는 집회를 준비하고 있을 때였다. 임대료 인하에 반대하는 자유민주당[Liberal Democrats. 보수당, 노동당과 함께 영국 3대 정당으로 꼽히는 중도 내지 중도 좌파 노선의 정당] 요크대학 지부 학생 하나가 그 집회를 조직한다는 이유로 그를 눈송이라 불렀다. 각각의 경우에 워드는 어떻게 대응했을까? 맨체스터 프라이드 축제 때는 단순히 "좆까 보리스!"를 한 번 더 외쳤다. 자유민주당 학생 당원과의 언쟁 후에는 실소밖에 나오지 않았다고 했다. 눈송이라 불린 후, 워드는 그 표현을 어떻게 바라보고 있을까? 그는 아마도 그건 "근거 없고 무의미한 표현으로 근거 없는 편견을 뒷받침하려는 시도"일 거라고 말한다. 말하자면 두 번의 조우에서 그는 그 모욕이 사실상 아무것도 의미하지 않는다고 느꼈다.

여러 면에서, 눈송이라는 말에는 정말로 아무 뜻이 **없다**. 그것은 제 의미를 끝없이 비틀고 변형하며, 독성 있는 점액처럼 대화 속의 틈새를 미끄러지듯이 파고든다. 그러나 그 의도는 매우 중요하다. 그 말을 쓰는 사람이 아름다운 뉴질랜드를 여행 중인 미국인 관광객이건, 보리스를 사랑하는 맨체스터 프라이드 축제 참가자이건, 자유민주당 당원이건 관계없이 말이다. 누군가를 '눈송이'라 부르는 의도는, 앞서 열거한 모든 사례에서 그랬듯이 앞으로 우리가 맞닥뜨릴 더 많은 경우에도, 자신과 상대방 사이에 선을 긋는 것이다.

2016년 『콜린스 영어사전』은 '눈송이 세대'를 그해의 10대 어구로 선정했다.[1] 지금 이 목록을 살펴보면, 순위에 오른 다른 표현들은 이미 철이 지난 것 같다. 이제 '마이크 드롭'[mic drop. 본래 만족스러운 공연을 마친 래퍼나 스탠드업 코미디언이 무대에서 의도적으로 마이크를 떨어뜨리던 동작을 가리키던 말로, 연설이나 토론의 인상적인 발언을 자축하는 상황에서 비유적으로 쓸 수 있다]은, 이를테면 민주당 대선 예비후보를 거쳐 신임 교통부 장관이 된 전형적인 중산층 백인 수재, 피트 부티지지Pete Buttigieg가 폭스 뉴스에서 뭔가 영리한 발언을 한 후에 그의 지지자들이 할 법한 말이다. '남자 음식dude food'은 처음부터 그저 어느 우울한 마케팅 컨설턴트의 냉동육 판매전략이었음이 틀림없다. 2016년 목록의 다른 말들은 살아남았다. 그해 가장 화제가 되었던 말은 브렉시트였고, 여전히 건재해 보인다. 그리고 '눈송이'는, 뒤에 '세대'가 붙는 형태로든 아닌 형태로든, 이제 더더욱 빈번히 마주치는 단어가 되었고, 갈수록 씁쓸함을 더해간다.

콜린스의 '눈송이 세대' 정의에서 눈송이성snowflakery은 밀레니얼 세대의 한 하위집단에 국한된다.

전 세대에 비해 강하지 못하고 쉽게 마음 상해하는 경향이 있다고 여겨지는 2010년대의 젊은 청년들.[2]

눈송이는 어느 나이, 어떤 종류의 사람도 될 수 있지만, 적어도 2016년에 눈송이 **세대**는 나약함과 토라짐의 질풍노도 속에서 2010년대에 성인이 된 이들이었다. 바로 나와 나의 딱하고 형편없는 친구들이다. 콜린스 정의는 이 당혹스러운 청년층을 야기한 배경이나 원인은 언급하지 않는다. 살짝만 건드려도 녹아버리는 현실 세계 눈송이의 섬약함만이 환기될 뿐이다. 또한 이들을 이렇게 '여기는' 사람이 누구인지도 수동태 뒤에 가려져 모호하다.

누가 2010년대의 젊은 청년들을 이렇게 보고 있는가? 그저 **이런저런** 사람들이.

그런데 '눈송이 세대'에 대한 이 정의에는 한심한 젊은이들에 관해 눈송이가 은유하는 다른 중요한 측면이 빠져 있다. 바로 우리의 특별함이다. 무수히 많은 눈송이 결정체 하나하나가 각기 유일무이한 형태를 지니듯, 어쭙잖고 보잘것없는 우리 세대는 자기 자신을 말도 안 되게 **각별**하게 바라본다. 우리 모두가 제각각 다르다고 믿는다. 이렇게 어처구니없을 데가.

『아메리칸 헤리티지 사전』으로 가면 이런 터무니없는 독자성의 의식이 포함된 정의를 찾을 수 있다. 눈송이란 "지나치게 예민하거나 너무 쉽게 불쾌함을 느낀다고 여겨지는 사람으로, 특히 자신을 남다르거나 특별하다고 믿어서 그런 경우를 일컫는다".[3] 이 정의는 원인과 결과를 적시하고 있다. 연약함은 특별하다는 인식에서 기인한다. 자신이 고유한 개인이라는 인식, 지금껏 존재한 그 누구와도 다르다는 감각이 눈송이를 망치고 있다. 눈송이는 불쾌함 없이는 현실의 삶을 경험하지 못한다. 무엇이 불쾌한가? 그에 대한 언급은 없다. 그저 **이런저런** 것들이.

『옥스퍼드 영어사전』도 비슷한 시각으로 눈송이를 바라본다. 옥스퍼드의 눈송이는 "본래의 뜻: 특유의 개성과 잠재력을 지닌 것으로 여겨지는 사람, 특히 어린이. 이후의 뜻: 조롱조로, 과하게 예민하거나 쉽게 불쾌해하는 것으로 특징지어지는 사람, 특히 자신이 특별한 대우나 배려를 받아 마땅하다고 여기는 것으로 일컬어지는 사람"이다.[4] 옥스퍼드의 정의는 눈송이가 늘 지금 같은 의미는 아니었음을 상기시킨다. 한때 눈송이라 불리는 건 재능 있는 비범한 아이라 불리는 것과 같았다. 한때 눈송이는 장래가 촉망되는 총명한 아이였다. 그건 피아노를 빼어나게 잘 치던 어린 프리실라, 자라나서 머리를 밀고 런던 소아스대학에서 새로운 페미니즘 동아리를 시작하기 전의 프리실라였다.

옥스퍼드의 정의 역시 맥락은 제공하지 않는다. 눈송이는 자신이 특별한 대우와 배려를 받을 자격이 있다고 느낀다. 어떤 종류의 특별한 대우인가? 이 특별한 대우나 배려가 '휠체어 이용자를 위한 상점 진입 경사판'을 의미하는가? 아니면 '프리실라는 너무나 소중한 아이이고 그녀의 섬세한 손가락을 상하게 할 수 없기에 설거지는 안 해도 된다'는 뜻인가? 우리는 알 수가 없고, 눈송이의 정의에서 이런 구분은 중요치 않은 게 분명하다. 눈송이는 그저 **이런저런** 특권을 당연시한다.

2019년 10월 『선』에 실린 기사는 눈송이에 대한 대중적 인식을 매우 잘 보여준다. 여기서 눈송이는 "세상이 자기를 중심으로 돌아간다고 생각하는 과하게 예민한 사람"으로 묘사된다.[5] 뒤따르는 예시가 이를 부연한다. "눈송이는 마음에 들지 않는 의견을 들으면 질색하며 혁 소리를 낸다." 더 나아가 눈송이는 "마뜩잖은 모든 것으로부터 보호받을 권리가 있다고 느낀다". 마뜩잖은 것이 어떤 것들인지는 말하지 않는다. 그건 인종주의적 욕설일 수도, 무례한 눈길일 수도, 사체일 수도 있다. 『선』이 보기에 이 마뜩잖은 것의 내용은 중요하지 않다. 중요한 것은 예민함, 자기중심성, 보호의 요구, 그리고 물론 질색하는 혁 소리다.

사전과 달리 『선』의 눈송이 정의는 오늘날 대학생들의 허구적인 우스꽝스러운 면모에 크게 기댄다. "예민한 대학생들은 그들의 마음을 불편하게 할지도 모를 내용을 다루는 책이나 강의에 대해 '트리거 경고'를 받기 때문에 종종 눈송이라는 꼬리표가 붙는다." 『선』은 자신이 특별하다는 밉살스러운 자의식과 대학교육이 긴밀히 연결돼 있다고 본다. 일부 대학생이 여러 면에서 엘리트이거나 혹은 엘리트 집단에 편입될 확률이 높은 건 사실이다. 하지만 여기서 문제삼는 건, 대학생들에게 대다수 동료 시민에 대한 이해나 그들과의 접촉이 부족하다는 사실이 아니다. 문제는 그들이 화를 낸다는 것이다. 『선』의 설명 기사는 눈송이가 담론을 둘러싼 다른 핵심 주제를 언급한다. 바로 표현의 자유와 안전공간이다. "오늘날 여러 대학은 표현의 자유에 적대적이며, 그들 마음에 들지 않는 사상으로부터 학생들을 차단하는 데 골몰한다." 동시에 "학생회는 '안전공간'을 요구하는데, 이는 사람들이 나의 생각에 반대하거나 이의를 제기할 수 없는 곳을 말한다"(나중에 더 다루겠지만, 안전공간은 이런 곳이 아니다)[안전공간은 본래 LGBTQ+ 공동체에서 시작되었으나, 그 밖에도 주변화된 집단의 사람들이 모여 편견이나 갈등, 위협적 언행이 없는 안전한 환경에서 공통된 경험을 나눌 수 있는 공간이다. 추상적인 의미로 확대되어 쓰이기도 한다].

『선』은 눈송이들이 "자기집착적이고 유약하거나, 쉽게 불쾌함을 느끼거나, 반대 의견을 받아들이지 못한다"고 덧붙인다. 무엇에 관한 반대 의견을 말하는가? 음악? 영화? 아니면 여학생도 과학을 잘할 수 있는지에 관한? 그건 중요하지 않다. 마지막으로, 기사 속 사진에 다음과 같은 유용한 캡션이 달려 있다. "많은 '눈송이' 청년은 브렉시트 투표 결과를 개인적인 문제로 받아들였다." 드디어 확실한 예시가 등장했다. 눈송이들은 브렉시트에 화를 낼 뿐만 아니라 그 문제가 다 자신들에 관한 것인 양 굴고 있다. 눈송이는 영국에서 한 세대 안에 일어난 가장 중요한 정치적 사건이 그들과 관계가 있다고 생각한다. 그들은 지나치게 예민하기 때문이다. 그래서 그들은 **헉 소리를 낸다**. "영국의 유럽연합 잔류를 지지한다"와 "자기집착적이다" 같은 상이한 특징들이 하나로 묶여야 할 내재적인 이유는 전혀 없다. '눈송이'라는 강력한 말은 갖가지 이질적인 속성들을 하나로 뭉뚱그리는 약어로 기능한다. 그것은 "28개국에서 일하고 살 수 있기를 바란다"에 "쉽게 불쾌해한다"를 더하고, 거기에 "지나치게 예민하다"를 더한다.

나중에 살펴보겠지만, 이건 어쩌다 생긴 우연한 결과가 아니다.

이렇듯 다양한 '공식적인' 정의들에서 도출되는 눈송이의 모습은 서로 상충한다. 어떤 정의를 보면, 눈송이에 호감을 느끼는 것도 가능해 보인다. 예를 들어, 누구나 가끔은 과하게 예민한 사람이 사랑스러울 때가 있다. 내가 다닌 고등학교의 매력적인 남자애 하나는 자기 농구팀이 질 때마다 매번 눈물을 흘렸다. 상냥하고 예민하고 훤칠했던 그 친구는, 무엇보다도 인간 영혼의 아름다움을 보여주는 살아 있는 증거였다. 하지만 지금까지 살펴본 대부분의 정의를 보면, 눈송이는 어떤 외적인 요인에 대해 예민한 것이 아니다. 눈송이는 그들이 자기 자신을 바라보는 방식 때문에 예민하다. 자신을 특별하고 남다르게 여긴다는 데는, 그렇게 명시되지는 않지만, 그들이 다른 모든 사람보다 자신을 더 **낮게** 여긴다는 암시가 깔려 있다. 그건 그리 매력적이지 않고, 훤칠하지도 않다.

눈송이가 무엇에 대해 그렇게 예민하거나 불쾌하거나 특권의식을 느끼는지에 대한 설명은 그들에 대한 정의에서 마땅히 가장 핵심적인 부분이어야 하겠으나, 그렇지가 않다. 우리는 이가 빠진 찻잔에 불쾌해하는 누군가와 영국 전역의 광장에 태형 형틀을 부활시키자는 정치인의 주장에 불쾌해하는 누군가를 전혀 다르게 바라볼 것이다(물론 영국 대중이 무엇을 더 중시할지 점치기란 까다로운 일이다). 하지만 오늘날 우리가 눈송이를 이해하는 기준은 불쾌함을 느낀다는 사실 그 **자체**다. 실제로 '누군가의 사소한 무례함'부터 '도널드 트럼프의 당선'까지 그 어떤 사안으로든 예민해 보이는 사람은 눈송이라 불릴 수 있다. 사안의 성격에 따라 비웃음의 정도는 달라지지만, 조금이라도 불쾌함을 느낀다면 그것만으로 눈송이로 간주되기에 충분한 것이다.

통속적인 모욕어가 사전이나 『선』에까지 등장했다는 건, 이미 문화 전반에 걸쳐 긴 여정을 거쳤다는 뜻이다. 눈송이의 경우, 그것을 경멸어로 사용한 것은 우리가 실제의 물리적인 눈송이가 무엇인지 이해하기 시작한 무렵으로까지 거슬러 올라간다. 마치 얼어붙은 지옥에서 올라온 한랭기단처럼 경멸조의 눈송이는 지난 몇 세기를 건너 우리에게로 왔다. 19세기 미국 남북전쟁기에는 정치인들이, 2000년대 초에는 소셜네트워크서비스 텀블러에서 못된 10대 여자애들이 눈송이를 경멸어로 사용했다. 그리고 어느 순간 그것은 인터넷의 가장 음습한 구석을 벗어나 세계에서 가장 영향력 있는 인물들의 언술 속에 자리를 잡았다.

경멸어 눈송이가 처음 등장한 곳은 어디일까? 누가 왜 이 말을 썼을까?

눈송이라는 말로 사람을 지칭한 최초의 사례는 아마도 1860년대 미주리주에서였던 것으로 보인다. 남북전쟁 당시 미주리주는 남부연합 편에서도 싸웠고 북부연방 편에서도 싸웠다. 주를 분열시킨 사안은 물론 노예제였다. 노예제 존폐와 참전 여부를 두고 격론이 벌어지는 동안 주 입법부에는 세 분파가 등장했다.

L. U. 리비스Reavis의 흥미진진한 미주리주 역사서 『세인트루이스: 미래의 위대한 세계 도시Saint Louis: The Future Great City of the World』 (1876)의 기술에 따르면, "숯덩이들Charcoals"은 "전쟁을 적극 수행하고 최대한 조속히 노예제를 일소"해야 한다고 믿은 급진주의자들이었다.[6] 다음은 "중도 참전파"였는데, 그 지역 점토의 어중간한 색에 빗대어 "점토 더미 Claybanks"로 불렸다. 마지막으로 "눈송이들"은 노예제 폐지와 남북전쟁에 모두 반대했다. "전쟁에 반대하고 노예제를 옹호한 사람들은 '눈송이'라 불리는 걸 자랑스러워했다"고 우리의 친구 리비스는 적고 있다. 메리엄 웹스

터의 사전편찬자 에밀리 브루스터Emily Brewster에 따르면, 이는 아마도 눈이 흰색, 즉 그들이 가장 선호하는 색이기 때문이었을 것이다.[7]

브루스터는 눈송이의 이 같은 용법이 미주리주와 그 역사적 맥락 너머까지 확산한 것 같지는 않다고 쓰고 있다. 그 시기 그곳 이후로, 눈송이는 한동안 낱낱의 작은 눈만을 의미했다. 미주리주 용법은 눈송이가 일관된 방식으로 사용된 최초의 사례지만, 무려 1780년대부터 눈송이는 종종 『바틀릿 미국 어법사전Bartlett's Dictionary of Americanisms』에서 흑인에 대한 '조롱의 호칭'으로 정의됐던 '눈덩이snowball'와 호환되곤 했다. 1780년대 인종주의 유머가 극에 달했던 시절, 흑인을 흰색의 무언가로 지칭하는 반어적인 어법 가운데 하나였다.

1970년대로 넘어오면, '눈송이'는 코카인을 가리키는 은어이기도 했고, 백인에 대한 멸칭, 또는 '백인처럼 행동하는' 흑인을 폄하하는 말로 쓰이기도 했다.

'눈송이'는 오랜 시간에 걸쳐 여러 가지 의미로 사용되었지만, 위에 언급된 용법 중에 오늘날 통용되는 멸칭의 기원이 된 것은 없다. 현대의 눈송이는 훨씬 더 최근에 등장해 서서히 새로운 함의를 띠게 되었다.

한때는 '눈송이'라 불리는 게 좋은 일이었다. 그것은 긍정적이고 고무적인 말이었다. 여러분을 눈송이라 부른 사람은, 아마도 여러분이 자신을 멋지고 소중한 사람으로 느끼기를 바랐을 것이다. 그 순수의 시대에, 눈송이는 친절한 초등학교 선생님이 학생에게 할 법한 말이었고, 자기계발서에서, 또는 심리치료 클리닉의 대기실 벽에 붙은 시원한 소나무 사진 포스터에서 발견할 법한 단어였다. 1983년에는 복음주의 목사이자 저술가였던 J. 맥아더MacArthur의 『성령의 은사Spiritual Gifts』에 이 단어가 등장했다. 이 종교적 연구서에서 맥아더는 이렇게 쓰고 있다. "여러분은 눈송이다. 여러분 중 어느 누구도 서로 똑같지 않다. 하나님은 당신을 그 누구와도 바꾸지 않으신다."[8] 하나님은 특별한 눈송이를 사랑하시고, 그래서 우리를 이렇게 만드셨다. 이런 쪽 취향인 독자께서는 참고하시길.

눈송이는 한때는 좋은 것이었지만, 좋은 시절은 이제 지나갔다. 그건 적어도 부분적으로는 척 팔라닉Chuck Palahniuk의 『파이트 클럽Fight Club』 때문이다. 1996년에 나온 이 소설에서 우리는 이런 구절을 발견한다. "여러분은 아름답고 유일무이한 눈송이가 아니다. 여러분은 다른 누구나와 마찬가지로 썩어가는 유기물이고, 우리는 다 같은 퇴비 더미의 한 부분이다."[9] 심리치료 클리닉의 대기실 벽에 붙은 시원한 소나무 사진 포스터에서 발견할 법한 구절은 **아니다**. 그곳 심리치료사가 분노로 가득한 15살짜리 남자애라면 모를까.

1999년에 영화로 각색되어 나온 〈파이트 클럽〉에는 같은 구절의 더더욱 암울한 버전이 등장한다. "잘 들어라, 구더기들. 너희는 특별하지 않다. 너희는 아름답거나 유일무이한 눈송이가 아니다. 너희는 다른 모든 것과 마찬가지로 썩어가는 유기물이다. 우리는 온갖 허접쓰레기를 걸친 세상의 똥이다. 우리는 다 같은 퇴비 더미의 한 부분이다." 어느 구더기 역시 서로 똑같지는 않다고, 모두 다 창조라는 기적의 한 부분이라고 주장할 수도 있겠지만, 그래도 고무적인 메시지로 보기는 어렵다.

그의 생각이 다른 누군가에게서 착안한 것인지, 아니면 그의 기막히게 뒤틀린 마음속에서 어느 날 문득 완전한 형태로 떠올랐는지는 모르겠지만, 팔라닉은 2017년 1월 『이브닝 스탠다드Evening Standard』지의 「런더너 다이어리Londoner's Diary」와의 인터뷰에서 '눈송이'의 컴백을 흔쾌히 자신의 공으로 돌렸다.[10] 그는 귀담아듣는 청자를 만난 기회를 놓치지 않고 오늘날의 젊은이들을 질타했다. 친구 중에 고등학교 교사들이 있는데, **그들이** 말하기를 요즘 학생들이 "걸핏하면 불쾌함을 느낀다"는 것이다. 그게 다가 아니다. 팔라닉은 "새로운 종류의 빅토리아니즘[엄격한 도덕주의를 특징으로 하는 영국 빅토리아 시대의 가치관, 풍조]이 일고 있다"고 말했다. 그는 눈송이성을 "매사에 늘 발끈하는" 좌파의 문제로 본다. 아무 이유 없이 주먹으로 서로 얼굴을 갈겨대는 남자들에 관한 이야기를 쓴 사람의 눈에, 그것이 그리 무거운 죄라니.

『파이트 클럽』의 세계에서 우리는 사람들이 눈송이를 불편해하는 또 다른 이유를 본다. 눈송이는 아무래도 좀 **여자 같다**. 감정을 느낀다? 여자들이나 그러지. 나약하다? 확실히 여자들 문제다. 자레드 레토[영화에서 '천사의 얼굴'이라는 캐릭터를 연기한 배우]의 아름다운 얼굴에 주먹을 날린다? 그건 진짜 남자들의 일이다. 일부 평론가들에게 눈송이를 싫어한다는 건 그저 남성성을 지키는 또 다른 방법일 뿐이다. 데이나 슈워츠Dana Schwartz가 2017년 2월 『GQ』에서 쓴 대로, '눈송이'라는 멸칭에는 "진보를 여성적인 것, 그리고 유아적인 무언가로 폄하하려는" 목적이 있다.[11] 슈워츠가 보기에 눈송이에 대한 혐오는 우리가 초등학교에서 얻은 가르침을 저버리는 행위다. '나눔이 배려'라는 교훈은 공산주의로 치부되고, '감정은 좋은 것'이라는 교훈은 눈송이 혐오자들이 추종하는 팩트와 그래프의 냉철하고 합리적인 세계와 배치되는 것으로 여겨진다.

슈워츠는 또 다른 방식으로 눈송이의 다면적인 의미들을 연결해 보인다. "누군가를 눈송이라 부르는 행위 안에는 대학 새내기가 좋아하는 모든 것이 다 들어 있다. 바로 인터넷 트롤링, 자신의 흠 잡을 데 없는 추론 능력에 대한 흐뭇한 우월감, 그리고 『파이트 클럽』이다." 대학 새내기는 이런 걸 다 좋아해도 괜찮다. 젊음은 밉살맞게 굴고 우월의식을 갖기에 딱 좋은 시기다. 젊음은 그러라고 있는 것이다. 하지만 슬프게도 눈송이라는 멸칭은 밉살맞은 젊은이들의 세계를 벗어나 더 현명하게 처신해야 할 이들의 언술로 파고들었다.

『파이트 클럽』에서 흠씬 두들겨 맞은 눈송이의 의미는 먼지를 툴툴 털고 일어나 계속해서 발전했다. 2000년대와 2010년대 초반까지 경멸조의 '눈송이'는 대체로 팔라닉의 의미로 통했다. 그런데 『뉴 스테이츠먼 New Statesmans』의 어밀리아 테이트Amelia Tait에 따르면 이 무렵 텀블러에서 '특별한 눈송이'가 사용될 때는 "머리를 염색하고 대안적인 성별 대명사를 쓰는 사람을 경멸하는" 의도가 있었다고 한다.[12] 텀블러에서 눈송이는 자기가 특별하다고 생각하는 사람, 예민한 사람으로 여겨졌지만 그게 다가 아니었다. 그들은 또한 인터넷에서 젠더 규범을 흐트러뜨리는 사람이었다. 앞으로 더 살펴보겠지만, 이는 오늘날 눈송이 혐오의 중요한 측면 중 하나다. 아마 오늘날 영국에서는 젠더에 대한 생물학적 결정론과 이분법적 이해에 이의를 제기하는 게 가장 손쉽게 눈송이라 불리는 방법일 것이다.

눈송이 모욕의 발전은 텀블러의 못된 10대들에서 멈추지 않았다. 2016년의 사회·정치적 격변[영국에서는 국민투표로 유럽연합 탈퇴가 결정되고, 미국에서는 도널드 트럼프가 대통령으로 선출되었다]을 앞둔 몇 년간, 눈송이에 대한 오늘날의 인식에 가장 큰 영향을 미친 세력은 소위 대안 우파였다.

대안 우파는 매우 포괄적인 용어다. 인터넷 바다에 대안 우파라는 그물을 깊이 드리워 당기면 온갖 종류의 고약한 생물과 밑바닥 물고기가 걸려 올라온다. 첫 번째로는 게이머게이터들이 있다. 혹 게이머게이트Gamergate가 뭔지 모른다면, 아마도 당신은 피부가 깨끗하고 달리기를 자주 하고 하루 다섯 번 채소를 먹고 누군가에게 사랑스러운 아들딸일 것이다. 게이머게이트는 2014년, 비디오 게임계의 한 음모론(잠시만 참아주시길!)과 함께 시작되었다. 이는 게임 언론과 특정 페미니스트 게임 개발자들 간에 은밀한 거래가 있다는 주장이었다. 모든 그럴싸한 음모론의 경우와 마찬가지로 우호적인 리뷰를 위한 성 상납 의혹이 제기되었는데, 요지는 여성과 진보주의자들이 잠자리를 통해 영향력 있는 위치로 올라가면서 게임계를 잠식하고 있다는 것이었다. 그리고 일단 그런 자리를 차지한 후에는 뻔뻔하게도 비디오 게임에 등장하는 여성 캐릭터의 젖가슴을 **덜 빵빵하게** 만들었다. 이제 게임 속 여성 캐릭터는 우주에서 전투를 벌이는 중에도 젖통을 항상 다 드러내고 있지는 않게 되었다. 그것은 후에 게이머게이터로 불리게 된 이들에게는 도저히 있을 수 없는 일이었다.

두 여성 개발자 조이 퀸Zoë Quinn과 브리아나 우Brianna Wu, 그리고 언론인 아니타 사키시안Anita Sarkeesian이 온라인 공격의 표적이 되었다. 이것이 게이머게이트였다. 비디오 게임계의 과도한 페미니즘에 맞선, 온라인상에서 벌어진 일종의 전쟁과 그것이 몰고온 현실 세계의 파장. 게이머게이트는 대단히 어처구니없으면서—페미니스트 게이머에 대한 분개라니!—동시에 소름 끼치게 무시무시했다. 퀸, 우, 사키시안은 수천 건의 살해 협박, 계정 해킹과 개인 정보 유출, 그리고 커리어와 사생활을 파탄내려는 거대한 조직적 시도에 시달렸다. 비디오 게임 속 여성의 성차별적 묘사를 비판했던 사키시안은 총기 난사 협박으로 인해 강연 행사를 취소해야 했다. 브리아나 우는 에이트챈[8chan. 극단적인 표현의 자유를 표방한 인터넷 커뮤니티]에 주소가 공개되어 집을 떠나 피신해야 했다. FBI가 수사에 나섰다.

게이머게이터들이 내세우는 바가 무엇인지는 분명하지 않았다. "이것은 게임 언론의 보도 윤리 문제다"라는 그들의 공식적인 입장은 페미니즘과 여성 일반을 증오할 '윤리적' 명분을 찾으려는 남자들의 절박한 시도라는 비웃음을 샀다. 게이머게이트는 무엇보다도 인터넷상에서 처음으로 반동적 정치세력이 대거 결집한 사건, 정치와 무관한 비디오 게임(!) 관련 매체의 소비자들이 다시금 문화적 활력을 되찾은 페미니즘과 사회정의운동에 반발한 최초의 조직적 시도라 할 수 있다. '사회정의전사social justice warrior'라는 개념도 게이머게이트에서 비롯되었다. 이 말은 향후 눈송이가 비판자들에게 일반적으로 가장 중요한 표적이 되는 사람들, 즉 사회정의를 위한 싸움을 개인의 투쟁으로 삼은 이들을 가리킨다. 익숙하지 않은 귀에는 그리 나쁜 말로 들리지 않겠지만, 인터넷과 그 너머의 상당수 대안 우파—오늘날 자신의 적을 '눈송이'라 부르는 바로 그들—에게는 그렇다.

게이머게이터들은 그러나 대안 우파의 한 부분을 차지할 뿐이다. 소셜 커뮤니티 포챈4chan, 에이트챈, 그리고 레딧Reddit의 특정 영역에서 붙박이로 활동하는 이들도 빼놓을 수 없다. 어떤 남자들은 여성과 섹스를 할 수 있느냐 없느냐를 중심으로 자신의 정체성을 구축한다. 한편에는 픽업 아티스트가 있다. 이들은 자신을 여성의 낮은 자존감을 성적인 기회로 활용하는 교활한 조종자로 여긴다. 다른 한편에는 '비자발적 순결자involuntary celibate'의 줄임말인 '인셀incel'이 있다. 인셀이 보기에, 마땅히 그들에게 섹스를 제공해야 할 여자들이 잘 생기고 멍청한 '채드'[Chad. 매력적이고 성적으로 왕성한 남성을 일컫는 인셀들의 은어]와 섹스를 하는 것은, 누구이 주장하는 대로 그들이 얼마나 '괜찮은 남자'인지를 감안할 때 미친 짓이다. 물론 섹스를 못해서 분노한 남자들이 그 사실을 중심으로 하나의 정체성과 커뮤니티를 형성한다는 사실을 생각하면 우습기 그지없다. 그러나 이들 커뮤니티는 현실 세계에서 끔찍한 사태를 일으켰다. 2014년에 자신을 인셀이라 밝힌 남자가 여성들의 거절에 대한 '보복'으로 캘리포니아의 대학도시 아일라비스타에서 6명을 살해했다. 인셀을 자처하는 남자의 살인은 그것이 마지막이 아니었다.

대안 우파는 서로 종종 중첩되는 여러 정체성을 포괄하고, 그중에는 온라인으로 흘러든 전통의 백인우월주의자와 신나치도 있다. 대안 우파라는 명칭을 특히 이 두 집단이 적극적으로 받아들였는데, 백인우월주의자나 신나치로 불리기보다는 대안 우파로 불리는 것이 주류 사회에서 신빙성을 얻기에 유리하다고 판단했기 때문이다. 그리고 그들 생각이 맞았다. 덕분에 대안 우파의 주요 지도자 몇몇은 잘 나온 사진들과 함께 '말쑥한' 옷차림에 대한 언급까지 포함된 인물 소개 기사로 주류 언론에 실렸다.[13] 극우 지도자들이 그들의 이미지를 전략적으로 활용해 주류 사회에 어필하는 건 어제오늘의 일이 아니다. 전 KKK 우두머리 데이비드 듀크David Duke는 정확히 그런 방식으로 1980년대 후반 자신의 정치생명을 되살리고자 시도했고, 미디어의 소개 기사는 그를 가리켜 "깔끔"하고 "잘 차려입은" 남자라고 했다.[14] 이 전략은 나쁜 정치보다 나쁜 미감에 더 불쾌감을 느끼는 일부 언론인들에게 확실히 효과가 있어 보인다.

현대의 극우, 혹은 대안 우파에게 눈송이는 사회정의전사와 거의 같다. 눈송이는 실제로는 온라인에서 보이는 것만큼 **단단하지** 않다. 눈송이는 나약하며, 자신이 특별하다는 **그릇된** 믿음을 갖고 있다. 대안 우파는 그들이 증오하는 대상을 통해 자신을 규정한다. 그들은 눈송이를 혐오하면서 자신을 반-눈송이적 존재로 내세운다. 말하자면 그들은 힘과 단단함, 무신경, 거침없고 노골적인 인종주의를 표방하는 운동이다.

하지만 '눈송이'라는 말을 쓰는 동기가 증오만은 아니다. 그것은 또한 빈정거림일 수도 있다. 『뉴 스테이츠먼』에서 테크놀로지와 문화 섹션을 집필하는 세라 매너비스Sarah Manavis의 말에 따르면, "(대다수는 아니어도) 결코 적지 않은 수의 대안 우파는 정말로 화가 나서, 혹은 진지하게 눈송이라는 말을 사용하기보다는 트롤링을 주된 동기로 할 때가 많아" 보인다. 대안 우파(와 더 넓은 우파)가 진보 진영과 정치적 이견이 있는 건 사실이지만, 동시에 그들은 그저 "상대가 모욕당하는 것에 발끈해 폭발하는 모습을 보는 재미"를 원하는 거라고 매너비스는 말한다.

하지만 대안 우파에게 진보나 좌파를 약 올리려는 가벼운 충동이 있다는 건, 그들이 동시에 폭력과 비인간화에 몰두할 수 없다는 뜻이 아니다. 2019년 뉴질랜드의 모스크 두 곳에서 총기 난사로 51명이 목숨을 잃었을 때, 범인은 페이스북으로 자신의 만행을 생중계하고 성명서를 공개했는데, 이 성명서에는 진지한 극우 신념과 더불어 언론을 트롤링하고 교란하기 위한 우스갯소리와 밈이 뒤섞여 있었다.[15] 조롱과 트롤링에는 장난기가 섞여 있을 수 있지만, 퍼포먼스와 현실의 경계는 늘 분명하지 않고, 현실 세계에 미치는 영향을 효과적으로 차단해주지도 않는다.

애초의 동기가 무엇이었든, 대안 우파는 눈송이 캐릭터를 창조하고 그와 대립하는 행위를 통해 강력한 정치적인 힘을 획득했고, 영미 양국의 주류 정치인들은 이 힘을 놓치지 않고 활용했다.

2016년에 이르는 몇 년 동안에 눈송이라는 말은 대안 우파의 인터넷 밀실을 박차고 나와 주류 미디어와 대중의 의식 속에 자리를 잡았다. 이러한 전이가 일어난 것은 극우 언론의 지면을 통해서였다.

'눈송이'가 줄기차게 경멸조로 사용되는 공은 상당 부분 스티브 배넌Steve Bannon의 부지런한 발품에 돌아가야 한다. 배넌은 2007년 보수 웹사이트 『브라이트바트 뉴스Breitbart News』를 공동 설립했고, 그가 직접 경영을 맡은 이후로 『브라이트바트』는 백인민족주의white nationalism의 주장을 주류 뉴스 프로그램과 소셜미디어 피드로 전달하는 매개체로 변모했다. 2016년 그는 이 사이트가 "대안 우파를 위한 플랫폼"임을 분명히 했다.[16] 그 무렵 도널드 트럼프의 선거본부장으로 기용된 배넌은 이듬해 대통령 선임 고문이 되었다.

2016년을 전후로 수년간 『브라이트바트』 콘텐츠의 변함없는 주제 중 하나는 좌파 눈송이들의 권위주의와 전적인 나약함으로 인해 전 세계가 파탄의 위험에 처했다는 것이었다. '정치적 올바름'에 대한 거부는 이 사이트를 추동하는 주된 동인 가운데 하나다. '정치적 올바름'을 혐오한다는 건, 단지 일상생활에서 자신과 다른 부류의 사람을 배려하거나 그들에게 불쾌하지 않은 언어를 사용하기가 다소 피곤하다고 생각하는 것을 넘어선다. 그것은 이성애자 백인 남성 외의 다양한 정체성 집단의 존재와 권익 증진이 자신의 사회적 지위에 위협이 된다고 보는 것이다. 이는 대안 우파의 명백하고 공식적인 우려다.

대안 우파는 전통적인 보수주의를 거부하고 노골적인 백인우월주의를 선호하는 젊은 백인 남성들을 주축으로 한 운동으로 볼 수 있다. 그들은 남성과 백인, 즉 그들이 보기에 페미니즘의 위협과 '백인 말살'의 위협에 직면한 두 집단의 옹호자를 자처한다. '백인 말살white genocide'이란 이민, 세계화, 임신중절 권리가 백인을 지구상에서 말살시키려는 계략의 일환이라는 음모론이다. 대안 우파는 이민에 반대하며, 자신을 반기득권 세력으로 본다—그들을 지지 기반으로 적극 수용한 트럼프가 미국 대통령 자리에 오른 후에도 말이다. 스티브 배넌은 자신의 정치를 '민족주의'라고 칭하면서 앞의 '백인'은 슬그머니 떼버리지만, 그가 옹호하는 대안 우파는 노골적으로 인종주의적인 밈을 사용한다.

트럼프 선거본부를 지휘하기 위해 2016년 8월 『브라이트바트』를 떠났던 배넌은 1년 뒤 혼돈의 백악관에서 쫓겨나 본래의 자리로 복귀했다. 불과 몇 개월 뒤인 2018년 1월, 배넌은 『브라이트바트』에서도 축출됐다. 언론인 마이클 울프Michael Wolff의 출처가 의심스러운 저서 『화염과 분노Fire and Fury』에서 대통령의 딸 이방카 트럼프가 "벽돌처럼 멍청하다"[17]는 배넌의 말이 인용된 후로 대통령과 배넌, 벽돌 사이가 냉랭해진 탓으로 보인다. 그렇지만 매케이 코핀스McKay Coppins가 『디 애틀랜틱The Atlantic』에서 언급한 대로, 스티브 배넌이 2017년 8월 백악관 고문 자리에서 경질된 후로도 트럼프 대통령은 『브라이트바트』에서 통용되는 언어를 이용해 매일의 업무를 수행하고 세계를 이해했다.[18] 그는 자신의 비서관들을 "세계주의자"로, 자신이 임명했던 전 국무부 장관을 "기득권자"로 지칭했다. 코핀스는 이런 말들이 "확연한 『브라이트바트』식 용어"라고 지적한다. 언뜻 무해해 보이는 이 표현들은 사실 『브라이트바트』 세계에서는 대안 우파가 반대하는 것들을 집약적으로 드러내는 '강한 멸칭'이며, 음험한 세계주의자인 유대인 엘리트에 대한 짙은 반감이 함축된 말이다[대안 우파는 은밀한 유대인 조직이 세계 금융, 언론, 기업을 장악하고 세계 지배를 꾀하고 있다는 음모론을 믿는다].

어쨌거나 백악관 참모와 『브라이트바트』 수장을 지내는 동안 배넌은 오버턴의 창Overton window, 즉 사회가 용인 가능한 것으로 간주하는 담론의 범위를 훨씬 더 오른쪽으로 옮겨 놓았다. 이러한 우경화의 흐름 속에서 대안 우파의 어휘가 훨씬 더 광범위한 언중과 만나게 되었다. 일부 대안 우파 인사는 오버턴의 창을 옮기고자 노골적인 시도를 이어가고 있으며, 그들의 신념과 언어가 용인 가능한 담론 안에 포함되게 하려는 그러한 시도는 지금까지 꽤 성공적이었다.

오늘날 경멸어로서 눈송이의 사용은, 그 뒤에 깔린 정치적 의도와 함께 인터넷의 가장 어두운 구석으로부터 주류 사회로 확산했고, 대안 우파를 지지하는 사람들뿐만 아니라 좌우 양 진영에서 대안 우파를 비판하는 사람들의 언어 속으로도 파고들었다.

대안 우파의 언어는 방대하며 그들끼리만 통하는 농담과 감춰진 의미들로 가득하다. 그들이 사용하는 상징과 관용구들은 빈정거림과 진지함의 경계를 넘나든다. 조 번스타인Joe Bernstein은 2015년 말 『버즈피드BuzzFeed』에 "모든 반문화의 경우와 마찬가지로, 그들 역시 자기들만의 사회적 규범, 승인된 진실, 유머 감각, 의사소통 방법, 용어를 발달시켰다"고 썼다. '눈송이'도 그중 하나인데, 다만 '백인 말살'과 같은 다른 용어와 달리, 그 말은 태도나 처신, 정치신념 등에서 자신을 인종주의적인 대안 우파와 대단히 동떨어져 있다고 여기고 싶어할 사람들의 어휘로까지 스며들었다.

어쩌다 이런 언어적 확산이 일어났을까?

2015~16년에 주류 언론 매체는 주요 대안 우파 인사들, 이를테면 당시에 인기가 있었으나 이제는 한물간 영국의 극우 선동가 마일로 야노펄러스Milo Yiannopoulos나 미국의 극우 과격론자 리처드 스펜서Richard Spencer 등을 자주 그들의 프로그램에 초청했다. 영국에서 야노펄러스는 채널4와 BBC에 출연했고, 스카이 뉴스에서 여성이 형편없는 과학자가 되는지 여부를 두고 논쟁했다.[19] 리처드 스펜서는 대안 우파가 미국 대학에서 "표현의 자유의 한계를 시험"하고 있는지에 관해 채널4와 인터뷰했다.[20] 미국에서는 공영방송의 점잖은 저녁 프로그램인 〈PBS 뉴스아워〉가 스펜서를 인터뷰했고, 진보성향 잡지 『마더 존스Mother Jones』는 그에 관한 긴 소개 기사를 트위터로 홍보하며 이런 문구를 붙였다. "트럼프 열풍에 올라탄 세련된 옷차림의 백인민족주의자를 만나보자"[21](몇 주 뒤 스펜서가 나치 경례를 붙이는 군중 앞에서 "하일 트럼프, 하일 우리 국민, 하일 승리!"를 외치며 연설한 후에, 이 기사는 편집자 주를 달고 업데이트되었다). 주류 플랫폼이 그들에게 제공하는 빛나는 신빙성 덕분에—심지어 명성 높은 진행자들에 의해 반박당할 때조차도—점점 더 많은 이들이 대안 우파의 견해와

용어를 받아들여도 괜찮다고 여기게 되었다. 사안을 '양 측면에서' 이해해 보자는 미디어의 구도 속에서는 논쟁이 서로 경합하는 동일하게 타당하고 신의성실한 행위자들이 벌이는 교양 있는 토론으로 그려지므로, 일반 시청자가 대안 우파 같은 극단적인 이데올로기에 약간이라도 공감하기가 더 쉬워진다. 야노펄러스나 스펜서 같은 인물은 자신들의 극단주의를 "정치적으로 올바르지 않은" 견해로 표현하며, 많은 시청자는 자신도 그렇기를 바란다("정치적으로 올바른" 견해를 가진 이들도 보통은 자신을 "정치적으로 올바른" 사람으로 나타내고 싶어하지 않는다). 결국 평범한 시청자들은 스펜서나 야노펄러스 같은 출연자들을 보면서 이렇게 생각할 수 있다. '이 사람들은 정치적으로 올바르지 않구나, 나도 그런데.' 사실 그 밖에 그들 사이에 어떤 공통점이 있을 수 있겠는가? (실제로 도널드 트럼프 지지자들이 트럼프나 대안 우파 인사들에 관해 좋아하는 점 중 하나는 '정치적 올바름'에 대한 그들의 노골적인 반대다.)

야노펄러스는 2015년 11월 『브라이트바트』에 게재된 「내가 잘나가는 이유Why I'm Winning」라는 글에서, 새로운 플랫폼이나 인터넷 하위문화 공간에 들어갈 때마다 "곧장 어김없이 당신들 진보 기득권 언론사에 대한 불만이 들려온다"고 썼다.[22] 그는 매체에서 자신을 얼마나 자주 소개했는지 썼고, "표현의 자유와 사상의 자유를 위한 진격에 앞으로도 계속해서 앞장서겠다"고 공언했다. 이 자유에는 "인터넷에서 여성의 몸무게에 대해 평할 권리나 히틀러 밈을 올릴 권리"도 포함되는데, 왜냐하면 **말은 상처를 줄 수 없고, 특별한 눈송이의 감정 따위는 내 알 바 아니며**, 가장 불쾌하고 모욕적인 발언이야말로 가장 열렬히 보호되어야 하기 때문이다". 이 글은 난공불락인 자기 자신과 사랑에 빠진 남자가 언론에 보내는 야유였다. 그는 자신을 추종하는 이들의 저속한 욕망, 이를테면 여성을 뚱뚱하다고 부를 권리 같은 것을 표현의 자유를 위한 숭고한 성전聖戰으로 포장했다.

　그러나 「내가 잘나가는 이유」를 쓴 뒤로 야노펄러스는 유튜브, 트위터를 비롯한 여러 플랫폼에서 쫓겨났고 더는 대학의 강연 행사에 초청되지 않는다. 결정타는 그가 소아성애를 옹호하는 것으로 보이는, 2017년에 드러난 오래된 영상이었다. 이 영상에서 그는 "어린 소년과 나이든 남성" 사이의 성적 관계는 유익한 "성장" 경험이 될 수 있다고 말했다.[23] 야노펄러스는 "기만적인 편집"과 "영국식 풍자"를 탓했고, "부정확한 표현"에 대해 사과했으며, "나는 소아성애를 지지하지 않는다"고 밝혔다.[24] 하지만 그가 플랫폼에서 방출당한 후로 사람들은 더는 그에 관해 이야기하지 않는다. 요즘 내가 그를 떠올리는 건 대부분 언론인 젭 룬드Jeb Lund가 촉발한, 트위터 역사상 최고의 타래글 중 하나가 생각날 때다. 그는 야노펄러스를 가리켜 "10대의 셔츠를 껴입은 보라 공룡, 윙카[로알 달의 소설에서 이름을 딴 초콜릿/사탕 브랜드]의 실수 거대 알사탕 엉덩이를 한 개자식"이라 했고, 그 밖에도 정치적으로 올바르지 않은 많은 말들이 이어졌다.[25] 야노펄러스는 이제 아무런 존재감이 없어서, 나는 이렇게 그에 관해 쓰면서 혹시 엉겁결에, 마치 거울 앞에서 '캔디맨'이라고 말하는 것처럼, 다시 그를 이 세계로 소환하게 되는 건 아닌지 두렵다[클라이브 바커의 소설을 원작으로 한 공포 영화 〈캔디맨〉에 등장하는 동명의 캐릭터는 이름을 5번 부르면 거울 밖으로 나와 살인을 저지른다]. 그러나 사실, 야노펄러스 같은 인물에 대한 '플랫폼 배제'가 오히려 그들에게 힘을 실어주리라는 언론의 호들갑은 수차례 있었지만, 명망 있는 기관들과 미디어 플랫폼으로부터의 추방은 야노펄러스를 더 매력적이거나 더 위험한 인물로 만들어주지 않았다. 그와 반대로, 영미 극우를 대표하는 인물 중 하나였던 그는 출판 계약이 취소되고 공개 강연 및 기고 의뢰가 말라붙으면서 수백만 달러의 빚을 지게 되었다. "그만한 빚을 지려면 얼마나 성공해야 하는지 아느냐"[26]고 야노펄러스는 페이스북에서 큰소리를 쳤지만, "2년간의 플랫폼 배제, 추방, 블랙리스트, 검열은 … 타격을 입혔다". 2018년에는 그가 음모론 웹사이트 『인포워즈InfoWars』에서 밀크시슬 추출물이 함유된 건강보조식품을 팔고 있는 모습이 포착되었다.[27]

불행하게도 야노펄러스에 관해서는 나중에 더 할 말이 많으니, 주변에 어린 자녀가 없도록 주의를 당부드린다. 그러나 일단 분명한 사실은, 그가 2010년대 중반 대중적 인지도의 급상승에 힘입어 눈송이라는 말을 인종주의자들의 인터넷 변방에서 공적 담론의 중심으로 옮겨온 여러 운반책 중 하나였다는 것이다. 그 후 눈송이라는 말과 그것을 둘러싼 이데올로기는 야노펄러스보다 더 오래 살아남았고 야노펄러스보다 더 큰 영향력을 갖게 되었다. 이제 야노펄러스는 지난 10년의 씁쓸한 뒷맛 정도로 느껴질 뿐이지만, 그의 부상을 야기했던 요인들, 즉 그에게 주목했던 주류 매체, 그리고 그가 주창했던 "정치적으로 올바르지 않은" 생각들은 여전히 건재하다.

야노펄러스가 앞으로 다시 플랫폼을 확보할 것인지 여부와 관계없이, 당시 그가 즐겼던 스포트라이트가 워낙 밝고 길었기 때문에 그의 주장들은 정치 스펙트럼 전반에 걸쳐 발판을 마련할 수 있었다. 2016년 3월 『브라이트바트』의 앨럼 보커리Allum Bokhari는 이 과정에 주목하면서 특히 대학생의 눈송이성에 대한 비판적 여론을 언급했다. "이제 『가디언Guardian』, 『뉴욕 타임스New York Times』, 『데일리 비스트Daily Beast』 같은 진보성향 매체들이 대학생의 검열을 비난하는 것은 더는 이례적이지 않다."[28] 그 결과, "좌익 활동가들은 이제 좌파, 중도, 우파(우파는 수년간 캠퍼스의 급진화에 관해 경고해온 만큼 분명 정당성을 입증받은 만족감이 크다)와 더불어 주류 언론에도 적대시되고 있다".

인터넷의 천박한 인종주의자들은 눈송이 캐릭터를 주조할 유연한 틀을 만들어냈고, 그래서 허수아비['허수아비 때리기'(상대의 주장을 약점 많은 형태로 왜곡해 바꿔치기한 후 그것을 공격하는 논쟁술)의 그 허수아비를 가리킨다]나 적이 필요한 사람은 누구나 그 틀을 채워 넣을 수 있었다. 이렇게 만들어진 허수아비는 2016년에 요긴하게 활용되었다.

눈송이 멸칭을 만들어낸 극우는 2015년까지 점점 더 넓은 범위의 청중을 상대로 눈송이에 대한 혐오를 공공연히 드러냈다. 하지만 '눈송이'라는 말이 극우의 후미진 인터넷 은신처를 벗어나 미국과 영국 모두에서 정치적 논쟁의 전면에 자리하게 된 것은, 영국이 국민투표로 유럽연합 탈퇴를 결정하고 도널드 트럼프가 미국 대통령에 당선된 2016년의 일이다. 그 해의 주요 인물 중 몇몇은 더 힘 있는 자리로 올라갔고 몇몇은 도태되었지만, 눈송이에 대한 혐오는 여전히 세차게 일렁이고 있으며, 그 기세가 가장 등등한 곳은 영국 언론이다.

2016년 클레어 폭스Claire Fox는 눈송이 개념을 공공연히 공격한 『난 그게 불쾌해!I Find that Offensive!』를 출간했고, 『데일리 메일Daily Mail』에서 책의 골자를 더 넓은 독자층에 소개하며 관심을 끌어모았다. 폭스의 시의적절한 출간 홍보 활동 덕분에, 브렉시트 투표일 무렵의 영국 국민은 어디서나, 특히 투표 결과에 가장 크게 실망한 일부 젊은층에서 눈송이를 알아볼 준비가 되어 있었다. 승리감에 도취한 나이절 패라지Nigel Parage, 보리스 존슨 등 탈퇴파 지도자들은 패배한 상대편을 감정적이고 나약하며 정치적 올바름에 지나치게 경도된 이들로 규정했다. 유럽연합 잔류파는 조롱당하고 증오받아야 할 눈송이들의 광맥이었다.

『난 그게 불쾌해!』(그리고 짜릿한 속편, 『난 여전히 그게 불쾌해!』)에서 폭스는 전에 없이 폭넓은 독자들에게 눈송이에 대한 혐오를 심어주었다.

그래서 눈송이들이 무엇을 그토록 "**불쾌해!**"한다는 것인가? 이번에도 역시, 무엇이 그들을 불쾌하게 하느냐보다 그들이 불쾌해한다는 자체가 중요하다. 사실 폭스가 보기에 눈송이는 뭔가를 불쾌해하는 걸 **즐긴다**. 그녀는 눈송이들이 "위험스럽게 예민"하지만 "거의 전투적인 특권의식"을 갖고 있다고 말한다.[29] 그녀는 "말이 정말로 상처를 줄 수 있고 자신의 신념과 반대되는 의견이 실질적인 위해의 원인이라고 믿는 10대"의 이야기를 들려준다. 그녀가 이들을 만난 건, 두 차례의 실패한 학교 강연회에서였다. 한 번은 학생 90퍼센트가 무슬림인 학교에서 이슬람을 주제로 열린 강연회였고, 다른 한 번은 축구선수 체드 에반스Ched Evans가 강간으로 수감된 후 사회적으로 배척당한 것이—후에 재심에서 무죄 판결을 받았다—'사회정의'였는지 아니면 '폭치mob rule, 暴治'였는지를 묻는 강연이었다. 그녀는 강간에 관한 강연 후에 "한 무리의 감정적인 여학생들이 나이든 여성으로서 내가 젊은 여성들의 곤경을 더 세심히 헤아려야 하며, 매일 강간당하는 전 세계 여성들에게 내가 아무런 공감을 갖고 있지 않은 게 분명하다고 말했다"고 전한다. 그녀의 묘사에 따르면 두 강연회에서 10대들은 "새되고" "앙칼지고" "악을 썼다". 그녀는 눈송이 세대가 "젊은 청년이라기보다는 삐쳐서 떼를 쓰는 어린애처럼 행동하기 일쑤"이고 나이든 평론가들은 "젊은이들이 갈수록 지나치게 과잉보호되고 유아 취급을 받고 있어, 각박한 현실을 헤쳐갈 수 있을까" 우려하고 있다고 말한다. 아무튼 요즘 애들은 쟁기질이 뭔지도 모르니까.

폭스의 책은 어쩌다 젊은이들에게 "불쾌함에 휘둘리는 유해한 경향"이 생겼는지를 밝히려는 시도다. 반면에 그녀 세대나 그 전 세대들은 그 무엇에도 전혀 불쾌함을 느끼지 않았다는 걸 우리는 알아야 한다(아마도 젊은이들에 대해서만큼은 예외일 테지만). 폭스의 눈송이는 새된 소리를 지르고, 전투적이며, 걸핏하면 아이처럼 뾰로통해지고, 과잉보호를 받으며 자라났고, 말을 두려워하며, 물론 폭치를 애호한다. 그녀의 눈에 비친 **요즘 애들**은 우스꽝스러워 보인다. 하지만 폭스는 누구나 쉽게 미워할 만한 희화화된 젊은이상을 만들어 정치 공론장 안으로 던져 넣었다. 그곳에서 많은 사람들이 이 캐리커처를 반겼다.

대서양 반대편에서, 시사만화가 벤 개리슨Ben Garrison은 대안 우파가 사랑하는 만화가의 관점에서 눈송이의 모습을 더 구체적으로 채워 넣었다.[30] 개리슨의 만평은 주로 좌파의 여러 인물을 다루며, 흔히 인종주의적이고 반유대적인 묘사의 전형을 보여준다. AOC라는 머리글자 이름으로 더 잘 알려진 초선의 여성 연방 하원의원, 알렉산드리아 오카시오-코르테스Alexandria Ocasio-Cortez는 그의 만평에 단골로 등장한다. 한 번은 전직 바텐더였던 그녀가 바에서 '베네수엘라 서프라이즈'[좌파 포퓰리즘 정권의 실정과 부패로 베네수엘라 경제는 파탄 상태에 이르렀다], '후기 임신중절', '김빠진 스탈린 에일' 같은 대표 칵테일을 제공하는 모습이 그려졌다.[31] 손톱만큼 작은 잔 하나에는 눈에 잘 띄지도 않는 '이성과 논리 리큐어'가 담겼는데, 흉측한 바텐더 AOC는 이 칵테일을 그리 좋아하지 않는 듯하다. 그녀는 '사회주의는 섹시해'라는 글귀가 새겨진 배꼽티를 입고서 우리에게 권한다. "쭉 들이켜요! 돈은 다른 사람이 낼 테니까." 만화는 형편없지만, 바는 훌륭해 보인다.

또 다른 만평에서 우리는 「떼쟁이들의 습격Attack of the Crybullies」이라는 끔찍한 장면을 본다.[32] 거대한 아기 셋이 대학 캠퍼스로 난 길을 따라 쿵쿵대며 걸어온다. 첫 번째 아기는 '인종주의자!' 소리를 내는 딸랑이와 함께 '사회정의'라 새겨진 목검을 휘두르고 있다. 두 번째 아기는 머리를 염색한 여아인데 배 부분에 '특별한 눈송이'라는 글귀가 적혀 있다. 그 뒤에는 문신한 남아가 '#숨죽이고정의를맞이하라'고 적힌 팻말을 들고 있다. 그들은 모두 '응석받이' 기저귀를 차고 있고, '내 가암정MY FEEWINGS'이 다쳤다며 악을 쓰고 있다. 쿵쿵대는 그들의 무시무시한 발바닥 아래로 몇몇 불운한 '진보주의자'가 깔려 있다. 배경에는 또 다른 성난 아기가 '안전공간'에 들어앉아 있고, 앞쪽에는 한 무더기의 책이 불타고 있는데, 그중에는 '이성'의 책, '논리'의 책, 그리고 미국 헌법이 있다. 거대한 성난 아기들은 근사한 캠퍼스를 쿵쿵대고 돌아다니면서 발길에 걸리는 명망 높은 진보주의자와 미국의 기틀이 된 문서를 짓밟고 있다. 그렇다, 그들은 아기다. 하지만 그들은 또한 거대한 괴물이다. 눈송이는 한심하면서 동시에 무시무시하다. 눈송이의 모습은 흉측하다. 만화는 대단히 멍청하지만, 자기 불행의 책임을 돌릴 적을 찾는 이들을 열광시킨다.

이 한심하고 어수선한 만화가 우리에게 보여주는 것은 정치 현실에 지대한 영향을 미치는 하나의 세계관이다. 그 세계관은 어떤 특징과 행동에 대한 혐오를 결집한다. 2020년, 후보자가 난립했던 민주당 당내 경선부터 대선까지의 전 과정을 취재하면서, 나는 얼마나 많은 사람들이 후보의 정책에 대한 찬반이 아니라 후보의 이미지에 대한 호불호에 따라 표를 던지는지 깨달았다. 이 만화도 하나의 이미지, 즉 눈송이의 이미지를 포착했다. 이 이미지에 반대표를 던진 사람들이 브렉시트와 트럼프를 초래했고, 무엇이 되었든 그다음 사태를 초래할 것이다. 정치에 활발히 참여하는 부류는 대부분 사람들이 얼마나 정치에 무관심한지 깨닫지 못한다. 그들은 계급과 교육이라는 장벽 때문에 언론으로부터, 그리고 여론조사기관으로부터도 멀어져 있다. 하지만 그럼에도 투표를 하고자 한다면 어떻게든 마음을 정해야 한다. 어쩌면 그들은 개리슨의 만평 같은 것을 보고 즉각 자신이 거기 묘사된 것을 싫어한다고 판단할 것이다. 나이절 패라지나 도널드 트럼프 같은 정치인은 그런 유권자들에게 자기들도 그 정체를 알 수 없는 떼쟁이들에 반대한다는 신호를 주는 데 능하다. 언론과 전문가에 대한 믿음을—흔히 충분히 그럴 만한 이유로—버린 수많은 영국인과 미국인에게는 그것이 알아야 할 전부일 수 있다. 그리고 일단 권력을 잡은 후에 트럼프 같은 인물은 패배한 상대편을 보면서 단지 그들이 패자라고 조롱하는 것이 아니라(물론 그런 말도 하지만) 패배에 대한 반응이 그들의 도덕적 결함을 고스란히 드러내 보인다고 비난할 수 있다. 실제로 나이절 패라지를 비롯한 유럽연합 탈퇴파 지도자들은 브렉시트 투표 후 그들이 목격한 잔류파의 상심이 민망한 눈송이성의 노출이라 말했다.

매우 아이러니한 유사한 사례를 미국의 보수 매체 발행인 브렌트 보젤 Brent Bozell의 2021년 1월 20일 트윗에서 찾아볼 수 있다. 조 바이든 대통령이 취임한 이날, 그는 "4년 전의 눈송이 좌파와 달리, 오늘 보수는 곰 인형을 끌어안거나, 베개에 머리를 묻고 비명을 지르거나, 컬러링 북을 칠하거나, 방에 처박혀 울거나, 심리상담을 받지 않고도 하루를 넘길 수 있었다"는 트윗을 올렸다.[33] 글쎄요, 브렌트. 만약 그들이 상담을 받거나 색칠을 좀 했다면, 의사당을 습격하지는 않았을지 모르죠[트럼프는 재선 실패 후 거듭 부정선거를 주장했고, 2021년 1월 6일 그를 지지하는 폭도들이 당선인 확정 절차가 예정돼 있던 워싱턴 의회 의사당에 난입해 의원들이 급히 피신하는 사태가 벌어졌다].

지지하던 정당이나 후보의 패배, 혹은 기대를 저버린 국민투표 결과를 슬퍼하는 건 새로운 현상이 아니다. 정치적인 경합이란 근본적으로 사람들이 각기 다른 것들을 소중히 여기는 마음에 달려 있으며, 종종 그 마음은 깊다. 하지만 눈송이 비판자들에게 정치적 패배에 대한 슬픔, 분노, 비탄의 표현은 단순히 자연스러운 정서적 반응이 아니다. 그것은 민주주의의 근간을 잠식하려는 시도, **생트집**을 잡는 **억압적**인 시도다. 패배의 슬픔을 표현하는 것에서 그들은 승리한 쪽을 위협하는 폭력적인 시도, 권력 찬탈의 시도를 상상한다. 눈송이는 공격적으로 그려지며, 눈송이가 공격적이라면 상대편은 그 공격성의 희생자일 수밖에 없다. 브렉시트 투표와 총선 이후 영국과 미국에서 정치권력을 차지한 건 그들인데도 말이다.

탈리아 러빈Taliva Lavin은 2018년 4월 『빌리지 보이스Village Voice』의 「극우의 아이러니한 눈송이 문제The far-right's ironic snowflake problem」라는 기사에서 이 현상을 다루었다.[34] 이 글의 단초가 된 것은, 마일로 야노펄러스와 좌파 정치단체인 미국민주사회주의자Democratic Socialists of America/DSA 회원들이 맨해튼의 한 술집에서 마주치면서 벌어진 사건이었다. DSA 회원들은 그에게 맥주를 사줬고, 그런 다음 그 유명한 노동조합 투쟁가 〈연대여 영원하라Solidarity Forever〉를 부르기 시작했다. 야노펄러스는 당시 사람들이 그를 밀쳤다고 주장했다. 비디오 판독 결과 사실이 아닌 것으로 드러났지만 말이다. 그러자 보수 주간지 『워싱턴 이그재미너Washington Examiner』가 「극좌의 아이러니한 나치 문제The far-left's ironic Nazi problem」를 다뤘고, 이어서 터커 칼슨Tucker Carlson이 그가 진행하는 〈폭스 뉴스〉에서 좌파 '파시스트'를 맹비난했다—미국에서 눈송이 패닉이 거치는 자연스러운 생애 주기다. 그들의 주장은, 우파와 극우가 좌파 눈송이의 희생자이고, 좌파 눈송이는 자신들이 희생자인 것마냥 행세하며 권위주의적인 권력을 휘두르고 있다는 것이다. 그냥 아무 권력이 아니다. **파시스트 권력**이다. 러빈은 이런 주장이 모든 대항 이데올로기가 제도권력을 획득할 때 느끼는 불안에서 비롯한다고 추정한다. "정치권력을 누리게는 되었지만 그럼에도 완전한 문화 지배력은 얻지 못했기 때문에, 이들 보수주자는 그들이 힘없는 위치에 있다는 인식을 조작해내야 한다." 누가 누구에게 **실제로** 권력을 행사하느냐를 둘러싼 싸움이 눈송이 논쟁의 핵심이다. 러빈은 미국 보수주의자들이 "정부 3부를 모두 장악하고 이미 과반의 주 정부까지 가져간 터라 투쟁 동력을 상실했고, 그래서 싸움을 만들어내야 한다"고 쓰고 있다. 눈송이는 나약하고 응석받이고 정신적으로 부서지기 쉬운 모습으로 그려지곤 한다. 하지만 눈송이 비판자가 문화 엘리트 세력과 전쟁을 벌이고 싶다면, 눈송이를 결코 약자로 그려서는 안 된다.

트럼프 대통령, 그리고 나이절 패러지 같은 그의 영국 우익 동지들은, 적어도 부분적으로는, 이렇듯 문화 지배 세력으로 간주되는 눈송이들을 적대시함으로써 자신들의 소구력을 구축했다. 그들이 맞선다고 주장하는 눈송이는 누구나 될 수 있다. 어느 대학생일 수도 있고, 골든 글로브상을 수상하면서 공감의 확장을 호소했던 메릴 스트립일 수도 있다. 2016년 이래의 눈송이는 여성행진에 참가한 시위자들이고, 트럼프의 무슬림 입국금지조치 피해자를 돕기 위해 공항으로 달려간 변호사들이고, 이주 아동을 부모와 격리한 조치에 항의하기 위해 미국-멕시코 국경을 방문한 유대계 사회정의단체들이다. 이러한 사례들에서, 비판자의 눈에 비친 눈송이는 언제나 나약함을 내세워 비민주적인 힘을 휘두른다. 보수 성향의 미국 저술가 벤 셔피로Ben Shaprio는 2016년 미국 대선 다음날 이런 트윗을 남겼다. "소중한 눈송이들은 자기들이 까탈을 부리면 트럼프가 취임하지 못할 거라 생각하나? 제아무리 꿈의 힘을 믿어봐야 현실 세계는 그들의 믿음에 보답해주지 않는다." 셔피로가 상상하는 눈송이들은 아기처럼 보채고, 그러면 선거 결과를 뒤집을 수 있으리라 기대한다. 그들은 충분한 양의 울음이면 대통령도 끌어내릴 수 있다고 생각한다. 이런 주장 역시 바이든의 대선 승리 이후 더없이 아이러니해졌다. 2021년 초 현재, 공화당 지지자 중 절반 이상

이 여전히 선거가 적법하지 않았다고 믿고 있다.[35]

전직 대통령과 그 협력자들 역시, 온라인의 대안 우파들이 즐겨 그러듯이 빈정거림이나 트롤링의 의도를 가지고 눈송이나 그 사촌뻘 되는 모욕어를 사용하기도 한다. 내게 이 사실을 깨우쳐 준 사람은 트럼프의 전 (11일간의) 공보국장, 앤서니 스카라무치Anthony Scaramucci였다. 2019년에 내가 진행한 『워싱턴 포스트』 인터뷰에서, 그는 "트럼프는 당신들을 자극하는 걸 즐겨요"라고 말했다. 여기서 당신들은 주류 언론을 뜻한다. "그가 즐겨 쓰는 수법 중 하나죠." 그는 트럼프가 어째서 한사코 진실을 말하지 않는지 설명을 이어갔다.

그는 진보 언론에 있는 모든 사람이 죄다 찰리 브라운의 선생[만화 속에서 왕왕거리기만 하고 무슨 말을 하는지 알아들을 수가 없는 캐릭터]처럼 들리게 하고 싶은 거예요. 무슨 말인지 알겠어요? 그들이 매일 밤 그가 한 모든 거짓말을 꼽아가며 격분하기를 바라죠. 자기 지지층이 그 사람들을 싫어하는 걸 알거든요. 그 사람들이 '트리거'에 발작하면, 그걸 보는 자기 지지층이 좋아한다는 거죠. 내 말 이해하겠어요?[36]

트럼프에게나 온라인 대안 우파에게나 트롤링의 즐거움은 사람들, 정확히 말하자면 자신의 정치·문화적인 적을 화나게 하는 데 있다. 하지만 역시나, 그 동기가 절반은 그저 빈정거림이라 해도, 그런 트롤링이 조장할 수 있는 현실 세계의 위해가 배제되는 것은 아니다. 정확히 어떤 사람들의 화를 어떻게 돋워야 지지층이 환호할지 아는 건 능숙한 정치적 계산의 결과다. 지지층에게 필요한 건 오직, 그들이 증오하는 그 어떤 부류의 인물도 대신할 수 있는 '눈송이' 같은 단어다.

그렇다면 그들을 가장 혐오하고 가장 열렬히 트롤링하는 이들이 보기에 눈송이는 누구인가? 눈송이는 연약하면서 동시에 전투적이다. 그들은 떼거리를 이루지만, 이는 겁쟁이들의 떼거리다. 눈송이는 당신을 죽일 테고, 그런 다음에는 제 마음을 다쳤노라며 훌쩍거릴 것이다. 눈송이는 약간의 불쾌함에 대해서도 미리 트리거 경고를 요구하지만, 자기와 의견이 다른 사람을 박해하는 데는 주저함이 없다. 눈송이는 잔혹하고 집요하며 지독하게 재미가 없다. 그들은 앙칼지게 소리를 지르고 밴시[banshee. 아일랜드 민화의 정령으로 울음으로 죽음을 예고한다]처럼 구슬피 운다. 그들은 교활한 작은 아기들이다. 눈송이는 자기 자신에 집착하며, 더 중요하게는 다른 사람들이 모두 제 의견에 따르느냐에 집착한다. 그들은 불쾌한 언사에 경악하며 헉 소리를 내고, 안전공간으로 대피해서는 정치와 사회의 전체주의적 찬탈을 획책한다.

모든 모순과 상충을 마음속에 차곡차곡 쌓아 올려보자.

여러분은 이런 묘사에 부합하는 사람을 한 번이라도 만나본 적이 있는가? 나는 없다. 나는 잘 토라지는 사람도, 많이 우는 사람도, 그리고 공인이나 사적 관계에 있는 인물의 불쾌한 언사를 대단히 적극적으로 지적하는 사람도 만나봤다. 또한 그렇고 그런 허다한 진상들, 특권의식에 찌든 사람들, 귀하게 자라 제멋대로인 사람들, 자기중심적인 사람들을 다 만나봤다. 나는 사회운동에 헌신하는 사람도 만나봤고, 인스타그램에 공산주의에 관한 밈을 올리는 데 헌신하는 사람도 만나봤다. 파티에서 무지막지하게 재미없는 사람도 만나봤다. 하지만 이 모두에 해당하는 사람은 만나본 적이 없다. 어쩌면 몇몇 리얼리티 쇼의 인물들이 근접할 수도 있겠다. 하지만 그들이 소리 높여 요구하는 것은 사회정의가 아니다. 눈송이 캐릭터의 총체가 과연 비판자들 마음 바깥에도 실제로 존재하는 걸까? 나는 아니라고 생각한다.

눈송이라 불릴 때의 적절한 반응은 어떤 것일까? LGBTQ+ 운동가들이 '퀴어'를 재전유했듯이 눈송이라는 명칭도 재전유할 수 있을까? 그리하여 존중, 공감, 분노, 예민함을 하나의 응집된 정치적인 힘으로 만들고자 하는 사람을 가리키는 말로 활용할 수 있을까? 맞다, 그럴 수 있다. 그래야 한다. 하지만 아직은 그렇게 되지 못했다.

눈송이라는 말을 듣는 많은 사람은 그것을 재전유, 즉 뭔가 긍정적인 것으로 전환하기보다는 그들을 폄하한 이들에게 자신이 받은 모욕을 그대로 되갚아주면서 일종의 진흙 던지기 싸움을 벌이곤 한다. 이를테면 어떤 보수적인 인물이 어느 동상에 대한 누군가의 무례함에 격분한다면, 그렇게 화를 낸다는 이유로 그 사람을 눈송이라 부르고 싶은 유혹을 느끼기 쉽다.

진짜 눈송이는, 사람들이 너무 자주 불쾌함을 느끼는 데서 불쾌함을 느끼는 힘 있는 보수 세력일 것이다. 이 경우 눈송이라는 말은 그 말을 뱉은 사람들에게 되돌아간다. 그들은 트리거 경고가 너무 잦다면서 '트리거' 반응을 일으키는 자들이다. 그들은 젊은이들이 히스테리를 부린다며 히스테리를 부리고, 밀레니얼들이 특권을 당연시한다면서 그 특권을 자신들이 누려야 한다고 여긴다. 그들은 자기 의견을 밝히는 것이 더는 허락되지 않는다는 얘기를 자신의 주간 오피니언 칼럼에서 하는 사람들이다. 그들은 휴가지 뉴질랜드에서 신용카드 때문에 화를 내는 미국인 관광객이다.

구미가 당기기는 하지만, 나는 자기를 눈송이라 부른 사람을 비웃기 위해 눈송이라는 말을 써서는 안 된다고 생각한다. 그렇게 하면 결국 나를 폄하한 사람들과 똑같은 주장, 즉 강한 감정은 볼썽사납다는 이야기를 하는 셈이다. 나는 눈송이가 지향의 대상이 되어야 하며, 단지 이념적 적수에게 되갚아주는 말이 되어서는 안 된다고 생각한다. 눈송이를 방어적으로 사용할 때 전반적으로 그 부정적인 의미, 즉 감정이나 상처받은 마음, 정치적 분노를 민망하게 표출한다는 뜻은 더더욱 고착화할 것이다. 우리는 패배를 인정할 줄 모르는 도널드 트럼프를 눈송이라 부를 수도 있고, 내일의 독재자라 부를 수도 있다. 하나는 더 정확하고 더 시급한 말이다. 다른 하나는 2020년 대선 이후 트럼프가 저지른 가장 큰 잘못이 그의 상처받은 감정을 드러낸 일이라는 말이다. 눈송이 혐오자를 눈송이라 부를 때, 우리는 방향을 잘못 잡은 끝없는 싸움에 말려들게 된다.

눈송이라는 말이 정치무대에 극적으로 등장한 해인 2016년이 끝나갈 무렵, 몇몇 평론가들은 눈송이가 이미 재전유되었거나 곧 그렇게 될 거라 주장했다. 데이나 슈워츠는 『GQ』에 이렇게 썼다. "아무것도 의미하지 않는 모욕어에 저항하는 유일한 방법은 그것을 재전유하는 것, 그 정체성을 긍지의 원천으로 만들어 말의 힘을 약화하는 것이다. 이것은 모든 정체성 모욕어의 생애 주기이며, '눈송이'는 이미 그 주기의 끝에 다다르고 있다."[37] 슈워츠는 다양한 집회에서 "맞다, 나는 눈송이다" 혹은 "겨울이 오고 있다"—드라마 〈왕좌의 게임〉을 떠올려보시라—라고 쓰인 팻말이 등장했음을 지적한다. 하지만 집회 팻말 몇 개로 재전유가 이루어지지는 않는다.

2016년 11월, "작고 한심한 눈송이"를 "2016년의 결정적 모욕"으로 명명한 『가디언』 기사에서 리베카 니컬슨Rebecca Nicholson 역시 좌파가 그 말을 "재전유하기 시작"했다고 썼다.[38] 이때의 재전유는 슈워츠의 시위 팻말에서와 달리 적을 겨냥해 말을 재활용하는 것에 가까웠다. 니컬슨은 이렇게 말했다. "자신을 그렇게 부르는 사람들에게 그 말을 되갚아주면서, 좌파는 그것을 재전유하기 시작했다." 두 가지 예측이 나오고 몇 년이 흐른 지금, 니컬슨이 말한 형태의 재전유에 좀 더 무게가 실리는 모양새다. 우리는 훨씬 더 많은 사람이 눈송이 호칭을 자랑스러워하기보다는, 주로 인터넷상의 진흙 던지기 싸움에서 상대방을 눈송이라 부르는 걸 본다. 눈송이

를 무기화하는 것은 진정한 재전유가 아니다. 퀴어들이 '퀴어'를 재점유할
수 있었던 건, 동성애를 혐오하는 이성애자를 '진짜 퀴어'라 불렀기 때문이
아니다. 물론 농담으로는 몇 번이고 그랬을 테지만. 게다가 '눈송이'라는
건 진정한 의미에서 하나의 정체성으로 보기 어렵다. 지금껏 살펴보았듯이
이 멸칭은 그 정의조차 분명하지 않다. 눈송이성은 어떤 사람의 요체를 가
리키기보다는 넓은 범위의 가능한 정치적 신념들을 가리킨다. 그것은 인종
도, 섹슈얼리티도 아니다. 그것은 당신이 무언가에 **지나치게** 마음을 쓴다는
뜻이다.

　만약 여러분이 진심으로 중요하게 생각하는 어떤 것 때문에 화를 내서
눈송이라 불렸다면, 사실은 그런 데 전혀 신경쓰지 않는다고 말하는 게 바
른 대응은 아닐 것이다. 자신의 중심되고 확고한 정치적 신념들을 저버리
고 형편없는 인간이 된다고 해서 눈송이가 재전유되지는 않는다. 정말로
눈송이를 재전유하려면 그것을 받아들여야 한다. "맞다, 나는 불쾌하다. 맞
다, 나는 이 문제에 대해 강한 감정을 느낀다. 맞다, 방금 그 인종주의적 발
언 때문에 나는 당신이 진상이라고 생각한다."

　사람들은 강한 감정을 인정하기 불편해한다. 하지만 어느 미래의 눈송이
유토피아에서는, 감정을 느끼고 명확히 표현하면서도 자신의 논변을 해치
지 않는 것이 허락될 것이다. 이런 생각에 거부감이 느껴지는가? 아니면 안
도감이 느껴지는가?

이상에서 다룬 모든 눈송이 정의, 즉 무해한 정의부터 얼빠진 정의, 노발대
발하는 정의까지에서 빠진 건 돈이다. 그간 눈송이 담론의 험지를 두루 돌
아봤지만, 그 누구도 눈송이가 돈이 많은지, 그래서 그렇게 재수가 없는지,
아니면 돈이 없는지, 그래서 그렇게 까칠한지에 대한 판단을 내린 것 같지

않다. 계급에 대한 뚜렷한 논의도 없다. 엘리트주의에 대한 논의는 분명 있지만, 그건 대학교육과 거기서 받아들이는 특정한 사상과 관련된 엘리트주의지, 대대로 축적된 현금과 자산에서 비롯된 엘리트주의가 아니다. 많은 비판자가 그리는 눈송이는 대학에 다니는 이들, 성실하게 일하는 보통 사람에게는 그다지 중요하지 않은 것들을 배우는 이들이다. 하지만 두드러진 눈송이 비판자들은 그들의 표적들보다 더하면 더했지 덜한 엘리트가 아니다. 영국에서 가장 열렬한 눈송이 비판자는 보수당 의원 제이컵 리스모그 Jacob Rees-Mogg인데, 그는 중년이 되도록 어린 시절의 유모를 곁에 둔 인물임에도 그런 건 아랑곳없이 온라인에서 모종의 강인한 느낌을 풍기려고 무던히 애를 쓴다. 몇 차례 영국독립당 당수를 지낸 나이절 패라지는 맥주를 즐기는 보통의 일하는 사람을 자처하지만, 그 역시 증권중개인의 아들로 사립학교 교육을 받았다. 그래서 피어스 모건 같은 사람들이 부자와 빈자의 문화적 간극이 아니라 불쾌해하는 사람과 불쾌해하지 않는 사람의 문화적 간극에 관해 이야기하는 것이다. 특히 미국은 1920년대 이후로 가장 극심한 불평등을 겪고 있음에도, 영국에서나 미국에서나 가장 주된 격차는 경제적인 것이 아니라 문화적인 것처럼 일컬어지고 있다. 두 나라에서 사회를 가르는 것은 자산, 소득, 기회가 아니다. 그것은 태도다.

더구나 눈송이를 부자로 그리는 건 **안 될 일**이다. 눈송이 혐오 이데올로기에는 부자가 되는 건 우월한 자질 때문이라는 인식이 포함돼 있기 때문이다. '엘리트'를 가장 강하게 비판하는 정치문화 지도자들(대개는 아니더라도) 다수가 우리들 대부분이 꿈도 꾸지 못할 정도의 부자이기에, 그들은 결코 부의 불평등을 비판할 수 없다(도널드 J. 트럼프와 그의 귀한 자식들을 봐라). 돈이 없는 사람은 그럴 만하니까 그런 것이다. 이런 태도는 우파만의 것이 아니다. 눈송이 비판자들은 경제적 불평등을 다른 말로 바꿔 부른다. 그것은 도덕적으로 훌륭한 사람과 그렇지 못한 사람의 차이다.

어찌 보면 눈송이 비판자들은 여기서 괜찮은 기회를 놓치고 있는 듯하다. 특권의식과 나약함을 겨냥하고 싶다면, 놀고먹는 부자들의 응석받이 자녀들보다 더 나은 표적이 있을까? 두말할 나위 없이 미국과 영국에는 어마어마한 경제적 불평등의 간극이 존재하고, 부분적으로는 그로부터 배태된 정치환경이 브렉시트와 트럼프로 이어졌고, 다음번의 브렉시트스럽고 트럼프스러운 사태로 이어질 터이기 때문이다. 내가 영국과 미국에서 만난 부자 중에는 자신과 노동계급을 너무나 성공적으로 분리한 나머지 부자가 아닌 것이 어떤 것인지에 대해 문자 그대로 아무런 감각이 없는 사람들이 있다. 시트콤 〈못 말리는 패밀리Arrested Development〉에는 엄청나게 부유한 집안의 여성가장 루실 블루스가 무심코 "바나나 하나가 얼마나 하겠어? 10달러?" 하고 묻는 장면이 나온다. 실제로 그런 사람들이 있다. 그들은 빈곤층은커녕 중산층의 삶에 대해서조차 아무것도 모른다. 하지만 그저 모르는 게 다가 아니다. 그들은 자기들이 모른다는 걸 **모른다**. 그렇게 극단적으로 분리된 부자들은 정치 스펙트럼 전반에 걸쳐 존재하며, 좌파도 예외는 아니다.

만약 **이것**이 눈송이를 폄하하는 자들이 겨냥하는 바라면 나도 찬성이다. 그들의 주장이 경제적인 위선, 즉 진보적인 정견을 표명하나 조세회피처에 자산을 은닉하고 자녀들을 인종 분리된 학교에 보내는 자들을 겨냥한 것이라면, 얼마든지 환영이다. 그들을 공격하자. 만약 눈송이성이 고급 음식에 까탈을 부리거나, 식당 종업원이 재빨리 오지 않았다고 불쾌해하거나, 버스 타는 걸 '역겨워'한다는 뜻이라면, 그렇다면 나도 같이합시다, 피어스 머저리 모건 씨. 왜냐하면 이런 것들은 다 일종의 짜증스러운 나약함, 격리된 특권에서 비롯된 나약함이기 때문이다.

하지만 이런 논의는 없다.

그토록 인색한 잣대로 평가당하는 눈송이들은 도리어 불평등에 마음을 쓰는 사람들이다. 자신이 누리는 특권을 인정하는 사람들, 이상을 실천하고자 애쓰는 사람들이다. 바로 이 점이 그토록 많은 역정이 쏟아지고 허다한 칼럼과 저서의 지면이 할애되는 이유다. 눈송이는 경제 불평등, 인종 불평등, 젠더 불평등을 **마음 깊이** 우려한다. 그런 불평등으로 자기 자신이 수혜를 보고 특권을 누리는 방식에 대해서 여전히 배워가는 중이더라도 말이다. 설사 실패하더라도 노력한다. 그리고 현 체제에 소란을 일으킨다. 그것만으로 그들은 과격한 극우주의자뿐 아니라 정파에 관계없이 현 체제의 수혜를 보는 부유한 엘리트 전체의 분노를 산다.

바로 이것이, 눈송이를 모욕어로 쓰기 시작한 대안 우파 구울[ghouls. 페르시아, 아랍 신화의 식인요괴]들이 의미한 바와 달리 '눈송이'가 실제로 의미하는 바이자 눈송이가 실제로 하는 일이다. 눈송이는 가장 불안해야 할 자들을 불안하게 하는 사람이다. 눈송이는 용감한 사람이고, 연민 어린 사람이다. 눈송이는 자기가 머저리들한테 쿨해 보이는지 신경쓰지 않는 사람이다. 좋은 기운을 뿜고, 양심이 맑고, 목적의식이 있는 사람이다. 그리고 한마디 더 첨언하자면, 놀랍도록 매력적인 사람이다.

만약 이것이 눈송이라면, 누구라도 눈송이가 되고 싶지 않을까?

제2장
눈송이는 무엇을 원하는가?

문화전쟁의 진원지는 의심의 여지 없이 대학이다. 대학은 젊은이들이 한데 모여 있고 비판적인 언론의 주시를 받는 터라, 공장처럼 눈송이 패닉을 양산하고 있다. 이는 미국이든 영국이든 마찬가지다. 미국에서는 2014년부터 신세대 인종정의 활동가들이 새롭고 대담한 저항운동을 시작했고, 영국에서는 정치적 올바름의 기색이라면 아무리 사소하고 가벼운 것이라 해도 언론을, 그리고 불행히도 그 독자들도 격앙시킨다. 언론이 호들갑을 떠는 목적은 관심과 아우성을 촉발해 매출을 끌어올리기 위해서고, 동시에 젊은이들이 제시하는 정치적 가능성들을 위축시키기 위해서다. 하지만 이로 인한 다른 영향도 있다. 그렇지 않았으면 동정적이었을 사람들, 젊은이들과 그들이 세상을 바라보는 새롭고 흥미로운 관점에 호기심을 느꼈을 사람들에게 독약과도 같은 부정적인 인식을 서서히 주입해, 결국엔 대학생들을 사실상 혐오하게 만드는 것이다. 나는 다름에 대한 혐오를 조장함으로써 이익을 보는 자들의 유도가 아니었다면, 영국 국민들이 이토록 젊은 세대를 미워하게 되지 않았을 걸 안다. 하지만 매일같이 자신이 가장 신뢰하는 신문에서 젊은이들이 저질렀다는 만행을 접한다면, 그들을 불신하고 비웃지 않기가 더 어려울 것이다.

캠퍼스 눈송이 패닉의 각 사례를 찬찬히 들여다보면, 그 안에는 새로운 부류의 학우들을 더 잘 맞이하기 위해 대학의 관행과 전통에 작은 조정을 제안하는 학생들과 연대자들이 있다. 어떤 학생들은 그저 학생들이 100년 넘게 해오던 일을 하고 있다. 때로는 아무 특별한 일도 하지 않고 있다. 발작적으로 흥분한 헤드라인 너머로 우리가 발견하는 것은, 보통 『데일리 메일』이 독자들에게 믿게 하려는 바에 비해 훨씬 덜 흥미롭거나 덜 충격적이다.

눈송이와 그 연대자들이 원하는 것은 대체로 매우 간단하다. 다름에 대한 존중. 전통적으로 거부되었던 영역에서의 기회. 대학생활과 이후의 삶에서 누가 성공할 수 있을지를 제한하는 편견들의 종식. 커리어로 이어갈 수도 있는 사회운동, 언론활동, 정치조직화를 연습할 기회. 여기에는 중요하고 거시적인 생각들이 담겨 있다. 하지만 때로 언론은 아무것도 아닌 일로 캠퍼스 눈송이 패닉을 불러일으킨다.

한 가지 예를 살펴보자. 2019년 초, 옥스퍼드대학 서머빌칼리지[기숙대학. 옥스퍼드대학 학부생은 누구나 칼리지 한 곳에 배정돼 4년 내내 거기서 생활하고 공부하는 것이 원칙이다. 영국의 케임브리지대학, 미국의 하버드대학과 예일대학도 이런 시스템이다]가 개학 첫 주 정찬에 문어를 올리지 않기로 하자, 일부 평론가는 임박한 문명 붕괴의 조짐을 보았다. 어찌된 일인가? 칼리지 측의 판단은, 옥스퍼드대학에 첫발을 들여놓자마자 문어 정찬을 접한다면 일부 노동계급 출신 학생들은 앞으로 상류층 중에서도 최상류층인 다른 학우들 틈에서 겪게 될 어려움을 확연히 절감할 수도 있다는 것이었다[영국은 일반적으로 문어를 즐기지 않아 고급 레스토랑에서나 접할 수 있다고 한다]. 내가 보기에 이는 타당한 생각이다. 석사 과정을 위해 케임브리지대학에 온 지 얼마 지나지 않았을 때, 나는 와인을 더 권하는 웨이터에게 "괜찮습니다, 고마워요"라고 말했다가 핀잔을 들었다. 바른 방법은 거만하게 잔 위에 손을 없는 것이다. 문어 요리를 받아든다면, 정처 없이 이 나라 저 나라 떠도는 밉살맞은 코즈모폴리턴 엘리트층의 일원인 나라도 뭘 어찌해야 할지 몰라 당황스러울 것이다. 칼리지는 문어를 뺄 만했다.

그냥 그렇게 끝났어야 할 일이었다. 그런데 그렇지가 않았다.

반응은 격하고 빨랐다. 『데일리 텔레그래프Daily Telegraph』 칼럼은 「옥스퍼드는 당연히 학생들에게 눈송이들의 진취적이지 못한 유동식 대신 문어를 제공해야 한다」고 단언했다.[1] 한 번의 정찬에서 문어를 제외하는 것이, 필자에 따르면 "우리 젊은이들을 탈지면으로 감싸는 바람직하지 못한 경향을 부채질할 것"이기 때문이다. 학생들이 다리 여덟 개 달린 물컹한 해산물을 즐기지 못하게 하는 것은 "학생들이 동의하지 않는 견해로부터 그들을 보호하는 것"과 같은 처사며, 이는 "좋게 봐줘도 어리석고 근시안적이며, 최악의 경우에는 위험하고 퇴행적인" 전략이었다.

경고! 여기 들어오는 모든 자에게 아마도 학기 둘째 주까지는 문어가 제공되지 않을 것임.

이 문어 스캔들은 그냥 그렇게 끝났어야 했다. 하지만 영국에서 두족류가 연루된 표현의 자유 스캔들이 그저 오피니언 칼럼 하나로 마무리될 거로 생각한다면, 오늘날의 우리 언론을 너무 모르는 것이다. 『타임스Times』의 식당 비평가 자일스 코런Giles Coren이 자기식의 해석을 곁들여 동조했다. 그는 "대학은 알파베티 스파게티[알파벳 모양으로 가공된 작은 파스타가 들어간 통조림 수프]의 안전공간"이며, "극도의 눈송이성" 때문에 문어 문제 논의를 위한 자신의 〈투데이Today〉[BBC 라디오의 오래된 아침 시사 프로그램] 출연이 무산됐다고 불평했다.[2]

『데일리 텔레그래프』의 또 다른 언론인은 문어 게이트에 대해 말할 거리와 걱정할 거리를 더 찾아냈다. 「문어를 메뉴에서 뺀다고? 순전히 저능아

적인 멍청함이다」.[3]

이 언론인은 윌리엄 싯웰William Sitwell이었다. 『웨이트로즈 매거진 Waitrose Magazine』[영국의 고급 슈퍼마켓 체인 웨이트로즈에서 펴내는 정기간행물]의 전 편집장이었던 싯웰은, 어느 프리랜서에게 비건들은 죽여버려야 한다는 이메일을 보냈다가 "농담이었지만 생각이 짧았다"는 사과와 함께 잡지사를 떠난 인물이었다.[4] 싯웰은 이 눈송이 패닉 크라켄[kraken. 북유럽 전설에 등장하는 거대 문어 형상을 한 바다괴물]의 머리 부분에 해당한다. 그가 『웨이트로즈』를 그만두었을 때, 탄식하는 일군의 평론가들이 일제히 들고 일어나 이 시대의 위대한 문인, 슈퍼마켓 잡지 편집자 싯웰을 옹호했다. 그의 사임에 따른 파장은 우리 모두를 위협하는 것이었다. 톰 슬레이터Tom Slater의 『선』 칼럼은 「웨이트로즈 수장 윌리엄 싯웰이 '비건 죽이기' 농담 이메일로 인해 **사임**한 것은 우리가 아는 세계에 대한 공격」이라고 외쳤다. 그가 보기에 "이 꼴사나운 파국은 사회를 악화일로로 몰고 가는 더 큰 문제의 징후"였다.

얼마나 악화했냐고? 그는 우리가 "'불쾌함'이 권력이고, 대기업들은 죄다 제일 큰소리로 떠드는 작은 소수자 집단에 너무나 기꺼이 귀를 기울이는 문화 속에 살고 있다"고 진단했다. 그 결과는? "이런 앙칼진 목소리를 받아줄수록 우리 사회는 더 권위주의적이고 기쁨이 없는 곳이 되어갈 것이다." 경고! 비건 파시즘이 다가온다. 그들은 이미 무고한 희생자 한 명을 박살냈다. 이제 문어나 그 밖의 사안에 관한 그의 글을 매주 『데일리 텔레그래프』에서 읽을 수 있다(하지만 더 이상 『웨이트로즈 매거진』에서는 아니다).

웨이트로즈는 이만해두자. 대학 캠퍼스와 약해 빠진 그곳 학생들을 둘러싼 논란은, 다리 여덟 개 달린 생물에 얽힌 사소한 것에서부터 우리 사회의 뿌리 깊은 인종주의를 환기하는 대단히 암울한 것까지 매우 다양하다. 하지만 문어 정찬에 관한 것이건, 기숙사 벽에 그려진 스와스티카 그라피티에 관한 것이건, 그런 사건들에 대한 언론의 반응은 거의 동일한 서사를 갖고 있다. 학생들이 지나치게 예민하고, 가벼운 불평을 하건 격한 대규모 시위를 벌이건 어떻게든 행동에 나선다는 것이다. 평판이 높은 매체와 낮은 매체를 막론하고 언론계 전반에서 평론가들이 주도하는 눈송이 패닉-산업 복합체의 핵심에는 바로 학생들의 그런 경향에 대한 반발이 있다. 평론가들은 **그것**이 우리 시대의 가장 심각한 문제라고 **확신**한다. 만약 그들의 독자인 우리가 노동계급 출신 학생들을 대학 첫날부터 문어로 배 불리기 두려워한다면 문명 그 자체가 위험에 처한 것이다. 등등.

'우리 시대의 캠퍼스 눈송이 대大패닉'은 다양한 형태와 규모로 나타난다. 언론 보도는 사람들로 하여금, 심지어 요즘 젊은이들에 가장 우호적인 옹호자마저도, 그런 패닉 사태에 연루된 학생들에게서 등을 돌리게 한다. 사실 누군들 타블로이드지 헤드라인의 잘빠진 말장난에 혹하지 않겠는가? 누군들 자기보다 젊고 유연하고 탱탱한 이들에게 우쭐한 우월감을 느끼고 싶지 않겠는가? 하지만 각각의 사태에서 분노한 칼럼니스트들의 해석과 악의적인 댓글들을 걷어내고 실상을 들여다보면, 대개는 관련된 학생들에게 좀 더 호의적으로 기울게 된다. 언론이 그런 이야기에 집어넣는 것보다 빠뜨리는 것들이 더 중요하다.

격분한 헤드라인 너머로 한 발짝 더 들어가면, 눈송이들이 **정말로** 원하는 것이 무엇인지 알 수 있다. 그것은 단순히 정찬 메뉴의 변경이 아니다.

문화전쟁의 박수 위기

문제의 문어와 유서 깊은 자갈길과 우스꽝스럽게 펄럭이는 가운이 있는 옥스퍼드대학에서부터 이야기를 조금 더 이어가보자.

2019년 10월, 『데일리 메일』은 옥스퍼드대학에서 벌어지는 한 기상천외한 일에 관해 보도했다. 헤드라인은 이랬다. 「옥스퍼드대학 눈송이 학생들, 갈채 소리가 불안을 격발할 수 있으므로 박수를 금지하는 대신 '재즈손'을 사용하자고 요구」.[5] 만약 당신이 침착, 차분하고 성숙한 성인이라면, 이 제호를 보고 마음속에 약간의 냉소가 일지도, 아니면 작게 혀를 찰지도 모른다. 박수를? 정말로? 사람들이 **손뼉 치는 소리**에 민감하다고? 나 때는 말이야, **솜 전투**[1차 세계대전 당시 프랑스 북부 솜Somme 강 유역에서 연합군과 독일군 사이에 벌어진 전투로, 치열한 포탄 공격 속에서 막대한 사상자가 발생했다]**가 벌어지는 참호 속에서** 서로 등짝을 두드려 댔다고.

『데일리 메일』 기사는 당시 옥스퍼드대학 학생회의 복지·기회균등 부회장이었던 로우신 매캘리언Róisín McCallion을 비롯한 간부들이 학생회 회의에서 박수가 불안장애가 있는 학생들을 소외시킬 수 있다는 안건을 내놓았다고 전했다. "재즈 손의 사용 즉 두 손을 공중에서 흔드는 동작은 박수를 나타내는 영국 수어이며 더 포용적인 제스처로 간주된다." 기사에는 로우신이 옥스퍼드대학 가운을 입고 돌아다니는 인스타그램 사진 몇 장도 포함돼 있었다.

링컨에 거주하는 '노멀 걸'은 『데일리 메일』 기사에 이런 댓글을 남겼다. "내가 손뼉을 칠지 말지는 내가 정한다. 손뼉/박수는 인정의 표시다. 재즈 손은 춤 동작이다. 제발 누가 저 눈송이들 좀 말려봐." 다른 『데일리 메일』 독자, 뉴욕의 '제프리'는 이렇게 썼다. "말도 안 된다. 손뼉은 표현의 자유다." 피어스 모건은 트위터에서 로우신을 비롯한 학생회 간부들을 여러 말로 비웃었는데, 그중에는 "○○ 두 짝[원문은 a pair. 고환balls을 돌려 말한 것이며, balls는 용기, 담력을 뜻하기도 한다]을 좀 기르지, 등신들"도 있었다[6](이런 생각이 들지 않을 수 없다. 피어스는 무엇으로 손뼉을 치지?). 1만 명 이상이 이 트윗을 좋아했다. 상상컨대 그 정도면 사회적 거리 두기에 들어간 웸블리 경기장을 여덟 석당 한 명씩 기립 고환 박수하는 사람들로 가득 채울 수 있다. 『메트로Metro』는 이 이야기를 이어받아, 해당 '명령'이 "학생회 행사에 적용될 것이며, 성공적이라면 이후 다른 모임과 행사로 확대될 것"이라고 했다. 기사 내용만 보면, 믿기 어렵게 민감한 학생들이 정말로 옥스퍼드대학의 행사에서 박수를 금지한 것처럼 보일 것이다. 망할 눈송이들!

사실이라면 훌륭한 기사였을 것이다. 하지만 제프리 등에게는 아쉽게도 그렇지가 않았다.

나는 정말로 무슨 일이 있었는지, 그리고 어째서 그녀가 그토록 심약하고 한심하고 재미없고 제멋대로인 작은 옥스퍼드대학 눈송이인지 알아내고자 로우신에게 전화를 걸었다. 그녀는 자신은 "영국 북부 출신의 무척 평범한 사람"으로, 공립학교를 다녔고 부모님은 모두 교사라고 말했다. 이런 건 중요치 않아야 하지만 그럼에도 중요하다. 그녀는 소탈했고, 그 일에 관해 이야기하며 많이 웃었다. 심지어 언론의 주목을 받게 되면서 겪은 퍽 무서운 괴롭힘에 관해 이야기할 때조차도. 언론 보도 후 그녀의 개인 소셜미디어 계정에는 트롤들이 몰려들었다. 심지어 그녀는 우편으로 전통적인 방식의 증오 편지를 받기도 했다.

나는 정말로 무슨 일이 있었던 건지 물었다. 그녀는 학생회의 장애운동분과장이 자신을 찾아와 박수 **금지**가 아닌, 박수에 해당하는 영국 수어, 즉 미디어가 '재즈 손'이라 부른 것의 사용을 **권장**하는 내용의 동의안을 재청해줄 수 있는지 물었다고 했다. 장애운동분과에서 설명하기로, 감각 장애가 있는 학생들로부터 학생회 회의에서 박수가 끊이지 않는 것과 관련해 건의를 받는데, 청각 보조기를 사용하는 일부 학생들은 안건이 통과될 때마다 매번 박수 때문에 귀가 울려 잘 들을 수가 없고, 그래서 학생회 회의에 참석을 하지 않고 있다는 것이었다. 로우신은 그것을 장애인 접근성 강화 조치로 보고 재청해주기로 했다. "별로 많이 생각 안 했어요." 그녀가 말했다. "만약 우리 학생회의 장애 학생 일부가 회의에 참가할 수 없다고 느낀다면 그건 나쁜 거니까요. 장애인은 정치적으로 과소 대표돼 있고, 전 우리 대학의 정치시스템을 최대한 접근성 있게 만들고 싶어요. 그래서 바로 말했죠. '그래, 내가 재청할게.'"

지금까지는 그다지 흥미로운 타블로이드 기삿감이 아니다, 그렇지 않은가?

안건이 상정된 회의에서는 평소와 같은 토론이 있었고, 오직 한 학생만이, 10대 특유의 우쭐함으로, "하지만 팔이 없는 사람들은 재즈 손을 할 수 없잖아"라고 지적했다. 체크메이트! 그때 로우신이 그건 맞는 말이지만 그들은 어차피 기존 방식으로도 박수를 칠 수 없지 않겠냐고 일러주었다. 안건은 70퍼센트 이상의 표를 얻어 통과되었다. 그리하여 이 우주에 거대한 균열이 생겨났고, 사회의 골조가 주저앉았다. 젊은이들이 들고일어나 그들의 조부모가 목숨 걸고 지켜낸 영국을 살해했다. 그들은 블리츠 정신에 침을 뱉었다. 미안하지만 이것이 타블로이드지의 논조다.

현실 세계의 로우신은 사람들의 격한 반응이 당황스러웠다고 말했다. "아무리 생각해도 인간적으로 전 정말 이해가 가질 않아요." 그녀가 말했다. "내가 누군가의 삶을 조금이라도 더 편하게 해줄 수 있다면, 어째서 그렇게 하지 않는 거죠?" 그녀의 유일한 아쉬움은 이것이다. "제가 계속 강조했던 점인데, 타블로이드지를 읽는 사람들이 그래 보이는 것만큼, 우리 학교 학우들이 학생회에서 일어나는 일에 관심을 좀 가졌으면 좋겠어요⋯."

로우신을 비롯한 학생회 간부들은 언론 인터뷰를 일절 하지 않기로 했다. 그들 누구에게도 우선순위가 아닌 일로 영국 언론의 문화전쟁에 말려들 게 뻔했기 때문이다. 하지만 로우신은 아무 말도 하지 않기가 답답했다. "정말 힘들었어요." 그녀가 말했다. "사람들이 그 일을 두고 애초에 사실이 아닌 말을 하거나 아니면 갈수록 더 편협한 말을 하는데 그냥 조용히 앉아서 듣고만 있는 게요." 엘리트층과 동떨어진 배경에도 불구하고 그녀가 응석받이로 자라난 엘리트주의자로 그려지는 것에도 화가 났다. 『데일리 메일』이 그녀의 공식적인 얼굴 사진이 아닌 사적인 소셜미디어 계정의 사진을 허락 없이 가져다 쓴 것도 싫었다. 하지만 옥스퍼드의 공보 담당관은 이렇게 조언했다. "그 사람들이 이런 기사를 쓸 때 바라는 건 오직, 피어스 모건이 등판해서 당신을 눈송이라고 부르게 하는 거예요. 그러면 그건 대학생들이 눈송이냐 아니냐의 논쟁으로 번질 거고요." 그건 납득이 갔다. 그래서 그녀는 뒤로 기대앉아 그 증오 편지를 뜯었다.

이 사건은 영국을 강타한 첫 번째 눈송이 위기가 아니었고 마지막도 아니었다. 그 소란한 틈바구니에서 간과된 사실은, 이 이야기가 옥스퍼드대학 학생이 아닌 다른 사람들과는 아무 관계가 없다는 것이었다. 실은 옥스퍼드대학 학생인 이들과도 거의 관련이 없었다. 그렇다면 어째서 이런 이야기가 영국에서 가장 두드러진 신문 매체인, 수백만 명의 사람들이 접하는 타블로이드지에서 그토록 비중 있게 다루어지는 걸까?

언론은 옥스퍼드대학의 박수 '금지'를 히스테릭한 학생들이 자신의 예민한 감정을 보호하기 위해 인간 행동에 또다시 터무니없는 제약을 가한 일화로 규정했다. 그러나 이 일의 실상은, 학생들이 마땅히 요구되는 차분하고 존중 어린 태도로, 장애 학우들이 좀 더 편안하게 생활할 수 있도록, 또한 그들이 학생 자치에 참여할 기회를 보장하고자 노력한 것이다. 그것은 장애 학생들이 동료 학우들에게 그들을 위해 작은 조정을 고려해달라고 요청한 이야기다. 로우신과 대부분의 다른 학생들에게, 아마도 그 똘똘한 "하지만 팔이 없는 사람들은 재즈 손을 할 수 없잖아" 씨는 예외겠지만, 그 제안은 논란의 대상이 아니었다. 바로 이것이 눈송이가 하는 일이다. 즉 그들은 새로운 관점을 배우고 관행을 조정한다.

하지만 언론과 그들이 들쑤신 대중은 학생들의 그런 생각이 못내 불편했고, 그래서 조롱과 독설로 반응했다. 권리를 박탈당한 이들의 조직화를 목격한 문화 권력자들이, 그 조직화가 더없이 소소한 것이었음에도 불구하고, 그들을 비웃어 굴복시키고자 개입한 것이다. 학생들이 장애 학우들과 함께하고자 자신들의 방식을 조정하고 있다는 조짐만으로, 언론은 일개 대학생에게 분노의 화염을 퍼부었다. 로우신은 링크드인에서 트롤링을 당했고, 지금까지도 소셜미디어로 이런저런 말을 듣는다. 그녀는 기삿감도 아니었던 그 기사에 얼굴과 이름이 박제된 사실로 인해 향후 구직에 문제가 생기지는 않을지 생각한다. 그녀에게 붙은 딱지는 그냥 눈송이가 아니라 눈송이의 우두머리, 눈송이의 원형이다. 적어도 당분간 로우신은 '요즘 애들의 문제'를 대표하는 얼굴이 되었다. 그녀는 눈송이 비판자들, 즉 그녀 같은 젊은 학생들에 대한 공포를 사고팔면서 자기 커리어를 만들어가는 저술가, 트위터리안, 개그맨들에게 먹잇감으로 던져졌다.

실상 로우신은 이 이야기에서 가장 성숙한 인물이다. 그녀는 학생회의 장애인 권리 옹호자로서 자신의 역할에 가장 걸맞게 처신했다.

하지만 그런 건 대개의 사람들이, 적어도 세상의 많은 제프리들이 클릭하기 좋아하는 기삿거리가 못 된다.

오해는 마시라. 옥스퍼드대학과 케임브리지대학을 미워할 훌륭한 이유는 차고 넘친다. 이를테면 영국에서 가장 유해한 문화 · 정치 지도자 거의 전부를 배출해낸 역할 같은, 결코 가볍지 않은 이유 말이다. 2013~14년에 케임브리지대학에서 석사 과정을 밟는 동안, 나는 살면서 경험한 가장 똑똑하면서 **동시에** 가장 아둔한 사람들 몇몇을 거기서 만났다. 아둔하지만 비상한 자신감 덕분에 이미 눈부신 성공을 거두고 있는 사람들.

하지만 나는 우리가 옥스브리지[옥스퍼드와 케임브리지를 합쳐 이르는 말] 학생들에 관해 이 한 가지, 즉 그들의 과격한 좌파적 급진성에 대해서만큼 은 걱정할 필요가 없다고 확언할 수 있다. 애태우는 평론가들은 안심하시 라. 노동계급 학생들은 옥스퍼드대학에 있는 동안 정찬으로 문어를 제공받 건 삶은 콩을 올린 토스트를 받건 여전히 따돌림을 당할 것이다.

생각하면 우습다. 다른 곳도 아닌 옥스퍼드대학이 영국 언론에서 고삐 풀린 진보주의의 상징이 되다니. 옥스퍼드대학은 학생들이 여전히 나비넥 타이를 매고 시험을 보는 곳이다[시험장 입실 시 가운을 포함한 까다로운 복장 규정이 있다]. 케임브리지대학에서는 내 경험상 온건한 페미니스트가 되는 것조차 다소 과격한 일로 여겨졌다. 그곳은 UC 버클리와 샌프란시스코대 학에서 내가 진보주의의 온실 안에 **있었**고 더는 그렇지 않다는 걸 깨닫게 해주었다.

어떤 수업에서는 남자 교수들이 "자, 신사 여러분. 시작할까요" 하며 강 의를 시작했다. 한번은 내가 과제를 하고 있던 곳에서 학생 대표가 "여자들 은 좋은 지도자가 못 돼, 성질이 나빠지거든" 하는 이야기를 장황하게 늘어 놓았다(그러고선 내가 조용히 그곳을 빠져나가자 **나한테** 화를 냈다. 자기를 무안하게 만들었다는 것이다. 미안, 친구!). 내가 속한 칼리지 어느 곳에도 여성을 그린 그림은 걸려 있지 않았다. 내가 그곳을 떠난 이후로 하나가 생 긴 모양이니 크게 축하할 일이다. 어느 번즈의 밤[Burns Night. 스코틀랜드 시 인 로버트 번즈를 기리는 행사. 일정한 식순에 따라 연주, 시 낭송, 번즈가 즐겼다고 하는 스코틀랜드 전통 음식 해기스haggis를 주메뉴로 하는 식사 등이 이어진다. 남 성 대표자가 여성들을 향해 익살스러운 건배사를 하고 여성 대표자가 남성들에게 답사하는 순서가 있다] 행사 때는 누군가가 '여자를 위한 건배사'를 여자가,

'남자를 위한 건배사'를 남자가 하는 건 부적절하다고 했다. 좌중에 있을지도 모를, 말하자면 동성애 혐오자에게 불쾌할 수 있다는 이유에서였다. 그곳은 세련되고 끔찍한 상류층 백인 남학생이 '그저 재미로' 내 친구들을 "검○○"라 부른 곳이었다. 내가 떠난 후 몇 년간 칼리지는 성적 괴롭힘 스캔들로 곤욕을 치렀다[7](이제 그곳에는 '성 비위 실무회의'가 꾸려졌다[8]).

옥스브리지는 어쩌면 급진화의 구심점이 될 수도 있을 것이다. 하지만 타블로이드지가 두려워하는 그런 방향은 아니다.

옥스퍼드대학과 케임브리지대학의 문제는 그곳이 상류층 백인 남성에게 어떤 식으로든 적대적인 곳으로 변했다는 것이 아니다. 문제는 이들 영국 최고의 대학들이 여전히 그 밖의 다른 이들에게 너무나 폐쇄적이라는 사실이다.[9] 흑인 학생과 공립학교 학생들을 더 받아들이고자 노력은 하고 있지만, 런던과 잉글랜드 남동부 출신의 사립학교 교육을 받은 백인 학생들은 두 곳 모두에서 여전히 과도하게 높은 비중을 차지하고 있다.[10] 이들 대학의 일부 학생들은 주변화된 학우들의 경험을 개선하고자 노력하고 있고, 그런 이유로 다른 학생들뿐만 아니라 전국 단위 언론사로부터 비웃음을 당하고 있다. 이런 언론사들의 유일한 목표는 탈인습적인 학생들에 대한 사회 일반의 적대감을 조회수로 전환하는 것이다.

언론에서 눈송이라 불리는 학생들은 엄청나게 낯이 두꺼워져야 한다. 그토록 사적이고 공개적이고 거국적인 욕설과 수모를 견딜 수 있다는 건, 그들이 얼마나 강인한지를 드러낸다. 이런 식으로 세간의 주목을 받는 눈송이가 되려면 굉장한 힘이 필요하다. 그들이 원하는 긍정적인 변화를 얻어내기 위해, 학생들은 전례 없이 엄청난 속도와 규모로 이루어지는 공개적인 조롱과 괴롭힘을 감내할 것이다. 하지만 그렇다고 해서 매주 『텔레그래프』 칼럼니스트의 마음에 걸리는 사회악이 무엇이건 간에 그때마다 학생들을 희생양으로 삼아도 무방한 건 아니다. 감히 그들의 세계관에 도전하는 학생을 발견할 때마다 언론이 그토록 격한 분노와 독설로 반응해도 괜찮은 건 아니다.

문어 정찬 스캔들이 학생 활동가들의 기개를 꺾을 수는 없다. 아마 언론도 그러지는 못할 것이다. 하지만 그렇다고 그런 시도를 계속해야 하는 건 아니다.

오벌린대학 푸드코트의 사건 아닌 사건

캠퍼스 눈송이 패닉은 대개 학생 운동에서 비롯되지만, 때로 언론은 학생들이 그저 과제물을 작성하려고 할 때나 심지어 아무런 기삿거리가 없을 때에도 그들을 두드려 댄다.

'오벌린대학 푸드코트 패닉'은 그렇게 보수 언론의 분별없는 마음이 만들어낸 사건이었다. 언론 보도의 파장이 그 해악을 입힐 대로 입히고, 학생들의 나약함에 대한 인식이 퍼질 대로 퍼지고 나서 한참이 지나도록, 세상은 이 사건이 아예 기삿거리조차 아니었다는 걸 알지 못했다. 실제로는 어떤 일이 있었던 걸까?

오벌린Oberlin은 오하이오에 소재한 사립 교양대학liberal arts college으로, 미국의 백인 대학 중에서 최초로 흑인 학생의 입학을 허용하고 최초로 여성에게 학사학위를 수여한 곳으로 잘 알려져 있다. 무엇보다도 오벌린은 뉴욕의 금수저 백인 밀레니얼들을 그린 HBO사의 2010년대 히트작 〈걸스 Girls〉 시리즈를 탄생시킨 레나 던햄Lena Dunham의 모교다.

그 푸드코트 사건에서 히스테리를 걷어낸 버전은 이렇다. 2015년 가을, 『뉴욕 타임스』의 해외 특파원을 지낸 바 있고 당시 오벌린대학에서 언론학 강의를 하던 퍼디낸드 프로츠먼Ferdinand Protzman은 학생들에게 캠퍼스를 취재해 기사를 쓰도록 과제를 내주었다. 베트남에서 온 한 수강생은 학교 카페테리아 음식이 얼마나 이상한지를 두고 유학생들끼리 우스갯소리를 하곤 한다는 걸 알고 있었다. 그 식당은 가늘게 찢은 소고기 구이와 양배추 샐러드를 브리오슈에 넣어 '반미'라 불렀는데, 맛 좋은 베트남 샌드위치 반미와는 생김새도 맛도 전혀 달랐다. 학교 식당 음식을 비웃는 건 학생 언론의 자랑스러운 전통인 데다, 그 정도 접근이면 주제를 잡아 인터뷰를 따고 깔끔 산뜻하게 기사 뽑는 연습을 하기에 수월해 보였고, A- 정도는 확실히 챙길 수 있을 것 같았다. 그래서 이 학생은 그렇게 했고, 얼마 후 그녀의 기사는 교내 학생신문인 『오벌린 리뷰Oberlin Review』에 게재되었다. 기사에는 학교 카페테리아에서 파는 아시아 음식에 대한 학생 여섯 명의 주관적인 논평이 담겨 있었다. 그들의 의견은 "관심 없다"에서부터 "이 음식은 내 모국에 대한 모욕이다"에 이르기까지 다양했다. 가장 날카로운 평가는 카페테리아의 '스시'—형편없는 닭고기와 그 아래 깔린 더 형편없는 밥—와 관련된 한 일본인 학생의 것이었다.

> 어떤 나라의 음식을 다른 나라 사람들, 특히 본래의 그 음식을 한 번도 먹어 보지 못한 사람들을 위해 요리할 때, 당신은 그 요리의 의미와 문화까지도 대변하게 된다. … 따라서 해당 문화유산 외부의 사람들이 그 음식을 가져다 변형해서 '진짜'라며 제공한다면, 그것은 도용에 해당한다.[11]

여기서 이야기가 좀 흥미로워진다. 아시아 음식을 망쳐 놓고서도 뻔뻔하게 그것을 아시아 음식이라고 부르는 미국인들의 태도에서 한 학생이 문화 도용의 소지를 포착했다. 이것은 실제로 문화 도용일까? 아니면 단지, 진짜 스시의 근사한 맛에 무지한 사람들이 내놓은 서투른 요리인 걸까? 이 문제에 대해서는 분명 다양한 의견이 있을 수 있다. 그 칙칙한 밥에 얹힌 칙칙한 닭고기를 **좋아하는** 다른 학생은 언급된 '스시'를 강력히 옹호하며 신문사에 항의할 수도 있다. 언론, 특히 학생 언론은 이런 식으로 작동하는 법이다.

오벌린대학에서 이 작은 학생 언론활동의 체험은 사소한 제도적인 변화를 불러왔다. 기사를 본 대학 측이 아무래도 그 음식은 스시가 아니라고 판단한 모양이었다. 『오벌린 리뷰』는 학교 식당에서 판매하는 음식들에 앞으로는 엉뚱한 이름이 붙지 않을 거라고 보도했다. 언론은 정말로 세상을 바꾸는 힘이 있다. 과제를 내주었던 언론학 교수 프로츠먼은 사건의 전모를 소개한 『고등교육신문Chronicle of Higher Education』과의 인터뷰에서 이렇게 밝혔다. "이건 언론 본연의 기능을 보여주는 훌륭한 사례였어요. … 그녀는 공동체 구성원의 삶에 영향을 미치는 뉴스를 포착해 공정하고 균형 있고 진실되게 보도했습니다."[12]

이 일은 그렇게 끝날 수도 있었다. 누구도 거창한 대의를 부르짖으며 어느 언덕에서 죽거나 하지 않았다. 심하게 불쾌함을 느낀 사람조차 없었다. 한 학생이 과제물 작성을 위한 학우의 질문에 진지하고 차분하게 답했고, 모두들 그저 평화로이 자기 생활을 이어가면 될 일이었다. 한두 사람은 그 일을 계기로 스시나 반미에 관해 뭔가를 배웠을 수도 있다. 이런 것들은 다 학창 시절의 풍성한 태피스트리를 이루는 경험이다.

하지만 그렇지가 않았다. 그야말로 지옥문이 열렸다. 루퍼트 머독Rupert Murdoch 소유의 타블로이드지 『뉴욕 포스트New York Post』가, 아마도 격론을 일으킬 불쏘시개를 찾아 학생신문들을 샅샅이 뒤지다가, 6주 후에 이 기사를 발견하고는 이런 헤드라인을 달아 보도했다. 「닭튀김이 없어서 불쾌한 레나 던햄 모교 대학생들」.[13] 닭튀김 부분은, 한 중국인 학생이 구내식당의 제너럴 쏘 치킨[General Tso's chicken. 새콤달콤한 소스에 버무린 닭강정으로, 미국식 중화요리다]을 언급하면서 닭을 찌지 말고 튀겨야 한다는 의견을 낸 것과 관련이 있었다. 그리고 레나 던햄 부분은, 각별히 가증스러운 졸업생 레나 던햄 탓에 오벌린대학이 각별히 가증스러운 대학임을 독자에게 알려주기 위한 것이었다.

『뉴욕 포스트』에서 출발한 그 논란거리도 아닌 논란은 파장을 일으키며 전국지 지면에까지 다다랐다. 『디 애틀랜틱』은 「오벌린대학의 음식 다툼」[원제의 food fight에는 서로 음식을 던지면서 하는 싸움이라는 뜻이 있다]이라는 글을 실었다. 『뉴욕 타임스』는 「오벌린대학 학생들, 구내식당에 문화전쟁 선포」라는 기사를 실었고, 『뉴스위크Newsweek』 기사는 「오벌린대학 학생들, '문화 도용적' 구내식당 음식에 항의」라는 제호를 달았다. 내가 몸담은 『워싱턴 포스트』도 빠지지 않고 「오벌린대학 스시, 일본인에 '무례'」라는 기사를 실었다 .『세븐틴』 매거진은 「대학생들, 카페테리아 음식이 인종주의적이라 주장」이라고 썼다. 물론 영국 언론은, 문어가 아니더라도 캠퍼스 음식 논란에 기꺼이 끼어들었다. 『인디펜던트』는 「미국 대학, '설익은' 스시 밥으로 문화 도용 고발당해」라는 기사를 실었다. 특히 이 제호는, 대학이 언론학 과제물에 인용된 한가한 대학생의 말로 비난을 당한 것이 아니라 정부나 어떤 위원회, 혹은 유엔 특별재판소에게 무슨 조치라도 당한 것처럼 들리게 한다[원제의 accuse에는 '비난하다'는 뜻과 함께 '고발, 기소하다'라는 뜻도 있다].

오랫동안 눈송이를 미워해온 보수 언론인, 코너 프리더스도프Conor Friedersdorf는 『디 애틀랜틱』에서 이 사건을 언급하면서, 자신들의 신념에 아무런 도전이 되지 않는 "매혹적인 이데올로기에 동화된 학생들"을 보여주는 전형적인 사례라고 썼다.[14] 그에 따르면 이런 학생들은, 사회정의의 언어로 표현된 주장이라 하여 그대로 따라주지 않는 다양성 사회에서, 삶의 엄청난 복잡성에 대처할 준비를 갖추기 위해 젊은이들에게 필요한 반대 의견을 양과 질 측면에서 충분히 접하지 못할 위험에 처해 있다. 말하자면, 스시가 형편없다는 생각은 학생들을 다가오는 기후전쟁에 대비시켜 주지 못할 것이다. 반대 의견과 마주하는 법을 배우려면, 닭이건 밥이건 혹은 그 어떤 식품군의 어떤 음식에 대해서건 학생들은 감히 반대 의견을 내서는 안 된다.

기억하시라. 이 모두는 그저 한 학생이 언론학 과제물을 작성하다가 벌어진 일이다. 각자 자신이 학생이던 시절을 (만약 더는 학생이 아니라면) 돌이켜 보자. 당신은 주어진 과제물 하나하나를 당신 주변의 억압 구조를 무너뜨릴 기회로 보고 하얗게 열정을 불태웠나? 만약 그랬다면, 아마 당신은 대부분의 학생들보다 훨씬 더 기운 넘치고 뜨거웠을 것이다. 좋은 일이다. 하지만 사실 여기서 벌어진 일은, 학생은 그저 과제를 수행하고자 했고, 그녀가 인터뷰한 사람들은 생각 있는 답변을 시도한 것이었다. 모두가 유쾌한 시간을 보냈고 누구도 다치지 않았다. 세상 모든 언론이 작고 끔찍한 눈송이들이라 매도한 그들은 사실 세상을 배우는 과정에 있는 학생들일 뿐이었다.

불행하게도 기사를 쓴 학생인 린 짱Linh Tran에게 이 일은 결국 고통스러운 교훈을 남겼다. 얼마의 시간이 흐른 2017년, 그녀는 하필 기말고사 주간에 일어났던 언론의 집중포화에 관해 개인 블로그에 글을 남겼다. 자신의 기사를 본 구내식당 운영진과 아시아계 학생들이 만나 문제를 해결하고 나서 한참이나 시간이 흐른 뒤까지도 미디어가 그 사건에 관해 끝도 없이 떠들어대는 걸 지켜본 경험을 그녀는 이렇게 기술했다.

캠퍼스에서 일어난 일에 대한 언론의 부정확한 묘사로 인해, 인종주의와 외국인 공포증이 담긴 혐오 메시지가 나를 비롯해 내 기사에 인용된 학생들의 메일함에 쏟아져 들어오기 시작했다. 크리스마스 하루 전날, 고향에서 지구 반대편에 있는 내 침대 옆에 앉아서 모르는 사람들이 보내는 반복적인 페이스북 메시지들—"니네 나라로 돌아가", "참아, 이 버릇없는 것아"—을 읽고 있었던 기억이 난다. 다른 학우들도 마찬가지였다. 가족들이 한데 모이는 행복한 명절에, 우리는 우리를 치우고 싶어 안달이 난 타국에 고립돼 있었다. 아시아계 미국인 학생들의 처지 또한 상상해보라. 대부분 이 나라에서 나고 자란 그들에게 "돌아가라"는 말이 어떻게 들렸을지. 그들이 어디로 돌아가야 한단 말인가?[15]

블로그에서 린은 구내식당 사건에 얽힌 그녀의 경험과 미국에서 벌어진 아시아인에 대한 차별의 역사를 연결한다. 그녀는 또한 아시아인 학생으로서 캠퍼스에서 겪는 더 사소하고 일상적인 인종주의적 모욕에 관해 돌아본다. 그녀는 주의 깊게, 비판적으로, 자신에게 일어난 일을 곱씹었다.

아이러니하게도, 신중한 학생 기자의 작업물을 세계 종말의 서사로 부풀린 것은 질 낮은 언론사들이었다. 발단이 된 그 『뉴욕 포스트』 기사는 "미식적으로 올바른" 학생들이 "학교신문을 불만으로 가득 채우면서 구내식당 관리자, 심지어 총장과의 만남을 요구"했다고 주장했다.[16] 이런 일은 실제로 일어나지 않았다. 오벌린 대학에서 그 언론학 강의를 맡았던 프로츠먼 교수는 『고등교육신문』과의 인터뷰에서 오벌린대학 스시 사건으로 조회수를 끌어올리고 격한 반응을 조장한 전국지, 국제지 신문사들을 두고 탄식했다. 그들 중 "아무도 전화하지 않았어요, 아무도".

과도한 '정치적 올바름'에 비판적인 이들은, 요즘 세상에서는 악의 없는 순진한 실수를 저지르는 젊은이들이 인터넷의 시공간적 무제한성으로 인해 "남은 평생이 망가질 수 있다"는 이야기를 종종 한다. 인종주의적인 핼러윈 의상을 입고 인스타그램에 사진을 올린 소녀는 수천 명의 성난 아우성에 시달릴 수 있다. 한심한 10대는 젖가슴에 대한 트윗을 올렸다가 첫 번째 구직 인터뷰에서 발목이 잡힐 수 있다. 오늘날 젊은이들의 실수는 사사롭기가 어렵다는 것, 온라인의 공격자들이 자기들보다 훨씬 힘없는 이들에게 과도하게 잔인하다는 것은 타당한 우려다.

그러나 대학 시절에 순수한 마음으로 정치 및 사회정의 문제에 발을 담가보는 학생들에 대한 우려, **그들의** 행동이 나라 안팎의 모든 주요 언론사에 의해 공격당할 가능성에 대한 우려는 거의 없어 보인다. 이런 학생들이 배우는 교훈은, 불의를 영속시키는 행동이 아닌 불의에 대한 논의가 "남은 평생을 망친다"는 것이다. 설사 그것이 맛 좋은 국민 음식의 명예와 평판을 지키려는 소심한 시도에 불과할지라도 말이다.

대학은 모름지기 한계를 시험하는 곳이다. 화성으로 로켓을 발사하는 방법을 모색하건, 인종주의를 이해하고 불식할 새로운 방법을 모색하건 말이다. 어느 경우에나 그 핵심에는 배움의 의지가 있다. 하지만 오벌린대학 학생들은 그런 이유로 국제지에서 혹독한 비난을 당했다. 우리는 정확한 기사 제목이 얼마나 심심했을지 상상할 수 있다. 「오벌린대학 학생 기자가 실망스러운 스시에 관한 기사를 쓰다」. 『디 애틀랜틱』 독자들의 구미를 당기기에는 역부족이었을 것이다. 아마도 이건 처음부터 그 사건이 교내지 지면을 넘어서까지 기사화될 만한 거리가 아니었다는 사실의 방증 아닐까.

오벌린대학 사태를 더욱더 불온한 것으로 만드는 대목은 비난당한 학생들이 모두 유색인이었다는 사실이다. 애초에 『뉴욕 포스트』 기사는 학교 음식에 대해 별도로 불만을 표했던 흑인 학생과 인도 학생까지 싸잡아 비난했었다. 프로츠먼이 『고등교육신문』에서 말한 대로 "복에 겨운 눈송이"로 조롱당한 학생들은 사실 여러 주변부 인구집단에 속해 있었고, 아마도 '현실 세계'가 그들을 그리 신경써서 대접해주지 않는다는 걸 이미 잘 알고 있었을 것이다. 대학이라는 환경에서 학생들은 정의감을 단련하고 변화를 일으키고 앞으로의 인생에서 마주할 크고 작은 싸움에 대비해 근육을 키운다. 학생 기자는 부실한 구내식당 음식이라는 주제를 가지고 기사를 작성하는 연습을 하고, 학생 활동가는 부실한 구내식당 음식이라는 주제를 가지고 변화를 일으키는 연습을 할 수 있다.

사람들은 이런 게 그토록 두려운가?

미주리대학의 눈보라

가장 강하고 오래가는 캠퍼스 눈송이 패닉은 대체로 유색인 학생, 특히 흑인 학생들이 자신들이 속한 대학의 체계적 인종주의에 맞서 싸울 때 일어난다. '미주Mizzou'라고도 불리는 미주리대학에서도 그랬다.

나는 2015년에 실제로 거기서 무슨 일이 일어났는지 알게 되기 훨씬 전부터 미주리대학 "사건"에 대한 언급을 접하곤 했다. 수십 건의 기사와 도서, 칼럼이 학생 시위가 "도가 지나칠 때" 무슨 일이 벌어지는지 보여주기 위해 미주리대학 사건을 제시하고 있었다. 하지만 저자들은 하나같이 그 일의 전모를 설명하기 꺼리는 듯했다. 시위자들의 행동에 관한, 그들에게 불리한 몇몇 세목을 지적할 뿐, 시위가 벌어진 핵심적인 이유는 다루지 않았다.

우리는 그 전형적인 사례를 미국의 학자이자 격정적인 트위터리안인 톰 니컬스Tom Nichols의 저서 『전문지식의 죽음: 확립된 지식에 대한 반대 운동과 그것이 문제인 이유The Death of Expertise: The Campaign Against Established Knowledge and Why it Matters』[한국어 번역서 제목은 『전문가와 강적들』]에서 찾을 수 있다. **확립된 지식**이라 부르는, 논쟁의 여지가 없는 명백한 어떤 것이라는 개념은 일단 논외로 하자. 니컬스는 미주리대학에서 일어난 시위를 "욕실 벽에 분변으로 스와스티카를 그린 유치한 사건"에 대한 과도한 반응으로 묘사한다.[17] 그는 스와스티카의 경악스러움에 초점을 두기보다는 그것에 대한 반발을 공들여 비판한다. 그가 보기에 그 반발은 지나치게 격렬했고 그로 인해 대학은 기부금을 잃었다. 미주리대학은 여전히 건재하나, 이 사례를 들어 니컬스는, 다시금 말하지만, 백인민족주의의 재부상이 아니라 학생 시위대의 제도권력 탈취 시도가 얼마나 경악스러운지를 이야기한다. 문제는 스와스티카 똥칠이 아니다. 문제는 "많은 대학이 자신의 감정이 다른 모든 고려 사항에 우선할 것을 요구하는 학생들에 볼모로 잡혔다는 것"이다. 미주리대학 사태에서 그 감정은, (아마도 인간이 아는 가장 혐오스러운 상징일) 스와스티카가 대학에 똥칠되고 학생들의 보호를 위한 대학의 조치가 미흡했을 때의 참담함이었다.

니컬스는 단순한 스와스티카 똥칠에 대해 "대체 뭘 더 할 수 있었겠냐"며 답답함을 숨기지 않고 묻는다.

> 벽을 씻는 것 외에 미주리를 대표하는 공립대학이 정확히 무엇을 해야 했는지는 불분명했다. 하지만 캠퍼스는 아랑곳하지 않고 폭발했다. "체계적 억압이 뭔지 알아요?" 한 학생이 당황한 미주리대학 총장에게 소리쳤다. "구글로 검색해봐요!" 그녀는 고함을 질렀다. 학생 기자들은 괴롭힘과 협박을 당했고, 퍽 아이러니하게도 언론학과에 특별 채용된 교수가 그런 일을 저지르기도 했다. 이런 야단법석이 며칠 더 이어진 후, 총장은 사퇴했다.

니컬스는 그 결과 대학이 손해를 입었다고 지적한다.

시위와 사퇴의 후폭풍으로 입학 지원과 기부금이 금세 타격을 입었다. 몇 달 뒤에는 학생과 언쟁을 벌였던 언론학과 겸임 교수가 해고되었다. 소동의 연기가 걷힌 후 대학이 마주한 건 줄어든 교수와 행정가, 시들해진 입학 지원과 기부금이었고, 이 모두는 어엿한 공립대학에서 한 무리의 학생들이, 그보다도 얼마 안 되는 교수들의 방조하에, 교수자와 학습자의 역할을 전도시킨 탓이었다.

2015년 시위 이후 미주리대학의 신입생 입학은 실제로 감소했고 공실인 기숙사는 폐쇄되었다. 뒤이어 니컬스는 어느 테네시대학 법학 교수의 말을 인용하는데, 이 사람이 미주리대학 시위나 인종주의적 핼러윈 의상을 둘러싼 예일대학 시위—이에 대해서는 조금 뒤에 다룰 것이다—등 캠퍼스 시위 사태에 대해 보인 반응은, 선거권 부여 연령을 25세로 올리자는 것이었다. "대학생을 아이처럼 대해야 하는 것만도 고역이다. 하지만 응석받이 아이들의 **지배**를 받는 건 참을 수 없다. 핼러윈 의상을 이성적으로 논할 수 없는 사람들은 한 나라의 운영에 참여할 자격이 없다." 니컬스는 캠퍼스의 소위 성숙도 위기 상황을 바라보면서, 학생들이 일단 그의 강의실을 떠난 후에는 "내가 언제까지나 그들의 주장을 누그러뜨릴 수 없다"는 사실에 "밤잠을 설친다"고 쓰고 있다. 일단 학생들이 그의 지혜와 권위의 영향권 밖에 있게 되면, 그들이 "다른 사람을 무시하거나 사실을 부인하거나 선의의 조언을 힐난하거나 진실 대신 그들의 감정을 수용해달라고 요구하는 것을 막을 수가 없다".

　니컬스의 요약만으로 미주리대학에서 일어난 일을 짐작해보자면 이렇다. 제멋대로 구는 일부 응석받이 학생들이 "유치한" 스와스티카에 매우, 매우 화가 났다. 스와스티카를 페인트로 그리는 걸로는 부족하다고, 똥칠

정도는 해야 한다고 판단한 그 누군가를 아이처럼 천진하다고 가정하는 이 말은 이미 많은 것을 시사한다. 이 스와스티카 똥칠 때문에, 시위대는 "당황한" 대학 총장에게 "체계적 억압"에 관해 소리를 질렀다. 합리적으로 생각해볼 때, 스와스티카 똥칠과 관련해 대학 측에 요구할 건 아무것도 없었다. 그리고 한 객원 교수는 학생 기자에게 적대적인 행동을 했다. 과연 심각한 상황이다! 독자는 궁금할 수밖에 없다. 어째서 이 철없는 응석받이들은 한 번의 악의 없는 사건에 그토록 과도하게 반응할까? 그들은 정신 나간 눈송이가 틀림없다.

영국의 클레어 폭스도 『난 그게 불쾌해!』에서 미주리대학 시위 사태를 언급했다. 그녀의 요약은 이렇다. "학생 운동가들은 총장 팀 울프Tim Wolfe에게 '백인의 특권을 인정'하고 인종 문제와 얽힌 일련의 사건에 제대로 대응하지 못한 데 대해 사과하라고 요구한 뒤 사퇴를 강요했다." 짐작건대 사람들은 뭔가가 명백히 "인종주의적"이라는 걸 인정하기 싫을 때 "인종 문제와 얽힌"이라는 말을 쓰는 모양이다. 폭스는 계속해서 이렇게 말한다.

… 하지만 그들은 [울프의―저자] 머리 가죽으로는 만족하지 못했고, 이 승리를 거두자마자 곧장 언론에 달려들었다. "경찰을 부르겠어, 당신들이 우릴 존중하지 않으니까!" 한 시위자가 취재진에게 소리쳤다. 다른 시위자들은 '안전공간, 노 미디어'라 쓰인 손팻말을 들고서 "노 코멘트!"를 제창했고, 기자와 카메라맨들을 밀치고 떠밀었다. 이 노코멘트 대응은 "우리는 누구에게도 해명할 책임이 없다"는 태도를 집약적으로 보여주는데, 그러면서 그들은 더없이 집요하게 다른 사람들의 목소리는 소거되기를 요구한다.

폭스는 미주리대학에서 무슨 일이 일어났는지에 관해 이 이상은 말하지 않는다. 그녀는 이 사건을 「나, 나, 나: 특권 세대」라는 부제가 붙은, 젊은이들에게 어려서부터 주입되는 '자아도취적인 특권의식'에 관한 챕터에 이 사건을 집어넣었다. 챕터 하나가 뚝딱 나온다.

우리 시대의 위대한 눈송이 비판자, 『디 애틀랜틱』의 코너 프리더스도프는 시위대들이 그들의 진지가 "안전공간"이라며 한 영상 기자를 몰아낸 것을 비판했다.[18] 기자가 촬영한 화면에는 그를 쫓아내려고 활동가들이 다가오는 모습이 잡혔다. 프리더스도프는 학생들이 안전공간을 "무기화"했다고 말한다. 그의 말대로라면 그들은 과연 정신이 온전치 않은 듯하다.

지금까지의 설명으로 미루어 여러분은 이 사건을 어떻게 생각하시는지? 만약 그 일에 관해 여러분이 아는 전부가 이것이라면, 통제 불능의 시위대와 선의를 가진 타인에 대한 그들의 공격적인 행동을 떠올리며 눈살이 찌푸려질지도 모른다. 이 학생들은 괴이하고, 현실과 동떨어져 있고, 심지어 난폭한 것 같다.

하지만 중요한 점은, 미주리대학 시위에 대한 니컬과 폭스의 묘사들을 읽어도 여전히 이 시위가 무엇에 관한 것이었는지를 우리가 제대로 알 수 없다는 것이다. 두 사람은 젊은이들이 특권의식에 찌들어 주제넘게 군다는 주장을 뒷받침하고자 각자의 저서에 이러한 묘사를 포함했다. 스와스티카 똥칠이 있었던 건 분명하다. 비록 저자들은 젊은 시절에 누구나 흔히 겪는 일쯤으로 웃어넘겼지만 말이다. 그 밖에 우리가 아는 건, 막연히 "인종 문제와 얽힌" 일들이 캠퍼스에 있었고, 분명하지는 않지만 어떤 식으로든 "안전공간"이 남용되었고, 그리고 어느 교수가 25세 미만에게는 투표권을 주지 말자고 했다는 것 정도다.

니컬과 폭스가 누락한 사실은, 미주리대학 안팎에서 시위를 주도한 그 문제의 학생들, 많은 이들의 공포를 자아내고 저자들의 노여움을 산 그들이, 흑인이었다는 것이다. 이제 젊은이들에게서 투표권을 빼앗아야 한다는 빈정거림은, 이 젊은이들이 흑인이라는 사실에 비추어 어떻게 들리는지? 문제의 학생들이 역사적으로 캠퍼스에서 주변화된 이들이었다는 사실을 알고 난 후에도, 제멋대로인 자아도취나 특권의식 운운하는 저들의 분석이 여전히 유효한가? 흑인 학생과 노동계급 학생이 응석받이라고 말할 때, 그건 무슨 뜻인가? 그들이 주제넘게 군다는 건가?

이제 2015년 미주리대학 시위가 실제로 어떻게 촉발되었는지 살펴보자. 흑인 학생회장 페이턴 헤드Payton Head는 남학생 동아리의 파티로 향하던 길이었다. 그때 픽업트럭 뒤에 타고 있던 한 무리의 백인 학생들이 검○○를 포함한 인종적 멸칭을 그를 향해 외쳤다.[19] 미주리대학 캠퍼스에서는 드문 일이 아니었고, 헤드가 그런 일을 처음 겪은 것도 아니었다. 그 유구한 역사는 1950년, 미주리대학이 최초로 흑인 학생의 입학을 허용한 해까지 거슬러 올라간다. 미주리대학 시위를 다룬 스파이크 리의 다큐멘터리에서, 학생들은 검○○라는 욕설을 듣거나 그 밖의 방식으로 캠퍼스에서 노골적인 인종주의적 괴롭힘을 당한 수십 건의 사례들을 들려준다.[20] 2010년에는 백인 학생 두 명이 대학의 흑인문화센터 건물 앞에 솜뭉치들을 뿌려놓았다[과거 미국 남부에서 많은 흑인 노예가 목화 농장에서 혹사당했기 때문에 조롱과 비하의 의미가 담긴 행위다]. 대학 측은 그것을 "유치한 장난"이라 부르고 두 학생을 쓰레기 무단 투기로 고발했다. 그때 역시, 스와스티카 같은 인종주의적 사건이 "유치한", 그러므로 근본적으로 악의 없는 일로 치부된 것이다.

미주리대학 시위는 2014년 퍼거슨 사태 후 불과 1년 만에 일어난 것이었다. 이 사태는 미주리대학에서 차량으로 고작 몇 시간 거리에 있는 미주리주 퍼거슨시에서 흑인 10대 소년 마이클 브라운Michael Brown이 경찰의 총격으로 사망함에 따라 벌어진 일련의 시위였다. 미주리대학은 과거 노예

주였던 미주리주의 주립대학 시스템[미주리대학, 미주리대학 캔자스시티 캠퍼스, 미주리과학기술대학, 미주리대학 세인트루이스 캠퍼스까지 총 4개 대학이 포함된다]을 대표하는 캠퍼스로, 주의 역사는 노예 소유주였던 역사적 인물들의 동상이나 그들에게 헌정된 건물의 형태로 캠퍼스 곳곳에 남아 있다. 2015년 가을 내내 학생들은 계속되는 인종주의적 사건들에 대한 항의 시위를 이어갔다. 홈커밍 행사(미국 대학에서 열리는, 퍼레이드와 미식축구 경기를 포함한 가을 축제)를 앞두고, 공연 리허설을 하는 흑인 연주자들을 향해 술에 취한 백인 학생 하나가 또 검○○라고 외쳤다. 10월 10일 행사 당일, 퍼레이드 도중에 흑인 시위대가 일시적으로 팀 울프 총장의 차를 에워쌌다. 울프는 그들에게 한마디 말도 하지 않았고—이에 대해 그는 나중에 사과했다—몇몇 백인은 서로 팔을 걸고 차를 보호하며 시위대를 막아섰다.[21] 한 흑인 교수는 미주리대학 시위를 다룬 스파이크 리의 다큐멘터리에서 "여전히 어떤 이들은 흑인의 목숨보다 홈커밍 축제를 더 중시한다"고 말했다.

이러한 일련의 사건들, 그리고 학내 인종주의에 대처하지 않는 행정당국에 대한 항의로, 미주리대학 학생 시위자들은 '우려하는 학생 1950'이라는 단체를 결성했다. 그들 대학에 최초로 흑인 학생의 입학이 허용된 해를 딴 이름이었다. 이 단체는 울프에게 그의 사임, 학내 인종주의에 관한 훈련과 교육, 그리고 더 많은 유색인 교수의 채용 등을 포함하는 일련의 요구사항을 전달했다. 그리고 바로 그때, 스와스티카 똥칠 사건이 터졌다. 놀랍게도 그것은 그해의 첫 스와스티카 그라피티가 아니었다. 그해 4월에는 잿가루로 그려진 스와스티카가 캠퍼스에 등장했었다.

이에 '우려하는 학생 1950'의 일원인 조너선 버틀러Jonathan Butler는 학내 인종주의에 대한 행정당국의 조처를 압박하며 단식 농성을 시작했다. 이 사실을 안 미주리대학 미식축구팀의 흑인 선수들은 울프가 사임할 때까지 경기에 불참할 것을 선언했다. 미국에서 대학 미식축구팀 선수들은 연봉을 받지 않지만, 그들의 경기와 입장권 판매로 창출되는 수익은 수백만 달러에 달하며, 선수들이 경기에 나타나지 않을 때 대학이 물어야 하는 벌금도 있다. 팀의 백인 코치와 백인 선수들 역시 흑인 팀 동료 및 시위자들과 연대했다.

니컬스는 미주리대학 사건을 요약하면서 시위대가 울프에게 "체계적 인종주의"에 관해 소리치는 장면을 충격과 공포에 질려 묘사했다. 사실을 말하자면, 학생들이 울프에게 체계적 인종주의가 뭔지 아냐고 물었을 때 그는 이렇게 답했다. "그건 … 체계적 인종주의는, 여러분이 성공을 위한 공평한 기회를 얻고 있다고 믿지 않기 때문에 그런 거지." 울프의 말에 따르면 체계적 억압에서 문제는 제도가 아니라 개인이 가진 믿음이다. 그 성난 눈썹을 누그러뜨려라, 그럼 당신은 체계적 억압에서 놓여날 것이다! 사실 체계적(울프는 systemic을 systematic으로 잘못 말했다) 억압이란, 인종주의가 제도와 사회 안에 깊이 뿌리박혀 있음을 가리키는 말이다. 이를테면 그것은 주거 불평등이 과거와 현재의 인종주의적 정책에 의해 빚어진 결과임을 의미하며, 또는 인종 간의 교육 접근성 불평등이 소득과 건강을 포함한 여러 측면에서 명백히 차등적인 결과로 이어짐을 의미한다. 만약 당신의 할머니가 이런 개념에 대해 한 번도 들어보지 못했다면 그건 다른 문제다. 하지만 상대가 한 대학의 총장이라면, 당신은 그가 직관적으로 그 개념을 이해하리라 기대할 것이다. 하지만 울프는 인종주의가 우리들의 태도를 고쳐서 해결할 수 있는 문제라는 식의 답변을 내놓았다. 마치 누구나 각자 열심히 노력하기만 하면 평등과 번영이 있는 저 마법의 땅에 다다를 수 있을 것처럼 말이다.

결국 미식축구팀 선수들, 시위대, 미주리대학 학생회가 모두 그와 맞서

게 되면서 울프는 총장직에서 물러났다. 사임 성명서에서 그는 "적절한 조치가 없었던 모든 책임은 전적으로 나에게 있다"고 했지만, 조녀선 버틀러의 단식 투쟁을 언급하며 이렇게 덧붙였다. "거듭 강조하지만, 이런 식으로 변화가 일어나서는 안 됩니다."[22] 시위 소식이 미주리주와 나라 전체로 퍼지는 동안, 미주리과학기술대학 학생 하나는 인터넷에 미주리대학 캠퍼스로 가서 눈에 띄는 "흑인은 다 쏴 버리겠다"는 글을 올렸다. 당시 대통령 후보였던 도널드 트럼프도 끼어들었다. 그는 시위대는 "역겹고", 사임한 교직원들은 그가 보기에 몹시 거슬리는 "어떤 움직임이 일어나게 한" "나약하고 무능한 사람들"이라고 말했다.

홈커밍 행사 때 팀 울프가 탄 차량의 이동을 시위 학생들이 막아서는 영상을 보면, 그중 몇몇이 눈물을 흘리는 걸 볼 수 있다. "2015년에 학생회장 페이튼 헤드가 캠퍼스에서 검○○라는 소리를 들었으나 팀 울프 총장은 상황을 변화시키기 위해 아무것도 하지 않았다!" 한 명이 차량을 향해 외쳤다. "자유를 위해 싸우는 것은 우리의 의무다", "우리가 잃을 건 쇠사슬뿐이다"[두 문장은 1960~70년대 블랙팬서당BPP, 흑인해방군BLA으로 활동한 흑인 여성 투사 아사타 샤커Assata Shakur를 인용한 것이다. 뒤 문장은 본래 마르크스가 프롤레타리아 혁명에 대해 한 말이기도 하다]. "더는 이 캠퍼스에서 검○○라 불리지 않을 것이다." 또한 영상에서는 홈커밍 행사를 찾은 한 무리의 백인들 역시 그들끼리 인간 사슬을 이루어 흑인 학생들이 총장에게 접근하지 못하도록 가로막는 모습을 확인할 수 있다.

이는 감정적인 장면이다. 많은 것이 걸린 대치 상황이었고, 일촉즉발의 위기감이 감돌았다. 학생들은 그들의 시위가 의미하는 바를, 그리고 그들의 총장에게서 비치는 무관심을 절실히 느끼고 있었다. 이 학생들의 경험을 완전히 이해하려면 우리도 흑인이 되어야 할 것이다. 하지만 그들의 눈물이 '응석받이'의 방종이나 자기도취나 특권의식의 결과가 아니라는 건 흑인이 아니더라도 알 수 있다. 그리고 학생 운동과 응석받이의 특혜를 동일시하는 것이 어째서 정직하지 못한 기만적인 술수인지에 대해서도 말이다.

생각해주는 척 업신여기는 칼럼니스트부터 도널드 트럼프에 이르기까지, 눈송이 비판자들이 보기에 미주리대학의 비극은 유구한 인종주의의 역사가 아니었다. 그것은 한 무리의 학생들이 그러한 상황을 바꿔보고자 뭔가를 시도했고, 그 시도를 막지 못했다는 사실이었다. 시위 사태 이후 미주리대학은 총장을 비롯한 고위 보직자를 새로이 영입했고, 그중에는 다양성·평등·포용성 책임자도 있었다.

미주리대학 시위대의 힘은 오늘날까지도 이어지고 있다. 2014~15년에 미주리주는 BLM[Black Lives Matter/흑인의 생명도 소중하다] 운동의 도가니 중 하나였다. BLM은 2013년 플로리다에서 무기를 소지하지 않은 흑인 10대 소년 트레이번 마틴Trayvon Martin을 총으로 쏴 죽인 조지 지머먼George Zimmerman이 무죄 선고를 받은 데 반발해 세 흑인 여성이 시작한 운동이었다. 미주리주에서는 2014년 경찰이 마이클 브라운을 사살한 사건과 이듬해 미주리대학 캠퍼스 사태를 계기로 BLM 운동이 계속해서 확산하고 발전했다. 이후 5년간 일부 정치인과 경찰은 BLM을 테러조직으로 낙인찍으려 했지만, 그런 터무니없는 비방 속에서도 부단한 노력과 활동이 이어졌고, 급기야 2020년 여름, 미네소타주 미니애폴리스에서 조지 플로이드가 잔인한 죽임을 당하게 되면서 1950~60년대 민권운동기 이후 미국에서 가장 거대한 시위의 물결이 일게 되었다.[23]

2015년에 미주리대학 학생 운동가들은 그들의 캠퍼스에서 인종주의를 몰아내겠다는 일념으로 불가능해 보이는 싸움을 벌이고 있었다. 그들은 변화를 원했지만, 그들의 메시지와 취지는 적대적인 언론에 의해 왜곡되었다. 현 체제에서 수혜를 보는 자, 혹은 미국의 인종주의적 과거와 현재를 마주하기 불편한 자들에게 그들의 시위는 용납 못 할 것이었다.

오늘날에도 학생 활동가들의 노력은 조롱과 폄하와 두려움의 대상이다. 그러나 헌신하는 학생들의 노력은 어리석지도 하찮지도 않다. 동시에 그것은 문명의 붕괴를 예고하지도 않는다. 이는 학생 활동가들이 초래할 멸망을 예언하는 데 숱한 시간과 글자 수를 할애하는 눈송이 비판자들에게는 큰 위안이 되어야 하겠으나, 안타깝게도 그렇지 못하다.

예일대학의 대단히 인종주의적인 핼러윈

2015년 가을, 뉴헤이븐의 나뭇잎은 단풍이 물들고, 공기는 상쾌해지고, 예일대학 학생들은 그들의 핼러윈 의상이 섹시해야 할지, 오싹해야 할지, 아니면 인종주의적이어야 할지 고민하느라 분주했다. 하지만 그때 논란이 다가와 문을 두드렸다. 이번만큼은 인종주의적인 핼러윈 의상을 **삼가**달라는 정중한 이메일이 학생들에게 도착했다.

그러자 반발이 일었고, 뒤이어 반발에 대한 반발이 일었고, 그런 다음엔 반발에 대한 반발에 대한 반발이 일었다.

우선 그 이메일에 대해 알아보자. 예일대학의 백인 학생들은, 다른 여느 곳의 백인 학생들과 마찬가지로, 해마다 핼러윈 의상으로 사람들을 경악게 하는 경향이 있다. 그리고 그건 오싹하고 으스스한 종류의 경악스러움이 아니다. 예를 들어 2007년에 몇몇 예일대학 학생은 핼러윈에는 블랙페이스 분장이 제격이라고 생각했다. 그래서 2015년에 예일대학 다문화위원회는 "깃털 달린 머리 장식을 쓰거나 터번을 두르거나 '출전 성장war paint'을 하거나 피부색을 바꾸거나 블랙페이스나 레드페이스 분장을 하는" 등의 "잘못된 판단"을 삼가달라는 이메일을 보냈다.[24] 레드페이스는 백인이 아메리카 선주민을 본떠 분장하는 것을 뜻하며, 말이 나온 김에 덧붙이자면 아시아인이나 라틴 아메리카인에게 모욕적인 행태를 삼가달라는 요청도 메일에 포함돼 있었다. 대학 측이 학생들에게 인종주의자가 되지 말라고 부드럽게 요청한 것은 그때가 처음이 아니었다. 하지만 그해 한 교수는 그 메일을 개인적으로 받아들였다.

그래서 그녀는 반발했다. 예일대학에서 유아교육학 강의를 맡고 있던 에리카 크리스타키스Erika Christakis는 그녀의 기숙칼리지에 소속된 학생들에게 메일을 보냈다. 이 메일에는 학생들이 매년 핼러윈 때마다 아무 뒤탈 없이 얼마든지 인종주의자가 될 수 있었던 지나간 시절에 대한 향수가 담겨 있었다. 그녀는 "한 아이가, 혹은 청년이, 조금 밉살스러울 수 있는 여지는 이제 더는 없는 걸까? … 조금 부적절하거나, 도발적이거나, 그래, 모욕적일 수 있는 여지는 전혀 없는 걸까?" 하고 자문했다. "한때 미국의 대학은 성숙을 위한 안전공간이었을 뿐만 아니라 어느 정도 퇴행적인, 심지어 위반적인 경험을 위한 안전공간이기도 했다. 하지만 갈수록 대학은 검열과 금지의 공간이 되어가고 있다."

아, 지나간 좋은 시절이여. 대학이 블랙페이스 분장을 한 젊은 여성에게 자신의 인종주의적 한계를 시험해볼 안전공간이 돼주던 시절. 크리스타키스는 어떤 의상을 보고 불쾌함을 느끼는 학생이 있다면 그냥 고개를 돌려버리면 될 일이라고 말했다. 고개를 어디로 돌려봐도 **사방에** 무신경한 핼러윈 인종주의자들이 깔린 파티에서는 이런 방법이 통할 리 없지만, 크리스타키스는 그런 상황에서 고개를 어디로 돌려야 할지는 언급하지 않았다.

뒤이어 반발에 대한 반발이 일어났다. 학생들이 크리스타키스의 이메일에 발끈한 것이다! 700명 이상이 공개 서한을 보내 학내 인종주의에 대한 그녀의 안일하고 무책임한 태도를 비판했다. 그들은 서한에서 이렇게 말했다. "예일 캠퍼스에서 유색인 학생으로 지낸다는 건 나를 위해 만들어지지 않은 공간에 존재함을 의미한다. 유럽 중심적인 교과과정부터 다양성이 결여된 교수진, 캠퍼스 안 건물 대부분을 장식하는 노예 소유주 및 노예상의 이름에 이르기까지, 모든 것들이 예일대학의 역사가 배제의 역사임을 환기한다." 크리스타키스의 남편이자 실리먼Silliman 기숙칼리지의 학장인 니컬러스Nicholas 교수는 사과문을 내고 그들 부부가 "많은 학생이 여러 측면에서 목소리 없는 존재처럼 느끼고 있음을 이해한다"고 밝혔다. 그는 학생들에게 두 사람이 그들을 지지하고 있다고 확언했다.

그런 다음, 반발에 대한 반발에 대한 반발이 몰려왔다. 젠시 패즈Jencey Paz라는 학생이 학교신문에 기고한 글이 문제가 됐다. 그녀는 크리스타키스 부부가 기숙칼리지의 수장이라는 사실은 그들에게 "모든 학생이 집 같은 편안함을 느낄 수 있는 안전공간"을 조성할 책임이 있음을 뜻한다고 지적하고, 유색인 학생이 캠퍼스에서 겪는 고통에 관한 끝없는 논쟁이 주는 좌절감을 토로했다. 그런 다음 그녀는 온 나라 언론에서 요즘 학생들의 심각한 문제를 드러내는 단적인 증거로 혹평당하게 될 한 줄을 썼다. "나는 논쟁하고 싶지 않다. 나는 내 고통에 관해 말하고 싶다." 그 결과 미국 언론에서 예일대학 사건은, 지나치게 여리고 약하고 감정에 집착하는 탓에 인종주의자가 되어도 괜찮은지에 관한 차분하고 이성적인 논쟁에 참여할 수 없는 학생들을 일컫는 줄임말이 되었다.

그해 핼러윈 당일, 그 숱한 메일과 칼럼과 분석 기사들에도 불구하고, 예일대학 남학생 동아리의 한 백인 학생은 "백인 여학생만" 받는다며 파티에 온 유색인 학생들을 돌려보냈다[25](몇몇 백인 여학생은 이 소식을 듣고 재빨리 파티에 입장할 기회를 낚아챈 모양이다). 이 사건은 인종주의에 대한 시위가 그랬듯이 온 나라를 뜨겁게 달구는 화제가 되지 **못했다.** 『워싱턴 포스트』에 실린 여러 목격자의 증언에도 불구하고, 문제의 동아리는 그런 일이 있었다는 걸 부인했다. 대학 측은 『워싱턴 포스트』의 인터뷰 요청에 응하지 않았다. 이 사건은 대학 남학생 동아리가 어떤 곳인지를 말해주는 대명사적인 사례가 되지 않았고, 오늘날의 대학생들이 지나치게 인종주의적인지 아닌지에 대한 국가적 논의로 이어지지 않았다. 그러나 인종주의에 **항의**하며 예일대학에서 벌어진 시위는 학생들이 얼마나 예민한지에 관한 국가적인 논의를 촉발했다. 예일대학의 핼러윈 의상 사건은 두고두고 대학과 대학생들이 얼마나 검열적인지를 보여주는 전형적인 사례로 제시되었다. 미국의 TV 프로그램 진행자 빌 마어Bill Maher도 이 사건을 다루었고, 〈심프슨 가족The Simpsons〉도 이를 패러디했다. 이 사건은 20권도 더 되는 책에서 다루어졌고, 오늘날 눈송이들의 문제를 보여주는 대표적인 사례 중 하나가 되었다.

에리카 크리스타키스는 결국 예일대학에서 강의를 그만두고 그녀의 남편은 안식년에 들어갔지만, 두 사람 모두 칼리지에서의 보직은 유지했다. 이듬해 니컬러스 크리스타키스는 예일대학에서 가장 높은 지위의 교수직에 올랐다. 한편 에리카 크리스타키스의 곤경이 대학 캠퍼스에서 표현의 자유가 직면한 위협을 대변한다고 본 사람들은 그녀를 영웅으로 떠받들었다. 단지 학생들이 조금 인종주의적이고 싶다면 그럴 수 있어야 한다고 말했다는 이유로 말이다.

핼러윈 의상 논쟁이 있고 나서 1년 후 『워싱턴 포스트』에 실린 한 칼럼에서 크리스타키스는 "캠퍼스의 우려스러운 자기검열 경향"에 관해 썼다.[26] 그녀는 7년간 두 곳의 대학에서 "점점 더 많은 학생들이 '용납되지 않는' 표현을 쓰거나 그 밖의 방식으로 선을 넘게 될까봐 두려워서 논쟁적인 주제들, 예를 들면 종교적 관용이나 트랜스젠더 권리의 제한 등을 기피한다"

고 털어놓는 걸 지켜봤다고 했다. 그러면서 자신의 "메시지는 비록 불완전했지만" 그 내용은 "정상적인 담론의 범주에 속하는 것이었고, 캠퍼스의 지배적인 정설과 함께 부가적으로 고려될 만한 가치가 있었다"고 주장했다.

하지만 정확히 이것이 문제다. 핼러윈 때 인종주의적인 분장을 해도 매번 별일 없이 넘어간다는 건 여러 백인들 사이에 널리 통용되는 생각이다. 또한 크리스타키스는 그녀의 메일을 둘러싼 논쟁이 그 자체로 표현의 자유의 행사임을 보지 못했다. 그것은 용인 가능한 논의의 범주가 시간의 흐름에 따라 다양한 집단에 의해 다양한 방향으로 밀치고 당겨진다는 사실을 보여주는 논쟁이었다. 그리고 그런 논쟁이야말로 대학에서 일어**나야 하는** 종류의 대화다. 하지만 대학 바깥의 평론가들의 생각은 달랐다. 숨을 헐떡이며 득달같이 몰려든 그들은, 대학에서 벌어지는 인종주의에 관한 논의가 민주주의와 표현의 자유에 사망 선고를 내릴 거라 말했다. 크리스타키스는 "어떤 생각들은 예일대학에서 거론되기에 너무 위험하다"고 썼다. 그녀는 자신이 당한 일로 대학의 "위대한 모토인 '빛과 진리'"에 "그림자"가 드리워졌다고 말했다. 기억하자. 그녀를 비난받게 한 그 매력적이고 **위험한** 생각들이란, 어쩌면 학생들은 아무 뒤탈 없이 블랙페이스 분장을 하고 파티에 갈 수 있어야 한다, 어쩌면 유색인 학생들은 그저 보고도 못 본 체해야 한다, 같은 것이었다.

예일대학 시위의 한 장면은 눈송이를 둘러싼 담론에서 특히 두고두고 회자되는 장면이다. 한 학생이 크리스타키스를 마주하고 서서 이렇게 말한다. "이건 지적인 공간을 만드는 것과는 상관없어요! 그런 게 아니에요! 아시겠어요? 이건 집 같은 공간을 만들기 위한 거라고요!" 당신이 이 말을 액면 그대로 받아들인다면, 그리고 그 맥락에는 관심이 없거나 혹은 당신 같은 사람이 아닌 다른 누군가에게는 이 말이 어떻게 들리는지 알아볼 마음이 없다면, 이건 『데일리 메일』 헤드라인 감이다. 「**눈송이** 학생들, 대학이 너무 **지적**이라 불만!」 요즘 아이들은 심지어 **사고**하는 것조차 두려워한다.

만약 이 학생의 말이 언뜻 어처구니없게 느껴진다면, 어쩌면 그 이유를 생각해볼 필요가 있을지 모른다. 당신은 한 번이라도 당신이 누구이며 어떻게 생겼는지 때문에 자신이 사는 곳에서 환영받지 못한다고 느껴본 적이 있는가? 만약 이 학생의 말이 응석받이로 자라난 탓으로 들린다면, 혹 그 반대가 진실일 수도 있을까? 어쩌면 그 학생은 지금껏 살아오는 내내 자신을 이해하지 못하고 이해하려는 노력조차 하지 않는 사람들을 상대해야만 했던 건 아닐까? 당신이 좋은 눈송이라면 스스로 이런 종류의 질문, 즉 지금껏 들어온 이야기에도 불구하고 타인의 관점에서 생각해보도록 자신을 강제하는 질문을 던져야 한다. 학생들은 흔히 다양한 시각들에 관심이 없다는 비난을 듣지만, 실상 눈송이스러운 학생에게는 하루하루가 다양한 시각들에 대한 배움이다. 위 학생은 대학에 대해 **일반적인** 이야기를 한 것이 아니다. 학생들은 에리카 크리스타키스와 남편이 그들의 기숙칼리지, 즉 말 그대로 집 떠난 학생들의 또 다른 집을 책임지고 있다는 사실을 말하고 있었다.

또한 많은 눈송이 비판자는 예일대학의 반-인종주의 시위를 사례로 내세워 학생들이 **아무것도 아닌 일**에 과민 반응하고 대학생활 내내 완벽한 안락함을 기대한다고 주장한다. 그것이 사실처럼 느껴질 수도 있다. 예일대학의 유색인 학생들에게 그 핼러윈 이메일이 처음이 아니라 마지막 결정타였음을 고려하지 않는다면 말이다. 예일대학에서 인종에 관한 논의를 일으키고자 한 학생들은, 언론에서 그려진 것처럼 유아적으로 울며불며 떼를 쓰거나 늘어져 칭얼대지 않았다. 그와 반대로 그들은 행동에 나섰고, 누군가의 조언대로 그저 "고개를 돌려버리는" 대신, 그들 캠퍼스에서 가장 힘 있는 인물들에게서 태도의 변화를 끌어내고자 했다. 이 학생들은 앞으로의 정치 참여를 연습하고 있었다. 그들은 대화를 외면한 이들이 아니었다. 실상 그들은 캠퍼스에서 인종주의에 관한 쉽지 않은 대화를 강제하고자 한 이들이었다.

예일대학 학생신문사 『다운 매거진Down magazine』은 기성 언론에서는 거의 다루어지지 않은 당시 학생들의 시각을 기록으로 남겼다. 그 시기 예일 캠퍼스에서 흑인 여학생들이 올린 페이스북 게시물을 통해 학생 운동의 목소리를 한데 모아 기록화한 것이다. 그 게시물들은 건물 관리인이나 걸인으로 여겨진 일부터 누군가가 멋대로 머리카락을 만진 일, 남학생 동아리 파티에서 성폭행당한 일까지, 백인 학생들에게서 받은 갖가지 인종주의적 대우를 묘사하고 있다.[27]

이번에도 역시, '대학 내 표현의 자유에 관한 우리 시대의 대大패닉'이 겨냥한 대상은 응석받이로 자라난 부유한 백인 학생이 아니라 유색인 학생들이었다. 물론 격분한 칼럼니스트들은 그들이 흑인 여성을 비판하고 있음을 대체로 인정하지 않았고, 대신 '특권적인' 엘리트 학생 집단의 이미지를 그려냈다. 캠퍼스 패닉을 불러일으킨 사건은 결코 흑인을 비롯한 기타 소수자 학생들에 의한 정치적 행동으로 그려지지 않는다. 하지만 실상 대개는 그런 것들이다.

오늘날 학생 운동은 언론에 의해서도 부정확하고 왜곡된 모습으로 그려져 왔지만, 호평받는 진보 지식인들의 저서에서조차, 비록 약간의 부드러운 염려가 섞여 있긴 하나, 혹독한 비판을 받아왔다. 눈송이들이 캠퍼스에서 변화를 위해 싸우는 동안, 이들은 혀를 차고 한숨을 내쉬며 젊은이들이 심리적으로 건강하지 못한 것처럼 취급해 엄청난 돈을 번다.

그레그 루키아노프Greg Lukianoff와 조너선 하이트Jonathan Haidt의

2018년 저서 『미국인의 애지중지되는 마음The Coddling of the American Mind』[한국어 번역서 제목은 『나쁜 교육』]이 그런 예다.[28] 이 책에는 '좋은 의도와 그릇된 생각이 만나 어떻게 한 세대의 실패를 준비하나'라는 부제가 붙어 있다. 실패랍니다, 여러분! 혹여 의문이 든다면, 문제의 이 세대는 밀레니얼, 그리고 그들 다음으로 태어나 틱톡에서 그들을 비웃는 Z세대들이다. 그런데 두 집단은 **실패**를 위해 준비되었다. 이 책은 어쩌다 모든 게 다 잘못됐는지, 그리고 과거 세대들의 마음은 어떻게 준비되었길래 **그들은** 그토록 흐뭇하게도 훌륭한 사람이 되었는지를 알아보는 책이다. 잘못된 것의 상당 부분은, 짐작하시겠지만 대학 캠퍼스에서 확인할 수 있다.

보수 성향의 여러 눈송이 혐오자와 달리, 루키아노프와 하이트는 미국의 중량감 있는 중도 좌파 인사다. 그들의 책은 엄청난 인기를 누리며 대단한 영향력을 미친다. 홍보 문구는 흠잡을 데가 없다. 이 책은 오바마 전 미국 대통령이 읽고 호평한 책이며, 전미도서비평가협회상 비소설부문 최종 후보였으며, 『뉴욕 타임스』의 2018년 올해의 주목할 만한 책, 『파이낸셜 타임스Financial Times』와 『블룸버그Bloomberg』의 2018년 최고의 책으로 선정되었다. 이 책에 찬사를 보낸 부유한 저명인사들은 캠퍼스의 "근심스러운" 경향에 대한 저자들의 분석이 권위주의의 확산과 젊은이들의 한심한 나약함을 동시에 짚어냈다고 평가했다. 제국을 사랑하는 역사학자 니얼 퍼거슨Niall Ferguson[제국주의와 식민주의에 관한 수정주의적 시각으로 잘 알려져 있으며, 그러한 관점에서 영 제국의 역사를 기술한 『제국』이라는 대표 저서가 있다]은 이 책을 일컬어 "마음이 심란해지지만 중요한" 책이라 했다. 『더 타임스 The Times』의 데이비드 에러너비치David Aaronovitch는 2015년 이래로 "일부 캠퍼스 사태"에서 학생들이 보인 "부조리하고 우려스러운 행동"은 그 자신과 같은 "나이든 진보주의자들을 깜짝 놀라게 했다"고 말했다. 닐 더그래스 타이슨Neil deGrasse Tyson은 이 책이 "물러지고 있는 미국에 대한 허심 탄회한 성찰"이라고 평했다. 짐작건대 그는 미국이 더 단단해져야 한다고 생각하나 보다.

두 저자 중 한 명인 그레그 루키아노프는 개인의권리와표현을위한재단 Foundation for Individual Rights and Expression /FIRE의 대표다. 이 단체는 캠퍼스에서 표현의 자유 침해로 여겨지는 사례를 집계한다—나중에 살펴 보겠지만 이들의 집계 방법에는 문제의 소지가 있다. 다른 한 명인 조너선 하이트는 사회심리학자로 뉴욕대학 경영대학원 교수다. 자신들이 조용한 중도 좌파에 속한다고 밝히는 두 사람은 근심 어린 어른들의 입장에서, 젊 은 급진주의자들이 스스로 상황을 불리한 쪽으로 몰아가고 있다는 염려를 가지고 이 책의 주제에 접근한다. 그들은 대학을 자신의 발언대로 삼으려 는 대안 우파 이론가들을 지지하지 않으며, 거리를 행진하는 백인우월주의 자를 지지하지도 않는다. 하지만 이 책이 겨냥하는 대상은 그런 극우주의 자들이 아니다. 도리어 그들과 맞서는, 하지만 완전히 잘못된 방식으로 싸 우고 있는 '애지중지'되는 학생들이다.

이 책은 눈송이 비판 문헌에서 대단히 중요한 저작물이다. 왜냐하면 대 안 우파가 겨냥하는 대상과 그들이 만들어낸 표현이 더할 나위 없이 점잖 은 집단들, 이를테면 진보 성향의 학자들이나 심지어 오바마 전 대통령 같 은 인물들 사이에서 공유되고 강화되는 양상을 보여주기 때문이다. 이 책 은 오늘날 대학 학부생들이 과거의 학생 시위와는 영 딴판인 **유달리** 잘못된 종류의 시위에 경도되는 경향이 있다고 본다. 또 한때는 캠퍼스 안 모두가 훨씬 더 잘 어울려 지냈다고 가정하며, 오늘날의 젊은 운동가들이 불러올 미래를 두려워한다. 이 책은 젊은 학생과 활동가들에게 의심을 품고 있는 이들에게 입문용 마약과 같아서, 유난 떠는 눈송이들에 대한 전격적인 비판으로 이어진 내리막길을 저항 없이 미끄러져 내려가게 한다.

하이트와 루키아노프의 책에서 뼈대를 이루는 생각은, 2015년경 이후 대학생들이 두 사람이 세 가지 "대단한 비진실untruth"이라 명명한 것들에 대한 믿음에 빠져들었다는 것이다.

1. 유약함의 비진실: 죽지 않을 만큼 고된 일은 사람을 더 약하게 한다.
2. 감정적 추론의 비진실: 늘 자신의 느낌을 믿어라.
3. 우리 대 그들의 비진실: 삶은 선한 사람과 악한 사람 사이의 투쟁이다.

저자들이 보기에 이 "비진실"은 세 가지 유형의 "인지 왜곡"이다. 인지 왜곡이라는 용어는 정신의학계, 특히 인지행동치료cognitive behavioural therapy/CBT 분야에서 왔는데, 인지행동치료는 흔히 특정 공포증, 이를테면 거미나 비행에 대한 비합리적인 공포 같은 것을 다루고 제거하는 데 쓰인다. 누군가가 "인지 왜곡"을 경험하고 있다는 말은, 그들이 현실을 부정확하게 인식하고 있다는 뜻이다. 이것이 하이트와 루키아노프가 오늘날의 젊은 학생들을 재단하는 틀이다. 즉, 학생들은 비극적이게도 왜곡된 현실 인식에 빠져 있다. 그들은 "실제의 문제에 반응할 때도 이전 세대에 비해 그런 문제를 더 위협적으로 보도록 하는 사고 패턴에 휘말리는 경향이 강하고, 그래서 문제 해결이 더 버거워진다". 나쁜 남자친구의 흠 잡을 데 없는 논리로 저자들은 말한다. 문제가 순전히 여러분 마음속에만 있는 게 아니라면, 여러분이 단지 그 문제에 대해 그릇된 방식으로 반응하고 있는 게 분명하다고. 이 세 가지 대단한 비진실이 만연한 탓에, "수많은 대학생이 왜곡된 방식으로 사고하는 법을 익히고 있으며, 그 결과 유약하고 불안하고 쉽게 상처받는 사람이 될 공산이 커진다". 이 문제에 대한 저자들의 처방이 인지행동치료 기법들이다. 특히 하이트는 "오랜 지혜와 잘 들어맞는다"는 이유로 이런 접근을 옹호한다('오랜 지혜'는 반눈송이 담론 여기저기에 등장하는 표현이다. 듣기에는 좋지만, 다른 오랜 지혜들 중에는 성 경험이 없는 남녀의 인신 공양, 수은을 사용한 매독 치료 같은 것도 포함되었다는 사실을 기억할 필요가 있다). 저자들은 이렇게 고지한다. "우리는 학생들이 마주한 문제들이 … 하찮은 것이라거나 '순전히 그들 머릿속에만 있는 것'이라는 말을 하려는 게 아니다. 우리가 하려는 말은, 사람들이 머릿속에서 어떤 일을 하기로 선택하느냐에 따라서 그런 실제의 문제들이 그들에게 어떤 영향을 미치는지가 결정된다는 것이다." 이것은 중요한 고지 사항이나, 글이 전개되면서 점차 설득력을 잃는다. 젊은이들에게 고통을 야기하는 문제가 어째서 실은 그리 대수롭지 않은 것인지를 줄기차게 언급하기 때문이다.

하이트와 루키아노프는 학생들의 정치적 활동, 특히 지난 몇 년간의 소수자 학생, LGBTQ+ 학생, 여학생들의 노력을 의학적인 문제로 취급했다. 그들은 전에 없이 강력해진 극우 세력으로부터 자신을 보호하려는 학생들의 노력을 과잉반응을 넘어선 현실 곡해로 진단했다. 두 저자는 최근 극우의 가시성, 활동, 정치력이 재부상한 상황을 고려하기는 하지만, **그들을** 향해 그들이 세상을 곡해하고 있다고 말하지 않는다. 이 책이 겨냥하는, 두 사람이 꽤나 측은히 여기고 걱정하는 대상은 그들이 보기에 잘못된 방식으로 극우와 맞서 싸우려는 학생들이다.

하이트와 루키아노프가 지적하는 첫 번째 "대단한 비진실"은 학생들, 혹은 아이들이 유약하다는 것이다. 도리어 두 저자는 아이들이 실은 "반-유약"하다[anti-fragile. 저자들이 경제학자 나심 니콜라스 탈레브를 인용하여 제시하는 개념으로, 유약함fragility이 충격에 깨지고 강인함/탄력성resilience이 충격을 견딘다면, 반-유약성은 강해지기 위해 도리어 충격이 필요한 성질을 의미한다. 근육이 강도 높은 운동을 해야 강해지는 원리와 같다]고 말한다. 그들은 이 책 제목에 등장하는 "애지중지coddling"라는 말에 대해 스스로 "양면적인 감정을 느낀다"면서도, 어쨌거나 그 단어가 당면한 문제를 정확히 기술한다고 보고 어느 사전적 정의를 가리킨다. "지나치게 정성스럽거나 다정하게 대하는 것". (트럼프 집권기를 되돌아보면서 과연 우리가 아이들에게 지나치게 다정했다는 걱정을 하게 될까?) 저자들은 "부모의 신경증적인 과잉보호"가 자녀에게 끼치는 해악이 유익보다 크다고 우려한다. 다시 한번 말하지만, 캠퍼스에서 가장 활발하게 시위운동을 주도하는 학생들은 신경증적인 과잉보호를 받으며 자란 아이들이 아니다. 그들은 보통 엘리트 공간에 새로이 편입된 이들이며, 주변부 공동체에서 성장한 경우가 많다. 하지만 하이트와 루키아노프는 응석받이 철부지들과 운동에 적극적인 대학생들을 하나로 묶는다. 그들은 아동용 카시트나 잠금장치 등 가정이나 보육시설에서의 안전 조처가 과도해지지는 않았는지 묻는다. "그 결과 아동 사망률은 급감했다. 물론 이는 아주 잘된 일이지만, 어찌 보면 안전에 대한 주의는 도가 지나친 면이 있다." 사고로 죽어도 되는 아동의 수는 얼마 정도가 적정할까? 그런 말은 없다.

좋다, 아이들이 자유롭게 뛰놀게 내버려두자. 넘어지고 다리에 못이 박히도록 놔두자. 괜찮다. 하지만 하이트와 루키아노프의 논변에서 문제는, "안전"이 오직 신체적인 것이라는 주장이다. 그들은 안전의 의미가 정서적인 것까지 포괄하도록 "개념 확장"이 일어났다고 한탄한다. 그들은 오벌린 대학이 교직원에 보낸 2014년 지침을 예로 든다. 이 지침은 "트리거 경고"를 써서 "학생들의 안전에 마음 쓰고 있음을 그들에게 보여줄 것"을 권고하며, 또한 학생 본인이 선호하는 성별 대명사를 사용하도록 권장한다. "교수가 잘못된 대명사를 쓴다고 해서 학생들이 교실 안에서 위험에 처하나?" 저자들은 질문한다. 이는 트랜스인을 잘못된 성별로 부르는 행위가 심리적인 상해를 입히는 것은 물론이고 물리적인 폭력으로 이어질 수도 있다는 사실에 대한 그들의 무지를 드러낸다. 하지만 하이트와 루키아노프는 상해가 신체적인 것 이상일 수 있다는 생각에 동의하지 않는다.

두 번째 "대단한 비진실"은 감정적 추론의 비진실이다. 감정적 추론이란 어리석게도 자신의 감정에 어떤 의미가 있다고 믿는 것이며, 그 골치 아픈 인지 왜곡의 또 다른 예다. 저자들이 인지행동치료를 옹호하는 이유 중하나는, 다른 종류의 치료법에서 종종 그렇듯이 "몇 년씩이나 자기 유년 시절에 관해 이야기할 필요가 없다"는 것인데, 생각해보면 꽤 음울한 말이다. 대체 두 사람은 유년 시절에 겪은 어떤 일을 그토록 말하기가 싫은 걸까? 어쨌거나, 감정적 추론이란 "감정이 이끄는 대로 현실을 해석하는 것"을 뜻한다. 하지만 감정은 **엄연히** 현실적인 것이다. 그것은 현실에 대한 정보다. 그렇지만 하이트와 루키아노프가 보기에 감정은 오랜 전통을 자랑하는 계몽주의적 추론에 방해가 될 뿐이다. 그들은 이렇게 쓴다. "학자라는 사람이 '당신은 내 주장이 틀렸음을 입증하는 설득력 있는 증거를 제시했다, 그러나 나는 아직도 내 주장이 옳다고 느낀다, 그러므로 그 주장을 고수하겠다'고 말한다면 그건 용납할 수 없는 일이다." 어떤 학자도 이런 말은 한 적 없으니 안심하시길.

세 번째 "대단한 비진실", 즉 삶은 선한 사람과 악한 사람 사이의 투쟁이라는 믿음과 관련해, 저자들은 킴벌리 윌리엄스 크렌쇼Kimberlé Williams Crenshaw 교수의 교차성 이론을 문제삼는다. 교차성이란 권력과 억압이 복수의 정체성 유형에 걸쳐 교차적으로 작용할 수 있다는 이론이다. 저자들은 이 이론이 인간의 선천적인 기질인 "부족주의"를 강화하는 데 기여할 뿐이라고 우려한다. 그들은 "억압의 주요 축들이 보통 하나의 교차 지점,

즉 이성애자 백인 남성을 가리키"며, 이것이 교차성 학자나 운동가들에게는 이성애자 백인 남성이 불가피하게 "악한 사람들"임을 의미한다고 경고한다. 이것은 정신이 멍해지리만큼 극단적으로 단순한 해석이다. 한 이론이 그들 자신에게 어떤 면에서 불리한지에만 관심을 두기 때문이다. 그리고 물론 "악한 사람들"에 속한다는 건 언제든 "가해자 지목 문화"의 희생양이 되어 자신이 한 말과 행동으로 인해 비난당할 수 있다는 뜻이 된다. "가해자 지목 문화 안에서 살아가려면 끝없는 경계, 두려움, 자기 검열이 요구된다." 루키아노프와 하이트는 자신들의 경계심이 한순간이라도 약해질 때 어떤 행동을 하게 될지가 그토록 두려운 걸까? 비서의 엉덩이를 움켜쥐는 것? 일상적인 대화 중에 인종적 멸칭을 불쑥 내뱉는 것? 그런 게 아니다. 이런 문화에서는 "거의 모든 말과 행동이 공개적 망신의 빌미가 될 수 있다"고 그들은 말한다. **거의 모든**이라니, 진심인가요? 비난당할 만한 행동을 하지 않고 하루를 보낼 방법이 아무리 생각해도 떠오르지 않는다는 말인가요?

저자들은 또한 시위 자체를 요즘 학생들의 나쁜 행동으로 바라본다. 왜냐하면 "불의가 행해지고 있다고 주장"하는 것은 곧 "무엇이 잘못됐고, 누가 비난받아야 하며, 상황을 바로잡으려면 무엇을 해야 하는지"에 관한 서사를 만들어내는 것이기 때문이다. 맞는 말이다. 하지만 "현실은 늘 서사보다 더 복잡다단"하다는 것이 저자들이 지적하는 문제다.

그렇다면 저자들은 이전 세대의 시위운동가들에 관해서는 뭐라고 말할까? 그들은 마틴 루터 킹 주니어는 훌륭한 부류의 운동가였다고 말한다. "킹의 접근법은 그의 운동이 미국 사회를 무너뜨리려는 게 아니라 미국을 바로잡고 다시금 통합시키려는 것임을 분명히 했다"는 이유에서다. 하지만 당시 대부분의 백인은, 심지어 진보적인 이들조차, 분명 킹의 운동을 이렇게 보지 않았다.[29] 1963년 갤럽 여론조사의 응답자 60퍼센트가, 킹이 〈나는 꿈이 있습니다〉 연설을 했던 워싱턴 행진에 대해 부정적인 견해를 갖고 있었다.[30] 다른 민권 행동들, 가령 프리덤 라이드[버스나 기차로 남부를 이동하며 객차나 간이식당 등에서 유지되고 있던 인종 분리에 항의한 운동]나 인종 분리된 식당에서의 연좌 농성 등에 대해 부정적인 견해를 가진 이들의 수는 더 많았다. 하이트와 루키아노프는 미국의 동성결혼 투쟁에서도 킹과 마찬가지로 "보편적 인간성을 내세우는 품위 있는 접근법"이 채택되었다고 지적한다. 그러나 이는 비단 동성애자 권리 운동뿐만 아니라 그 운동에 따른 반발을 지나치게 순진하게 이해하는 것이다. 이 반발은 동성결혼이 결혼 자체의 파멸을 가져온다고 주장하는 서사를 만들어냈고, 그리 오래전 일도 아니며, 여전히 사회 곳곳에서 진행 중이다. 하지만 편협한 사람들이 편견 덩어리라는 말을 듣는다고 해서 자신을 편견 덩어리로 인식하지 않는 것과 마찬가지로, 민권과 사회정의를 위해 시위를 벌이는 사람들도 결코 자신이 나라를 **파멸**시킨다고 생각하지 않는다. 기존의 사회질서를 전혀 흐트러뜨리지 않고서 나라를 통합하는, 두루뭉술하고 훈훈한 시위운동이란 존재하지 않는다. 스톤월 항쟁이 없었다면 동성결혼은 없었고, 블랙팬서당이 없었다면 흑인 해방은 없었다. 전투적인 페미니즘이 없었다면 여성 참정권은 없었다. 역사상 유일하게 전적으로 훈훈하고 두루뭉술한, 분열적이지 않은 시위가 있다면, 그것은 모델 켄달 제너가 알 수 없는 이유로 경찰에게 시원하고 상쾌한 펩시콜라 한 캔을 건네는 2017년 TV 광고 속에 등장하는 시위였다.[31]

하이트와 루키아노프는 또한 "줏대 없는" 대학 행정당국이 학생들의 시위를 용인해주었다고 믿는다. 하지만 2011년 캘리포니아대학 데이비스 캠퍼스 경찰이 그랬듯 학생 시위자들 얼굴에 대고 곧잘 최루가스를 뿌려대는 대학들을 과연 지나치게 수용적이라고 볼 수 있을지는 의문이다(학생들에게 최루가스를 분사한 경찰은 파면되었지만, 대학으로부터 정신적 피해에 대한 보상으로 3만 8000달러를 받았다)[32]. 무엇보다도 대학의 행정당국은 학교 운영에 차질이 생기는 걸 가장 두려워한다. 그들은 소송, 특히 대학 내 표현의 자유에 절대주의가 관철되기를 꾀하며 보수 정치단체가 제기하는 소송을 두려워한다. 하이트와 루키아노프는 대학이 미끄러운 내리막길 위에 있다고 믿는다. 그들은 "대학은 캠퍼스에서 성적 괴롭힘을 예방해야 할 중요한 도덕적, 법적 의무가 있다"면서도, "무엇이 괴롭힘 행위에 해당하는지가 최근 몇 년간 상당히 달라졌다"고 지적한다(더는 비서에게 블라우스가 볼륨감 넘친다는 말도 못 한다!). 두 사람은 괴롭힘과 관련된 규정이 과도하게 확대되는 것을 괴롭힘 자체보다도 더 두려워한다. 그들은 후자보다는 전자에 영향받을 공산이 큰 사람들이다. 그들은 성적 괴롭힘을 "언어적, 비언어적, 혹은 신체적 행동"을 포함한 "원치 않는 성적인 행동"으로 정의한 미 교육부의 2013년 규정을 비난한다. 이러한 정의는 그들의 기준에서 지나치게 광범위하며, 자신이 괴롭힘당한다고 생각하는 "감정적 추론"만으로 "연방 차원의 규제"가 발동하게 한다. 저자들은 문제가 있다면 사람 대 사람으로 해결하면 되지 새로운 법 제정에 의지할 일은 아니라고 본다. 마치 역사적으로 여성, 흑인, LGBTQ+인의 권리가 그렇게 해서 쟁취된 것인 양 말이다. 그들이 보기에 광범위한 성적 괴롭힘 법규를 도입하는 것은 괴롭힘에 맞서 싸우기로 결심하는 학생들에게 힘을 실어주기보다는 도리어 [제삼자의 개입에 의존하게 함으로써] 그들의 힘을 빼앗는 결과를 낳는다. 또한 "젊은이들이 도처에, 심지어 강의실에도, 사적인 대화 속에도 위험이 도사리고 있다고 믿게 되었다"고 본다. 아마도 저자들은 예상치 못한 초인종이 울릴 때마다 위험을 느끼는 교외지역의 부머 세대 아버지와 한 번도 이야기를 나누어 본 적이 없을 것이다.

하이트와 루키아노프는 백인우월주의자들에 대한 학생 시위를 백인우월주의 자체보다도 더 두려워하는 듯하다. 그들은 언어가 폭력이 될 수 없다고 믿지만, 이는 지적으로나 역사적으로나 심리학적으로나 틀렸다. 말은 폭력을 저지르라는 생각을 전달한다. 그럼에도 하이트와 루키아노프는 폭력적인 건 학생들이라고 믿는다. 그들은 특히 2017년 UC 버클리에서 벌어진 마일로 야노펄러스 강연에 대한 반대 시위 이래로 학생들이 전에 없이, 유달리 폭력적으로 변했다고 본다(학생 시위대는 말 그대로 뭔가를 **폭파**하고 대학은 학생들을 죽이던 1970년대의 거의 상시적인 폭력은 간과된다). 그들은 과학적 인종주의[scientific racism. 실험적 증거가 인종차별을 입증하거나 정당화한다는 유사과학적 신념]를 추종하는 찰스 머리Charles Murray처럼 백인우월주의적 주장을 하는 사람은 누구나 백인우월주의자라는 버몬트주 미들베리대학 학생들의 말이 부조리하다고 본다. 그리고 논쟁적인 강연자에게 끔찍한 말을 할 기회를 주지 않는 것은 "예언자적 사고"[fortune-telling. 충분한 근거 없이 미래에 일어날 일을 단정하고 확신하는 인지적 오류]의 결과라고 말한다. 고약한 강연자가 어떤 고약한 말을 할지 예측하는 것은 합리적이지 않다는 것이다. 하이트와 루키아노프는 "우리 대 그들"의 태도는 언제나, 심지어 샬러츠빌에서 나치 집회가 열린 판국[2017년 8월 미국 버지니아주 샬러츠빌에서 남북전쟁 당시 남부연합 장군이었던 로버트 E. 리의 동상을 철거하기로 하자 대안 우파, 네오 나치, 백인우월주의자들이 결집해 시위를 벌였고 반대 시위자들과 충돌하면서 폭력 사태가 일어났다. 한 백인우월주의자가 반대 시위자들을 향해 차를 몰고 돌진해 사망자 1명, 부상자 16명이 발생했다]에도, 부적절하다고 믿는다. 그러면서 학생들이 "그렇지 않았다면 그들을 지지했을 많은 사람을 멀어지게 한" 전술을 사용하면서 시위가 제어 불가능한 상황으로 치달은 사례들을 줄기차게 열거한다. 마치 역사상 모든 학생 시위가 그렇지 않았던 것처럼 말이다. 그들은 오늘날의 학생 운동가들을 말 그대로 1960년대 중국의 문화혁명이나 17세기 미국 세일럼의 마녀재판을 벌인 이들에 비유한다(현대의 마녀는 권력을 가진 남성들이다). 그러고는 다음과 같이 덧붙여 읽는 이를 혼란스럽게 한다.

그런데 뒤르켐의 이론으로 문화혁명을 바라본 버거슨의 이런 분석은, 우리가 이 책 앞부분에서 다룬 몇몇 사건을 비롯한 2015년 이후 미국 대학가에서 벌어지고 있는 일련의 극적인 사태들을 설명하는 데 도움이 될까? 역사적 사건으로서 둘은 전혀 다르다. 무엇보다 홍위병은 폭력 사용을 부추긴 전체주의 독재자의 지지를 받고 있었던 데 반해, 미국 대학생들의 운동은 자발적으로 조직되었고 거의 다 비폭력적이었다.

저자들이 이 재빠르고 엉큼한 인정에서 적당히 얼버무리고 넘어간 점은, 문화혁명을 창안하고 집행한 이들과 달리 학생들에게는 사실 전체주의적인 권력이 없다는 것이다. 그럼에도 저자들에게는 학생들이 여전히 무시무시하다(그들은 결국 이렇게 말한다. "하지만 유사성도 있었다." 캠퍼스 시위와 문화혁명은 동일한 의도를 갖고 있었고, 그건 바로 "평등주의 노선에 따라 사회를 개조한다"는 것이었다).

다른 눈송이 비판자들과 마찬가지로 하이트와 루키아노프는 캠퍼스의 학생 운동가들을 극단주의자로 보지만, 그들 책에서 극우를 비판하는 데 할애된 분량은 극히 적다. 학생들을 염려할 때, 아이러니하게도 그들은 파국화(catastrophizing, 일어날 법한 최악의 결과에만 초점을 맞추고 그렇게 될 확률이 가장 높다고 보는 것)라는 인지 왜곡에 대한 그들 자신의 경고에 귀를 기울이지 않는다. 저자들은 20세기 중반, "정치적 양극화와 정당 간 반목이 이례적으로 낮은 수준에 머물렀던" 그리고 "미국 정치가 그 어느 때보다도 중도적이며 초당적이었던" 그 시기의 품위를 그리워한다. 아마도 그것이 용이했던 이유는, 권력을 쥐는 것이나 혹은 아예 대학에 다니는 것부터가 오직 한 종류의 사람들에게만 허용되었기 때문일 테지만 말이다. 소수자 집단의 처지에 대한 저자들의 인정은 인색하고 모호하다("일부 정체성 집단 성원은 분명 이성애자 백인 남성에 비해 평균적으로 더 빈번히 존엄성을 모욕당한다"). 그들은 마일로 야노펄러스 같은 강연자에 대한 최선의 반응은 냉정함이고, 우리가 "트롤에 무감해질 수 있다"고 믿는다. 그들이 보기에 신나치와 좌파 학생들의 행동은 "양극화의 순환"에 빠져 있고, 그에 대해 양쪽이 똑같이 책임이 있다. "증오를 완화하고 분열을 치유하고자 노력하는 와중에 우리 모두는 눈에 거슬리는 것들을 어느 정도는 무시하고 일상을 살아가는 법을 배워야 한다."

하지만 그건 대학이 존재하는 이유가 아니다—상황을 무시하는 것 말이다. 그건 긍정적인 사회변화를 이끌어내는 방법이 아니다—그저 눈을 돌려버리는 것 말이다. 분명 쉬운 길이고 편안한 길이긴 하다. 그렇지만 마틴 루터 킹 주니어를 비롯한 많은 이들이 똑똑히 경계했던 바이기도 하다. 하이트와 루키아노프는 그들이 "안전주의"[신체적 안전을 위한 과도한 조처와 더불어 정서적 안전으로의 개념 확장]라 명명한 것을 비판하면서 "혼자서 지하철을 타지 못하는 애들"과 "미세공격 [micro aggression. 일상적으로 마주하지만 표면화하기 어려운 미묘한 차별]에 항의하는 애들"을 하나로 잇는다. 하지만 내가 대학을 다니면서 만난 가장 급진적인 친구들은 세상 물정에 더없이 밝았고, 반면에 애지중지 자란 아이들은 정치에 무관심했다. 대학 시절은 두 집단이 만나는 시기다.

반-눈송이 저자들은 응석받이 유년기라는 개념과 그들이 싫어하는 정치적 상황의 탄생을 연결짓는 경향이 있다. 오늘날 유년기가 어떤 점에서 잘 못됐는지에 대한 하이트와 루키아노프의 분석은 대단히 합리적이다. 중산층 가정의 아이들은 화면 앞에서 보내는 시간이 너무 길고, 자유시간은 충분치 않으며, 조급한 부모들로 인해 유치원 때부터 대학 입학을 위한 치열한 경쟁에 내몰린다. 결과적으로 아이비리그대학에는 소득 수준 상위 1퍼센트 가정의 학생들이 하위 60퍼센트 가정의 학생들보다 많다. 10대 자살률은 영국과 미국 모두에서 급등하고 있다. 거의 모든 젊은이가 과도한 스트레스에 시달리는 건 맞지만, 이를 오로지 극성스러운 부모들 탓으로 설명하기는 어렵다. 극심한 불평등을 특징으로 하는 현대의 승자독식 경제체제의 폐단이 반드시 고려되어야 한다. 하이트와 루키아노프를 비롯한 눈송이 비판자들은 중상류층의 스트레스 많은 유년기로 인해 그들이 불편해하는 유형의 정치지형과 시위운동이 야기된다고 보는 경향이 있다. 실제로 유복하게 자란 젊은이들조차 그 자신의 사회계층적 하락 가능성과 불안정성으로 인해 정치성향이 좀 더 왼쪽으로 기울어질 수 있다. 하지만 대학가에서 일어나는 사건 중에서 눈송이 패닉으로 이어질 확률이 가장 높은 건, 어디까지나 노동계급 학생과 유색인 학생들과 관계된, 그들의 권익을 위해 그들이 주도하는 행동들이다.

그렇다면 엄청난 인기를 누리는 이 책과 이 책을 저술한 존경받는 좌파 성향의 저자들은 눈송이를 둘러싼 논의에서 어째서 중요한 걸까? 그들의 태도, 그들의 논변 방식, 그들에 대한 평단의 반응은, 이를테면 트럼프를 지지하는 만평가 벤 개리슨의 경우와는 현격한 차이가 있다. 하지만 그들이 기본적으로 동의하는 한 가지가 있다. 요즘 학생들은 나약하고, 지나치게 예민하고, 검열적이며, 극단적이라는 것이다. 이런 주장을 이를테면 버락 오바마의 구미에 맞는 책으로 포장함으로써, 그들은 젊은이들에 대한 경멸을 좀 더 용인 가능하고 좀 더 주류적인 것으로 만든다.

그들은 인정하고 싶지 않겠지만, 루키아노프와 하이트는 적어도 한 가지, 즉 눈송이에 관해서만큼은 극우와 완벽히 의견이 일치한다.

어쩌면 오늘 자 『데일리 메일』만 펼쳐봐도 여러분이 곰곰이 생각해볼 만한 따끈따끈한 캠퍼스 눈송이 패닉이 기다리고 있을지 모르겠다. 여하튼 여러분이 이다음에 또 이성을 잃고 미쳐 날뛰었다는 학생들에 관한 기사나 책을 읽을 때는, 요즘 대학생들이 정말로 그렇게 구제불능으로 버릇없고 형편없고 끔찍하다고 믿어버리기 전에, 다음과 같은 질문을 스스로 던져본다면 도움이 될 것이다.

첫째. 이 사건이 사실인가? 글을 쓴 저자나 칼럼니스트, 혹은 성난 트위터리안이 그들을 분노하게 한 근거를 제시하고 있는가? 학생들이 정말로 구내식당 음식에 격분했나? 그들이 실제로 박수를 금지했나? 콧김을 내뿜는 격분한 칼럼니스트가 주장하는 대로 학생들이 행동하고 있다고 볼 만한 근거가 조금이라도 있는가?

둘째. 학생들이 벌인 터무니없어 보이는 일을 설명하는 데 도움을 줄 만한 추가적인 맥락은 무엇인가? 옥스퍼드대학 학생들은 정말로 박수가 두려운 건가, 아니면 장애 학우들과 함께할 수 있는 공간을 만들려는 건가? 잠시 학생들 본인의 생각을 인터넷으로 검색해볼 수는 없을까?

셋째. 그런 우려를 야기한 학생들에 관해 어떤 세부정보가 빠져 있는가? 그들이 응석받이로 자란 부유하고 끔찍한 젊은이가 아닐 수도 있을까? 인종주의에 불만을 표하는 학생들은 지금껏 인종주의와 마주해온 당사자들 아닌가? 그들에 관해 더 알고 난 후에도 젊은이들에게서 투표권을 빼앗아야 한다는 말을 거리낌없이 할 수 있을까?

마지막으로, 조여진 괄약근을 풀고 이렇게 자문해보라. 이것이 그렇게 대단한 문제인가? 학생들이 문어와 구내식당 스시와 박수와 핼러윈과 이메일에 격분한 것이 **사실**이라 치자. 그게 그토록 나쁜가?

이렇게 물어보자. 이 학생들이 실제로 바라는 것은 무엇인가? 그 바람이 이루어지는 게 그토록 끔찍한 일인가?

대학생들은 수업료와 엄청난 빚, 성폭행, 인종주의, 정신건강 위기, 일자리 감소, 그리고 미국의 경우 총기 난사의 위협에 직면해 있다. 2020~21년의 대학 재학생들은 팬데믹 상황까지 겹쳐 독립적인 성년의 시작을 만끽하지 못했고, 비좁은 기숙사에 갇혀 지내기도 했다. 유례없는 경제적 후유증으로 인해 많은 아이들은 대학에 진학할 기회조차 얻지 못할 것이다.

지금까지의 이야기를 모두 듣고 난 후에도 여전히 마음 깊은 곳에서 대학생들은 짜증스러운 말썽꾼이라 믿고 있다면, 아마도 유일하게 남은 질문은 이것일 테다. 좀 그럼 어떤가?

젊은 청년의 시기란 원래 말썽부리라고 있는 때 아닌가?

Snowflakes

제3장
표현의 자유와 눈송이

나는 영국과 미국 모두에서 거주하고 공부하고 일한 적이 있으며, 두 곳 모두에서 시민권자이며, 각국이 선거에서 내린 어리석은 그리고/또는 파괴적인 결정에 당혹해하는 모습이 전국에 생중계된 적이 있다. 그렇다 보니 '절친'인 두 나라 간의 문화·정치적 차이를 비교하는 데 많은 시간을 보내며, 언젠가 내가 할 수 있는 선에서 가장 덜 끔찍한 아이들을 키워내려면 어디에 정착해야 할지 생각하곤 한다. 아마도 그 답은 뉴질랜드일 것이다.

어쨌거나 나는 한때 같은 왕이 다스렸던 두 나라의 법제도, 문화적 인식, 그리고 '요구르트'의 발음에 생각보다 훨씬 큰 간극이 존재함을 깨닫게 되었다. 표현의 자유free speech를 의율하는 두 나라의 법에도 현격한 차이가 있다. 영국인의 경우 미국에서는 신나치주의 행진을 벌여도 된다는 사실이 충격적일 것이고, 미국인의 경우 영국에서는 TV에서 여왕을 욕하지도 못한다는 사실이 충격적일 것이다.

그러나 표현의 자유와 관련한 법적인 권리 및 규제 측면의 여전한 격차에도 불구하고, 표현의 자유를 위협한다고 여겨지는 대상들에 대한 분노는 마치 다리를 벌리고 선 거대한 석상처럼 대서양 양편의 두 나라를 하나로 연결하고 있다. 영국과 미국에서 표현의 자유에 대한 가장 큰 위협은, 어떤 이들에 따르면, 바로 모두가 익히 알고 미워하는 그 유난스럽고 검열적이고 예민한 작은 눈송이들이다.

미국에는 혐오 발언을 금지하는 유럽식 법제가 마련되어야 한다고 생각하는 이들이 있고, 영국에는 아무리 추악한 발언이라도 광범위하게 보호해주는 미국식 법제를 옹호하는 이들이 있다. 그러나 영국에서나 미국에서나 눈송이 혐오자들은 역시나 '눈송이'를 우리의 표현의 자유를 위협하는 누군가를 지칭하는 줄임말로 사용한다.

영국과 미국에서 표현의 자유를 부르짖는 이들의 논변을 보면, 양국의 법·정치적 배경이 대단히 상이한데도 서로의 사례들을 자유로이 차용하고 있음을 알 수 있다. 그들은 영어라는 언어뿐만 아니라 문화전쟁의 언어까지도 공유한다. 그들은 재갈 물린다, 검열당한다, 철회당한다는 이야기를 한다. 그들은 마뜩잖은 말을 듣기 두려워하는—아니, 끔찍해하는!—학생들에 관해 이야기한다. 광범위한 독자와 시청자들을 상대로, 그들은 젊은이들이 표현의 자유를 믿지 않고 그 결과 자신들의 목소리가 지워졌다고 말한다. 윽박지르는 **떼거리**에게 침묵을 강요당했다고 말이다. 젊은이들에 대한 이러한 공포는, 기쁜 마음으로 단언하건대 근거가 없다. 2019년 12월 런던킹스칼리지가 내놓은 보고서에 따르면, 그해 여름 설문조사에 응한 학생들 가운데 71퍼센트가 그들의 대학에서 표현의 자유가 그다지 혹은 전혀 위협받지 않고 있다고 답했다.[1] 반면 43퍼센트만이 영국에서 대체로 의사 표현의 자유가 위협받지 않고 있다고 보았다. 당신이 대학의 연구를 믿고 싶건 그렇지 않건(아니, 믿어야 한다!) 더 많은 학생이 '현실 세계'에서보다 캠퍼스에서 표현의 자유가 더 잘 보장된다고 믿는다. 그리고 81퍼센트는 표현의 자유를 보호하고자 시카고대학에서 제정되어 미국 내 여러 대학에서 시행되고 있는 이른바 '시카고 원칙'을 참조한 다음 언명에 동의했다.

지적인 탐구 활동의 범위에는 필연적으로 논쟁에 부쳐진 사상들, 논란을 일으키거나 불쾌함을 유발하거나 대학 공동체 내외의 청중에게서 반발을 살 수 있는 사상들이 포함되기 마련이다.

대학은 사상의 교류와 지식의 배양을 위한 안전하고 교양 있는 환경의 조성에 매진하여야 한다. 이에 따라 대학은 종종 지적, 도덕적, 정치적 논쟁의 장으로 기능하게 된다. 그러한 때에 대학의 역할은 관련자 모두가 자신의 의견을 표명하는 데 안전함과 자신감을 느끼도록 보장하는 것이며, 다만 그러한 발언이 인종이나 계급, 장애, 연령, 섹스[생물학적 성별], 젠더[사회적 성별], 정체성, 트랜스젠더 신분, 종교, 성 정체성에 근거한 차별일 때는 예외로 한다.[2]

이러한 언명에 대한 그토록 광범위한 지지는, 검열적인 학생 눈송이들을 비난하는 자들에게서 매일같이 듣는 주장과 배치된다.

역사학자 샬럿 리디아 라일리Charlotte Lydia Riley가 『표현의 자유 전쟁 The Free Speech Wars』에서 주목하듯이, "영국에서 표현의 자유 옹호론이 집중적으로 문제삼는 공간과 개념들, 가령 '안전공간', '트리거 경고' 그리고 '플랫폼 보이콧'은 대학생활에서 새로운 중심적 의제로 부상했다"[3]. 하지만 그녀는 10년을 교수로 지내는 동안 그것들 하나하나가 실제로는 대학에서 자유로운 표현을 제한하기보다 증대하는 데 기여함을 확인했다. 안전공간과 트리거 경고는 사실 '최대한 포용적일 것을 목표로 하는, 최대한 많은 사람을 대화에 참여시키기 위한 정책'이다. 반면에 불쾌한 발언을 일삼는 강연자를 초청하지 않는 것에는 논란의 여지가 없다. 그들은 언제든 하이드파크에 가서 말할 수 있고[공원 북동쪽 끝자락에 시민들의 자유발언대인 Speaker's Corner가 있어서 누구나 어떤 주제로든 자유로이 연설할 수 있다], 극우

인사들은 실제로 그렇게 한다. "영국 대학가에는 단연코 표현의 자유에 대한 제약과 위협이 존재한다"고 라일리는 말한다. "그러나 타블로이드 언론이 두려워하는 그런 것들은 아니다. 그보다는, 교수의 개인적인 의견을 캐고 다니는 우익 성향 기자들, 강사들이 트위터에 올린 글을 모니터링하는 대학 행정당국, 교수들을 이민국 경찰로 만드는 프리벤트Prevent 의무가 훨씬 더 유해하다." [2015년에 영국 대테러 계획의 한 축으로 도입된] 프리벤트의 취지는 취약 학생들이 테러조직에 포섭되는 것을 예방한다는 것이었으나, 사실상 학생들, 특히 무슬림 학생들이 교육과정에서 읽거나 말하는 내용을 단속하는 결과를 낳았다. 한때 직장 동료였던 나의 언론인 친구 시라지 다투Siraj Datoo는 얼마 전 정부가 대학 내 "표현의 자유를 강화"하기 위한 새로운 법안을 준비 중이라는 소식에 이런 트윗을 남겼다. "아이러니한 점은, 내가 대학에 입학한 해에 이미 캠퍼스에는 정부 시책에 비판적인 말을 한 무슬림 학생은 철저한 조사를 받고 당국에 이름이 보고될 수 있게끔 하는 정책이 발효되어 있었다는 것이다."[4] 이런 부류의 검열이야말로 영국 타블로이드 언론을 떠들썩하게 해야겠지만, 실상은 그렇지 않다.

그럼에도 불구하고, 재앙을 예언하는 영국의 어느 보수주의자는 표현의 자유를 특히 대학생들로부터 수호한다는 과업을 자임했다. 우익 언론인 토비 영Toby Young이 2020년 초 결성한 표현의자유연합Free Speech Union/FSU은 영국인의 표현의 자유를 짓밟는 시도에 맞서 트위터에서 사람들에게 화를 내거나 조지 오웰을 자의적으로 인용하는 등의 방법을 사용한다. FSU 홈페이지는 표현의 자유가 위험에 처했을 때 언제든 사용할 수 있는 다양한 방어전략이 있다고 장담하며, "합법적인 표현의 자유 권리를 행사했다는 이유로 소셜미디어에서 디지털 폭도의 표적이 된" 사람들을 위해, 상당히 아이러니하게도, "지지자 부대를 동원"하겠다고 약속한다.[5] FSU 가입은 안타깝게도 무료가 아니며, 회비는 매달 2.49파운드부터 '골드' 회원의 경우 매달 22.95파운드까지 다양한데, 부대 동원을 위한 작은 비용으로 생각하면 된다. 어쨌거나 여러분께는 표현의자유를위한청년자문단Free Speech Youth Advisory Board에 관해 알아볼 것을 권하고 싶다. 표현의 자유를 옹호하고자 결성된 이 학생단체는 이내 지도부 다수가 사임하면서 해체됐는데, 그들은 FSU가 개입해 자신들의 정치적 견해를 묵살했다고 주장했다[6][FSU는 의도를 감춘 채 우회적으로 학생들에게 접근해 단체 결성을 도운 후, 그들을 활용해 자신들의 대의명분에 대해 풀뿌리 차원의 광범위한 지지가 있는 듯한 모양새를 꾸미고자 했다. 일종의 인조잔디 깔기astroturfing 전략]. FSU 이사는 『가디언』에 이렇게 밝혔다. "기자분과 접촉한 학생들은 틀림없이 자신들이 표현의 자유를 지지한다고 생각할 겁니다. 하지만 저희 표현의 자유 수호자Free Speech Champions 프로젝트의 명확한 입장은, 표현의 자유는 나눌 수 없는 권리[indivisible right. 발언의 내용에 따라 어떤 것은 표현의 자유를 보장하고 어떤 것은 보장하지 않는 식으로 나눌 수 없으며, 따라서 차별적이고 혐오적인 발언도 허용되어야 한다는 입장]이며 핵심적인 시민적 덕성이라는 겁니다." 시민적 덕성이 언급된 김에 첨언하자면, FSU는 팬데믹 기간에 '코비드 방역 정책 반대자', 즉 그 질병이 그리 심각하지 않다고 생각하는 이들을 대변했다.

젊은이들에 대한 영국인의 도덕적 분노는 물론 자생적인 것으로, 토비 영 같은 인물의 성난 마음과 격한 트위터 게시물에서 번성하고 있다. 그렇지만 영국 대학생들이 구미에 맞지 않는 강연자들에게 '검열적'이라고 비난하는 영국인들은 대단히 미국적으로 들리는 논변을 펼친다. 영국은 갖가지 표현의 자유가 억압되는 곳인데도 불구하고, 눈송이 비판자들이 보기에 영국인의 표현의 자유가 가장 심각한 위협에 처하는 때는 그들 자신의 견해가 외면받는다고 느낄 때, 혹은 학생회가 그들에 대한 강연회 초청을 취소할 때다. 그들은 미국인에게 집회, 시위, 예배, 선동의 권리를 보장하는 수정헌법 1조를 마치 영국인도 누리고 있는 양 이야기한다. 그러므로 표현의 자유가 실제로 미국에서 무엇을 의미하는지, 그리고 무엇을 의미하지 않는지를 알아볼 필요가 있다.

옛 시절을 그리워하는 미국의 애국자들은 표현의 자유가 1791년 권리장전의 비준과 함께 태어난 것처럼 말하기 좋아하지만, 수정헌법 1조에 대해 현재 우리가 가진 해석은 훨씬 더 최근에 만들어진 것이다. 그것은 대법원의 여러 판결들, 그리고 1960년대 UC 버클리의 표현의자유운동Free Speech Movement/FSM으로 대표되는 활동가들의 성취 덕분이다.

미국 공립학교의 보통 수준 교육을 놓친 독자가 있다면, 여기 수정헌법 1조의 조문을 참고하기 바란다.

연방의회는 국교를 제정하거나 자유로운 종교활동을 금지하는 법률, 발언의 자유와 출판의 자유를 제한하는 법률, 또는 평화로운 집회의 권리와 정부에 불만 해소를 청원할 수 있는 권리를 제한하는 법률을 제정할 수 없다.

조문만 읽어봐도 벌써, 표현의 자유에 관한 오늘날의 많은 논변에 어떤 결정적인 문제가 있는지 알아챌 수 있을 것이다. 예를 들어, 어느 공인이 유해한 내용의 트위터 게시물을 올린 다음 그로 인해 온라인상에서 어느 10대에게 닥치라는 소리를 들었다고 하자. 그렇다 해도 이 사람의 표현의 자유는 제한되지 않았다. 첫째, 연방의회가 그에게 닥칠 것을 명하는 법률을 제정하지 않았다. 둘째, 그 10대는 그의 자유로운 종교활동, 발언, 집회를 금지하지 않았으며, 더구나 정부기관도 아니다. 그뿐만 아니라 그 유해한 공인이 정부에 불만의 구제를 탄원하지 못하도록 막은 사람도 없다. 그는 그저 닥치라는 소리를 들었을 뿐이다.

오늘날 눈송이들이 표현의 자유에 위협을 가한다고 개탄하는 사람들 다수는, 극도로 너그러운 시각으로 봐준다면, 법적이기보다는 문화적인 주장을 하는 것이다. 나는 그들이 문자 그대로 자신의 수정헌법 1조 권리가 유린당하고 있다고 생각하는 건 아니라고 믿고 싶다. 하지만 표현의 자유의 **법적** 권리가 짓밟히고 있다는 주장으로의 전이는 미국에서 놀랍도록 빈번히 일어나고 있다. 그렇다면 실제로 미국인은 어떤 발언을 할 수 있을까?

미국에서 표현의 자유를 이해하는 데 있어 핵심적인 개념은 "관점 중립성viewpoint neutrality"이다. 이 개념은 20세기 후반부터 엄격히 적용되기 시작했는데, 어떤 발언을 그 내용에 따라 제약할 수 없다고 보는 것이다. 누군가의 표현의 자유는, 단지 그 사람이 공산주의자거나 노예해방론자거나 동성애자거나 민권운동가임을 표현한다고 해서 제한할 수 없다. 비록 미국 역사상 이들 집단의 표현의 자유는 그것이 야기할 '위험'에 대한 우려를 근거로 제한당하곤 했지만 말이다. 여러 판결로 확인되었듯이, 미국에서는 누군가의 발언을 단지 그 사람이 열렬한 나치주의자라고 해서 제약할 수도 없다. 미국에서는, 이를테면 오늘날의 독일과 달리, 당신이 **어마어마한** 나치주의자여도 충분히 자유로운 표현의 권리 범위 안에서 살아갈 수 있다. 미국 대법원이 관점 중립성의 원칙을 표현의 자유의 "초석"으로 인정했기 때문이다.

그렇다고 해서 미국에서 표현의 자유에 **전혀** 제약이 없다는 말은 아니다. 미국에서도 말할 수 없는 건 많다. 헌법으로 보호되지 **않는** 표현의 종류로는 외설적 표현(언제나 심한 비속어를 쓸 수 있는 건 아니다), 상업광고(TV 광고에서 크리스털이 홍역을 예방해준다고 말할 수는 없다), 명예훼손(사실이 아니라면, 의도적으로 이웃이 당신의 기니피그를 죽였다는 거짓

소문을 언론에 퍼뜨릴 수 없다. 만약 이웃이 **실제로** 당신의 기니피그를 죽였고 당신이 그 사실을 증명할 수 있다면 문제없다) 등이 있다. 영미 양국에서 기자와 저술가로 일하면서 때때로 매우 경망스러운 풍자적인 글을 써온 덕분에 알게 된 사실을 덧붙이자면, 미국보다는 영국에서 명예훼손으로 고소당하기가 훨씬 쉽다(당신이 이 책에서 비난당했다 해도 고소는 말아주시길. 모두가 나의 솔직한 의견인 것을. 그리고 돈도 없다는).

법적으로 보호되지 않는 표현의 또 다른 범주에는 "도발적 언사fighting words"라는 재미난 이름이 붙어 있다.[7] "도발적 언사"는 폭동의 선동을 의미할 수 있다. 예를 들어 당신은 자신이 선거를 도둑맞았다고 생각한다고 말할 수는 있지만, 성난 군중으로 하여금 미국 의사당을 습격해 의원들을 살상하게 하려는 명백한 의도를 가지고 그들에게 그런 말을 할 수는 없을지도 모른다("없을지도 모른다"고 말한 이유는, 어쩌면 그럴 수 있을지도 모르기 때문이다. 이 폭동이 법적으로 어떻게 귀결될지는 더 지켜봐야 한다)[2023년 12월, 콜로라도주 대법원이 트럼프의 내란선동 혐의를 인정해 2024년에 치러질 대선 경선 참가 자격을 박탈했다. 트럼프는 연방 대법원에 상고했다]. 지난 수년간 대법원은 "도발적 언사"의 정의를 좁혀왔다. 1989년에는 "도발적 언사"를 "개인에 대한 직접적인 모욕이나 주먹싸움을 벌이자는 제안"으로 정의했다. 이 판결에서 대법원은 단지 미국 국기를 태우는 것은 "도발적 언사"로 간주되지 **않는다**고 판단했다. 1992년에는 "도발적 언사"를 관점의 차별을 위해 제한할 수는 없다고 판결했다. 달리 말하면, 누군가가 어떤 발언을 하는 **이유**가 마음에 들지 않는다고 해서 그 발언을 "도발적 언사"라 할 수는 없다.

표현의 자유는 또한 "긴급성 기준emergency test"이라는 것에 의해서도 제한될 수 있다. 이는 어떤 표현을 막지 **않을** 때 엄청난 참사가 야기될 것인지를 기준으로 삼는다는 개념이다. 오랫동안 미국시민자유연맹 American Civil Liberties Union/ACLU을 이끌었던 네이딘 스트로슨Nadine Strossen은 저서 『혐오: 우리는 왜 검열이 아닌 표현의 자유로 맞서야 하는가?Hate: Why We Should Resist it with Free Speech, not Censorship』에서 소위 "혐오 표현"에 대한 광범위한 보호를 주장한다. 그녀는 혐오 표현이라는 용어를 좋아하지 않으며, 앞으로도 살펴보겠지만 캠퍼스에서 논쟁적인 강연자를 제한하려는 노력에 상당히 비판적이다. 그녀는 "긴급성 기준"을 이렇게 설명한다.

> 이 기준에 따르면, 정부는 긴급 상황이 발생한 경우에만 공적 의제에 관한 표현을 처벌할 수 있다. 즉, 해당 표현이 비검열적 수단들—가장 중요한 것은 대항 표현과 법 집행이다 —로 막을 수 없는, 구체적이고 객관적으로 확인 가능한 심각한 해악을 직접적이고 명백하게 그리고 임박하게 야기하는 경우에만 처벌이 가능하다.[8]

만약 어떤 표현으로 야기되는 위해를 막을 수 없다면, 또한 그 유해한 표현에 맞서는 더 강력한 반론("대항 표현")을 도저히 내놓을 수 없다면, 그리고 심지어 경찰과 그들의 진압봉으로도 나쁜 사태가 벌어지는 걸 막을 수 없다면, 정부는 긴급성 기준에 따라 발언을 검열할 수 있다. '객관적'인 평가라는 개념이 결부될 때면 언제나 그렇듯이 이 기준은 선택적, 정치적으로 적용되어 왔다. 예를 들어 2001년 911 테러 공격 이후 통과된 『애국자법』은 테러조직에 "전문가의 지원 또는 자문"을 제공하는 것을 금지했고, 이 모호한 용어는 민권변호사, 자선단체, 그리고 무슬림 및 아랍계 미국인을 옥죄는 데 이용되었다.[9]

관점 중립성과 긴급성 기준이 확립되기 전에는 다른 개념이 존재했다. "나쁜 경향성 기준bad tendency test" 혹은 "해로운 경향성 기준harmful tendency test"이라 불린 이것은 그러나 이제 대법원이 선호하는 기준이 아니다. 스트로슨은 나쁜 경향성 기준이 "정부가 어떤 표현이 미래의 어느 시점에 해악을 끼칠 수 있다고 주장하기만 하면 그 발언을 억압"할 수 있게 허용해주었다고 설명한다. 바로 이 원칙에 따라 1919년 대법원은 미국의 1차 세계대전 참전에 반대하는 발언을 한 사람들을 투옥할 권리를 정부에 인정해주었다. 이때 염려한 "미래의 해악"은 사람들이 그런 연설을 듣고 입대를 꺼릴지 모르고 그 결과 국익이 손상되리라는 것이었다. 사회당 당수 유진 뎁스Eugene V. Debs는 징집에 반대하는 신랄한 연설을 했다가 우드로 윌슨 대통령에게서 "나라의 반역자"라는 소리를 들었다. 그는 징역 10년을 선고받았고, 1920년에는 애틀랜타 연방교도소에서 대통령 선거에 출마해 총유권자 기준 3.4퍼센트의 득표율을 기록했다. 윌슨은 뎁스를 너무 미워해서 재임 기간 내내 사면을 거부했지만, 하딩 대통령은 결국 그의 형량을 기복역 기간으로 감해주었다. 그럼에도 하딩은 여전히 그를 위험하고 죄책―전쟁에 반대하는 연설을 한 죄―있는 사람으로 여겨 사면은 해주지 않았다.

1910년대 노동 운동가들은 노동자를 위한 표현의 자유를 강력히 주창했고, 1912~13년에 '워블리스wobblies'라 불린 세계산업노동자동맹Industrial Workers of the World 조합원들은 비누 궤짝 권리, 즉 비누 궤짝을 임시 연단 삼아 올라가 그들의 사장이나 자본주의 전반에 대한 분노를 표출할 권리를 지키기 위해 캘리포니아주 샌디에이고에서 경찰을 상대로 시가전을 벌였다. 저명한 무정부주의자 에마 골드먼Emma Goldman은 샌디에이고로 달려가 그 싸움에 합세한 이들 중 한 명이었다. 그녀와 동료들은 표현의 자유를 억압하는 법규로 자주 탄압을 받았다. 당대 정치인들이 보기에, 사회주의자와 무정부주의자의 연설이 임박한 위협이라는 데는, 즉 그러한 발언의 금지를 불가피하게 만드는 유형의 해악을 야기한다는 데는 의심의 여지가 없었다.

헌법과 권리 장전의 모든 부분이 그렇듯이, 표현의 자유 권리는 공화국의 탄생과 더불어 자동으로 태어난 것이 아니다. 모두를 위한 자유를 약속하는 문건이 기꺼이 미국 노예제를 정당화하는 동안, 헌법에 보장된 권리들은 계속해서 새로이 정의되며 그 범위가 좁아지거나 넓어졌다. 표현의 자유 권리도 시간의 흐름과 함께 변했다. 전반적으로는 제약이 줄어들었지만, 정부는 특히 국익을 보호한다는 명분하에 역사적으로 빈번히 표현의 자유를 제약했고, 이는 대체로 주변부 집단과 노동자에게 불리하게 작용했다.

인터넷에서 10대로부터 닥치라는 소리를 들었을 때 표현의 자유를 들먹이는 어떤 사람들은, 마치 그것이 처음부터 완벽하게 정의되고 완전하게 자기강제적인 형태로 우리에게 온 개념인 양 이야기한다.

표현의 자유는 그런 것이 아니며, 전에도 결코 그런 적이 없었다. 모든 권리가 다 그러하듯이, 그것은 거대한 정치투쟁 한 가운데 존재한다.

다음과 같은 장면을 상상해보자. 경찰차 한 대가 대학 캠퍼스를 지나간다. 누군가가 법을 어겼다며 체포해달라는 요청을 받은 것이다. 차가 현장을 떠나려고 하는데 학생 수백 명이 차를 둘러싸고 길을 막은 채 연호한다. "석방하라! 석방하라!" 학생들은 계속해서 경찰에 반항하며 36시간 동안 차를 막는다. 그들은 체포된 사람에게 뒤쪽 차창을 통해 음식과 물을 전달한다. 학생 한 명이 경찰차 위로 올라가 대학 측에 교칙을 개정하고 활동가를 석방하라고 외친다. 항의하며 몰려든 이들은 7000명으로 불어난다. 대치가 끝났을 때, 대학은 학생들의 요구를 수용해 활동가를 석방하고 교칙을 개정하기로 했다.

이제 이 사건이 언론에서 어떻게 보도될지 상상해보자. 『선』의 헤드라인은 이렇게 소리칠 것이다. 「눈송이 학생들, 경찰차 **억류**하고 범법자 **체포 방해!**」. 유튜브에 올라오는 영상에는 이런 식의 제목이 달릴 것이다. 〈대학생들 **트리거** 발작 일으켜 난동, **세금** 낭비!〉. 『브라이트바트』는 제멋대로인 학생들, 그리고 응석받이 철부지들의 요구에 굴복한 겁 많은 대학 행정가들을 질타하는 다수의 칼럼을 게재할 것이다. 『뉴욕 타임스』 칼럼니스트들은 학생들의 열정에 경탄한다면서도, 경찰차를 막는 것 말고도 민주주의에 참여하는 더 나은 방법이 있다고 지적할 것이다. 그러지 말고 대학 행정당국에 편지를 써보면 어떨까? 그저 **투표**하는 건?

이것은 최근 몇 년 사이에 벌어진 장면은 아니지만 실제 있었던 일로, 1964~65년 UC 버클리에서 일어난 표현의자유운동FSM의 결정적인 순간이다. 싸움의 발단은 다소 어처구니없는 오해와 관련이 있다. 캠퍼스 남쪽 입구, 밴크로프트가街와 텔레그래프로路가 만나는 모퉁이는 학생들이 테이블을 펼쳐 놓고 정치활동에 관해 정보를 나누던 곳이었다. 여기서 학생들은 캠퍼스 바깥에서 벌어지는 운동에 참여하는 방법을 알 수 있었고, 그렇게 해서 일부 UC 버클리 학생은 남부로 가서 민권운동가들의 프리덤 라이드에 참여했다. 당시 대학은 캠퍼스 안에서 정치적 의제에 대한 공개적인 지지 표명을 허락하지 않았다(하지만 주창 행위 없는 단순한 '정보' 공유는 허용됐다). 대학은 그러나 해당 구역이 캠퍼스 바깥에 있다고 여겼고, 그래서 학생들은 거기에 테이블을 갖다 놓을 수 있었다. 그러던 어느 날, 그곳이 실은 대학 부지 **안에** 속한다는 사실이 확인됐고, 그래서 1964년 9월 학생처장은 학생단체들에 서한을 보내 밴크로프트가-텔레그래프로 모퉁이에 더는 테이블을 갖다 놓을 수 없다고 통보했다. 그뿐만 아니라 캠퍼스 바깥에서 벌어지는 시위 등 정치활동과 관련한 모금이나 모집도 더는 허락할 수 없다고 했다. 그러나 학생 8명은 인종평등회의Congress of Racial Equality/CORE라는 민권단체를 대신해 계속해서 거기다 테이블을 펼쳐 놓았고, 결국 징계조치를 위한 청문회 출석을 요구받았다. 이 조처에 화가 난 500명 넘는 지지자들이 학생들과 함께 대학 행정기구가 위치한 스프라울홀Sproul Hall 건물 앞 계단을 점거했다. 이는 수차례 이어질 연좌 농성의 시작이었다. 그들은 새벽 2시까지 그곳에 머물렀고, 학생들은 정학당했다.

사태는 오히려 더 커졌다. 10월 1일, CORE 활동가이자 전 UC 버클리 대학원생이었던 잭 와인버그Jack Weinberg가 대학의 방침을 어기고 테이블을 갖다 놓았다가 체포되었고, 시위대가 그를 태운 경찰차를 둘러쌌다. 36시간에 걸친 항의와 연설이 이어진 후, FSM의 가장 상징적인 연사인 마리오 사비오Mario Savio가—그 자신은 이 운동의 지도자로 여겨지는 걸 좋아하지 않았다—다시 차 위로 올라갔다. 그는 대학 측이 와인버그를 풀어주고 학생들과 행정가들로 구성된 위원회를 구성하는 데 동의했다고 발표했다. 조건은 학생들이 시위를 멈춰야 한다는 것이었다. 집회는 해산됐지만, 싸움은 끝난 게 아니었다. UC 버클리 캠퍼스 총장 에드워드 스트롱Edward Strong 과 캘리포니아대학 총장 클라크 커Clark Kerr가 이끄는 행정당국은, 캠퍼스 안에서의 정치적 주창 행위나 캠퍼스 바깥에서 벌어지는 운동, 특히 '불법적인' 활동에 대한 참여를 허락할 수 없다는 입장을 고수했다. 실제로 학생들은 짐 크로[Jim Crow. 과거 미국의 흑인 차별 정책. 1870년대부터 1960년대까지 남부 주들의 공공시설에서 흑백 분리를 의무화한 법령들을 통칭한다] 체제하에 있던 남부로 가서 프리덤 라이드 운동에 참여하고 있었고, 당시 인종 분리를 거부하는 건 불법이었다.

1964년 11월, 학생들은 스프라울 광장에서 정치활동을 재개하기로 했다. 그들의 말로는 "헌법에 보장된 권리를 행사"하는 것이었고, 대학 측의 표현으로는 "불법적인 주차 행위"였다. 수천 명의 학생들이 행정당국의 계속된 완강함에 항의하며 스프라울홀 앞에서 대규모 시위를 벌였다. 이 집회의 한 장면을 담은 잘 알려진 사진을 보면, 깔끔하게 차려입은 일군의 학생들—정장에 넥타이를 갖춘 남학생들과 우아한 스커트 정장을 입은 여학생들—이 '표현의 자유'라 적힌 플래카드를 들고 캠퍼스에서 행진을 이끌고 있다. 마리오 사비오와 동료 FSM 활동가 아트 골드버그Art Goldberg는 이 일로 새로운 징계처분을 받았다. 12월이 되기 전에 캠퍼스의 갈등은 이미 비등점에 다다라 있었다. 1964년 12월 2일, 마리오 사비오가 스프라울홀 앞 계단에서 연설에 나섰고, 지금껏 회자되는 다음 대목을 외쳤다.

> 기계를 조작하는 게 너무나 끔찍해지는 때가 옵니다. 너무 역겹습니다, 더는 참여할 수가 없습니다, 그저 수동적으로도 안 됩니다. 그럼 우리 몸을 기어 위로 던질 수밖에 없습니다. 바퀴 위로, 레버 위로, 모든 장치 위로. 그걸 운영하는 사람들, 그걸 소유한 자들에게 보여줘야 합니다. 우리가 자유롭지 않으면 기계는 전혀 작동할 수 없다는 것을.[10]

이어서 800여 명의 학생들이 스프라울홀로 들어가 건물을 점거했다. 그들은 거기서 수업을 열고 스터디를 했다(어쨌거나 그들은 여전히 배움에 목마른 너드들이었다). 건물 바깥의 학생들은 창문을 통해 음식과 정보를 전해주었지만, 결국엔 경찰이 밀고 들어와 폭력적으로 건물을 장악했다. 안에 있던 학생들을 모두 연행하는 데 12시간이 걸렸다.

학생들에 대한 조치에 반발해 이번에는 조교들이 파업을 일으켰다. 그들은 수업을 대거 취소하고 스프라울 광장의 피켓시위에 동참했다. 며칠 뒤

1964년 12월 7일, 학생 1만 6000명이 대학의 대규모 야외 원형극장인 그릭시어터에 모여들었다. 행정당국이 시위대의 요구에 응할 것인지, 한다면 어떤 방식일지 듣기 위해서였다. 클라크 커 총장은 체포되었던 학생들은 사면하겠지만, 캠퍼스 밖에서의 범법행위로 이어질 수 있는 정치적 주창 활동에 대해서는 금지 방침을 유지하겠다고 밝혔다. 마리오 사비오가 연설을 시도하고자 무대 위로 올라갔다. 경관들이 그를 끌어냈지만 이내 발언이 허용되었고, 그는 또 한 번의 시위를 제안했다. 다음 날, 캘리포니아대학 교수평의회가 FSM의 요구에 동조하기로 표결했다. 교수들이 보여준 엄청난 지지였고, 학생들이 거둔 승리였다. 대학 지도부는 결국 정치적 발언과 주창은 헌법으로 보장된 권리이며 캠퍼스에서 허용되어야 한다고 물러섰다. 행정당국과의 실랑이가 조금 더 있고 난 뒤, 새로운 총장이 캠퍼스 일부 구역에서 더 많은 시위를 허용한다는 새로운 교칙을 발표했다. 이 선례에 따라 미국 전역의 다른 대학들 역시 학생들의 정치적 주창 행위와 자유로운 발언을 허용하기 시작했다.

다소 무모하고 증명할 수도 없지만, 내가 직관적으로 확신하는 한 가지 주장을 해보겠다. 오늘날 대학생을 혐오하는 사람들은, 표현의 자유를 소중히 여기고 마리오 사비오의 유업을 이어간다며 가장 열렬히 공언하는 사람들마저도, 1964년에 그를 증오했을 것이다. 그들은 사비오와 그의 급진적이고 배은망덕한 히피 친구들 모두를 증오했을 것이다. 그들을 어처구니없는 눈송이라 불렀을 것이다. 이 응석받이 학생들은 어쩌자고 단순한 학교규정에 과민반응을 보이는 건가? 왜 기어이 남부까지 가서 법을 어기나? 부모들은 세계대전에서 목숨을 걸고 싸웠건만, 그들은 얼마나 애지중지 컸길래 대학에 다니는 특권에 그저 감사하지 않는가? 어째서 그냥 대학 행정당국에 정중하게 편지를 쓰지 않는가? 어째서 그냥 투표하지 않는가? (뭐,

그 당시에는 21살까지 투표를 못 했지만 **아무튼**. 나이들 때까지 기다렸다가 **그다음에** 투표하면 되지.)

중요한 사실은, FSM이 (비록 그 지도부는 대체로 백인이고 대체로 남성이었지만) 인종정의와 민권을 옹호할 권리를 얻기 위한 투쟁이었다는 것이다. 운동가들은 거듭해서 연행되고 징계를 받았다. 그들은 교칙을 어기고 더 나아가 법을 어겼지만, 그 법은 도덕적으로 대단히 역겨운 것들이었다. FSM은 파업과 시위와 농성으로 한 학기의 학업을 완전히 멈춰 세웠다. 그 같은 일은 오늘날의 평론가들을 광분케 할 것이다. 그들은 오늘날의 BLM 시위자들과 마찬가지로 테러리스트라 불릴 것이다. 오늘날의 학생 활동가들과 마찬가지로 응석받이에 권위주의적이고 과민하다는 소리를 들을 것이다. 마르크스주의자, 공산주의자, 폭도라 불릴 것이다. 사실 당시 언론에서도 그렇게 불렸다. 아이러니하게도 그들은 표현의 자유를 위협한다는 말을 들을지도 모른다.

물론 당시 많은 사람은 **실제로** FSM에 격분했고, 그중에는 "UC 버클리의 혼란을 일소하겠다"고 공약하며 1966년 캘리포니아 주지사 선거에 출마한 로널드 레이건도 있었다. 그가 압도적인 승리를 거둔 데는 공적 재정으로 운영되는 대학에서 일어나는 대혼란에 대한 보수주의자들의 공포를 건드린 것이 주효했다. 현재 우리가 겪고 있는 문화전쟁은 이 시대 특유의 현상인지 몰라도, 적의로 추동되는 정치와 맞닿은 그 역사적인 뿌리는 깊디깊다. 역사가 로버트 코헨Robert Cohen이 『표현의 자유 운동: 1960년대 UC 버클리를 돌아보며The Free Speech Movement: Reflections on Berkeley in the 1960s』에서 상세히 전하는 바에 따르면, 레이건은 한 기자 회견장에서 다음과 같은 선정적인 장면이 담긴 '기밀' 안보 보고서를 흔들어 보였다고 한다(아래 대목에서 VDC는 반-베트남전 운동을 펼친 학생단체, 베트남

데이위원회Vietnam Day Committee를 가리킨다).

[레이건이 주장하기로—저자] 그 보고서에서 드러난 바에 따르면, 캠퍼스에서 VDC가 후원하는 댄스파티가 열리는 것을 대학 측이 묵인했고, 거기서 학생들은 스트로브 조명으로 나체 사진들을 띄운 채 자욱한 마리화나 연기 속에서 충격적인 자세로 몸을 돌려댔다. 레이건은 그 자료가 너무 외설스러워서 인용할 수 없다고 말하면서 급진주의와 반문화를 한데 묶었고, 둘을 싸잡아 비도덕적이고 비정상적인 것으로 매도했으며, 대학에 책임을 돌렸고, 그럼으로써 보수에게 효과적인 도덕적 의제를 만들어냈다.[11]

당연하게도 이 파티는 근사해 보인다. 하지만 레이건은 약에 취해 몸을 돌려대는 성적으로 왕성한 반전 시위자들의 자극적인 이미지와 그들의 과격한 신념들을 십분 활용해 캘리포니아에서, 그리고 얼마 후에는 나라에서 가장 높은 선출 공직에 올랐다. 일단 주의 행정을 책임지게 되자 그는 정말로 캠퍼스 시위를 '일소'하는 데 최선을 다했고, VDC를 비롯한 시위단체들에 요원을 잠입시켜 세력을 약화하고자 FBI 및 CIA와 공조했다. FBI 국장 J. 에드거 후버는 1966년, "다른 캠퍼스의 선동가들이 UC 버클리에서 일어나는 활동을 보고 따라 한다"고 불평한 적이 있다.

1964년의 사건들 이후 UC 버클리 학생들은 FSM으로 쟁취한 권리들을 이용해 계속해서 다양한 대의를 위해 시위를 벌여 왔다. 비록 모든 운동이 다 FSM처럼 그렇게 근사한 (잘 차려입은 백인 남성들의) 사진들을 남기지는 못했고, 그래서인지 그만큼 세심히 기억되지는 않지만. 캠퍼스에서의 정치적 주창 행위에 대한 권리를 얻어낸 후 수년간 학생들은 베트남전과 징집에 반대하는 행진을 대학 안팎에서 벌이며 자주 경찰과, 심지어 오토바이 갱단 헬스 에인절Hells Angels과도 충돌했다. 1960년대 말에는 인근 샌프란시스코 주립대학 학생들과 연합해 제3세계해방전선Third World Liberation Front을 출범시키고 캠퍼스에 종족연구Ethnic Studies 프로그램이 설치되도록 요구했다. 이들이 1969년에 벌인 시위에 대해 당시 주지사 로널드 레이건이 '엄중 비상사태'를 선포하고 주 경찰을 캠퍼스에 진입시켰으나, 결국 대학은 종족연구학과를 신설했고, 학과는 오늘까지 존속하고 있다. 민권 문제와 관련해 UC 버클리 학생들은 블랙팬서당 및 학생비폭력조직위원회Student Non-violent Coordinating Committee와 힘을 모았다. 여성들은 주요 학생반전단체들에서 주변화를 경험한 후로 그들 자신의 해방을 위한 조직화를 시작했다. 흑인 및 라틴계 여성단체들은 중산층 백인 여성이라는 단일한 관심사에서 벗어난 새로운 여성 운동을 모색했다. 그리고 그 밖에도 다양한 움직임이 있었다.

1969년 UC 버클리 학생들은 새로이 공적 회합의 공간을 조성하고자 시도하며 대학과 싸움을 벌였고, 이후에 이곳은 런던의 '하이드파크 코너'처럼 급진적인 연설이 이루어지기로 유명한 '민중공원People's Park'이 된다. 대학은 원래 그 부지에 기숙사를 짓고 싶어했다. 1969년 5월 15일, 경찰이 공원 조성을 옹호하는 사람들을 끌어내기 시작했다. 학생들은 대규모 시위를 이끌며 경찰과 충돌했다. 32명이 다치고 한 명이 숨졌다. 주지사 레이건은 주 방위군 2700명을 캠퍼스에 투입하고 4명 이상의 모임을 전면 금지했다. 헬리콥터가 캠퍼스 곳곳에 최루액을 뿌려댔다. 레이건은 폭력적인 전술을 정당화하며 이렇게 말했다. "그것이 전술적 오판이건 아니건, 일단 강권을 발동하면 뭐라도 효과가 있게 마련이다." 학생들에 대한 폭력은 나라 곳곳에서 되풀이되었다. 1970년에 오하이오주 켄트 주립대학과 미시시피주 잭슨 주립대학에서 학생 반전 시위자들이 경찰의 손에 목숨을 잃었다.

학생 시위는 폭력적인 진압으로 사그라지지 않았다. UC 버클리 학생들은 표현의 자유를 쟁취했고, 그 행사를 멈출 생각이 없었다. 1984년 UC 버클리 캠퍼스의 몇몇 학생이 캘리포니아대학 총장에게 면담을 요청했다. 아파르트헤이트[남아공과 나미비아에서 1948년부터 1990년대 초까지 시행된 인종 분리 정책]를 고수하는 남아프리카공화국 정부와 거래하는 회사로부터 대학 투자금 수십억 달러를 회수하도록 설득하기 위해서였다.[12] 당시 캘리포니아대학 시스템[UC 버클리를 대표 캠퍼스로 하며 UC LA, UC 샌디에이고, UC 샌프란시스코 등 10개 캠퍼스가 속해 있다]이 남아프리카에 투자한 돈은 46억 달러로 그 어느 대학보다도 많았다. 1985년 3월 활동가들은 스프라울홀 바깥, 20여 년 전 FSM 활동가들이 앉았던 바로 그곳에서 연좌 농성을 시작했다. 텐트와 침낭에서 노숙한지 일주일이 됐을 때 경찰이 158명을 연행했고, 이에 대한 반발로 학생 1만여 명이 수업을 거부했다. 그해 봄 UC 버클리를 방문한 남아공 성공회의 데스먼드 투투Desmond Tutu 주교는 그릭시어터에 모인 청중을 향해 말했다. "오늘 하느님이 여러분을 굽어보며 이렇게 말씀하시는군요. 이봐, 이봐, UC 버클리에 있는 내 자녀들 봤어? 응? 정말 대단하지 않아?" 1986년 7월, 캘리포니아대학 평의회는 남아프리카에 투자된 31억 달러를 회수하기로 표결했다. 1990년 감옥에서 풀려난 넬슨 만델라는 인근 오클랜드를 방문했을 때 학생 운동가들의 활동이 아파르트헤이트 통치를 끝내는 데 기여했다고 말했다.

오늘날 UC 버클리 캠퍼스에는 FSM을 기념하는 카페가 있다. 입구에는 마리오 사비오의 사진과 함께 학우들에게 기계 기어에 몸을 던지자고 촉구한 연설 대목이 새겨져 있다. 내가 재학하던 시절에, 그리고 그 후로도, 학생 시위대를 강제 해산하기 위해 수차례 경찰 병력이 UC 버클리 캠퍼스로 투입되었다. 엄청난 등록금 인상에 반발해 시위가 끊이지 않았던 2009년

11월에 양측이 충돌했을 때, 경찰은 학생들에게 진압봉을 휘둘렀다. 당시 캘리포니아대학 학장은 "우리 캠퍼스 공동체의 일부 성원이 법 집행관들과 마찰을 빚게 된" 데 대해 "진심으로 유감스럽다"는 내용의 성명을 발표했다.[13] 얼마 뒤 대학의 의뢰를 받은 독립적인 평가위원회가 이 사건에 대한 심층 보고서를 내놓았다. 보고서에는 "충돌 강도 완화에 초점을 둔 경찰 훈련, 대응 방침, 실천"에 대한 권고가 담겼다.[14]

학생 시위는 결코 멈춘 적이 없고, 그에 대한 비판 역시 지난 시대의 투쟁에 대한 인식이 바뀌는 와중에도 끊임이 없다. 오늘날 학생 시위자들의 행동을 비판하는 사람들은 그들이 마리오 사비오와 FSM의 유산을 저버렸다고 말한다. 대안 우파 극단주의자 마일로 야노펄러스도 그중 하나였다. 그의 2017년 UC 버클리 캠퍼스 방문은 새로운 물결의 시위, UC 버클리 학생들의 급진성에 대한 새로운 주장들, 그리고 캠퍼스 눈송이와 대학 내 표현의 자유를 두고 벌어지는 전쟁의 새로운 논점들을 촉발했다.

이제는 한물간 영국의 대안 우파 '선동가' 마일로 야노펄러스가 2017년 2월 UC 버클리에 강연차 방문했을 때, 그는 몇천 명의 평화적인 시위자들과 더불어 몇백 명의 그리 평화적이지 않은 시위자들과 맞닥뜨렸다. 이들은 강연 장소를 향해 폭죽을 쏘고 불을 지르고 창문을 깨부쉈다. 당시 야노펄러스는, 그가 이미 다른 대학에서 그랬듯, 트랜스젠더 학생들의 명단을 공개할 계획이라고 밝힌 상태였다. 폭력 사태가 시작되고 얼마 되지 않아, 그러나 마일로가 강연을 시작하기 전에, 대학은 안전상의 이유를 들어 행사를 취소했다.[15] 대학과 인근 지역은 수천 달러의 재산 피해를 보았고, 언론이 이를 조명하면서 FSM의 발상지, UC 버클리는 다시 한번 대학생과 표현의 자유에 관한 세상 모든 근심 걱정을 한 몸에 받게 되었다. 심지어 트럼프 대통령도 끼어들어 캘리포니아대학은 (안 그래도 쥐꼬리만 한) 연방 보조금을 받을 자격이 없다고 한마디했다.

나는 트위터에 시위 장면들이 올라오는 걸 지켜보고 있었는데, 어느 기자가 공유한 영상을 보니 학생들이 치솟는 불길 옆에서 "공동체란 이런 것"이라고 연호하고 있었다. 걸핏하면 난장판을 벌이는 UC 버클리를 애정하는 동문으로서, 나는 그 영상을 리트윗하며 "하하하 버클리"라고만 덧붙였다. 그 결과, 엄청난 수의 팔로워를 거느린 한 대안 우파 인사를 통해 내게 트롤 수백 명이 달려들었고, 그들은 내가 "폭력을 재미있어했다"는 이유로 죽어버리라는 그리고/또는 해고되라는 그리고/또는 강간당하라는 그리고/또는 이것저것 전부 다 당하라는 악담을 퍼부었다(얼마 후 나는 『버즈피드』에 "디즈니 공주들이 트위터에서 나한테 죽으라고 한다면"이라는 기사를 제안했다. 편집자는 단칼에 거절하며 나의 표현의 자유를 심각하게 침해했다).

2월의 혼란이 잦아든 후, 야노펄러스는 그해 가을 다시 한번 UC 버클리 캠퍼스를 찾아 '표현의 자유 주간'을 갖겠다는 계획을 세웠다. 그는 『워싱턴 포스트』에 이렇게 말했다. "필요하면 군대를 동원할 겁니다. 난 그만한 돈이 있어요. 만약 대학이 우리 계획에 적극적인 도움을 주지 않거나 혹은 우리를 방해하려고 한다면, 우린 아예 더 길게 갈 겁니다. 한 주가 아니라 한 달짜리 집회가 될 거예요."[16] 그는 그 주간에 매일 한 집단을 지정해 공격하기로 계획했고, 그중에는 페미니스트, BLM 운동가, 무슬림이 포함돼 있었다. 또한 그는 별도의 경호인력을 대동하겠다고 했다. "블랙워터[분쟁 지역에서 훈련 및 경호 서비스를 제공하는 미국의 민간 군사용역업체] 사람들을 트럭 한가득 데려올 겁니다. 스프라울 광장을 점령할 수 있다면요." 오랫동안 표현의 자유를 위해 무수한 시위가 열렸던 바로 그 장소다. 아닌 게 아니라 야노펄러스는 마리오 사비오의 이름을 딴 표현의 자유 상을 제정하고 그 첫 번째 상을 미국의 보수 극단주의자 앤 쿨터Ann Coulter(미국의 케이티 홉킨스[Katie Hopkins. 영국 방송인, 극우 정치 평론가] 정도로 보면 될 듯하다)에게 수여할 계획도 세웠다. 마리오 사비오의 아들은 그 상을 두고 "역겨운 장난질"이라 말했다. 하지만 표현의 자유 주간을 준비하던 학생단체는 결국 대학 행정당국의 압력을 언급하며 행사를 취소했다(사실 대학 측은 행사를 지원할 준비가 돼 있고 캠퍼스 보안에 백만 달러 이상을 지출하겠다고 공언했었다).

표현의 자유란 이름으로 UC 버클리 캠퍼스를 한 달간 군사 점령하려던 이 시도가 무산된 직후, 야노펄러스가 소아성애를 두둔하는 듯한 영상이 세상에 드러났다. 이건 과해도 너무 과하게 '대담한' 의견으로 가름이 났고, 그는 소셜미디어에서나 미국 전역의 대학에서나 설 자리를 잃었다. 오늘날 그는 돈도 없고 화제성도 없다. 나머지는 다들 아는 대로다.

2017년 야노펄러스 철회 사태의 여파 속에서 전 FSM 활동가 몇몇은 야노펄러스를 막아낸 젊은 시위자들을 내쳤다. 1960년대 반전 운동가 폴 글러스먼Paul Glusman은 『데일리 캘리포니언Daily Californian』에 야노펄러스에 대한 반대는 그의 아동학대 옹호 정황 때문에 정당화됐을지 몰라도, 시위대에 관해서는 "혁명은 성질부리기보다 더 깊은 것이어야 한다"고 말했다.[17] 또 다른 반전 운동가 데이비드 호로위츠David Horowitz는 그 후 보수 선동가로 변신했고 야노펄러스의 대학 순회강연을 후원했다. 그는 『데일리 캘리포니언』에 이렇게 말했다. "나는 오늘의 학생 좌파를 파시스트로 규정하겠다. 그들은 자신과 의견이 다르면 누구든 입을 막으려 든다. 1960년대 좌파에게는 여전히 민주적인 열망이 있었다. 지금은 그런 것이 보이지 않는다. UC 버클리는 나라의 수치다."

어쩌면 오늘의 학생 시위자들도 나이가 들면 그들 자신의 가장 신랄한 비판자가 될지 모른다. 그러기엔 우리 모두 기후 대재앙을 헤쳐가느라 너무 바쁠지도 모르겠지만 말이다.

UC 버클리에서 일어난 시위를 민주주의의 수치 혹은 위협으로 보는 이들은, 한때 캠퍼스의 급진주의자였던 보수 성향 베이비부머들만이 아니다. 개인의권리와표현을위한재단FIRE은 미국 대학에서 강연 초청이 철회된 사례를 집계한다. 그들은 이런 작업을 통해 대학 캠퍼스에서 수정헌법 1조의 권리가 보호되기를 기대한다. FIRE 집계에 따르면 2016년에는 미국 전역에서 있었던 대학 강연 초청 수십만 건 중에서 43건의 기록적인 '초청 취소'가 있었다. 그러나 『LA 타임스』의 마이클 힐치크Michael Hiltzik는 그 43건 중에서 24건만이 진정한 '초청 취소'였고, 나머지 경우에는 반대는 있었어도 행사는 어쨌거나 치러졌음을 확인했다.[18] 예를 들어 FIRE는 노터데임대학 학생 (수천 명 가운데) 89명이 서한을 통해 당시 부통령 조 바이든이 임신중절을 지지함에도 불구하고 그들 대학에서 연설하도록 초청받은 사실에 대해 '실망과 낙담'을 표명한 것도 '초청 취소'로 기록했다(노터데임대학 학생들은 같은 이유로 2009년 당시 대통령 오바마의 졸업식 연설에도 반대했다). FIRE가 집계한 43건 가운데 11건이 마일로 야노펄러스의 행사였는데, 그중 4건만이 실제로 취소되었고 그나마도 1건은 야노펄러스 자신이 취소한 것이었다. 이듬해인 2017년에 FIRE는 36건의 '초청 취소'를 기록했지만 『LA 타임스』는 9건만이 실제로 취소되었다고 보도했다.

이것이 우리가 그토록 두려워해야 한다는 검열 대확산 사태인가? 여전히 수십만 강연자들이 수십만 행사에서 청중과 만나고 있는데?

야노펄러스의 표현의 자유는 아마 유럽 지역에서라면 미국에 비해 더 많은 제약을 받을 것이다. 2010년대 중반 영국의 거의 모든 주요 뉴스 프로그램에 그가 빈번히 출연했던 사실에 비추어 보면, 어떻게든 언로를 찾아낼 듯하긴 하지만 말이다. 그러나 미국에서 혐오 표현은, 직접적으로 폭력을 선동하지 않는 한, 맹렬히 옹호되는 권리다. 표현의 자유 절대론자들은 대부분, 우리가 짐작할 수 있듯이, 혐오 표현과 맞서는 제대로 된 방법은 오직 대항 표현을 더 많이 하는 것뿐이라고 믿는다.

미국시민자유연맹ACLU 전 회장 네이딘 스트로슨은 혐오 표현이 보호되어야 한다고 강력히 주장한다. 그녀는 혐오 표현을 제한하면 관점 중립성의 원칙, 즉 앞에서 잠시 다루었던, 어떤 발언을 단지 그 내용이 마음에 들지 않는다고 해서 제한할 수 없다는 미국법의 개념이 위험해질 수밖에 없다고 말한다. 개괄하자면 스트로슨의 논변은 이렇다. 헌법으로 보호되는 혐오 표현은 실제적인 위해를 가하지 않는다. 설사 위해를 가한다 할지라도 혐오 표현을 제한하는 법령은 그런 상황을 개선하기보다 악화할 것이다. 그리고 유럽식의 혐오 표현 규제가 **실제로** 존재하는 혐오 표현의 악영향을 **실제로** 완화한다고 할지라도, **여전히** 그런 법령을 시행할 가치는 없을 것이다. 왜냐하면 수정헌법 1조에 명시된 미국인의 표현의 자유가 악화할 것이기 때문이다.

하지만 미국과 영국의 표현의 자유 옹호론과 관련해 내가 불편한 점은, 그 고고한 논변이 유독 학생들을 비난하는 데 사용된다는 것이다. 학생들이 표현의 자유 원칙을 파괴한다는 주장은 형평에 어긋나며 과도하다. 물론 19살 청년은 때로 말도 안 되게 힘 있고 심지어 천하무적인 것처럼 느껴질 수도 있다. 하지만 나는 학생 활동가들이 휘두른다는 검열권력이라는 것이, 군과 경찰을 보유하고 법을 만들고 원하는 이들을 처벌할 수 있는 정부에 비교할 바는 아니라고 생각한다. 2017년 마일로 야노펄러스의 강연을 저지한 UC 버클리 시위를 혹독하게 비판하는 사람들은, 같은 시기 대학 행정당국이 수차례 경찰 병력을 투입해 학생 시위자들을 폭력적으로 해산하고 진압함으로써 거듭 수정헌법 1조의 신성함을 위협했다는 사실에 대해서는 대체로 걱정하지 않는다. 또한 소란을 일으킨 학생들을 퇴학시키고자 새로이 도입되는 법령과 교칙에 대해서도 그다지 우려하지 않는다. 그보다는 주로 학생들이 너무 나약해서 트랜스인에 관한 야노펄러스의 발언들을 견디지 못하는 걸 우려한다.

스트로슨은 혐오 표현을 금지하는 법이 현실에서는 그 법으로 보호해야 할 이들에게 불리하게 작용하는 경우가 많다고 쓴다. 혐오 표현 금지법이 정부에 "거의 무제한의 검열권"을 부여함으로써 정부의 구미에 맞지 않는 발언을 억압할 수 있게 한다는 것이다. 이는 과연 무서운 생각이며, 미국 역사 전반에서 거듭 반복된 일이기도 하다. 하지만 어째서 사람들은 이 실질적인 공포를 그토록 열렬히, 그리고 꼬박꼬박, 인종주의적인 사상을 가진 강연자를 저지하려는 학생들에게 투사하는 것일까?

내 보기에 문제는, 캠퍼스 눈송이를 비난하는 자들의 동기가, 심지어 진보 인사들조차도, 명망 높은 ACLU 변호사가 우려하는 바와 대체로 다르다는 것이다. 학생 시위에 불편함을 느끼는 이유가 미국 헌법과 맞닿아 있다고 말하는 건 꽤 품위 있게 느껴질지 모르겠지만, 안타깝게도 나는 캠퍼스 눈송이들에 대한 불편함이 그보다는 덜 고결한 연원에서 비롯된다고 본다. 너무나 자주, 특히 흑인 시위자들을 비판하는 백인들의 경우, 그 연원은 그들이 인종주의 비판에 대해 느끼는 불편함이다.

눈송이 비판자들은 비단 대학이 예정된 초청 행사를 취소하는 것이 표현의 자유를 억압하는 처사라고 주장할 뿐만 아니라, 시위를 벌이는 학생들의 행동 자체가 수정헌법 1조에 저촉되는 검열이라고 주장한다. 하지만 그런 시위에서 벌어지는 일들은 국가권력에 의한 자유로운 표현의 검열과 거리가 있다. 대개의 경우, 캠퍼스 활동가들이 자유로운 표현을 가로막는다고 비난하는 사람들은 사실 활동가들이 그들 자신의 표현의 자유를 행사하는 것을 문제삼는 것이다. 다시 한번 말하지만, 이런 일은 활동가들이 백인 상류층이 아닐 때 가장 빈번히 일어난다. 미주리대학에서나 예일대학에서나 옥스퍼드대학에서나 다 마찬가지였다.

또한 눈송이 비판자들은 흔히 소란을 부려 강연자들의 입을 막거나 초청을 철회하기보다는 그들의 역겨운 이론을 "사상의 시장marketplace of ideas"에서 논의해야 한다고 제안한다. 이 표현은 과거 윌리엄 브레넌William Brennan 대법관이 미국인에게 국기를 태울 권리를 인정한 1989년 판결에서 사용한 적이 있다. 브레넌은 중립성 원칙이 수정헌법 1조의 "초석"이라고 쓰면서, 심지어 "인종에 기반한 차별은 추악하고 파괴적이다"와 같은 "신성한" 주의나 관념조차도 "사상의 시장"에서 심문받고 논쟁에 부쳐질 수 있다고 덧붙였다. 스트로슨은 수정헌법 1조의 적용을 받는 공립대학뿐만 아니라 사립대학도, 헌법으로 보호되는 혐오 표현이 캠퍼스에서 용인되도록 유의해야 한다고 주장한다. "혐오적이고 차별적인 것을 포함한 '달갑지 않은' 생각들과의 조우가 그것들을 분석하고 비판하고 반박하는 우리의 능력을 연마하는 데 필수적"이기 때문이라는 것이다. 그녀는 최초의 흑인 아이비리그대학 학장이었던 루스 시먼스Ruth Simmons 전 브라운대학 학장의 말을 인용한다. "나는 최고의 배움은 편안함의 정반대라고 생각한다."

하지만 인종주의적인 막말을 듣는 것도 배움이라 할 수 있을까? 유색인 학생들이 대학에 들어오기 전이나 대학을 떠난 후에는 그런 배움의 기회가 드문가? 논쟁적인 강연자가 캠퍼스를 방문한 후에 상담 서비스를 찾거나 제공받는 학생들, 달갑지 않은 견해들을 "감당하지 못하는" 학생들은 눈송이로 비난받는다. 그러나 갖가지 혐오 표현으로부터 스스로를 지키려는 학생들의 행동은 '검열'과 다르다. 인종주의적 강연자에게 닥치라고 말하는 건 누군가를 그 사람의 발언 때문에 감옥에 보내는 행위와 다르다. 인종주의적 강연자의 면전에 대고, 혹은 그들이 캠퍼스에 초대받기 전에 닥치라고 말하는 건, 사실 그 자체로 하나의 발언이다.

요즘엔 '검열'이라는 말을 종종 대단히 우스꽝스러운 맥락에서 멋대로 남발한다. 그 아이러니한 예를 폭도들이 미국 의사당에 난입하고 얼마 지나지 않아 있었던 도널드 트럼프에 대한 두 번째 탄핵소추안 표결 현장에서 확인할 수 있었다. 공화당의 한 여성 의원이 '검열됨'이라고 적힌 마스크를 쓴 채 하원에서 연설한 것이다. 그런 기만적인 주장은 진정한 의미의 검열, 즉 정부에 의한 자유로운 표현의 제한, 억압, 삭제와 비판을 혼동하게 한다. 만약 검열을 순수하게 문화적인 문제로 본다면, 누군가를 '눈송이'로 부르는 것조차 그 사람의 의견을 정당하지 못한 것으로 규정하고 그럼으로써 검열하는 한 방법이라 할 수 있을 것이다. 하지만 그것도 검열은 아니다. 매우 짜증스러운 것이긴 해도 말이다.

스트로슨은 혐오스러운 사상과 맞서 싸우는 데는 혐오 표현 금지법보다 '대항 표현'이 더 효과적이라고 주장한다. 나는 이상적인 세계에서라면 논쟁을 통해 모든 인종주의자 하나하나를 혐오적인 견해로부터 탈피시키는 게 가능하리라고 믿어 의심치 않는다. 실제로도 자신의 깊은 편견에 대해 생각을 달리하도록 설득되는 사람이 있을 것이다. 하지만 인종, 섹슈얼리티, 젠더로 인해 주변화된 학생들이 하루도 빠짐없이 이런 일을 하고 있지 않다고 생각한다면 그건 순진한 것이다.

만약 대학이 도리어 어떤 휴식이 되어준다면 어떨까? 학생들에게 몇 년만이라도 인종주의자들과의 논쟁이 **아니라** 화성으로 갈 방법을 궁리하거나 시를 쓰거나 기후변화를 해결하는 데 집중할 작은 공간이 되어 준다면 어떨까? 지칠 대로 지친 이들이 단 몇 년간, 1년 중 얼마만이라도 그들을 비인간화하는 요인들과 **굳이** 마주하지 않아도 된다면? 싸울 준비가 **된** 이들은 언제든 그들의 일상과 대인관계 속에서, 회의실과 미디어에서 싸울 대상을 찾을 수 있을 것이다. 밀레니얼과 Z세대는 "사상의 시장"이 두렵지 않다. 그들은 아무 제약 없는 진짜 사상의 시장이 어떤 모습인지 익히 알고 있다. 바로 인터넷이다. 인터넷은 완전한 혼란 그 자체다. 사상의 시장 동향이 궁금한 학생은 언제든 온라인상에서 장황하고 순환적인 인종주의적 주장을 거리낌없이 늘어놓는 이들을 찾을 수 있다.

만약 대학 시절이 정말로 애지중지 아낌 받는 시간이라면 어떨까? 그게 그렇게 나쁜 걸까?

세상의 많은 토비 영은 달리 주장하겠지만, 사실 **아무** 수다쟁이나 불러 학생들을 상대로 강연하게 하는 것이 대학이 할 일은 아니다.

뉴욕대학 비교문학 교수 울리히 베어Ulrich Baer는 『눈송이가 옳은 점: 대학 안에서의 표현의 자유, 진리, 평등What Snowflakes Get Right: Free Speech, Truth, and Equality on Campus』(2019)에서 이 주제를 다루고 있다.[19] 베어의 핵심 논점은 사실 대학의 역할은 일정한 여건에서 발언을 제한하는 데 있다는 것이다. 실제로 대학은 늘 이렇게 하고 있다. 대학은 경계를 짓는 역할, 일정한 지식에 승인된 진리라는 신성함을 부여하는 역할을 수행한다. 이런 이유로 대학은 실재하는 생명체를 연구하는 해양 생물학자들의 공론장에 이를테면 인어 과학자를 초청해 그들의 연구성과를 논하지 않는다(인어들에게는 미안).

대학은 거짓으로 들통난 주제로 강연회를 주관하지 않는다. 그들은 (바라건대) 백신 반대론자나 911 음모론자를 초청해 학생들을 상대로 강연하게 하지 않는다. 온갖 종류의 사람들이 대학에서 강연하기를, 그래서 학계에서 이루어지는 진지한 담론의 후광 효과를 누리기를 바란다. 몰입한 하버드대학 청중을 상대로 강연하는 인상적인 사진으로 자신의 소셜미디어 프로필을 업데이트하고 싶어한다. 그러나 그들 대부분은 기준 미달이다. 그리고 아무도, 그들 자신이 911 음모론자가 아닌 이상, 911 음모론자를 위해 표현의 자유 운운하며 호들갑을 떨어주지 않는다. 그런데 인종적 우열을 논하는 가짜 과학의 경우에는 사정이 다르다. 버몬트주 미들베리대학이 찰스 머리를 강연자로 초청했을 때도 그랬다. 미국의 민권단체인 남부빈곤법센터Southern Poverty Law Center/SPLC는 찰스 머리를 백인우월주의자로 규정한다.[20] 그가 공저한 『종 곡선Bell Curve』(1994)은 나치 동조자들과 우생학자들의 인종주의적 유사과학에 근거해, 아니나 다를까, 백인 남성의 지적 능력이 다른 종이나 여성에 비해 생물학적으로 우월하다고 주장한다. 그는 불우 집단이 불우한 건 그들의 유전자 때문이라고 믿는다(머리는 자신이 백인우월주의자임을 부인한다[21]). SPLC는 다음과 같이 머리의 신념을 요약한다.

머리에 따르면, 불우 집단이 불우한 이유는, 평균적으로 볼 때, 지적, 심리적, 도덕적으로 그들에 비해 우월한 백인 남성과 경쟁이 되지 않기 때문이다. 머리는 공공정책으로는 불평등한 사회·교육적 결과를 야기하는 선천적 결핍을 극복할 수 없다고 주장하면서, 복지국가 개념, 소수자 집단 우대 정책, 교육부의 전면 폐지를 옹호한다.

머리의 작업은 수준 있는 과학에 기반하지 않는다. 그것은 최신의 것이 아니며, 거짓으로 판명되었다. 그것은 민망하다. 하지만 머리가 강연자로 초청된 것에 학생들이 강력히 항의했을 때, 눈송이 비판자들은 대학생이 표현의 자유를 억압한 또 다른 사례라며 맹비난했다. 존스홉킨스대학 영문학 교수 윌리엄 에긴튼William Egginton 은 저서 『미국인의 분열The Splintering of the American Mind』 서두에서 미들베리대학 사건을 언급한다. 그는 "머리가 완전히 다른 주제에 관해 이야기하러 온" 사실에도 불구하고 학생들이 소리를 질러 행사를 방해한 사실에 경악한다.[22] 머리는 그날 『종 곡선』에 관해 이야기하러 온 건 아니었다. 에긴튼은 독자들에게 묻는다. "만약 학생들이 … 날카로운 질문과 논변을 준비해 와서 머리와 맞붙었다면 얼마나 더 용감하고 품위 있었을까?" 그와 반대로, 그들의 항의 방식은 "대학 캠퍼스를 장악한 특권적인 좌파의 불관용이라는 오랜 서사 안으로 너무나 쉽게 포섭되고 말았다".

만약 어느 악명 높은 백신 반대론자가 백신이 아닌 다른 무언가에 관해 말하러 미들베리대학에 온 것이라면, 그래도 우파는 뒤따른 학생 시위를 좌파가 표현의 자유를 경시하는 증거로 받아들였을까? 그리고 에긴튼 같은 진보주의자는 학생들이 우파 좋은 일만 했다며 질타했을까? 아마 아닐 것이다. 요즘엔 그마저도 확신하기가 어렵지만 말이다.

문제는, 설사 학생들이 어째서 인종 과학이 인종주의적일 뿐 아니라 질 나쁜 과학인지를 꼼꼼히 적어 찰스 머리의 강연회에 참석했더라도, 엄청난 유명세를 누리는 그의 베스트셀러의 영향력에 아무런 타격을 입히지 못했으리라는 것이다. 대신에 반복된 대학 강연 초청은 과연 거의 사라지다시피 했던 그의 명성에 광휘를 더해주었다. 그의 저서, 사상, 존재감은 표현의 자유에 관한 기만적인 논변 뒤에 숨어 다시금 학계의 주 무대로 복귀했다. 만약 일부 학생들의 고성이 "라틴계와 흑인 이민자들은, 적어도 단기적으로는, 지능 분포에 어느 정도 하향 압력을 가하고 있다"고 주장하는 책보다 더 놀랍다면, 당신은 그와 똑같은 인종주의자일 뿐만 아니라 이례적으로 형편없는 사회과학자일 확률이 높다.[23]

베어는 대학 내 표현의 자유를 둘러싼 논란이 실은 자유로운 발언이나 모욕감이나 불쾌함이 아닌, 권력에 관한 것이라고 말한다. 이 논란의 중심에는 대학이 가진 힘, 즉 무엇이 연구되고 논의되고 이해될지를 결정하는 대학의 권력이 있다. 대학은 공원에 놓인 비누 궤짝이 아니다. 대체로 공원은 비누 궤짝 위에서 전달되는 내용에 정당성을 부여하지 않는다. 그것은 심지어 정반대 효과를 가져올 수 있다. 오늘날 하이드파크의 연사들은 위엄의 광휘를 발하기는 커녕, 어색하게 찡그린 얼굴과 마주하기 일쑤다. 그래서 논쟁적인 인사들은 "대학 연단에 설 기회를 찾는다. 왜냐하면 대학은 어떤 것이 정당하게 확립된 지식에 해당하고 어떤 것이 헛소리에 불과한지를 판별하는 일부 규칙들이 만들어지는 곳이기 때문"이라고 베어는 쓰고 있다. 그들은 명성 높은 대학의 정문에서 셀피를 찍는다. 권위 있는 기관에서 강연했다고 자기 웹사이트에 적어 놓는다. 그들은 〈뉴스나이트 Newsnight〉[BBC 시사 프로그램]의 '토론'에 초대되고, 그 프로그램에서 하는 이야기를 들은 당신의 삼촌, 이모, 엄마, 아빠는 다음번 식사자리에서 여러분에게 어떤 터무니없는 주장이 어느 정도는 일리가 있지 않냐고 묻는다. 정치 후보들은 그런 프로그램에서 유권자들을 격앙시킬 새로운 방법을 찾아낸다. 그들의 주장은 편협하지만, 어쨌거나 그런 소리를 옥스퍼드 유니언[Oxford Union. 옥스퍼드대학 학생들의 유서 깊은 토론 클럽. 정기적으로 명사들을 초청해 연설, 대담, 토론 행사를 갖는다]에서도 들을 수 있기 때문에, 정당성을 부여받는다.

미국의 공립대학들은 1964년 민권법 제6장과 1972년 교육수정법 제9장에 따라 학생들에게 표현의 자유뿐만 아니라 동등한 교육 참여를 보장할 법적인 의무가 있다. 또한 1972~81년에 대법원은 수정헌법 1조의 적용을 받는 활동이라도 교육에 방해가 될 경우 제외할 수 있는 권한을 대학에 인정해주었다. 흑인의 인간다움을 논쟁거리로 삼는 강연자가 캠퍼스로 초빙될 때, 우리는 백인 학생과 흑인 학생의 교육 접근권이 동등하게 보장되지 않는다고 주장할 수 있다. 한때 노예였던 19세기의 노예제 폐지론자, 프레더릭 더글러스Frederick Douglass는 표현의 자유를 옹호했고, 기만적인 표현의 자유 투사들은 종종 그들의 주장을 정당화하고자 더글러스를 내세운다. 하지만 더글러스 역시 자신이 동등한 인간임을 논증하는 데 관심이 없었다. "여러분은 내가 인간에게 자유의 권리가 있음을 논증하기 바라십니까?" 그가 어느 연설에서 물었다. "인간이 제 몸의 정당한 주인임을 증명하기 바라십니까? … 그렇게 하는 것은 나 자신을 우스꽝스럽게 하고 여러분의 지성을 모욕하는 행위일 것입니다." 더글러스는 이렇게 말했다. "경악스럽지 않은가요. … 우리가 인간임을 증명하라는 요구를 받는다니요!"[24]

그 누구도 더글러스를 가리켜 사상의 시장에서 까다로운 주제로 논쟁하기가 너무나 두려운 심약한 눈송이라 하지는 않을 것이다. 어쨌거나 오늘날엔 말이다. 그가 이해한 사실은, 어떤 주제는 학문적 논쟁의 범위를 벗어난다는 것이었다. 어떤 논쟁은 인간다움과 양립할 수 없다.

사실 대학에서 백인우월주의에 관해 배우고 논쟁하고 따져 묻기 위해 실제로 진짜 백인우월주의자를 초청할 필요는 없다. 반면에, 대학이 백인우월주의자와 그 지지자들을 캠퍼스로 불러들인다면, 비백인 학생들은 자신의 인간다움을 지키려다 신체적인 상해를 입을 위험을 감수하거나, 아니면 그들을 끝장내려는 이들이 캠퍼스를 떠날 때까지 기숙사에 몸을 숨길 수밖에 없다. 인종주의와 그것에 맞설 방법을 배우기 위해 미국의 리처드 스펜서나 영국의 토미 로빈슨Tommy Robinson의 말을 면전에서 들을 필요는 없다. 아니, 리처드 스펜서나 토미 로빈슨에 관해 알아야 할 모든 걸 배우고 싶더라도 리처드 스펜서나 토미 로빈슨의 말을 직접 들을 필요는 없다. 학생들은 우리 시대에 가장 다루기 어려운 그런 주제들을 놓고 이미 대화를 나누고 있으며, 흔히 그들의 대화는 이를테면 페이스북의 베이비부머들에 비해 더 정중하다. 내 남편은 2016년 미국 대선을 앞두고 뉴욕 컬럼비아대학에서 학부생 세미나를 이끌었는데, 참가자 중에는 도널드 트럼프 지지자도 힐러리 클린턴 지지자도 있었다. 하지만 학생들은 그들의 핵심적인 가치를 건드리는 대화들을, 동일한 주제를 가지고 케이블 TV에서 사납게 싸움을 벌이는 더 나이 많고 더 백인 일색인 논객들에 비해, 훨씬 훌륭히 나누었다. 유색인 학생들은 인종주의로 인해 자신의 가치가 폄하된다고 느끼면서도 (만약 논쟁이라는 걸 하게 된다면) 그들과 논쟁을 벌이게 될 이들의 감정을 건드릴까 조심하는 것이 **일상적**이다 .

대학의 목적은 교육이다. 극우 강연자들이 캠퍼스에 오는 건, 2017년에 버지니아대학에서 행진을 벌인 신나치 들과 마찬가지로, 대학의 교육적 임무에 이바지하기 위해서가 아니다. 이와 달리 생각하는 건 극우의 동기를 의도적으로 순진하게 오해하는 것이다.

학생과 젊은이는 표현의 자유가 맞닥뜨린 지상 최대의 위협이 아니다. 하지만 여러분이 표현의 자유를 진심으로 걱정한다면, 안타깝게도 지금은 안심할 때가 아니다. 사실 학생들이 검열적이라며 공격하는 그 사람들이야말로 자기들이 싫어하는 발언을 금지하고 처벌하려는 자들이다. 그들이 눈송이를 악마화하는 건, 정적을 겨냥한 법규가 도입될 여지를 마련하기 위한 의도적인 전술이다.

표현의 자유 침해를 가장 빈번히 호소하는 이들은 보통 미국과 영국의 보수 활동가들이나, 정작 보수 진영은 수정헌법 1조의 권리를 제약하고자 더없이 노골적인 시도를 벌이고 있다. 정계와 언론의 보수주의자들은 입법 활동을 통해서든 비공식적인 괴롭힘을 통해서든 정적의 발언을 응징하고자 상시적, 조직적으로 움직인다. 그리고 이러한 괴롭힘의 표적은 흔히 여성과 유색인, 특히 흑인이다.

애덤 서워Adam Serwer는 2017년 9월호 『디 애틀랜틱』에 미국 보수가 "발언자를 공개적으로 모욕해 생계를 빼앗거나 겁박해서 굴복하게 만드는" 행태에 관해 썼다.[25] 그는 또 "특정 계열의 보수는 좌파가 반대 의견을 참지 못하는 예민한 눈송이라고 주장하면서 … 동시에 그들 자신이 불쾌하게 여기는 정치적 견해를 표명하는 좌파를 국가와 사회가 처벌해야 한다며 격분한다"고 덧붙였다. 이런 자들이 우리 시대를 대표하는 소위 표현의 자유 전사들이다.

스티븐 배넌의 『브라이트바트』를 비롯한 우익 미디어는 집요하게 그들이 탐탁지 않아 하는 견해를 가진 좌익 학자들의 신상을 공개하고 모욕한다. 텍사스 A&M대학의 흑인 철학 교수 토미 커리Tommy Curry도 그런 피해를 봤다. 어느 보수 블로거가 흑인들의 역사적인 무장투쟁에 관한 그의 연구를 비난한 뒤로 가족에 대한 폭력적인 협박과 인종주의적인 괴롭힘이 이어지자 그는 대학을 떠날 수밖에 없었다. 팔레스타인계 교수 스티븐 설라이타Steven Salaita는 2014년 여름 이스라엘의 가자지구 폭격에 대해 트위터에 게시물을 올렸다가 보수 블로거들의 공격을 받았고 뒤이어 일리노이대학 어배너-샴페인 캠퍼스의 교수직 제안이 취소되었다. 사실 이스라엘을 비판하면 캐너리미션Canary Mission 같은 단체의 블랙리스트에 오를 수 있다. 이 단체는 팔레스타인 난민의 권리를 지지하는 학생과 교수 등 개인 수천 명에 관한 데이터베이스를 운영하는데, 그 목적은 구글 검색에서 그들의 사진과 함께 그들이 '테러리즘'을 지지한다는 주장이 뜨게끔 하는 것이고, 이는 명백한 경제·정치적 타격으로 이어진다.[26] 이스라엘에 관한 발언은 실질적으로 뿐만 아니라 법적으로도 제한되는데, 여러 주 정부가 이스라엘을 보이콧할 권리에 더해 그런 의사를 표명할 권리까지 제한했기 때문이다.

한편 영국 보수당과 미국 공화당 정치인들은 영국과 미국의 초중등학교에서 '비판적 인종이론critical race theory'을 가르치는 것을 금지하고자 시도하고 있다. 이들은 체계적 인종주의에 대한 이 분야의 연구를 얼토당토 않게 곡해한 형태로 인용한다. 2020년 10월, 보수당 평등 장관 케미 베이드녹Kemi Badenoch은 의회에서 "백인 학생들에게 백인의 특권"을 비롯한 "비판적 인종이론의 요소들을 가르치는" 교사는 법을 위반하는 것이라고 경고했다.[27] 이는 표현의 자유의 심각한 침해이며, 또한 "역사를 다시 쓰거나"(달리 보자면 더 잘 이해하거나) 현대 영국을 비판하는 발언을 금지하려는 보수당 지도부의 계속적인 시도의 한 단면이다. '비판적 인종이론'을 가르치지 못하게 금지하는 법안이 발의·통과된 미국 내 다양한 주에서는 교사가 수업 중에 이를테면 백인에게 유리한 불평등한 형사사법 제도에 관해 언급하는 것에 정부가 제동을 걸고 있는 상황이다.

보수주의자들은 자신과 이념적으로 대립하는 이들에 관해서라면 그들이 그토록 찬양하는 표현의 자유 원칙을 따르지 않는다. 그들은 2003년 이라크 침공에 반대표를 던진 진보 성향 의원들을 반역자라 불렀다. 그들은 BLM 활동가들을 표현의 자유의 옹호자가 아니라 표현의 자유의 위협으로 그린다. 도널드 트럼프의 열성 지지자인 위스콘신주 밀워키의 카운티 보안관, 데이비드 클라크 주니어David A. Clarke Jr는 BLM 운동을 "증오단체",

"테러조직"이라 부른다(종종 "블랙라이즈매터"[Black Lives Matter에서 생명을 뜻하는 lives를 거짓말을 뜻하는 lies로 바꿔치기한 것]라는 이름으로 부르기도 한다). 대통령 재임기에 트럼프는 언론인들을 죽여버린다는 농담을 했고, 실제로 백악관이 직접 나서서 스포츠 방송국 ESPN에 트럼프를 백인우월주의자라 부른 진행자 저멜 힐Jemele Hill의 해고를 종용하기도 했다.

역사는 보수주의자들이 표현의 자유를 박탈한 무수한 사례를 보여준다. 민권운동기에 남부 입법부들은 민권운동단체와 그들의 시위를 금지하고자 했다. 그로부터 한 세기 반 전인 1830년대에 남부 주들은 노예들의 반란을 부추길까 두려워 노예제 폐지에 관한 발언을 억압했다. 노예화된 사람들 자신은 정치적인 발언은 고사하고 아예 읽지도 쓰지도 못했다. 노예제를 강력히 옹호했고 훗날 부통령이 된 남부 상원의원 존 캘훈John C. Calhoun은 노예제 폐지론자들이 남부의 노예제를 비판함으로써 "남부인의 명예를 훼손하고 정서적인 상처를 입혔다"고 불만을 표했다("정서적인 상처"는 『데일리 메일』이 오늘날의 학생들을 비웃으며 하는 소리로 들린다). 그리고 1차 세계대전 당시 투표권을 요구하며 백악관 앞에서 피켓시위를 벌인 여성들은 체포되고 투옥되고 고문을 당했다.

보수에 의한 표현의 자유 억압은 종종 법으로 명문화되어 가장 개인적이고 사적인 문제들을 규율한다. 로널드 레이건 대통령이 1984년에 소위 '멕시코 시티 정책'을 발표한 이래로, 그를 포함한 모든 공화당 대통령은 연방 보조금을 지원받는 비정부 기구가 임신중절을 가리키는 그 어떤 직간접적인 언어도 사용하지 못하도록 금지하는 정책을 고수해왔다. 이 규정에 따라 의사들은 환자들에게 임신중절수술의 존재에 관해서조차 언급할 수 없다.

또한 공화당이 장악한 미국 내 곳곳의 주 정부는 수정헌법 1조가 보장하는 시위의 권리를 제한하고자 시도해왔고 부분적으로 성공을 거두었다.

2017년 2월, 『워싱턴 포스트』는 적어도 18개 주 공화당 의원들이 수정헌법 1조에서 명시적으로 보호되는 권리 중 하나인 시위를 제한하는 법안을 발의한 상태라고 보도했다.[28] 애리조나주 상원은 폭력 사태로 번진 시위를 계획하는 데 도움을 주었거나 단순히 참가한 사람들에 대해 형사 기소 및 자산 동결을 가능하게 하는 법안을 통과시켰다. 시위자들에게 범죄수익 몰수에 관한 법―본래 조직범죄 척결을 위한 법이다―이 적용되게 했을 이 법안은 그러나 애리조나주 하원을 통과하지 못해 입법에 이르지는 않았다.

콜로라도주, 오클라호마주, 노스다코타주 상원은―이들 주에서는 키스톤Keystone XL 수송관을 건설하기 위해 아메리카 선주민들의 주권적 영토를 수용하는 것에 반대하는 시위가 오랫동안 이어졌다[미국 본토와 캐나다를 연결하는 최대 원유/가스관을 건설한다는 계획이었으나, 선주민 권리와 환경 문제 등으로 오랜 논란이 이어진 끝에 2021년 사업 허가가 취소되었다]―시위를 억압하는 수단의 하나로 원유 및 가스관 설비를 무단 횡단하거나 임의 개조하는 행위를 금지하는 법안을 발의했다. 이중 노스다코타주의 법안은 주 하원에서 부결됐다. 플로리다주에서는 경우에 따라 시위자를 추돌한 운전자를 면책하는 법안이 발의되었다. 아이오와주에서는, 반-트럼프 시위대가 주간州間 고속도로 일부 구간을 봉쇄한 사건에 대한 반발로, 고속도로 통행을 고의로 방해한 경우 최고 징역 5년이 선고되도록 하는 법안이 발의되었다. 미네소타주에서는 시위에 수반된 치안 비용을 시위대에 청구하는 방안이 고려되었다. 오리건주에서는 공립 전문대학 및 종합대학에 폭동 가담으로 유죄 선고를 받은 학생에 대한 퇴교 조치를 의무화하는 법안이 발의되었다.

국제비영리법률센터International Center for Not-for-Profit Law/ICNL의 미국 내 시위 관련법 추적 자료에 따르면 [2017년 1월부터] 2021년 1월까지

이 같은 성격의 법안 총 172건이 43개 주에서 심의된 것으로 집계됐다.[29] 대부분은 부결되거나 만료됐으나, 26건은 입법에 이르렀고 40건은 계류 중이었다. 제정된 법에 따라 가스 및 원유 수송관 근처에서의 시위는 제한되고 처벌은 강화되었다. 공무원의 시위권도 제한되었다―다만 미주리주에서 해당 법(HB 1413)은 위헌 결정을 받아 집행이 금지되었다. 노스다코타주에서는 '폭동'으로 번진 시위에 참여하면 징역 10년을 받을 수 있다. 테네시주에서는 고속도로나 일반 도로의 통행을 방해하면 30일간 구치소 수감이 가능하다. 웨스트버지니아주 법은 폭동이나 불법 집회를 해산하다가 사람을 죽인 경찰에 법적 책임을 묻지 않는다. 이 법은 주 곳곳에서 대규모 시위가 벌어졌던 교사 파업 기간에 통과되었다. 또한 2020년 여름 조지 플로이드George Floyd가 경찰의 손에 목숨을 잃은 후 전개된 시위 국면에서 공화당 소속 테네시 주지사 빌 리Bill Lee는 시위 처벌을 강화하는 법에 서명했는데, 이에 따라 주 소유지에서 야영하거나 고속도로 나들목을 차단한 자는 중범죄로 기소될 수 있고 유죄 판결 시 영구히 투표권을 박탈당할 수 있다.[30]

위 법안들 일부를 발의한 공화당 의원들은 그 취지가 "직업적인" 시위꾼들이 "돈을 받고" 시위를 벌이는 것―도널드 트럼프가 선전하는 음모론―을 단속하기 위함이라고 주장했다. 비판자들은 이 법안들이 시위자에게 주어진 수정헌법 1조의 권리를 제약할 뿐만 아니라, 운전자가 시위자를 추돌하는 행위에 따르는 법적 부담을 경감함으로써 사실상 사람들이 차로 시위대를 들이받도록 조장할 수 있다는 데 우려를 표했다. 게다가 발의된 법안 대부분은 쓸모없는 것이었다―예를 들어, 도로의 통행을 막는 것은 이미 불법이다. 그 법안들의 목적은 원활한 고속도로 통행을 확보하고 사람들을 치는 게 (바라건대) 아니다. 그보다는, 사람들이 자유로운 발언의 권리를 행사하기 전에 (혹은 공화당 사람들이 주장하듯 그 두둑한 시위비 봉투를 챙기기 전에) 한 번쯤 더 망설이게끔 하는 것이다. 이들 법안 다수는 2021년 3월 영국 의회에 상정된 「경찰, 범죄, 양형 및 재판 법안Police, Crime, Sentencing and Courts Bill」과 유사하다. 이 법안은 잉글랜드와 웨일스를 적용 범위로 하며, "공공에 방해"가 된다고 간주되는 시위자들을 해산하고 처벌할 경찰 권한을 강화하는 내용을 담고 있다. 또한 공공 기념물, 이를테면 유명한 노예 무역상의 조각상 같은 것을 손상한 경우 최고 10년의 징역형에 처할 수 있게 한다(2021년 10월 현재 계류 중이다[31][2022년 4월에 입법 및 발효되었다]).

미국의 보수 집단이 표현의 자유를 억압하기 위해 시도하는 또 다른 방법은 대학에 대한 소송이다. 보수 잡지 『내셔널 리뷰National Review』는 학내 발언을 규제하려는 교양대학들을 겨냥한 소송 안내서를 게재했다. 일터에서 적용되는 행동 규범이나 직원들의 온라인 발언에 대한 기준 같은 것은 그 정도의 분노를 사지 않는다. 우익 싱크탱크 골드워터인스티튜트Goldwater Institute는 표준 「캠퍼스 표현의 자유 법Campus Free-Speech Act」을 제안했다. 여기에는 "타인의 표현의 자유 권리를 침해한 것으로 두 차례 판정 받은 학생"에 대한 정학 또는 퇴학 규정이 포함되었다.[32] 기억하자. 학생은 정부가 하는 식으로 그렇게 자유로운 발언을 검열하지 않는다. 학생에게는 진정한 의미의 제도적 검열 능력이 없다. 그럼에도 위와 같은 정책이 발효된다면, 대학은 어떤 것이 다른 학우의 발언권을 '침해'한 상황에 해당하는지를 판정하게 된다. 딱히 어디서부터 '침해'라고 선을 그을 수 있는 뚜렷한 기준이 없기 때문에, 이는 몹시 까다로운 과정이 될 것이다. 그러나 퇴학의 위험을 무릅써야 한다면, 이미 학자금 대출로 수만 달러의 빚이 있는 학생은 그 선 근처에도 가고 싶지 않을 것이다. 캘리포니아대학 법대 교수 마이클 심코빅Michael Simkovic은 『로스앤젤레스 타임스Los Angeles Times』 비즈니스 칼럼니스트 마이클 힐치크Michael Hiltzik에게 골드워터의 법안을 가리켜 "대학의 자율권과 주관적 재량을 모두 박탈하고, 누가 캠퍼스에서 발언권을 갖는지를 외부 집단이 결정하게 내맡긴다"고 말했다.[33] 법안의 규정에 따르면, 표현의 자유를 '침해'당했다고 주장하는 쪽은 동료 학생을 퇴학시킬 수 있을 뿐 아니라 대학에 손해배상 청구소송을 제기할 수도 있다. 이런 법을 채택한 주에서 자신이 '침묵당했다'고 느끼는 학생은—어쩌면 그저 자신의 의견 때문에 꼴통이라 불렸기 때문이더라도—심란하리만치 강력한 법적인 힘을 휘두를 수 있다.

현실적으로 골드워터 제안의 시행은 대단히 당파적이었다. 골드워터의 지원이나 영향을 받은 법령과 교칙은 대체로 공화당이 장악한 주와 공화당이 임명한 평의원이 있는 공립대학에서 발의·통과되었다. 비영리기관인 미국대학교수협회American Association of University Professors의 보고서는 골드워터식 규정에 대해 "보수 강연자들에게 타격을 입혀온 부류의 사건들에 대응하기 위한 맞춤 전략이다. 학내 표현의 자유를 제약하는 다른 문제들, 이를테면 수업 중 교수 발언의 녹음이나 요주의 교수 명단 작성 등에 관해서는 거의 다루지 않는다"고 지적했다.[34]

프린스턴대학 교수이자 저술가인 에디 글로드 주니어Eddie S. Glaude Jr는 2017년 9월 『타임』 매거진에 「대학 내 표현의 자유 논쟁의 진짜 '눈송이'」라는 제목의 글을 기고했다.[35] 이 글은 눈송이 모욕을 진흙 던지기 식으로 되갚아준 전형적인 사례다. 아무튼 글로드는 정말로 대학 내 표현의 자유를 위협하는 건 좌파 학생들이 아니라 보수적인 주 정부 법령이라고 주장한다.

일부 보수주의자는 반발 없는 개종을 원한다. 그들은 심판받지 않고 심판하기를 원한다. 다른 사람들이 그럴 만한 이유로 그들을 인종주의자나 성차별주의자나 동성애 혐오자라고 부를 때, 그들은 목에 두른 진주 목걸이를 잡아 뜯으며 부당하다고 울부짖는다. 이 드라마에서 누가 진짜 눈송이인지 궁금할 따름이다.

글로드가 이 글을 쓴 것은, 위스콘신대학 평의회가 2017년 10월에 승인한 학교 정책에 따라 교내 행사나 강연자를 방해한 학생이 정학이나 퇴학 조치를 받게 된 데 따른 것이었다. 강연을 두 차례 방해하면 정학, 세 차례면 퇴학이었다. 위스콘신대학 학장 레이 크로스Ray Cross는 정책의 목적을 이렇게 설명했다. "아마 대학에서 우리가 할 수 있는 가장 중요한 일은, 학생들에게 나와 의견이 다른 이들과 관계 맺고 귀 기울이는 법을 가르치는 것이리라 생각합니다."[36] 한 해 전, 학생들은 보수 칼럼니스트 벤 셔피로의 강연회를 방해했었다. "우리가 학생들에게 그 방법을 가르치지 않으면 누가 하겠습니까?" 크로스는 물었다. "정중한 대화가 없다면, 다른 목소리를 듣고 상호작용하려는 의지가 없다면, 우리는 오로지 이미 갖고 있는 가치를 강화할 뿐입니다."

공화당이 장악한 위스콘신주 하원도 주 차원에서 비슷한 내용의 법안을 통과시켰다. 위스콘신대학 평의원들은 대부분 공화당 소속의 당시 주지사 스콧 워커Scott Walker가 임명한 이들이었다. 유일하게 반대표를 던진 민주당 소속 평의원은 그 정책이 도리어 "이 캠퍼스를 비롯한 다른 모든 캠퍼스에서 표현의 자유에 찬물을 끼얹고 억누를 것"이라고 말했다. 민주당 소속의 위스콘신주 하원의원은 물었다. "퇴학당할 수도 있다고 생각하면 누가 시위 현장에 나오겠습니까?" 대학에 진학하느라 빚을 진 학생은 분명 그러지 못할 것이다(이 정책 역시 2021년 2월 당시 영국 교육부 장관 개빈 윌리엄슨Gavin Williamson이 제출한 입법 예비보고서white paper와 조응한다. 여기에는 '플랫폼 보이콧'을 당한 강연자가 학생들의 항의 때문에 행사를 취소한 대학을 고소할 수 있게 하는 내용이 담겼다[37][2023년 5월 「2023년 고등교육(표현의자유)법」으로 발효되었다]).

대법원은 발언의 내용 때문에 표현의 자유를 제약할 수 없음을 분명히 하고 있지만, 진보주의자나 보수주의자나 그들이 보기에 어떤 주제는 도가 지나치다고 여길 것이다. 어느 유튜브 음모론자가 지구가 평평하다는 깊은 확신을 논하도록 강연 초청을 받지 못한다고 해서 표현의 자유 감시단체가 그의 권리를 옹호하고 나서지는 않는다. 그런 인물에게 전국지 오피니언란을 통해 "사상의 시장"에 합류할 공평한 기회가 주어지지도 않는다.

한 사회 안에서 어떤 사상들이 도가 지나친 것으로 간주되는지는 시간의 흐름에 따라 변한다. 눈송이가 하는 일은 인종과 젠더에 관한 낡은 견해를 용인 가능한 대화에서 배제하는 것이다. 이 때문에 그들은 표현의 자유를 억누르는 것으로 인식된다. 하지만 진짜 '검열'은 성난 학생이—제아무리 지독하게 강연자를 괴롭힌다 할지라도—할 수 있는 게 아니다. 검열은 진정한 제도권력을 가진 자들이 하는 것이다. 시위를 징역이나 투표권 박탈로 처벌하라며 주 정부나 의회에 법안을 발의하는 이들은 작고 여린 눈송이 학생들이 아니지 않나.

나는 오늘날 UC 버클리 학생과 활동가들을 비롯한 다양한 성난 눈송이들이 표현의 자유를 해치는 것이 아니라 FSM의 유업을 이어가는 것이라고 믿는다. 또한 오늘의 영국 대학들도 수십 년 동안 시위와 불편함과 배움과 폭력적인 법 집행의 장소였던 스프라울 광장의 그 거친 자유분방함에서 뭔가를 배울 수 있으리라 믿는다.

내가 UC 버클리에 진학한 이유는 학교가 날 받아줬기 때문이고, 약간의 장학금을 줬기 때문이고, 사립대학보다 돈이 덜 들었기 때문이고, 다른 대학들은 날 거절했기 때문이고, 부모님의 으리으리한 1980년대 가전제품으로 내 빨래를 공짜로 해결할 수 있을 만큼 집에서 가까웠기 때문이다.

베이에어리어에서 자란 나는 UC 버클리의 명성—예나 지금이나 변함없는 학생 운동의 온상—에 익숙했다. 내가 별로 쿨하지 않은 13살이었을 때 부모님은 그 지역에서 열린 이라크전 반대 시위에 나를 데려가셨는데, 나는 엄마가 "배가 고플지 모른다"며 지퍼백에 차게 식은 소시지를 넣어온 것이 창피해서 속이 상했다("시위하는 데 소시지를 들고 오면 어떻게 해!" 교정기 사이로 부루퉁한 소리가 튀어나왔다). 『베이에어리어』라는 지역신문에는 심심치 않게 대학 소식이 실렸고, 캠퍼스에서 나무 베는 걸 막겠다며 몇 주를 꼬박 나무 위에 올라가서 사는 사람들의 사진이 실리기도 했다. 나는 대충 UC 버클리의 분위기를 알았고 흥미를 느꼈다. 그러던 어느 봄날, 학교에서 UC 버클리 캠퍼스로 현장 수업을 갔다. '캘 데이Cal Day'라고, 매년 한 번씩 장래의 입학생들을 눈부신 햇살이 쏟아지는 교정으로 유혹하는 날이었다. 어느 대학생이 건네는 수선화 한 송이를 받으며 나는 생각했다. '여기 멋지다. 어쩌면 언젠가 나무 위에서 살지도 모르겠어.'

실상 UC 버클리는 학부생에게 끔찍한 경험일 수 있다. 그곳은 눈송이 감성을 지켜주는 온실로 여겨지기도 하지만, 동시에 '현실 세계'만큼 잔인하게 사람을 잘근잘근 씹어 휙 내뱉을 수도 있다. UC 버클리에는 4만 명 넘는 학생이 있다. 4년 내내 한 번도 교수와 일대일로 이야기해보지 못할 수도 있다. 그 거대한 도시에서 길을 잃지 않고 갈 곳을 찾아다녀야 한다. 무엇보다도, 어떻게 해야 학위라는 게 생기는지 알아내야 하고, 인기 강좌

자리를 두고 다퉈야 하고, 얻어낸 학점으로 실제로 졸업이 되도록 해야 한다(내가 아는 누군가는 자기가 졸업한 줄 알고 있었는데, 몇 년 뒤 학위증서를 요청한 다음에야 실은 졸업하지 **않았다**는 걸 알게 됐다). 누구도 나중에 일자리를 얻을 수 있도록 도와주지 않는다. 스스로 매우 적극적으로 도움을 구하지 않는 한, 누구에게든 어떤 도움도 얻을 수 없다. 그리고 하나같이 '장래가 촉망되는' 뛰어난 고등학생이었던 수천 명의 동기들 가운데서 자신을 유일무이하거나 특별하다고 느끼기는 결코 쉽지 않다. UC 버클리는 공립대학이고, 전체 학생의 29퍼센트는 가족 중 첫 번째 대학생이다. 알아야 할 게 너무 많아서, 가족 중 처음으로 대학에 온 게 **아니어도** 벅찰 수 있다. 우리의 응석을 받아주는 사람이 거기 있다는데, 나는 한 번도 만나본 적이 없다.

대신 내가 만난 건 온갖 부류의 캘리포니아 사람들이었다. 나는 다양한 사회계층에 속한 사람들, 다양한 인종의 사람들, 다양한 종교를 가진 사람들과 친구가 되었다. 학부 시절 후반에는 학생 공동주택에서 살았는데, 거기서 지내려면 청소와 요리는 물론이고 이따금 시멘트 벽도 직접 쌓아올려야 했다. 그 공동주택들은 지저분했고, 그라피티가 그려져 있었고, 때로는 논쟁이 벌어졌고, 종종 매우 다정했고, 그리고 지내기 꽤 근사한 곳이었다. 매해 기말고사 주간에 많은 공동주택 학생들은 벌거벗은 채로 도서관을 뛰어다니며 즐거운 방종을 만끽했다. 나도 그중 하나였는지는 말할 수 없다.

캠퍼스에는 언제나 모종의 운동이 벌어지고 있거나 막 벌어질 참이었고, 언제든 매우 강렬한 학생 정치의 한 장면이 펼쳐지고 있었지만, 대부분의 학생은 정말 그저 학점, 대인관계, 졸업 후 불황 속에서 일자리를 얻을 전망에만 관심이 있었다. 자신이 준비가 돼 있건 그렇지 못하건, UC 버클리는 엄연히 현실 세계로 들어가는 입구였고 지금도 여전히 그렇다. 학생들의 가장 큰 관심사는, 다른 모든 대학에서와 마찬가지로, 불확실한 세상에서 생계를 꾸려가는 데 필요한 학점과 자격증이다. 학자금은 부담스럽고, 때로는 대가족을 부양해야 하는 경우도 있다. 이것은 특권의식에 찌들어 징징대는 분노 기계—그리고 이들은 오로지 표현의 자유의 근절이라는 대의에만 매진한다—를 양산하는 조건들이 아니다.

나는 학부 4년 내내 UC 버클리의 빼어난 학생신문 『데일리 캘리포니언』에서 일했다. 주로 예술 분야를 담당하면서 베이에어리어가 제공하는 모든 문화적 자극에 관해 19살의 내가 가진 중대한 의견들을 개진했고, 몇 차례 주간 칼럼을 맡기도 했다. 당시 우리 사무실은 어느 건물 꼭대기 층에 있었는데, 그 건물은 구조적으로 너무 불안정해서 이후 철거됐다(캘리포니아에서는 건물이 지진으로 무너지기 전에 미리 철거하는 편이 낫다).

어느 날 그 위험천만한 발코니에 서서 대학 남단과 면한 밴크로프트가를 따라 시위자들이 움직이는 걸 지켜본 기억이 난다. 그 시위가 무엇에 관한 것인지는 잊어버렸다. 아마 그 무렵 UC 버클리에서 빈번했던, 등록금 폭등(2009년 상승 폭은 32퍼센트였다)에 항의하는 시위 중 하나였을 것이다. 하지만 신문사의 선임 기자 두 명이 아래쪽 시위자들을 비웃었던 건 선명하게 기억이 난다. 한 명이 이렇게 말했다. "시위는 아무것도 바꾸지 못했어." 몇 주 뒤에는 신문사의 또 다른 친구 하나도 다 안다는 표정으로 똑같은 말을 했다. 학생 시위가 사실 무의미하다는 걸, 시위란 언제나 그랬고 앞으로도 그러리라는 걸, 다른 사람은 몰라도 **자기**는 알고 있다는 듯이. 그래서 그의 마음속에 비친 그 자신은 무척 쿨했다(나는 그 친구를 질책하고 싶지 않다. 나중에 사회에서 더 많은 사람을 괴롭게 하느니, 10대 말의 우쭐함은 그 시기에 해소해버리는 편이 낫다. 그는 이제 좀 덜 우쭐거린다).

신문사 기자로서 나는 대체로 문화면을 담당했지만, 그럼에도 시위에 참여하는 건 허락되지 않았다. 신문사의 객관성이라는 대외 이미지를 보호한다는 명목이었다. 대신 나는 관찰했다. 한 번은 샌드위치를 먹으면서 캠퍼스의 중심 격인 한 나무 위의 장기 농성자를 그다지 건강해 뵈지 않는 경찰관 몇 명이 끌어내리려고 하는 걸 지켜봤다. 하지만 그는 경찰들보다 훨씬 더 날렵했고, 그들은 결국 포기했다. 그가 무엇에 항의하고 있었는지는 기억나지 않는다. 기억나는 건, 이유를 막론하고 캠퍼스에서 벌어지는 시위들에 대한 사람들의 일반적인 태도였다—그건 시위를 벌일 만큼 뭔가에 마음을 쏟는다는 것에 대한 다소간의 민망함이었다.

하지만 일단 사람들이 시위를 벌이거나 격론을 벌이거나 서로에 대한 불 같은 비난을 『데일리 캘리포니언』에 쏟아내거나 캠퍼스 건물을 점거하거나 하면, 나는 늘 이렇게 느꼈다. **그래, 이게 표현의 자유지.**

나무 위에서 경찰을 향해 소리칠 때만큼 누군가의 발언이 진실하게 느껴질 때는 없다. 내 보기에 그것은 가장 멋진 형태의 표현의 자유, 법적으로 허용되는 것의 한계를 밀어붙이는 표현의 자유다. 내가 표현의 자유에서 연상하는 건, 요즘 사람들이 파르르 곤두선 까탈스러운 눈송이라 매도하는 그런 종류의 학생들이다. 그런 친구들과 학우들에게서 나는 불의를 볼 때마다 어디서든 소리 높여 지적하는 데 필요한 용기를 배웠다. 대개의 사람에겐 그런 용기가 없었다. 실은 나도 그랬던 것 같다. 하지만 나는 그 용기를 존중했다. 설사 내가 나무 위에서 살 준비가 돼 있지는 않더라도, 다른 사람들이 그러는 건 좋은 일임을 이해했다.

운동이 어쩌다 나약함으로 비치게 됐을까? 수정헌법 1조가 보장하는 시위의 권리를 행사하는 것이 어쩌다 수정헌법 1조의 근간을 뒤흔드는 행위로 비치게 됐을까? FSM부터 마일로 반대 시위 현장의 불타는 쓰레기통에 이르기까지, UC 버클리의 학생 운동사는 대학 내 표현의 자유를 둘러싼 실천과 비판이 어떻게 달라졌는지를 보여준다. 하지만 같은 대학에서 일어난 1960년대의 시위와 오늘날의 시위에 대해 우리가 다르게 느끼는 이유는 무엇일까?

오늘날 대학과 표현의 자유 옹호자들이 1960년대 FSM 시위자들을 그토록 우호적으로 기념하는 한 가지 이유는, 아마도 시간의 흐름에 따른 거리감과 안전감 때문일 것이다. 하지만 1960대 당시에 그 시위자들은 오늘날의 시위자들만큼 파괴적으로 여겨졌다. 내가 생각하는 또 한 가지 이유는, FSM을 이끌었던 정장 입은 백인 활동가들의 기품 있는 이미지 때문이다. 그리고 또 다른 이유는, 오늘의 대학이 표현의 자유 권리에 대해서는 다른 대의에 비해 더 편안하게 동의할 수 있고, 그래서 FSM을 더는 걱정할 필요 없는 별도의 한 순간으로 박제화할 수 있기 때문이다. 베트남전 반대 운동은 주 정부 및 경찰과의 격한 충돌로 이어졌다. 제3세계해방전선은 새로운 학과를 쟁취했지만 대학과 커리큘럼의 백인 중심성에 반기를 들었고, 대학은 FSM만큼 그것을 기념하지 않는다. 최근의 등록금 인상 반대 시위는 어마어마한 경찰력으로 진압됐고, 대안 우파 강연자에 대한 시위는 전직 대통령은 말할 것도 없고 온 나라 언론이 대학의 수치라고 떠들어댔다.

1976년에는 미국 대학생의 84퍼센트가 백인이고 53퍼센트가 남성이었다. 오늘날엔 60퍼센트 조금 못 미치는 학생이 백인이고, 과반이 여성이다. 미국 역사상 처음으로 새로운 배경을 가진 새로운 학생들이 엘리트대학에 대거 진학함에 따라, 자연히 대학의 존재 목적과 그것이 누구에게 어떻게 복무해야 하는지에 대한 새로운 평가가 촉발될 것이다. 그것은 새로운 대학생에 의한 새로운 시위를 의미할 것이며, 새로운 권위의 상징에 도전하는 새로운 발언을 의미할 것이다. 젊은 활동가들은 심지어 이전 세대 활동가들이 헌신한 대의에도 이의를 제기할 것이다.

어쩌면 대학, 평론가, 언론은 **이론적으로는** 학생들이 표현의 자유를 누리기 바라지만, 그들이 그 권리를 행사하기로 할 때마다 마음 깊은 곳에서 불편함을 느끼는지 모른다. 학생들이 인종 및 젠더의 위계에 반기를 들 때는 특히 더 그런 듯하다.

어쨌거나 캠퍼스 눈송이 비판자들이 동의하는 한 가지는, 요즘 학생들의 시위는 도가 지나치고, 그런 시위는 사상의 시장에서의 건전한 논쟁, 더 나아가 표현의 자유라는 기본권 자체에 위협이 된다는 것이다.

하지만 어쩌면 진실은 그 반대 아닐까? 어쩌면 학생들의 시위는 충분하지 않은 것 아닐까?

맬컴 해리스Malcolm Harris는 저서 『요즘 아이들: 인적자본과 밀레니얼의 탄생Kids These Days: Human Capital and the Making of Millennials』[한국어 번역서 제목은 『밀레니얼 선언』]에서 현대 사회는 젊은이를 반항적으로 만들지 않는다고 말한다. 그와 반대로, 경제적 불평등은 우리를 "비굴하고, 초조하고, 두렵게" 만든다.[38] 지극히 평균적인 밀레니얼로서, 나는 내 비굴함과 초조함과 두려움을 필요시에는 건전한 정도의 반항으로 상쇄하고 있다고 생각하고 싶다. 그럼에도 그런 정서는 내가 경험하는 내 세대와 정확히 들어맞는다.

UC 버클리에서 수십 년을 가르친 내 오랜 은사이자 멘토인 한 분은—험담처럼 들릴까봐 여기서는 익명이기를 바라셨다—최근 이 점을 여실히 느끼게 해주었다. 그는 학생 운동이 융성했던 1960년대, 그가 막 UC 버클리에서 가르치기 시작한 무렵의 학생들에 관해 이런저런 일화를 들려주었다. 그 당시 학생들은 혁명의 실마리를 찾기 위해 심지어 지루하기 짝이 없는 고대 역사서도 집어삼킬 듯 읽어댔다. 양해를 구하고 강의실 학우들에게 발언할 기회를 얻어 정치에 관해 열정적인 주장을 펼치기도 했다. 선생이어서 짜릿한 시절이었다고 그는 말한다. 왜 아니었겠나. 열의가 넘치는—수업 내용에 다소 **과하게** 몰입하는 게 주된 문제인—학생들로 가득한 수업을 이끄는 건, 과연 모든 선생의 꿈일 것이다. 그러나 1970년에 그는 학생들에게서 어떤 변화를 감지한다. 소요와 반항의 10년 이후 등장한 새로운 학생들의 주된 관심사는, 급작스럽게도, 학점을 잘 받아 좋은 직장을 얻고 돈을 많이 버는 것이었다. 나는 교수님께 이후 몇십 년 동안 학생들이 1960년대의 맹렬함으로 되돌아간 적이 있는지 물었다. 그런 일은 없었다고 그는 말했다.

요즘 대부분 학생은 반항적인 것과는 완전히 정반대다. 그들은 가속하는 기후변화 속에서 불안정한 경제전망에 대한 두려움을 안고 학업에 임한다. 세상을 바꾸는 데 관심이 있을지 몰라도, 난처한 일에 휘말리고 싶지는 않다. 이는 단순명료한 사실이지만, 히스테리를 부리고 폭력적이고 통제 불능이라며 현세대 학생 시위자들을 비판하는 사람들이 놓치고 있는 부분이다. 몇몇 소수의 시위 사태가 국가적인 논의의 주제로 떠오르는 동안 대부분의 캠퍼스 강연 행사는, 논쟁적인 것들조차, 별 주목을 받지 못하고 그저 조용히 지나간다. 학생들이 어째서 시위를 벌이는지에 대한 맥락이나 공감은 거의 항상 결여돼 있다. 프린스턴대학의 에디 글로드 주니어 교수는 2017년 9월 『타임』 매거진에 찰스 머리(『종 곡선』의 그자), 전 UN 대사 수전 라이스Susan Rice, 보수 논객 벤 셔피로의 강연에 반발한 학생 시위와 관련해 이렇게 썼다.

캠퍼스에서는 이념 스펙트럼 전반에 걸쳐 수천 건의 강연회가 열린다. 학생들은 별일 없이 수업을 듣고 이런저런 단체에서 활동하고 강연에 참석한다. 머리나 라이스나 벤 셔피로가 얼마나 자주 캠퍼스에서 강연하고 그것이 온 나라의 화제가 되지 않았는지, 짐작이 가는가. 최근 우리가 목격한 시위는 일반적인 것이 아니다. 하지만 보수주의자들은, 심지어 몇몇 진보 칼럼니스트마저, 사실을 호도하고 있다.[39]

여기서 글로드는 평론가들이 소위 창궐하는 시위와 파행을 논할 때 범하는 일종의 기저율 오류[base rate fallacy. 어떤 사건이 발생할 기본적인 통계적 확률을 무시하는 오류]를 잡아낸다. 사실 대학은 소모적이리만치 많은 대담, 강연, 토론을 개최하며, 모든 행사에는 참석자를 유인하기 위한 공짜 음식이 필요하다. 뉴스에 나올 법한 '사건'의 횟수는 매 학기 개최되는 엄청난 양의 강연들과 비교가 안 된다.

나는 학생들이 새로운 생각과 마주하고 논쟁하고 자신의 생각을 바꾸는 데 나이든 사람들보다 대체로 더 능숙하다고 확신한다. 대학은 자유로운 발언들이 뒤섞여 들끓는 가마솥이지 그것들을 누그러뜨리는 약음기가 아니며, 이는 지금도 진실이고 앞으로도 그럴 것이다. 인생에서 또 언제 우리에게 정중한 타협보다 논쟁을 선호할 책무가 주어지겠는가? 대학은 우리가 서로를 교육하고 심지어 서로에게 소리를 지를 수 있는 대단히 드문 기회를 준다. 그 말 많은 '현실 세계'로 들어가기 전에 각자가 가진 개탄스러운 편견과 가정들을 해결할 기회 말이다. 한 번도 진지하게 인종주의에 대해 고민해본 적 없는 백인 학생이, 평생 지속될 방어적인 태도가 고착화하기 전에, 그것에 대해 숙고해볼 기회다. 학생은 대학에서 **모름지기** 무엇을 해야 하는 걸까? 앱 개발자나 의사가 되어야 할까, 아니면 무시무시한 정치 활동가가 되어야 할까, 아니면 둘 다일까? 지난 시대의 지혜를 흡수해야 할까, 아니면 그것에 도전해야 할까? 도서관에서 성실하게 공부를 해야 할까, 아니면 파티에서 진탕 마시고 떠들며 젊음과 약 기운이 흘러넘치는 자유분

방함을 실컷 즐겨야 할까? 이것저것 다 하면 안 될까?

　대학은 권리를 박탈당했던 이들의 자녀들이 그들에게 가용한 법과 정책을 활용해 자신들을 위한 공간(맞다, 여기엔 '안전공간'도 포함된다)을 만들어낼 방법을 찾아가는 곳이다. 대학은 더 많은 교육의 기회를 얻은 운 좋은 젊은이들이 새로운 생각과 정치적인 정체성을 시도해볼 수 있는 시간이다. 대학은 싸움을 벌일 시간이다. 학생들에게는 아직 신념을 위해 싸울만한 힘과 젊음이 있다. 대학은 세상의 가능성에 대한 인식을 확장할 시간이다. 대학은 '오랜 지혜'를 보며 그것이 정말로 그렇게 지혜로웠는지를, 그런 고려 자체가 불편하더라도, 재고해볼 시간이다. 진실로 대학은 자신을 불편하게 하는 견해와 마주해야 할 시간이다. 하지만 어떤 이유에선지 눈송이 비판자들은 언제나 이것이 유색인 학생들이 '현실 세계'에서 마주하는 인종주의를 대학 안에서도 대면해야 한다거나, 혹은 트랜스젠더 학생들이 바깥세상에서 겪는, 그들의 인권에 관한 악마의 변호[devil's advocacy. 집단 안에서 의도적으로 반대 의견을 냄으로써 의사 결정 오류를 줄이려는 장치]나 노골적인 적대감을 대학 안에서도 마주해야 한다는 뜻이라고 생각하는 경향이 있다. 요즘 젊은이들이 거북한 발언이나 생각을 직시하지 **못한다**고 주장하는 사람들이 말하는 그 젊은이들, 자신의 사회적 위치에 대한 '불편한' 생각을 마주해야 하는 그 젊은이들은 우습게도 백인이 아니다. 사실 보수당과 공화당은 '비판적 인종이론'을 가르치지 못하도록 법으로 금지함으로써 그러한 교육적 대면을 원천적으로 차단하려 든다. 백인들에게 그들이 인생에서 누리는 많은 안락이 자신의 인종 덕분이라는 생각보다 더 대면하기 어려운 생각이 또 어디 있겠는가?

　많은 눈송이 비판의 근저에 깔린 가정은, 학생들이 대학에서 온갖 더러운 ○○주의와 혐오 표현에 노출되지 않으면 현실 세계에서 그것들에 대적할 방법을 도무지 배울 수 없다는 것이다. 하지만 사실 혐오 표현에 대한 사전 노출이 전혀 없는 상태로 대학에 진학할 수 있는 유일한 부류는, 인종 분리도가 매우 높은 학교, 지역, 교우관계 안에서 자라난 젊은 백인 학생들이다. 영국은 국토의 상당 부분이 단일 인종적이므로 더더욱 그렇다. 그런 백인 학생들에게 혐오 표현은 그저 민권운동에 관해 배울 때 공부해야 하는 어떤 것이다. 그들은 자기 자신의 인종주의에 관해 깊이 생각해봤을 리 없고, 자신이 속한 공동체의 인종주의에 대해서는 더 말할 것도 없다. 백인 학생들이 '현실 세계'의 험악함에 관해 배울 기회는, 캠퍼스 순회강연을 하는 대안 우파 인사들이 아니라 인종주의를 직접적인 체험으로 아는 그들의 학우들에게서 온다. 나는 그렇게 해서 인종주의에 관해 배우게 되었다. 또한 대학에서 내 유색인 친구들은 자신의 개인적인 역사와 고투를 역사적인 맥락에 갖다 놓을 줄 알게 됐고, 자신의 고통을 더 넓은 체제의 한 부분으로 이해하게 되었다. 그러면서 우리 모두는 세상에 대한 인식의 폭을 넓혔다. 그리고 우리가 시위를 벌였을 때, 그것이 '뭔가를 변화시켰는가'를 떠나, 우리는 우리 자신을 변화시켰다.

대학 캠퍼스에서 때로 요란한 시위가 벌어지는 걸 보더라도 충격받지 마시길. 놀라운 일은 시위가 너무 많은 게 아니라 너무 적은 것이다.

제4장
'철회 문화'라는 말은 다시 듣고 싶지 않다

표현의 자유 논쟁과 긴밀히 연결돼 있으면서 더더욱 터무니없는 주장은 소위 '철회 문화cancel culture'에 관한 것이다. 즉, 말 한번 잘못하면 커리어가 파탄나서 공적인 세계에서 영원히 추방될 수 있다는 일부 평론가와 정치인들의 주장이다. 앞으로 살펴보겠지만, 철회의 원래 의미는 그런 것이 아니다. 하지만 만약 당신이 슈퍼마켓에 가서 "철회"라 외친다면, 콘플레이크를 집어들던 남자는 당신이 그런 이야기를 하는 거로 생각할 것이다.

철회라는 개념에 집착하는 건 보수주의자들만이 아니다. 앞에서도 봤지만, 눈송이들과 그들의 철회 성향을 가장 두려워하는 건 엘리트 진보주의자들이다. 따지고 보면 철회란, 결국 힘 있는 자들이 두려워하는 것이다. 정말로 '철회'당하려면 일단 사람들이 당신이 누구인지 알아야 한다. 이제부터는 '철회'에서 인용부호를 뺄 것이다. 하지만 앞으로 여러분이 언제 어디서 이 말을 마주치건, 형광으로 빛나는 거대한 인용부호를 함께 봐주시기를 당부드린다.

철회 문화를 둘러싼 논쟁이 극에 달한 것은 다른 때도 아닌 2020년이었다. 팬데믹으로 수백만이 죽어가는 와중에, 영국과 미국의 정치인들과 묵인하는 언론사들은 워크의 창궐에 관한 질의와 응답을 주고받았다('워크

woke'는 본래 미국 흑인들의 입말에서 온 단어로, 불의와 체계적 인종주의에 관한 자각을 의미하며, 현재는 한심한 인종주의자들에 의해 전유되어 부정적인 뜻으로 쓰일 때가 많다). 영국의 코비드19 사망자가 당시 유럽에서 가장 높은 10만 명을 넘은 상황에서, 보수당은 '사나운 군중'의 실존적 위협을 언급하며 조각상을 훼손하는 사람들에 대한 새로운 법적 처벌을 도입했다.[1]

2021년 1월에 진짜 폭도가 미국 의사당을 습격하고 일주일 뒤, 하원에서 트럼프 대통령에 대한 두 번째 탄핵소추 절차가 진행되는 가운데 공화당 의원 짐 조던Jim Jordan은 "오직 한 쪽에만 발언을 허용하는 철회 문화"에 담대히 맞설 것을 선언했다.[2]

철회 피해를 당했다는 주장은 2020~21년 내내 이어지면서 일종의 생활 소음이 되었다. 피해자들은 하나같이 그들이 사실상 공적 세계로부터 추방됐음을 호소하고, 호소하고, 또 호소했다. 마치 예언한 종말이 오지 않아 계속해서 날짜를 수정해야 하는 길모퉁이의 설교자처럼 말이다.

2020년 8월 영국 내셔널트러스트[National Trust. 잉글랜드, 웨일스, 북아일랜드에서 보존가치가 있는 자연 및 문화자산을 확보해 영구히 보전하고 관리하는 시민단체]가 그간 지정된 기념물들이 역사적으로 노예제와 어떤 관련이 있었는지 연구하겠다고 발표하자, 그들마저 워크 떼거리의 철회 문화 때문에 전통을 등지고 말았다는 거센 비판이 일었다. 공익위원회[Charity Commission. 영국의 비장관급 정부기관으로 사회운동단체, 자선단체, 종교단체 등의 관리 감독을 총괄한다] 의장은 『데일리 텔레그래프』 1면에 실린 인터뷰에서 내셔널트러스트가 사적의 보존이라는 본연의 임무를 망각하지 않았는지 감사를 실시하겠다고 밝혔다[3](감사 결과, 내셔널트러스트가 관련법을 위반한 사실은 없었다[4]). 보수당 하원의원 22명은 [당의 비공식 의원단체인] 소위 '상식 집단Common Sense Group'의 이름으로 『데일리 텔레그래프』에 성명서를 보내, 자신들이 "엘리트 부르주아 진보주의자들의 가르치려 드는 태도에 지친 조용한 대다수 유권자를 대변"한다고 주장하면서, 내셔널트러스트가 "통상 '워크 의제'라 불리는 문화적 마르크스주의 도그마"에 미혹되어서는 안 된다고 촉구했다.[5] 일부 내셔널트러스 회원들은 노예제에 관해 배워야 할지도 모른다는 데 분개해 가입을 철회하겠다고 으름장을 놓았다(분명 그 상황의 아이러니는 깨닫지 못한 듯하다).[6] 이 용감한, 말하자면 화창한 봄날 웅장한 전원저택에서 크림을 넣은 홍차 한 잔을 즐길 수 있는 특전을 포기할 의향이 있는 회원들은, 내셔널트러스트가 역사를 더 깊이 연구함으로써 "역사 지우기"를 시도한다고 비난했다. 이 일이 벌어진 2020년 10월, 영국의 코비드19 확진자는 다시금 상승세를 기록하며 향후 있을 재앙적인 사망자 급증을 예고하고 있었다.

그럼에도 영국의 많은 지도자와 간행물의 관심은 여전히 나라의 진정한 위협, 워크에 집중돼 있었다. "코비드가 우릴 죽이지 않으면 워크가 죽일 것이다." TV 진행자 닐 올리버Neil Oliver는 『선데이 타임스Sunday Times』에 이렇게 썼다.[7] "지금은 모든 게 너무 진지해서 웃기도 무섭다. 혹시라도 감옥에 가거나 사회적으로 매장될까봐 농담도 못 하겠다"(닐은 웃음 때문에 감옥에 가지는 않았다, 아직은).

『언허드UnHerd』 부편집장 에드 웨스트Ed West는 그해 8월 『컨서버티브 홈Conservative Home』에서 이렇게 말했다. "코로나바이러스 사태가 터졌을 때, 정치는 관심 밖으로 밀려난 듯했다. 하지만 조지 플로이드의 죽음과 그에 따른 총체적 광기로 인해 정치는 복귀했고, 상황은 전보다도 더 암울해 보인다."[8] 에드에게는 무엇이 그리도 암울했을까? "이제 좌파가 영국의 거의 모든 기관을 통제하고 있다"고, 보수당이 80석 차로 다수당인 상황에서 그는 주장한다. "어느 쪽이 정부를 구성하고 있는지는 중요하지 않다. 내 아이들까지 포함해서 자라나는 세대들은 진보적인 메시지와 신호로 난타당할 것"이라고 그는 탄식했다. 에드와 그의 동류들이 보기에, 철회할 수 있는 힘은 경성권력hard power과는 무관하며, 가장 무서운 형태의 검열은 인터넷에서 어느 낯선 사람이 당신을 편견 덩어리라 부르는 것이다.

「새로이 등장한 '워크 운동'의 방법들을 모택동의 홍위병이 썼던 것들에 비유하는 건 과장이 아니다」. 7월에 『메일 온 선데이Mail on Sunday』에 실린 런던정치경제대학 은퇴 교수 존 그레이John Gray의 글 제호다.[9] 그레이에 따르면 그 방법들이란, 기업의 다양성 훈련, 학교 교과과정에 비-백인 사상가와 저술가를 추가하는 것, 그리고 트위터에서 못되게 구는 것 등이다. "어떤 면에서 오늘날의 트위터 모택동주의는 애초의 중국 버전보다도 더 나쁘다." 그레이는 설명을 덧붙이며 이 점을 강조한다. "모택동의 문화혁명은 공산주의 독재자가 주도한 것"인 반면에, "오늘날 영국과 미국에서 우리의 주요 기관들은 수치스럽게도 자신들의 권위를 파괴적인 이데올로기에 내어주고 말았다". 이는 "영국 문명" 자체를 위협하고 있다고 그는 쓰고 있다. 물론 모택동의 홍위병은 적을 투옥하고 고문하고 살해한 것으로 더 유명하다. 그럼에도 그레이가 보기에―이 교수는 세상이 그리 나쁘지 않았던 1970년대가 지나가버린 것을 탄식한다―현대의 사회정의운동 및 그들의 소셜미디어 활동은 족히 홍위병에 비견할 만하다.

역시 7월, 『타임스』에 게재된 「워크 좌파는 새로운 진리부」라는 글에서 언론인 재니스 터너Janice Turner는 "독재적인 소수"의 행동과 커리어를 위협하는 워크 "떼거리"의 "성난 폭주"를 조지 오웰의 『1984년』에 비유했다[10][진리부Ministry of Truth는 소설 속 전체주의 국가 오세아니아에서 프로파간다를 관장하는 부처로, 오세아니아에서 무엇이 '진리'인지를 결정하며, 끊임없이 역사를 조작한다]. 터너는 빈번한 트랜스젠더 혐오 표현으로 인해 자신이 겪은 이런저런 철회를 힐난했다(터너는 그녀가 트랜스젠더 혐오자임을 부인하나, 1980~90년대 동성애 혐오적인 언론 보도를 연상시키는 「트랜스젠더 로비 입맛에 아동들 희생돼」 따위의 제호를 단, 공포심을 자극하는 어처구니없는 칼럼을 쓴다[11]). 터너는 그녀의 글을 싫어하는 사람들이 자신을 침묵시킨다고 말한다. 혹은 그 비슷한 이야기를 곧잘 자신의 『타임스』 주간 칼럼에서 다룬다. 그녀가 보기에는 "검열적인 또래"에 의한 "소셜미디어상의 뭇매"야말로 정확히 오웰이 우리에게 경고하고자 한 바이다. 여하튼 터너는 아직 완전히 철회된 것이 아닌지 2020년에는 권위 있는 오웰상["정치적 글쓰기를 예술로 승화한다"는 조지 오웰의 신조에 따라 영국 내 뛰어난 정치 저작물을 선별해 소설, 비소설, 보도 부분으로 나눠 상을 수여한다]까지 받았다. 가장 심한 검열을 당하고 있다고 주장하는 언론인들은, 스스로를 위협받는 소수로 인식하는 영국의 전통 매체군으로부터 반복적인 보상을 받고 있다.

그리고 2021년 1월, 코비드19 입원 환자의 급증으로 영국의 병원들이 한계 상황으로 몰리는 와중에, 보수당은 빅토리아 십자장[Victoria Cross. 영국 최고의 무공 훈장] 수훈자와 전쟁 영웅의 이름을 따라 도로명을 바꾼다는 방침을 도입했고, 『텔레그래프』는 이를 일컬어 "'워크와의 전쟁'을 위해 보수당이 최근 내놓은 계획"이라 했다.[12] 이러한 움직임을 촉발한 것은 앞서 버밍엄 시의회가 발표한 '평등 길', '다양성 거리' 같은 새로운 도로명의 도입 계획이었는데, 시의회는 이 때문에 '미덕 티내기virtue signalling'라는 비난을 받았다. '미덕 티내기'라는 말은 '눈송이'와 마찬가지로 온라인 극우 미디어에서 그 기원을 찾을 수 있다. 여기에는 도덕적인 행위를 하는 사람은, 중요한 대의를 옹호하건, 취약 집단을 공개적으로 지지하건, 자선단체에 기부하건 간에 그저 타인에게 자신의 올바름을 전시하고 싶을 뿐이라는 뜻이 내포돼 있다. 이 말은 분명 '미덕을 티내는 사람'보다는 그 말을 사용하는 사람에 관해 더 많은 것을 알려준다(2020년 10월, BBC는 공식 소셜 미디어 규정을 통해 소속 언론인들의 '미덕 티내기'를 금지함으로써, 주변부 담론에서 시작된 그 말이 먼길을 거쳐 중심부로까지 옮겨갔음을 확인해주었다[13]).

이런 이야기는 끊이지 않고 이어졌다. 영국의 정치인과 언론인, 칼럼니스트들은 2020년이라는 그 끔찍한 한 해를 돌아보며 우리 모두가 워크라는 불치병에 감염된 것으로 진단했다. 그리고 미국의 지도자와 평론가들은 정치성향을 막론하고 이 진단에 열렬히 동의했다.

아마도 철회 문화 패닉의 가장 당혹스러운 사례는, 경찰의 조지 플로이드 살해에 따른 인종정의 시위가 한창이던 2020년 7월 『하퍼스 매거진Harper's Magazine』에 실린 공식 서한이었을 것이다. 서한은 "강력한 시위"의 의의를 인정하는가 싶더니 이내 "사상적 일치보다는 다름에 대한 관용과 열린 논의를 지향하는 우리의 규범을 약화하는 경향이 있는 일련의 새로운 도덕적 태도와 정치적 열의"를 비난했다.[14] 서한에 따르면, 오늘날 민권 시위는 그러한 일치를 "강화"하고 있다. 맞다, 도널드 트럼프는 그 나름의 반자유주의를 세상에 가져왔다, 하지만 "우리가 원하는 민주적인 포용성은, 어느 쪽에나 자리잡은 불관용의 풍토에 대해 우리가 반대의 목소리를 낼 때만 이루어질 수 있다"고 서한은 설명한다. 우리 사회는 도널드 트럼프에 의해서 만큼이나 "불관용적인" 워크에 의해서도 파시즘에 빠질 수 있다. 어느 쪽에나 다 책임이 있다.

노엄 촘스키Noam Chomsky부터 J. K. 롤링Rowling, 스티븐 핑커Steven Pinker, 맬컴 글래드웰Malcolm Gladwell, 살만 루슈디Salman Rushdie, 글로리아 스타이넘Gloria Steinem에 이르기까지 『하퍼스』 서한에 서명한 이들은

영어권에서 가장 부유하고 가장 명성 있고 가장 널리 출간된 저술가와 학자들이다. 서한이 게재된 후, 서명자 몇몇은 그들과 이름을 나란히 한 뜻밖의 동참자들에 불편함을 느껴 그 서한과 거리를 두고자 했다. 뜻을 같이해 달라고 요청받았던 다른 이들은 처음부터 서명을 거절했다. 전 노동부 장관이자 UC 버클리 교수인 로버트 라이시Robert Reich는 트위터에 이렇게 썼다. "나는 『하퍼스』 서한에 서명하지 않았다. 트럼프주의, 인종주의, 외국인 혐오, 성차별이 최근 몇 년간 아무런 제약 없이 너무나 해로운 영향을 끼쳐 왔기 때문에, 이제야 들리기 시작한 분노와 고통의 표현은 마땅히 존중되고 예우받아야 하기 때문이다."[15] 라이시는, 그해 여름 그 서한을 읽었던 많은 이들과 마찬가지로, 그 무렵 이루어지고 있던 민권 상황에 대한 평가와 그 서한이 게재된 시점을 따로 떼어놓고 생각할 수가 없었다. 다 합쳐서 약 150명이, 자신이 가진 문화권력을 그것을 함께 누리고자 하는 이들에게 양보하지 않겠노라고 우렁차게, 노골적으로 선언하는 문서에 이름을 올린 것이다.

『허프포스트HuffPo』 임원이자 『네이션』 전 편집자였던 리처드 킴Richard Kim은 이렇게 말했다. "9일 전에 요청이 들어왔을 때 '그 편지'에 서명하지 않았다. 그것이 어리석고 젠체하는 헛소리고, 그들이 가닿으려 한다는 이들에 대한 트롤링에 지나지 않는다는 걸 90초 만에 알 수 있었기 때문이다."[16]

『하퍼스』 서한의 최대 아이러니는, 저명하고 부유한 저술가 150인이 유명잡지의 지면을 빌어 침묵당하는 것에 대한 두려움을 발표했다는 명백한 아이러니를 잠시 제쳐둔다면, 그 "우리는 사상의 자유로운 교환이 좋아" 파티에 실제로 **모든 사람의 사상**이 다 환영받은 건 **아니었다**는 사실이다. 서한을 기획한 토머스 채터턴 윌리엄스Thomas Chatterton Williams가 어느 인터뷰에서 인정한 바와 같이, 독립 언론인 글렌 그린월드Glenn Greenwald를 서명인에 포함하자는 그의 의견은 '부결'되었다. 그린월드는 대표적인 표현의 자유 절대론자로, 당연히 선택되었어야 할 후보였다. 하지만 워낙 호응받지 못하는 의견들을 밝혀온 데다 트위터에서 트롤스러운 면모를 보이기 때문에 그 반-철회 서한에서 철회당했다. 그린월드는 그를 배제한 서명자들을 그저 "존경받는 엘리트들을 비판으로부터 보호"하기 위해 표현의 자유 원칙을 내세운 "사기꾼들"이라 불렀다.[17]

대체로 진보주의자인 그들 "존경받는 엘리트들"이 사용한 언어와 논변은, 창궐하는 팬데믹과 민권 시위 한가운데서 갈수록 권위주의적인 행태를 보이던 공화당과 하나도 다를 바가 없었다. 2020년에 출마한 공화당 후보들은 너나 할 것 없이, 위로는 대선에서부터 아래로는 지방선거에 이르기까지 끊임없이 철회 문화를 언급하며 시위자들이야 뭐라고 떠들건 자신들은 **결코** 철회되지 않을 거라 선언했다. 공화당 전당대회 연설들에서 철회는 수십 번이나 언급되었다. 어느 수녀는 예수 그리스도 자신도 "정치적인 올바르지 않음" 때문에 철회된 거라고 강하게 시사했다.[18]

보수 성향의 대법관 새뮤얼 얼리토Samuel Alito는 2020년 11월, 바쁜 와중에도 짬을 내어 LGBTQ+인에 대한 보호가 그 자체로 표현의 자유를 위협한다고 주장했다. 그는 결혼이 오직 남성과 여성 간의 것이어야 한다고 믿는 사람들에게 "편협하다는 꼬리표"가 붙을 위험이 있고, "일부 집단"에서 표현의 자유가 "등한시되고 있다"고 말했다.[19]

2020년 극우의 변방에서 하원으로 진출한 공화당 의원 중 한 명인 마저리 테일러 그린Marjorie Taylor Greene은 과거 하원의장 낸시 펠로시Nancy Pelosi를 총살해야 한다고 발언한 전력이 드러났고, 위원회 업무에서 배제되자 자신이 철회당했다고 주장했다.

공화당 의원 절반 이상은 도널드 트럼프가 2020년 대선에서 패배했다는 사실을 믿지 않았고, 징계 시도가 있을 때마다 그것이 철회라고 주장했다. 미국 국내 테러리스트들의 소통망이 되어준 극우 플랫폼이 앱 스토어에서 방출되고 웹 서비스 제공을 거절당했을 때 그들도 철회를 주장했다. 도널드 트럼프의 두 번째 탄핵소추안에 대한 심리가 상원에서 열렸을 때, 트럼프 지지자들은 그의 표현(선동)의 자유가 제약될 수 없고 그가 철회되어서는 안 된다고 주장했다. 영국과 미국에서 마스크 착용을 요청받은 사람들은 그것을 "재갈"이라 부르며 철회에 항의했다.

200만 명이 팬데믹으로 죽은 그해에 모두가 철회를 성토하고 있었다.

앞 장에서 살펴본 바와 같이 표현의 자유란, 당신이 역겨운 의견을 표명하면서도 그 역겨운 의견 때문에 누군가에게 개자식이라 불리지 않을 것까지 보장하는 만능 패스 같은 것이 아니다. 누군가가 당신이 나쁘고 틀렸다고 말하는 것 역시 어엿한 표현의 자유의 행사이지 그것의 억압이 아니다. 당신의 말이나 행동 때문에 어느 10대가 당신을 꼰대라 부르는 것과, 정부의 검열관이 현관문을 부수고 들어와 꼰대적인 언행을 명목으로 당신을 체포하는 것은 엄연히 다르다. 물론 기분 나쁘고 무례한 행위일 수는 있다. 정말로 마음에 상처가 될 수도 있고, 심지어 사실과 다를 수도 있다. 하지만 "떼거리에 의해 침묵을 강요당한 것"이 아님은 거의 확실하다.

그런데도 너른 인맥과 탄탄한 플랫폼을 보유한 다양한 부류의 많은 평론가들이 금방이라도 철회라는 그 끔찍한 일이 자신에게 닥칠 것처럼 생각한다. 철회의 공포는 유령처럼 공인들의 뇌리를 떠나지 않는다. 그들은 뭔가 "문제적"이거나 "정치적으로 올바르지 않은" 말이나 행동을 하면 통제 불능의 "사회정의전사" 떼거리가 몰려와 그들을 박해하고 끔찍한 욕설을 퍼붓고 더 나아가 그들의 **커리어와 인생을 파탄**낼 거라 두려워한다.

물론 때로는 "정치적으로 올바르지 않은" 행동에 세간의 지탄이 쏟아지면서 커리어에 실질적인 영향이 생기는 경우도 있다. 예를 들어, #미투 운동으로 폭로된 많은 사람은 직장에서 해고되거나 혹은 TV나 영화 제안이 말 그대로 철회되었다. 하지만 심지어 가장 **심하게** 철회당했다고 여겨지는 사람들, 그들이 저지른 나쁜 행동으로 **실제로** 소송을 당했고 품위 있는 사회에서 **마땅히** 추방되어야 할 사람들조차도, 대체로 여전히 매우 부유하며 지극히 **잘** 지낸다. 한때 많은 사랑을 받았던 코미디언 루이스 C. K.는 여성 코미디언들을 반복적으로 괴롭힌 사실이 드러나면서 출연하기로 했던 쇼와 영화가 취소되었지만 이미 업계로 복귀하고 있다. 맨 처음의 사과 외에 공적인 반성은 거의 전무한 채로 잠시 소식이 없나 싶더니, 이내 따뜻한 환대를 받으며 그가 주로 활동하던 뉴욕의 코미디클럽 '코미디셀러' 무대에 다시 올랐고, 여전히 꺼리는 여성 앞에서 자위하는 이야기로 사람들을 웃기고 있다.[20] 물론 그가 '철회'당한 건 그런 우스갯소리 때문이 아니라 여성 코미디언들을 괴롭힌 그의 행동 때문이었고, 그 여성들은 『뉴욕 타임스』가 보도한 바와 같이 그 후로 루이스 C. K.의 매니저가 그들의 커리어에 가할 보복을 두려워해야 했다[21](이 매니저는 『뉴욕 타임스』에 자신은 "누구도 협박한 적 없다"고 말했다).

물론 소셜미디어 떼거리는 말 그대로 소셜미디어 떼거리, 즉 **힘없는** 누군가를 재미삼아 윽박지르는 어마하게 많은 사람들이기도 하다. 존 론슨 Jon Ronson은 『그렇게 당신은 공개적으로 망신을 당했다So You've Been Publicly Shamed』에서 사소한 오해와 실수 때문에 '철회'당한 (혹은 그의 표현대로 "파괴"된) 사람들을 대단히 공감가고 설득력 있게 그려냈다.[22] 온라인에서 사람들은 때로 잔인하고 혹독하며 어쩌다 걸려든 무방비한 사람을 부지불식간에 대중의 시선에 드러낼 수 있다. 이는 정말로 대단히 저열한 짓이다. 그러나 이런 행위의 피해자들은 철회 문화를 둘러싼 도덕적 공황[moral panic. 어떤 악한 대상이 사회 전체의 가치나 이익, 안녕을 위협하고 있다는 (흔히 비합리적인) 만연한 공포]을 주도하는 이들이 아니다. 철회를 성토하는 이들은 대체로 『하퍼스』 서한에 서명한 이들처럼 엄청난 문화자본을 보유한 사람들이다. 그리고 실제로 '철회'되어 커리어에 타격을 입은 이들의 상당수는 말하자면 백인우월주의와 관련한 형사적 책임이 있거나 지지를 표명한 자들이다. 더구나 철회 후에도 그들은 정치적으로 올바르지 못한, 혹은 '위험한' 언행을 주저하지 않는다는 평판을 발판삼아 새로운 커리어로 도약한다. 위험스러운 트윗으로 '철회'당한 사람들은 흔히 아무 문제 없이, 혹은 전보다도 더 잘 지낸다. 이것이 사실이 아니라면 우리는 케이티 홉킨스[극우 평론가, 방송인으로 논쟁적인 발언을 일삼다가 2020년 트위터에서 영구 방출되었으나 다른 플랫폼들에서 여전히 수많은 팔로어를 거느리고 있다. 2023년에는 트위터(X) 계정도 복구되었다]에 대해 결코 들어보지 못했을 것이다.

철회를 더 나은 커리어로 전환한 대표적인 사례를 이번에도 우리의 오랜 친구 윌리엄 싯웰에게서 찾을 수 있다. 그가 비건들을 죽이고 싶다고 말했다가 『웨이트로즈 매거진』 편집장 자리에서 해고된 후, 교양 있는 담론의 종말과 '거대기업'조차 폭도들 앞에 무릎 조아리는 세상의 도래를 예고하는 무시무시한 칼럼들이 앞다투어 쏟아져 나왔다. 분노한 미디어는 앙칼지게 아우성치는 눈송이 무리가 비건을 죽인다는 농담을 했다는 이유로 한 남자의 인생을 파탄냈다는 구도를 그려냈다. 하지만 결국 싯웰은 『데일리 텔레그래프』에 훨씬 더 번듯한 자리를 꿰차게 되었다. 철회당한 인물로서 공신력을 확보한 그는, 그곳에서 마음 맞는 칼럼니스트들과 함께 계속해서 눈송이의 파시스트적 권력을 신랄하게 공격하고 있다. 철회당했으나 살아남아 그 경험담을 전할 수 있는 자보다 더 철회 문화에 관해 떠들기 좋은 사람이 어디 있을까?

그럼에도 일부 평론가는 '철회'가 살해에 맞먹는 것인 양 말한다. 미국의 정치언론인 마크 핼퍼린Mark Halperin에 대해 다수의 성적 괴롭힘 주장이 제기되면서 그의 출판 계약과 관련한 논란이 일자, 출판사는 "이러한 유죄 추정의 철회 문화에서는, 모든 사람이 12년 묵은 고발에 근거해 종신 해고형이나 사형에 처해진다"고 비판했다[23](핼퍼린은 일부 혐의를 부인했으나 자신의 처신에 대해 사과했다[24]). 그러나 내가 아는 한 #미투 해시태그로 살해당한 사람은 아무도 없고, 정말로 모두에게서 잊혀버린 그리고/또는 커리어가 끝장난 사람도 없다. #미투 고발로 거명된 많은 남성은 그 후로 슬그머니 예전 업계, 이를테면 미디어계로 복귀했고, 전보다는 조용히 지내지만 이미 팬과 고용주의 건망증 덕을 보고 있다. 성적 괴롭힘과 학대를 당한 피해자들의 사정이 늘 이와 같지는 않다.

어떤 일관되고 조직적인 '철회 문화'라는 것이 존재한다는 관념은 눈송이 비판자들 사이에서, 그리고 우리가 아는 표현의 자유의 전 세계적 종말을 경고하는 무수한 기사들 속에서 끈질기게 지속되고 있다. 철회 문화라는 표현은, 언론인 세라 헤지Sarah Hagi가 『타임』 매거진에 썼듯이, "힘 있는 자들이 자신이 저지른 행동의 후과와 마주하거나 비판을 받는, 그들에게 익숙하지 않은 상황"을 통칭하는 말이 되었다.[25] 소셜미디어 시대에는 어떤 작업이나 언명, 행동에 대한 비판이 그 작업의 소비자로부터 생산자에게로 직접 전달될 수 있다. 물론 비판을 듣는다는 건 때로 어려운 일이고, 모든 비판이 동일하게 정당하지도 않다. 하지만 권력자들은 대중의 비판이 그저 마음에 상처가 될 뿐만 아니라 커리어를 위협한다고 생각하게 되었다. 헤지가 『타임』에 쓴 대로, 흑인 무슬림 여성인 그녀를 비롯한 주변부 사람들은 소셜미디어 덕분에 역사상 처음으로 자신을 표현하고 더 나아가 자신의 목소리가 전파되게 할, 전에 없던 힘을 갖게 되었다. "그건 인종주의적이고 성차별적이고 편견에 찌든 행동이나 발언이 전처럼 허용되지는 않는다는 뜻"이라고 헤지는 쓰고 있다. '철회 문화'라는 표현은 권력과 특권을 누리는 자들이 비판의 정당성을 약화하고자 사용하는 수단이다. '눈송이'가 논쟁을 차단하고 사람들의 감정과 경험을 폄하하기 위한 용어인 것과 마찬가지다.

'철회 문화'는 힘 있는 자들의 입에서 처음 나온 말이 아니다. 사실 그 반대가 맞다. 그 괴이한 『하퍼스』 서한이 나온 후, 버지니아대학 미디어학 교수 메러디스 클라크Meredith D. Clark 박사는 '철회 문화'의 어원에 관한 짧은 논문을 썼다. 이 논문에서 그녀는 미국 흑인들이 특히 트위터에서 사용하는 구어에서 시작된 그 표현이 백인 미디어 엘리트들이 자신의 권력을 위협하는 자들에게 몽둥이처럼 휘두르는 말이 되는 과정을 추적했다. 클라크가 제시하는 사려 깊은 정의를 보자.

> '철회하기'란 어떤 사람이나 사물의 가치, (비)행동, 발언이 너무나 불쾌해서 더는 그들과 함께하거나 그들에게 시간과 돈을 베풀고 싶지 않기에 자신의 관심을 그들로부터 거두겠다는 선택이며 행위 주체성의 표현이다.[26]

하지만 이제 철회는 애초에 그것이 생겨난 문화에 속하지 않는 외부인에 의해 의미가 전유되어 "주변부 사람들을 침묵시키는 도구"로 사용된다. 본래의 문화 안에서 철회는 미디어에서 다루어지지 **않는** 다양한 부정의에 관심을 모으려는 시도, 혹은 풍자적인 밈 같은 것이었다. 클라크 박사는 2013년에 풍자적인 해시태그의 사용이 인종주의적 사건들, 이를테면 유명 셰프 폴라 딘Paula Deen의 "검○○" 단어 사용 등에 주류 미디어의 관심을 끌어모았던 과정을 기술한다. 당시의 상황과 현재 우리가 보고 있는 상황에는 현격한 차이가 있다. 예를 들어 뉴욕 주지사 앤드루 쿠오모Andrew Cuomo는 다수의 여성에게 성적 괴롭힘을 고발당하자 자신이 철회의 희생양이라고 주장했다(쿠오모는 사과했고, 그가 여성들을 "불편"하게 만드는 줄 몰랐다고 말했다[27]). 클라크 박사는 철회라 불리는 것을 "정의를 위한 최후의 호소로 읽어야 한다"고 말한다. 철회는 정의가 충족되지 **않았을 때** 일어난다.

'철회 문화'라는 표현은 2016년에 킴 카다시안 대 테일러 스위프트의 사건을 계기로 더 널리 쓰이기 시작했다. 테일러는 자신의 이름이 카니예 웨스트의 노래에 그리 호의적이지 않은 방식으로 등장할 거라는 언질을 받지 못했다고 했는데, 카다시안은 그 말이 거짓이라고 폭로했다. 그녀는 스위프트가 웨스트에게 새로 발매될 노래에 대해 미리 알려줘서 고맙다고 말하는 통화 내용을 증거로 공개했고, #테일러스위프트철회라는 해시태그는 인터넷을 휩쓸었다. 그런 식의 집중 공격은 당연히 스위프트에게는 엄청난 스트레스였고 마음 상하는 일이었다. 하지만 대중문화에 그리 밝은 사람이 아니더라도, 스위프트가 비단 철회되지 않았을 뿐만 아니라 대단히 성공적인 커리어를 이어가고 있음을 모르지 않을 것이다.

그럼에도 철회는 한 사람의 커리어, 심지어 인생 전체를 파탄내는 무언가로 그려진다. 눈송이들의 예민함이 실제로 **무엇에 관한** 것인지는 밝히지 않은 채 그들의 "과도한 예민함"을 비난하는 것과 마찬가지로, 철회 문화 비판자들은 "떼거리"가 대단치 않은 사건에 순전히 과잉반응을 보이고 있음을 강하게 시사한다. 그들이 철회 문화를 하나의 용어로서 비판할 때 주된 문제는, 성적 괴롭힘 같은 혐의들과 그보다 가벼운 실수들이 한데 뭉뚱

그려진다는 것이다. 비건을 겨냥한 무례한 농담에 대한 반발과 권력 있는 남성의 연쇄적인 성적 포식에 대한 반발을 보고서 "다 매한가지"라고 말할 수는 없다. 철회 문화 비판자들은 "떼거리"가 미묘한 차이를 구별하지 않는다고 비난하지만, 철회에 대한 그들 자신의 주장이야말로 위험하리만치 섬세한 변별이 결여돼 있다.

슬픈 진실은, 자신이 철회 문화에 희생되었다고 주장하는 이들은 흔히 그 자신의 행동으로 이미 타인의 커리어와 기회를 지워버렸다는 것이다. #미투 스캔들에서 거명된 남성들의 무수한 사례가 분명 이와 같았다. 일부 옹호자는 성적 괴롭힘을 저지른 남성들에 대한 철회로 인해 그들의 위대한 작품 역시 세상에서 사라지게 될 것을 우려하지만, 자신의 천재적인 작품을 창작할 기회조차 얻지 못한, 주로 여성인 피해자들에 대해서는 안타까움이 없다. 이를테면 우리는 괴롭힘과 비인간화 때문에 엔터테인먼트 산업을 떠난 여성들의 작업물을 결코 경험하지 못할 것이다. 학대자들의 끔찍한 작태로 인해, 우리는 그 여성들이 창작했을 얼마나 눈부신 영화, TV 프로그램, 도서를 놓치게 되었을까? 얼마나 많은 뛰어난 여성들이 그런 수모를 매일같이 견디면서까지 그 일을 계속할 수는 없다고 판단했을까? 우리 시대의 가장 히스테릭한 문화전쟁 소식지들이 철회를 논할 때는, 그것이 한 사람의 인생 전체를 파멸시킬 수 있다는 전제가 깔려 있다. 하지만 대개 그들은 철회 대상인 행동 자체가 타인에게 어떤 파멸을 가져오는지에 대해서는 묻지 않는다.

철회 대상인 행동의 해악은 커리어에 국한되지 않는다. 다음 장에서 더 자세히 살펴보겠지만, 극심한 심리적 스트레스와 트라우마는 신체에 파괴적인 영향을 미치고 질환을 초래할 수 있다. 하지만 강도가 덜한 지속적인 스트레스 역시 신체에 물리적인 악영향을 미칠 수 있음이 미세공격에 관한 지난 십 년간의 연구에서 드러났다. '미세공격'은 눈송이 비판자들에게 곧잘 조롱거리가 된다. 그것은 주변화된 집단의 성원들이 반복적으로 빈도 높게 경험하는 사소하게 불쾌한 발언과 행동을 뜻하며, 그 언행이 의도적인지 아닌지는 관계없다. 이 용어는 1970년대 하버드대학 정신과 의사였던 체스터 피어스Chester Pierce가 고안한 것이었는데, 2007년에 컬럼비아대학 심리학자 데럴드 윙 수Derald Wing Sue와 공저자들이 발표한 영향력 있는 논문 덕분에 재조명되었다. 이 논문은 "말을 참 조리있게 하네요"처럼 언뜻 무해해 보이는 표현 아래 감춰진 메시지를 드러내 보이고, 심리치료사와 상담사가 그런 표현을 삼가도록 제안한다[28](논문에 따르면 "말을 참 조리있게 하네요"라는 말 아래 감춰진 메시지는 "당신과 같은 인종의 사람이 지적인 경우는 드물다"는 것이다).

실생활에서 미세공격을 포착하는 법을 배우기에 너무 늦은 나이란 없다. 수년 전 아빠는 내가 다니던 회사의 투어에 참석했다가 어느 남자 동료의 말을 듣고서 그것이 '미세공격'인지 물어봐 나를 놀랍도록 기쁘게 해주었다. 그 동료는 아빠에게(어줍살스런 내 영국인 아빠에게!) 나의 성적 매력에 관해 넌지시 암시하는 투로 이상한 말을 했다. 마치 시간이 잠시 1955년으로 돌아간 느낌이었다. 나는 어색하게 웃었고, 미세공격을 받은 이들이 흔히 그러듯 그저 가던 길을 갔다. 하지만 아빠는 마침 직장에서 다양성 훈련을 받은 참이었고, 투어가 끝난 후 진지하게 그것이 혹여 미세공격의 사례였는지 내게 물었다. 그 질문을 했을 때—그건 너무 웃기고도 멋진 일이었다—아빠는 여성에 대한 미세공격을 알아보고 그걸 그렇게 불렀지만, 남성으로서 아빠의 안녕감은 전혀 손상되지 않았다. 하지만 무수한 눈송이 비판자들에게 미세공격은 대단히 위협적인 개념이며, 미세공격자로 지목되면 정서적으로 치명상을 입을 수 있다. 그들의 마음속에서, 미세공격의 혐의로부터 본격적인 철회와 커리어 파탄까지는 하나로 이어진 미끄러운 내리막길이다.

하지만 미세공격으로 실제로 고통을 당하는 건 공격자가 아니다(내게 그 이상한 성차별적인 말을 한 동료는 여전히 직장에 다니고 여전히 잘나간다). 의도적이건 아니건, 미세공격은 누가 그 사회의 지배문화에 속하고 누구는 그렇지 않은지를 강화한다. 이는 그런 행위를 생각없이 저지르지 않도록 유의하고 혹 실수를 한다면 반사적인 부인이나 방어가 아니라 배움과 사과로 반응할 충분한 이유가 되어야 할 것이다. 하지만 만약 이것만으로는 미세공격에 관해 배우거나 미세공격을 삼가도록 설득하기에 부족하다면, 사소하지만 평생토록 반복되는 스트레스가 신체적인 악영향을 미친다는 최근의 연구결과는 어떤가. 인간이 서로를 대하는 방식은, 상대가 얼마나 '강해' 보이는지, 혹은 인종주의적 발언이 얼마나 악의없고 사소한지에 관계없이, 신체에 손상을 입힌다.

2010년에 『휴먼 네이처Human Nature』에 게재된 한 연구는, 흑인 여성이 같은 조건의 백인 여성에 비해 "주관적·객관적 스트레스 요인들에 대한 반복적이거나 장기적인 적응"의 결과로 노화가 가속화된다는 가설을 제시했다.[29] 이는 인간의 생물학적 연령을 측정하는 한 기준인 텔로미어의 길이를 흑인 집단과 백인 집단에서 비교한 최초의 연구였다. 텔로미어는 '염색체를 안정화하는 말단 덮개'인데, 시간의 흐름과 함께 세포가 분열할 때마다 텔로미어는 조금씩 짧아지고, 세포가 죽거나 분열을 멈출 때까지 단축은 계속된다(들리시는가, 그 소리? 이는 바로 여러분이 죽음을 향해 서서히 나아가면서 텔로미어가 줄어드는 소리다). 어쨌거나 특정 세포의 텔로미어 길이는 누군가가 태양 주위를 몇 바퀴 돌았느냐가 아닌, 생물학적으로 얼마나 늙었는지를 알려주는 척도다. 이 조사에서 미시간대학과 버지니아코먼웰스대학의 연구자들은 "49~55세 연령에서 흑인 여성은 백인 여성보다 생물학적으로 평균 7.5세 '더 늙었다'"는 걸 발견했다.

미국에서 기대수명과 만성질환 유병률은 사회경제적 지위 및 인종과 연결돼 있다. 우리가 더욱 계몽된 미래로 진입하면서 이 격차가 서서히 개선되는 일은 일어나지 않았다. 오히려 위 텔로미어 연구에서 인용된 일부 증거에 따르면, "흑인의 건강상태 열위는 1990년대 초반 이후로, 특히 여성들 사이에서 더욱 악화"되었다. 미국에서 흑인이 백인보다 건강이 나쁜 이유는 '생물학적 풍화'라 불리는 현상의 결과일 수 있다. 생물학적 연령은 "스트레스 요인에 대한 반복적 노출과 고강도 노력이 수반되는 스트레스 대처 활동의 누적적 영향으로 인해" 역연령을 넘어설 수 있다. 스트레스 호르몬은 인체에 악영향을 미치며, 만성적인 스트레스는 더더욱 해로워서 염증, 비만, 당뇨, 면역 및 심혈관계 질환 등 건강상의 여러 문제를 일으킬 수 있다. 미국에서 흑인의 스트레스 반응 체계가 백인에 비해 기능이 덜 원활하다는 연구결과도 있다. 가난한 흑인 여성의 경우는 더욱 심하다. "가족과 공동체의 사회경제적 생존을 주로 그들이 책임진" 경우가 많기 때문이다. 이러한 문제들은 "주관적이고 객관적인" 스트레스 요인 모두의 결과이다. 즉, 당신이 누군가에게서 어떤 식으로든 위협이나 피해를 봤다고 느낀다면, 상대의 의도는 중요하지 않다. 인지된 스트레스도 텔로미어 길이에 영향을 미친다(논문의 저자들은 그들의 연구결과를 "시사적"으로 받아들일 것을 독자들에게 권고하고 있다. 이 분야에서는 더 많은 연구가 필요하다).

2014년에 발표된 다른 유사한 연구는 차별과 인종적 편견, 그리고 미국 흑인 남성의 텔로미어 길이에 초점을 맞추었다. 이 연구에서는 더 높은 수준의 인종차별 경험을 보고한, 그리고 본인 스스로 흑인에 대한 편견을 품은 남성이 전체 92명 참가자 가운데 텔로미어 길이가 가장 짧은 것으로 드러났다. 가난 역시 텔로미어 단축의 한 요인이었다. 보고서는 선명한 결론을 제시한다.

> 연구결과는 대인관계에서의 인종차별 경험, 부정적인 인종 편견의 내재화 등 다양한 층위의 인종주의가 복합적으로 작용하여 아프리카계 미국인 남성의 생물학적 노화를 가속함을 시사한다.[30]

미국에서 흑인 남성의 기대수명은 69.7세인 반면, 백인 남성은 평균적으로 75.7세까지 산다. 논문의 저자들에 따르면, 이 차이는 "아프리카계 미국인 남성이 불균형적으로 더 빈번히 경험하는 심리·사회적 스트레스 요인들에 기인하는 것으로 볼 수 있다". 눈송이 비판자들은 미세공격을 가리켜 불쾌해할 핑곗거리를 찾는 흑인들의 정직하지 못한 고발이라 말하지만, 미세공격은 실제로 기대수명을 단축할 수 있는 상시적인 스트레스 요인이다.

영국이든 미국이든 우리가 불평등한 사회에서 살고 있다는 걸 부인하는 사람들은 그런 주장을 감정적인 것, "합리적이고 불편부당한" 팩트에 근거하지 않은 것으로 치부한다. 트라우마부터 일상의 미세공격까지 인종적 스트레스가 우리 몸에 미치는 물리적인 영향에 대한 연구는 정확히 그들이 원한다는 그런 부류의 증거를 제공한다. 굳이 이런 연구가 없어도 인종주의가 나쁘다는 건 분명히 알 수 있어야 할 것이다. 하지만 이런 연구는 "몽둥이와 돌멩이는 내 뼈를 부러뜨릴지 몰라도, 말은 나를 해칠 수 없다"[본래는 영국에서 1860년경부터 등장한 짧은 동시였고, 아이들이 언어적 괴롭힘을 당할 때 평정심을 유지하고 몸싸움을 자제하게 하려는 의도가 담겨 있었다고 한다]는, 눈송이 비판자들이 애정하는 상투적인 문구를 효과적으로 반박한다. 이는 아마도 정치 스펙트럼 전반에 걸친 눈송이 비판자들, 그중에서도 특히 극우에 포진한 이들의 가장 핵심적인 믿음일 것이다. 그러나 만약 당신이 백인이라면, 인종 덕분에 생물학적 풍화를 피하고 더 오래 살 수도 있다는 점에 대해 숙고해보기 바란다. 백인으로서 당신은 몸 안의 세포들이 앞으로 더 오랫동안 번성할 수 있다는 특권을 누리고 있는지 모른다. 당신이 흑인이라면 아마 그렇지 않을 것이다.

눈송이 비판자들은 미세공격이라는 개념을 인정하는 것만으로도 사회에 위협이 되는 것처럼 오도한다. 그들은 미세공격을 지적당하면 그들의 안녕과 커리어, 행복이 위험에 처할 거라 믿는다. 하지만 진짜 문제는 미세공격을 지적당하는 게 거북하다는 사실이 아니다(그리고 나와 친구들의 경험에 비추어 보면, 사람들은 대체로 미세공격을 너그럽게 조용히 넘어가준다). 진짜 문제는 유색인, 그중에서도 특히 흑인, 그리고 그중에서도 특히 흑인 여성은 자신의 열등한 사회적 지위를 상기시키는 크고 작은 신호들을 매일같이 마주한다는 사실이다. 그 피해는 실질적이다. 해결책은 주변화된 사람들이 좀 더 노력하는 것이 아니다. 때 이른 죽음을 맞은 후에 뭘 더 노력할 수 있겠는가. 해결책은 백인 여성과 남성이 때로는 좋지 못한 행동을 지적당해 다소 거북할 수도 있다는 사실을 인정하고 받아들이는 것이다.

만약 철회가 당신의 가장 큰 공포이자 가장 큰 스트레스 요인이라면, 당신은 운이 좋은 사람이다.

눈송이에 대한 혐오와 철회 문화에 대한 도덕적 공황을 확산하는 데 크게 기여한 또 다른 유명인사는, 얼굴이 벌게져서 씩씩대는 상명청이, TV에서 꽥꽥거리는 훈제 햄, 영국의 신발에 영원히 달라붙은 똥, 피어스 모건이다. 불행하게도 피어스는 대서양 양편에 많은 시청자를 보유하고 있다. 최근까지 〈굿모닝 브리튼〉 진행자였고, 전에는 〈아메리카 갓 탤런트〉의 심사위원,

그리고 CNN의 토크쇼 진행자였다. 내가 이 책에서 그의 이름을 반복적으로 쓰고 있다는 사실이 믿기지 않지만, 워낙 눈송이 혐오에 집착하는 인물이라 무시할 수가 없다.

2019년 8월, 피어스는 미국의 보수 평론가 벤 셔피로가 진행하는 팟캐스트 프로그램 〈벤 셔피로 쇼〉에 출연했다(이 둘은 2013년, 피어스 모건이 CNN에서 진행하던 쇼에서 총기 규제에 관해 논쟁을 벌인 일이 있는데, 이를 계기로 미국에서 벤 셔피로는 보수주의자로 유명세를 얻었다. 잘했네요, 피어스). 나는 두 지성의 대담을 들어보기로 했다. … 난 정말 강하고 용감하니까.

피어스는 프로그램 내내 "반자유적인" 진보 눈송이들은 비단 사람들의 삶을 망가뜨린 책임뿐 아니라 전 세계적으로 극우 포퓰리즘의 부상을 야기한 책임이 있다며 장광설을 펼쳤다. "포퓰리즘이 득세하는 건 사람들이 정치적 올바름을 앞세우는 문화에 질렸기 때문이에요." 피어스는 주장한다. "그들은 눈송이질에 질렸어요. 너도나도 아무것에나 다 불쾌해하는 것에 질렸다고요." 이것은 물론 배배 꼬인 주장이며, 거의 영웅적인 경지의 투사投射다. 그렇지만 피어스와 셔피로가 서로 간의 정치적 이견에도 불구하고 열렬히 동의하는 지점이기도 하다. 두 사람에 따르면, 누군가를 철회하는 건 파시즘을 조장할 뿐만 아니라 그 자체로 파시스트적인 행위다. 게다가 모든 사람이 너도나도 아무것에나 다 불쾌해한다. 피어스의 말을 들어보자.

… 아무도 농담을 할 수가 없어요. 10년 전에 던진 농담이 누군가를 기분 나쁘게 했다면 절대로 오스카 사회는 볼 수 없어요, 안 그래요? 그래서 지금은 어떤 행사건 사회볼 사람이 없어요. 에미상도 얼마 전에 사회자 없이

간다고 했죠. 사회자들이 사라졌어요. 그리고 좀 있으면 수상자도 하나도 없을걸요. 왜냐하면 누구나 다 사람이고 사람은 다 흠이 있으니까요. 이제 아무도 상을 못 받을 거예요, 무대에 오르기도 전에 플랫폼에서 방출될 테니까요. 그러니까 사회자도 없고 스타도 없죠. 그리고 영화도 못 만들어요, 우리가 다 흠이 있으니까, 그러니까 배우도 없죠. 자, 그럼 이제 우리가 어떤 곳에 살고 있죠? 진보주의자들이 바라던 세상이 왔네요, 아무 일도 안 일어나는 재미없는 텅 빈 곳. 감히 아무것도 못 하고, 웃지도 못하고, 아무도 그들이 바라는 경직된 삶의 방식을 거스르지 못하는 곳이요. 아, 사양하겠어요![31]

이쯤 되면 농담, 시상식, 배우, 유명인, 그리고 영화라는 예술 형식 자체에 꽤 우울한 전망이다. 피어스가 언급한 오스카 이야기는 2019년, 케빈 하트 Kevin Hart가 과거에 했던 동성애 혐오적 발언으로 공분을 사게 되면서 그 해 예정된 아카데미시상식 사회자 자리에서 물러난 사건을 일컫는다. 피어스에게 이것은 발원하는 권위주의의 증거다. 케빈 하트에게는 … 글쎄, 그의 커리어는 건재하다. 세상은 그의 오스카 사회가 취소되었다고 해서 재미없는 텅 빈 곳이 되지 않았다. 2019년에 케빈 하트는 5900만 달러를 벌어들였다. 포브스에 따르면, 그 어떤 코미디언보다도 많은 액수였다.[32]

계속해서 피어스는 그가 상상으로 빚어낸 눈송이의 광기 어린 협박을 가지고 철회에 혈안이 된 눈송이 파시즘을 비판한다.

"내가 시키는 방식대로 살지 않으면 당신 삶을 끝장내버리겠어. 당신에게 욕설을 퍼붓고, 직장에서 쫓겨나게 하고, 가족과 친구들이 당신을 따라다니며 괴롭히게 할 거야. 당신을 이 세상에서 가장 역겨운 인간으로 만들어주겠어, 10년 전에 농담을 했으니까." 지금 세상이 이런 식으로 돌아가고 있는 거예요. 이런 데 굴하지 않으려면 강한 성격이 필요해요. 도널드 트럼프는 굴하지 않았어요, 그리고 고질라처럼 나섰죠. "그래, 한번 싸워보자 이거지? 덤벼." 그랬더니 어땠겠어요? 미국 중부에서 수백만 명이 환호했죠, 저 사람이다! 저 사람은 우리 편이야. 저 사람이 우릴 도와줄 거야. 똑같은 일이 유럽 전역에서 벌어지고 있는 거예요.

피어스의 머릿속에서는 눈송이 파시스트가 세계와 인류의 모든 문제를 일으킨 장본인이다. 결과적으로 우리는 도널드 트럼프, 이탈리아 오성운동, 프랑스 국민전선, 그리스 황금새벽당, 독일대안당을 얻었고, 그들은 하나같이 자기들 나라의 소외된 평범한 시민을 대신해 자기들 나라의 모든 눈송이 파시스트와 "맞붙겠다"고 한다. 극우가 부상한 진짜 원인, 즉 표를 끌어모으고 권력과 부를 거머쥐기 위해 자기들 나라의 가장 악한 성벽性癖을 조종하는 정치인들을 찾는 것보다는, 그 책임을 고약한 젊은이들에게 덮어씌우는 편이 훨씬 더 쉽고, 더구나 조회수, 청취수, 클릭수를 끌어올리기에도 좋다.

피어스가 정말로 이렇게 믿는지는 판단하기 어렵다. 미디어의 유명인사가 되려면 자기 브랜드를 구축할 필요가 있다. 당신이 사랑하는 그 언론인들도 브랜드 관리에 공을 들인다. 우리가 기억해야 할 점은, 피어스가 처음 편집인이 된 곳이 『뉴스 오브 더 월드News of the World』와 『데일리 미러Daily Mirror』였다는 것이다. 여기서 그가 독자층을 확보한 방식은, 영국의 여타 타블로이드 매체와 마찬가지로, 기존 정치체제의 유지를 꾀하는 한편판매 제고를 위해 갈등을 부추기는 것이었다. 하지만 피어스가 자신이 말하는 것들을 정말로 믿는지 아닌지는 중요하지 않다. 중요한 건 그가 그것들을 말한다는 사실이다. 그의 유창한 말을 사람들이 믿을 때, 그건 그들의 문화·정치적 참여의 모든 측면에 영향을 미칠 수 있다. 그는 그런 말을 매주 끝도 없이 갖가지 플랫폼에서 수백만 명의 청취자에게 반복한다. 벤 셔피로의 팟캐스트는 미국에서 가장 인기 있는 팟캐스트 중 하나고, 라디오 방송국 수백 곳에서 송출된다. 만약 청취자들 가운데 극히 일부만 피어스가 눈송이에 관해 하는 말을 믿고, 정치적 올바름에서 철회 문화를 거쳐 노골적인 파시즘으로 이어지는 내리막에 관한 이야기에 동의한다고 해도, 그건 여전히 대단히 많은 사람, 대단히 많은 유권자다.

사람들이 떼거리 때문에 철회를 당했다고 주장할 때, 그 말이 실제로 의미하는 바는 무엇일까?

철회 피해를 주장하는 사람은 보통 둘 중 한 가지 문제가 있다고 진단할 수 있다. 한편으로 그 피철회인은 그저 도저히 비판을 받아들이지 못하는 사람일 수 있다. 비판하는 사람이 누구이건 간에, 편협함이나 인종주의에 관한 비판은 특히 더 받아들이지 못한다. 두 번째 문제는 훨씬 더 단순하다. 그 피철회인은 어쩌면 이미 시의성을 잃었고, 자신의 존재감이 옅어져 가는 것에 화를 내는 것인지도 모른다. 비판에 대한 민감함이나 시대의 흐름에서 멀어지는 것에 대한 언짢음이야 어쩔 수 없는 인간적인 감정일 수도 있지만, 그런 상황에서 어떻게 반응하느냐는 전적으로 우리가 통제할 수 있고, 자족과 분개라는 완전히 상반된 모습으로 나타날 수 있다.

자신의 유통기한 만료가 임박한 탓에 철회 문화를 비난하는 경향은 남성 코미디언, 특히 특정 나이대의 남성 코미디언 사이에서 두드러진다.

눈송이를 비판하는 사람들이 흔히 꼽는 이유 중 하나가, 우리의 친구 피어스가 수려하게 묘사했듯이, 유머가 없다는 것이다. 사회정의 문제와 관련된 논평이나 트윗에 달린 댓글들을 훑다보면 꼭 이런 대꾸를 발견한다—"파티 분위기 확실하게 띄워줄 듯". 이건 대단히 짜증스러운 클리셰다. 첫째, 사람이 하루 온종일 파티 기분일 필요는 없다. 어느 때는 친구들과 함께 목요일 밤의 테킬라를 즐길 수도 있고, 또 어느 때는 총리의 충격적인 인종주의 발언 전력에 관해 기사를 쓸 수도 있다. 인간은 갖가지 다양한 맥락에 놓여 있게 마련이다. 어느 순간 뭔가에 엄청나게 열이 받다가도 불과 몇 시간 후에 파티에서 좌중을 웃기기도 한다. 둘째, "파티 분위기 확실하게 띄워줄 듯"이라 말하는 사람들은 파티에서 재미있는 사람이 아닌 게 **확실하다**. 그들은 홈파티에서 당신을 주방 한구석으로 몰아붙인 후 사실 자신은 어떤 이데올로기도 지지하지 않는다고, 그저 **팩트**만 보는 사람이라고 말하는 그런 부류다.

눈송이를 미워하는 사람들은 농담을 잘 **받아들이지** 못한다는 이유로도 그들을 미워한다. 우리의 버림받은 한물간 코미디언들이 이런 부류다. 그들에게 눈송이는 뚱한 얼굴로 점잔 떠는 재미없는 진지충이다. 눈송이 혐오자의 마음속에서 눈송이는 결코, 혹은 좀처럼 웃지 않는다. 작은 실소도 커다란 폭소도 눈송이의 굳게 다문 입술을 빠져나온 적이 없다. 저명한 유머 작가이자 노스이스트서머싯 하원의원인 제이컵 리스모그는 그가 진행하는 〈모그캐스트〉 팟캐스트 한 편을 트위터에 올리면서 "눈송이는 유머감각이 없다"고 불평한 적이 있다(실제 코미디 작가인 제임스 펠턴James Felton은 의원의 트윗에 이렇게 반응했다. "'아무도 내 후진 농담에 안 웃었다'와 '눈송이는 유머감각이 없다'는 달라도 한참 다르네요, 한심한 머저리 양반아"[33]).

한때 사랑받았던 코미디언들의 세계는 눈송이 담론의 풍부한 광맥이다. 리키 저베이스Ricky Gervais는, 큰 사랑을 받았던 〈오피스The Office〉와 〈엑

스트라Extras)의 제작자로 남아 있기보다, 그의 거대한 온라인 플랫폼을 이용해 더는 자신의 개그에 웃지 않는 사람들의 지나친 예민함을 불평하기에 바쁘다. 저베이스는 화풀이할 거리를 두루 찾아다닌다. 한번은 뜬금없이 "지구의 나이는 46억 년이다. 그냥 받아들여, 눈송이" 하고 트윗을 남겼는데, 아마 종교인들 귀에 듣기 좋은 소리를 하고 싶었던 모양이다. 때로는 **그 자신**을 눈송이라 부르는데, 극좌와 우파를 **동시에**, 자기보다도 더 눈송이스럽다고 비판하고 싶을 때 그러는 듯하다—"나도 구식 좌파 진보 눈송이지만, 보니까 요즘 눈송이는 진짜 공격적이고 편협한 권위주의자더라. 극좌와 우파가 한 바퀴 돌아서 서로 만난 듯". 여기서 그는 구식 눈송이와 새로운 나쁜 눈송이를 구별한다. 다른 트윗에서는 눈송이를 자신의 비판자로 그린다. "내가 정치 개그만 하면 꼭 멍청하게 기분 상한 재수없는 눈송이가 '정치는 빼고 개그만 해라' 그러니까 너무 좋네." 또 한 번은 잔뜩 얼굴을 찌푸린 채 아마도 스스로 생각하기에 섹시한 자세로 샴페인 두 병을 따는 극적인 흑백사진과 함께 이런 글을 올렸다. "나는 구식 진보 좌파, 샴페인 사회주의자['강남 좌파' 정도에 해당하는 영국식 표현. 미국에는 '리무진 리버럴'이라는 말이 있다]스러운 남자다. 평등, 모두를 위한 기회, 복지국가에 찬성하는 눈송이다. 하지만 트위터에서 표현의 자유만 옹호하면 갑자기 대안우파 나치가 된다. 어쩌다 이렇게 됐지?" 리키, 어쩌면 이 책이 도움이 될지도요?

눈송이는 저베이스를 사방에서 공격하며, 그의 내부에서도 공격한다. 그의 커리어의 모든 것, 트위터에서의 존재감, 그 자신의 정체성까지도, 눈송이가 정의하고 눈송이가 망친다. 눈송이를 미워하는 사람들은 세상 **모든 곳**에서 눈송이를 본다. 눈송이 비판이 그토록 매력적인 이유는, 우리 모두가 마음속으로 바라는 그것, 즉 모든 것을 아우르는 하나의 통합이론을 제공해주기 때문이다. 세계는 어쩌다 이 지경이 되었나? 눈송이 때문이다. 젊은 이들은 어째서 그다지도 꼴불견인가? 그들이 작고 한심한 눈송이니까. 어째서 나는 전처럼 마음대로 막말을 내뱉지 못하는가? 왜냐하면 눈송이들이 막말을 빼앗아 가버렸으니까. 경제는 왜 이 모양인가? 눈송이들이 너무 게을러서 일을 열심히 안 하고 그래서 집을 못 사니까. 정치담론은 왜 이 모양인가? 눈송이들 심기를 건드릴까봐 눈치 보느라고. 내 커리어는 왜 빛을 잃었나? 눈송이들이 나를 철회해서. 나는 왜 이렇게 불행한가? 왜냐하면 눈송이들 때문에 하루 8시간 페이스북에 붙어서 그놈들한테 소리를 지를 수밖에 없으니까. 어째서 와이프는 퍼스널 트레이너와 눈이 맞아 날 버렸을까? 눈송이 때문인가? 아마도.

사람들이 더는 그의 말에 웃어주지 않는다고 화를 내기는 해도, 철회 문화에 관한 한 저베이스의 입장은 놀랍도록 회의적이다. 저베이스는 그의 발언에 대한 반발을 즐기고, 그런 반응이 사실상 그의 커리어를 해치지 않는다는 걸 안다고 말한 적이 있다. 그는 눈송이를 미워하지만 동시에 자신을 눈송이로 여기기도 한다. 그는 청중에게서 직접적인 반응을 듣는 시스템이 효과적이라고 생각한다. 2019년 9월 그는 이런 트윗을 올렸다.

> 제발 "이제는 아무 농담도 할 수가 없다"는 말은 하지 말자. 할 수 있다. 당신은 뭐든 내키는 대로 아무 농담이나 할 수 있다. 그럼 어떤 사람들은 싫어할 거고, 당신에게 싫다고 얘기할 거다. 그다음에 그걸 신경쓰건 말건 그건 당신 마음이다. 그다음도 또 그런 식. 이건 좋은 시스템이다.[34]

반-눈송이 여단에서 이런 인정이 나오는 건 드문 일이다. 이건 코미디언을 비판할 권리에 대한 단순 명쾌한 옹호다. 저베이스는 상관없다고 말한다.

그가 계속해서 자신의 비판자들을 눈송이라고 부를 수만 있다면 말이다. 만약 저베이스 역시 그가 종종 내뱉는 편견 어린 농담들, 특히 트랜스인에 관한 농담의 후폭풍을 맞게 된다면, 그때는 철회 문화에 대한 생각이 바뀔지도 모르겠다. 하지만 아직 그런 일은 없었다. 아마 앞으로도 없으리라는 걸 그는 알고 있다. 놀랍도록 솔직한 입장이다.

사실 코미디계에는 용인되는 언설의 범위를 넓히고 표현의 자유 권리를 확장해온 자랑스럽고 오랜 역사가 있다. 1940년대 말부터 1960년대까지 미국 코미디언 레니 브루스Lenny Bruce는 공연 중 음란물관리법을 위반한 혐의로 여러 차례 체포되었다. 상스러운 단어, 신체 부위에 대한 언급, 성적 농담이 포함된 위태로운 대목들 때문에 영국 입국이 금지되기도 했다. 브루스는 그런 공연을 통해 사회가 소심하고 보수적인 정숙함에서 벗어나도록 밀어붙인 인물이었고, 그런 이유로 정부로부터 반복적인 처벌을 받았다. 그는 투옥되었고, 결국엔 모르핀 과다복용으로 죽었다. 레니 브루스가 겪은 고초에 관한 책에서 그의 변호사 마틴 가버스Martin Garbus는 그를 기소했던 뉴욕 지방검사의 말을 인용했다. "우리는 그를 가난과 파산으로 몰아넣었고 결국엔 그를 살해했다. 우리는 모두 우리가 무슨 일을 하고 있는지 알고 있었다. 우리는 법을 이용해 그를 죽였다."[35]

오늘날 일부 코미디언은 그들의 발언에 비판이 일 때 자신도 이러한 계보를 이어간다고 믿는다. 하지만 그건 정치적 올바름에 과몰입한 성난 젊은이들이 정부를 대신한다는 말이다. 그들은 트위터에서 10대에게 닥치라는 소리를 듣는다는 이유로 자신이 국가의 무자비한 탄압에도 공연을 이어갔던 브루스의 발자취를 따라간다고 여긴다.

2019년에 〈새터데이 나이트 라이브〉가 코미디언 셰인 길리스Shane Gillis를 기용했다고 발표했을 때, 그가 인종주의적인 농담을 하고 아시아인과 무슬림을 흉내 내면서 반복적으로 멸칭을 사용하는 영상들이 드러났다. 비난이 쏟아지자 처음에 길리스는 누구든 "내가 한 말로 실제로 상처를 받은" 사람에게 사과한다는 성명을 내놓았고, 자신은 "한계를 밀어붙이는 코미디언"이라고 설명했다.[36] 그의 캐스팅이 취소되자 동료 코미디언과 정치 스펙트럼 전반에 걸친 평론가들이 그를 두둔하고 나섰다. 세라 실버맨Sarah Silverman은 지금 우리 시대를 "코미디언이 말조심을 해야 하는, 변형된 매카시즘[McCarthysm. 1950년대 전반 미국을 휩쓴 마녀사냥식 공산주의자 색출 열풍]의 시대"라고 묘사했다. 어떤 문화, 어떤 시기든, 용인되는 대화, 코미디, 엔터테인먼트의 한계를 규정하는 보이지 않는 선은 분명 존재한다. 레니 브루스는 그 선을 진보적인 방향으로 밀어붙이며 대담하게 그의 청중을 이끌고 덜 억압된 미래를 향해 나아갔다. 길리스 같은 코미디언이 하는 일은 그런 것이 아니다. 그들이 무너뜨린다고 주장하는 한계는 예의범절의 한계가 아니라 유색인, 동성애자, 트랜스인, 혹은 그 밖의 사람들이 자신의 인간적 존엄을 방어하기 위해 만든 한계다. 인종주의적인 조롱의 몸짓은 한계를 무너뜨리는 행위가 아니다. 그것은 새롭거나 혁신적이지 않다. 그것은 재미있지 않다. 그리고 장담하는데, 인종주의적인 개그가 재미없다는 건 유머감각이 없다는 뜻이 아니다.

그러나 세계에서 가장 몸값 높은 코미디언들에게 2019년의 '한 방 먹이기'란, 당국이나 권력자에 대한 조롱을 뜻하는 것이 아니었다. 그것은 요즘 젊은이들에 대한, 그들이 얼마나 짜증스러운지에 대한 불평을 뜻하는 것이었다. 2019년 MTV 비디오뮤직어워드의 사회자로 나선 서배스천 매니스캘코Sebastian Maniscalco는 행사를 여는 코믹 모놀로그에서 젊은이들의 소문난 예민함을 한껏 조롱했다. "혹시 내가 여기서 하는 말이나 뮤지션들이 하는 공연 때문에 트리거 발작이 일어나거나 불쾌함을 느끼면, 무대 뒤에 안전공간이 제공된다고 하니까 가서 스트레스 볼을 조물닥거리거나 담요를 안고 있어요, 아 그리고 릴 나스 엑스Lil Nas X가 데려온 말이 정서지원동물 역할도 해줄 거예요"[37][릴 나스 엑스는 말이 등장하는 히트곡 〈올드 타운 로드Old Town Road〉로 그해 MTV 어워드 2개 부문을 수상했다. 정서지원 동물은 트라우마 후유증이나 불안장애, 우울증 등을 겪는 사람들에게 정서적 안정감을 제공하는 동물이다]. 청중은 웃음을 터뜨렸다. 이런 종류의 유머에 웃음을 터뜨리는 건, 당신은 나약하지 **않고**, 예민하지 **않으며**, 그 웃음 코드를 **이해**하며, 코미디에 불쾌해하는 건 합당치 않다고 생각한다는 걸 표시하는 한 방법이다. 이렇게 보이고 싶은 마음은 이해한다. 나도 10대 시절엔 '그 무리'에 끼고 싶어서 여자애들에 관해 끔찍한 이야기가 오가더라도 싱글거리거나 킬킬대던 때가 있었다.

하지만 '철회' 위협을 가장 크게 불평하는 코미디언들은, 정치평론가들과 마찬가지로, 철회가 그들의 브랜드에 더해주는 인증마크로 직접적인 수혜를 보는 당사자다. "정치적으로 올바르지 않고", "겁 내지 않고 할 말을 한다"는 이미지로 자신의 커리어를 구축한 인물들은 토크쇼와 칼럼과 TV 진행과 특별 코미디 프로그램을 꿰찬다. 매니스캘코는 2018년에 세계에서 가장 몸값 높은 코미디언 10명 가운데 하나였다. 오시타 느와네부Osita Nwanevu는 『뉴 리퍼블릭New Republic』에서 크리스 록Chris Rock, 제리 사인펠드Jerry Seinfeld 등 최고 수입을 올리는 코미디언 상당수는 젊은이들의 과도한 예민함, 검열 감성, 철회 문화를 가장 자주 개그 소재로 삼는 이들에 속한다고 지적했다. 세라 실버맨의 상상이 "변형된 매카시즘의 시대"를 헤매는 와중에도 그 사람들은 잘만 지낸다. 비록 요즘 청중은 그들의 코미디가 획기적이기보다 진부하다고 느낄지 몰라도, 여전히 그들은 엄청난 부자다. 느와네부는 이렇게 썼다. "'철회 문화'는 평범한 사람들과 평범해지고 있는 중인 전설적인 사람들이 그들 자신의 기울어가는 존재감에 붙인 이름처럼 보인다."[38]

사실 소셜미디어 떼거리의 힘은 문화권력이나 정치권력과 상대가 되지 않는다. 만약 철회가 정말로 가능했다면, 우리는 사람들이 1년 내내 매일같이 자신의 철회에 관해 한탄하는 걸 들을 수도, 볼 수도, 읽을 수도 없을 것이다. 진실은, 가장 철회당함 직한 사람들, 자신의 표현의 자유가 검열적인 눈송이로 인해 가장 큰 위협에 처했다고 주장하는 사람들이 또한 총리와 대통령이 되는 사람들이라는 것이다. 트럼프는 악을 쓰고 발길질을 하며 대통령 집무실에서 끌려 나갔지만, 그의 유산인 퍼포먼스적인 문화전쟁 정치는 그의 뒤를 이으려는 사람들 사이에서 살아남아 여전히 번성하고 있다. 트위터에서 젊은이와 진보주의자들의 분노를 사는 건, 삶이 파탄나는 지름길이 아니라 미디어 유명세와 제도권력을 얻는 지름길이다. 그게 아니더라도 적어도 철회는 그간 쭉 해오던 일을 계속할 수 있게 보장해준다. 철회된 사람이 실제로 사라지는 일은 거의 없다. 철회의 여파가 오래도록 지속되는 경우도 거의 없다. 철회된 사람들은 철회를 지렛대 삼아 정치권력을 거머쥔다.

그러므로 철회란 그저 비판받는 것이다. 다만 그 비판의 목소리들은 대체로 주요 집단의 주요 인물들이 지금껏 들어본 적 없는 것들이다. 창작자와 대중, 또는 정치인과 유권자 사이에서 완충작용을 하던 에이전트나 언론인 같은 매개자를 거치지 않고, 인터넷을 통해 그 목소리들이 여과없이 전달되기 때문이다. 눈송이 비판자들은 '철회 문화'라는 표현을 사용함으로써, 철회에 혈안이 된 떼거리는 **언제나** 잘못됐고, 강간 혐의로 철회되는 것과 단 한 번의 무례한 발언으로 철회되는 것에 아무 차이가 없고, 우리 시대의 진짜 희생자는 인종주의적 농담을 하기에 앞서 한 번 더 생각해야 하는 공인들이라는 메시지를 수월하게 드러낼 수 있다.

그런데 철회를 두려워하는 건 유명인만이 아니다. 그들만이 인종주의나 성차별주의, 그 밖의 편협한 사고방식을 지적받는 것에 민감한 건 아니다. 일반인 역시 자신이 철회 문화의 위협에 처해 있다고 믿을 수 있다. 여기 내 경험담이 있다.

내가 학부를 졸업하고 얼마 지나지 않았을 때 마주친 그 보통 사람의 철회 공포는 너무나 기이해서 거의 10년이 지난 지금도 주기적으로 생각이 난다. 그 사람은 지금도 그때와 꼭 마찬가지로 화가 나 있을지 모르기 때문에, 자세한 부분은 생략하고 사건을 설명해보겠다. 나와 짧은 대화를 나눈 그 상대는 나보다 몇 살 더 많은 젊은 남성이었고, 아주 사랑스러운 작은 개의 자랑스러운 주인이었다. 그 개는 하얬다. 이것이 핵심 정보다. 정확한 상황은 기억나지 않지만, 개가 뭔가 나쁜 짓을 한 참이었다. 아직 어린 개였고, 강아지들은 늘 사랑스럽게 그런 짓을 하니까. 어쩌면 내가 가진 가장 좋은 신발을 물어뜯었을 때였던 것 같기도 하다. 아니면 집 안에다 응가를 했던 그 여러 번 중 한 번이었는지도. 어쨌거나 우리 셋, 즉 개, 남자, 여자는 내 집 주방에 서 있었다.

나는 남자에게 그의 강아지가 명백히 나쁜 짓을 태연하게 저지르면서 일종의 백색 특권[white privilege. 보통 백인의 특권을 의미한다]을 과시하고 있다고 농담을 했다. 뭘 물어뜯건, 응가를 하건, 그 밖에 어떤 나쁜 짓을 하건, 아마도 녀석은 벌을 받지 않을 터였다(남자는 강아지를 잘 훈련하지 않았다. 하지만 그건 견주의 책임과 관계된, 전혀 별개의 이야기다). 내 딴에는 살짝 재치 있는 농담이라고 생각했다. 그건 두 방향에서 해석이 가능했다. 우선, 강아지가 백색 특권을 과시한다고 말함으로써, 나는 흰색이면서 수

컷인 생명체는 일종의 특권의식을 갖게 된다고 지적한 것일 수 있었다. 이 경우 녀석의 특권의식은 자기는 주방 바닥에 응가를 해도 된다는 것이었다. 혹은 이렇게 해석될 수도 있었다. 나는 신참 UC 버클리 졸업생 특유의 기질을 한껏 발휘해, 새로이 습득한 권력 구조에 관한 지식을 내 주변 모든 것에 적용하겠다고 덤벼든 것일 수 있었다. 어쨌거나 농담은 평범한 수준이었고, 그리고—이 점이 중요하다—그것은 개에 관한 것이었다.

그런데도 지난 10년 동안 이 평범한 농담이 내 마음속에 각인된 이유는 견주의 반응 때문이었다. 그는 내 친구, 혹은 적어도 내 친구의 애인이었고, 우리는 꽤 잘 아는 사이였다. 그는 내가 실없는 농담을 입에 달고 산다는 걸 알고 있었다. 하지만 이날 그가 보인 반응은 완전한 격분이었다. 그는 열을 내며 펄펄 뛰었다. 그는 방어적이었다. 그가 말하길, 그의 개가 백인 남성 특권을 가졌다는 말은 **사실이 아니었다**(기억하자, 녀석은 개였다). 더 나아가 백인 남성 특권이라는 것 자체가 존재하지도 않는 것이었다. 자기가 대학에 다닐 때 흑인 학생 하나는 가족 소유의 **헬리콥터**가 있었다고 했다. 나는 이 부분을 선명하게 기억한다. 그 흰 개의 백인 소유주가 백인 남성 특권을 논하면서 맨 처음 내뱉은 말이 바로 그 헬리콥터가 있는 흑인 학생에 관한 것이었다. 그는 좀처럼 분을 삭이지 못했다. 빌어먹을 **헬리콥터**가 있는 **흑인 남자**를 그가 똑똑히 알고 있는데, 어떻게 **백인 남성 특권**이라는 게 있을 수 있냐고! 나는 이 언쟁으로 너무 짜증이 나서 결국 밖으로 나가 동네를 한 바퀴 돌았다. **그는 내** 집에 있는데, 내 집에서 그의 인종주의적인 개가 방금 바닥에 똥을 쌌는데, 아니면 내 신발인지를 다 물어뜯어 놨는데 말이다.

물론 내가 백인이나 이성애자, 남성, 비장애인 등의 특권을 논하는 자리에서 이런 식의 방어적인 행동과 마주한 건 그때가 처음이 아니었다. 하지만 이건 백인 남성들 특유의 방어기질이 워낙 생생하고 부조리하게 표출된 사례인지라, 내게는 백인 특권이 어떤 식으로 오해되는지를 보여주는 한 전형으로 남게 되었다. 그건 **개** 얘기였다고! (몇 년 후, 나는 여전히 그 일에 짜증이 난 상태로 『버즈피드 UK』에 지원했고, 「자신의 백색 수컷 특권을 돌아봐야 할 15가지 견종」이라는 제목으로 시험용 기사를 작성했다. 결과 는 합격이었고, 나는 새 신을 샀다.)

하지만 내가 이 어처구니없는 사건에서 깨달은 건, 인종주의를 지적당하 면 그 사람은 **철회**당할 수 있다는 생각, 소외되고 하찮게 여겨지고 지구상 에서 지워질 수 있다는, 존재 자체가 위협당할 수 있다는 생각 아래에서 들 끓고 있는 분노였다. 그리고 분명히 말하지만, 나는 그 농담으로 누군가의 인종주의를 고발한 게 아니었다. 나는 어느 개가 희다고 말하고 있었다. 하 지만 그걸로 족했다. 공인이건 아니건 그토록 많은 백인이 단지 이 세상에 인종주의가 존재한다는 언급을 듣기만 해도 자신이 떼거리에 의해 철회당 했다고 주장하는 데는 똑같은 본능이 작용하고 있다.

나는 흰 개에 관한 언쟁보다 더 심각한 상황에서도 이 같은 역학 관계 를 목격해왔다. 나의 흑인 동료들은 백인 남성들의 인종주의적 언어를 지 적해 그들을 '불편'하게 했다는 이유로 사과를 강요받았다. 나 역시 나보다 더 힘 있는 이들의 성차별적 언행에 화를 냈다는 이유로 그들에게 사과를 요구받은 일이 있다. 교육현장에서건 일터에서건, 자신의 권익을 지키고자 한 사람들이 미묘하거나 노골적인 반발에 직면하는 걸 나는 수없이 목격했다.

이런 상황에서 철회당하는 건 과연 누굴까? 편협한 태도를 보인 장본인 이 철회당하는 경우는 드물다. 2020년 여름 BLM 인종정의 시위가 미국과 영국을 비롯한 세계 곳곳을 휩쓸었을 때, 몇몇 공인은 실제로 (여성을 학대 한 유명인 수십 명이 2017년 이후의 #미투 운동 국면에서 그랬던 것처럼)

인종주의적 전력으로 인한 후과와 대중의 비판에 직면했다. 이렇게 인종주의로 심판받게 된 개인과 기관은 필사적으로 자신을 희생자로 그려낼 방법을 궁리했다. 그들은 자신을 비판하는 이들이 권위주의적인 비난꾼이라고 말했다. 그들은 자신의 표현의 자유가 제약당했다고 말했다. 그들은 인종주의에 맞선 활동가들의 싸움이 "도를 넘어섰다"고 경고하는 성명을 발표했다. 그들은 자신의 적을 눈송이라 불렀다. 그들은 자신이 철회당했다고 말했다.

철회 문화라는 용어는 상대적으로 새로운 것이지만, 역사를 돌아보면 사회적 격변과 진보적 변화의 국면마다 유사한 논변이 대두되곤 했고, 인종정의 시위가 일 때면 그런 주장이 특히 더 만연했다. 1991년 경찰의 로드니 킹 구타 사건으로 LA 폭동이 일어난 지 불과 몇 달 후, 당시 대통령 조지 H. W. 부시는 어느 졸업식 연설에서 "정치적 올바름" 운동은 "인종주의, 성차별주의, 혐오의 잔재를 일소하겠다는 칭찬받을 만한 열망"으로 가득하지만, 도리어 "기존의 편견을 새로운 편견으로 대체"하는 데 일조했다고 지적했다.[39] 부시는 검열과 갈등을 일으키는 정치적 올바름의 경향이 "오웰스럽다"고 말했다. 또한 "정치적으로 올바른" 생각을 옹호하는 사람들이 "자신의 적을 처벌하거나 추방하는 것"은 주지의 사실이라고 했다. 당시에도 철회 문화라는 단어가 있었다면, 그는 이 대목에서 그 말을 썼을 것이다. 그리고 부시가 정치적으로 올바른 오웰스러운 투사들 운운하기 수십 년 전에는, 1950~60년대 민권운동 지도자와 참여자들이 비슷한 논지로 공격을 당했다.

오늘날 눈송이와 철회 문화를 비판하는 사람들은 인종주의와 관련해 어떤 방식으로 사회적 변화를 일으켜야 하는지에 대한 **본보기**로 아이러니하게도, 그리고 어김없이, 마틴 루터 킹 주니어 박사를 거론한다(실은 이마저도 그들에게는 너무 나간 것인지 모른다. 대부분의 눈송이 비판자는 필요한 사회적 진보는 다 이루어졌다고 믿는 편이다). 많은 백인 진보주의자와 보수주의자가 킹 박사의 말을 선택적으로 인용해 그가 2020년의 역사적인 BLM 시위에 **반대**했을 것처럼 말하곤 한다. 조 바이든은 대통령 선거 유세 당시 (그의 표현으로) "폭동"과 "약탈"을 비난하면서 "그것은 킹 박사나 존 루이스John Lewis의 가르침이 아니다"고 말했다[40](루이스는 킹 시대의 또 다른 민권운동 지도자로 오랫동안 하원의원을 지냈고 그 무렵에 세상을 떠난 인물이다). 하지만 킹의 아들인 마틴 루터 킹 3세는 그해 5월에 이런 트윗을 남겼다. "생전에 아버지께서 설명하신 대로, 폭동은 목소리 없는 자들의 언어다."[41] 이는 킹의 1965년 연설을 인용한 것이었다. 또한 킹은 1967년에 당시의 폭동은 사람이 아니라 재산을 겨냥한 것이고, 따라서 비폭력의 원칙을 어기지 않은 것이라고 밝혔다. 킹의 비폭력을 연구하는 미나 크리슈나무르티Meena Krishnamurthy 교수는, 흑인에 의한 것이건 백인에 의한 것이건 "약탈은 자본주의에 대한 물리적 비판"이라는 것이 킹의 견해였다고 설명한다. 그러나 2020년 여름, 저명한 백인 보수주의자와 진보주의자들은 하나같이 킹의 말을 인용해 시위자들을 비난했고, 흑인을 가혹하게 다루는 경찰의 이미지보다도 깨진 유리창과 약탈당한 대형마트의 이미지에 더 경악했다(그리고 BLM 시위자들을 비난한 그 보수주의자들은 2021년 1월, 연방의회 의사당을 습격한 이들을 옹호하고 대단치 않은 일인 양 취급했다. 그들의 목적은 재산 손괴가 아니라, 물론 분명히 그것도 했지만, 의원들을 납치하고 살해하는 것이었다).

1963년 '일자리와 자유를 위한 워싱턴 행진'에서 킹 박사는 그의 가장 유명한 연설 대목이면서 이후 기만적 행위자들의 고정 레퍼토리로 자리잡은 다음 문장을 말했다.

나에게는 꿈이 있습니다. 나의 네 자녀들이 언젠가는 피부색이 아니라 인격으로 판단받는 나라에 살게 되리라는 꿈입니다.[42]

이것은 특히 오늘날의 백인 진보주의자들을 안심시키는 구절이다. 만약 저 구절을 오독해 킹이 인종색맹[color blindness. 인종에 근거한 차별에 반대하는 원리이기도 하나 차별적 현실을 시정하기 위한 적극적인 개입에 반대하는 원리이기도 하다. 2023년 6월 미국 대법원이 소수자 집단 우대 정책affirmative action에 위헌 결정을 내린 것도 그런 차원으로 볼 수 있다]에 근거한 사회정의를 꿈꾸었다고 믿는다면(그렇지 않다), 당신은 저 위대한 민권운동 지도자도 인종과 관계된 모든 것이 무시되기를 바랐을 거라고 맘 편히 단정할 수 있을 것이다. 이 구절이 사랑받는 또 다른 이유는, 킹의 연설이 있었던 것이 50년 전이기 때문에 그가 바라던 세상이 이미 도래했다고 가정하고픈 유혹을 느끼기 때문이다. 물론 그런 세상은 아직 오지 않았다. 그렇지만 백인들은 이 구절을 교묘히 이용함으로써 백인이라서 받는 비판으로부터 그들 자신을 방어하려 든다. 누구든 하얀 피부색으로 판단되어서는 안 되고, 백인이기에 따르는 혜택 역시 판단 대상이 아니다. 우리가 지향하는 것이 인종에 대해 아예 생각하지 않는 사회라면 말이다.

철회 문화에 대한 공포를 조장하는 사람들은 사회가 필요로 하는 건 "온건"하고 차분하고 정중한 견해라 주장하곤 한다. 그들은 2020년의 인종정의 시위를 보면서 토론과 타협을 추구하는 편이 더 낫지 않은지 묻는다. 킹의 유산을 오늘날 시위자들을 비판하는 데 이용하려는 이들은, 킹을 단지 폭력적이지 않을 뿐만 아니라 위압적이지도 않고 점잖고 온화하며 설득을 시도하고 분란을 야기하지 않는 인물로 그린다. 진실을 말하자면, 킹 박사는 그 시대의 미국 백인들에게 폄하되고 지탄받았으며, 그 가운데는 백인 진보주의자들도 있었다. 킹의 '꿈' 연설보다 오해의 소지가 덜한 또 다른 유명한 대목에서 그가 말한 사람들이 바로 그들이었다.

솔직히 말하자면 지난 몇 년간 온건한 백인들에 크게 실망했습니다. 유감스럽게도 저는 자유를 향한 흑인의 전진에 중대한 장애물은 백인시민평의회White Citizen's Councillor나 큐클럭스클랜KKK이 아니라 정의보다 '질서' 유지를 더 중시하는 온건한 백인들이라는 결론에 도달하게 되었습니다. 이들은 정의가 존재하는 적극적인 평화보다는 긴장이 없는 소극적 평화를 선호하고 ….[43]

1961년 갤럽조사에서 미국인 61퍼센트는 프리덤 라이더들에게 부정적이었다. 또한 간이식당에서의 '연좌 농성'이나 '프리덤 버스' 같은 흑인 운동이 남부에서 흑백 통합의 전망에 해가 된다고 생각하는지 아니면 도움이 된다고 생각하는지 물었을 때, 57퍼센트는 해가 된다고 답했고, 28퍼센트는 도움이 된다고 답했으며, 16퍼센트는 의견이 없었다. 1966년의 갤럽조사에서는 거의 3분의 2에 달하는 미국인이 킹에 부정적이었다.[44]

설사 오늘날의 BLM 시위가 1950~60년대의 민권 시위와 동일한 방식으로 펼쳐진다 해도, 똑같은 장소에서 똑같은 옷차림으로 똑같은 구호를 외치며 똑같은 행진을 벌인다 해도, 여전히 비판자들은 오늘날의 시위가 완전히 잘못되었다고 말할 이유를 찾아낼 것이다. 그리고 시위자들을 폭력적이고 위협적인 외골수, 표현의 자유를 위태롭게 하는 세력으로 묘사할 것이다. 민권 시위자들에 대한 당대의 평가도 마찬가지였다.

인종주의에 반대하는 사람이 자신의 메시지를 전하는 방법은 다종다양하다. 거리에서 행진을 벌일 수도 있고, 소셜미디어에 글을 올릴 수도 있고, 창을 깨뜨릴 수도 있으며, 선거에 출마할 수도 있다. 그러나 방법이 무엇인지는 중요하지 않다. 인종주의적인 사회를 고쳐보려는 시도가 불편한 사람들은 언제나 똑같은 불만을 제기할 것이다. '철회 문화'는 그저 가해자를 피해자로 둔갑시키는 오래되고 뻔한 주장을 새단장한 것에 불과하다.

특권을 논할 때 눈송이 비판자들은 반인종주의 운동을 불필요하게 분열적이거나 옹졸한 것으로 그리는 경향이 있다. 반인종주의 활동은 철회 시도로 매도된다. 그들은 백인우월주의를 지적하고 이의를 제기하는 학생들과 정치 지도자들이 사회를 분열시킨다고 본다. 그들이 보기에 사회는 지금도 충분히 잘 돌아가고 있다.

다른 ○○주의들과 마찬가지로 인종주의는 몇몇 나쁜 사람들의 적극적 선택의 산물이 아니다. 또한 그것은 단순히 다른 인종을 싫어하는 것이 아니다. 미시간주 교육감 퍼트리샤 비돌Patricia Bidol 이 그녀의 1972년 사회과 교육과정 매뉴얼 『인종에 관한 새로운 관점의 개발Developing New Perspective on Race』에서 쓴 대로, 인종주의는 "편견과 제도권력의 합"이다.[45]

사람이 인종주의적이라는 건 못됐다는 것―이건 의도적이다―과는 다르다. 사람은 지극히 선량하면서 동시에 지극히 인종주의적일 수 있다. 그러나 자신이 백인이라서 인생에서 더 많은 기회와 더 나은 안전을 누려왔음을 인정하는 것은, 심약한 백인들에게는, 자신이 나쁜 사람이라고 말하는 것과 같다. 이것이 그 견주를 그토록 격분시킨 것이다. 그의 개가 흰색이라 특권을 누린다는 내 말은, 따라서 그 사람 역시 백인이라 특권을 누린다는 말이고, 따라서 그들은 둘 다 못됐다는 말이다. 이건 말이 안 된다. 왜냐하면 그 개는, 녀석의 특권적인 비행에도 불구하고, 아주 착했으니까.

하지만 피철회인이 할 수 있는 일들이 있다. 가벼운 철회를 받아들이고 품위 있게 물러날 방법이 있다.

자신의 특권과 편견이라는 불편한 진실에 대한 직시는 평생 지속되어야 할 과제다. 긴 나눗셈을 배우기가 힘든 것과 마찬가지로, 편견으로 가득한 젠체하는 사람이 되지 않는 법을 배우기란 힘든 법이다. 눈송이는 그들이 반드시 그 일을 해내야 한다는 걸 안다. 백인 눈송이는 인종과 관계된 가벼운 불편함에 화를 내서는 안 된다. 배움과 진화는 그런 불편함을 통해서 일어난다. 영국과 미국, 그리고 유럽 여러 국가나 유럽의 식민지배를 받았던 국가의 백인들은 보편적 행위자, 혹은 엘리트 환경에 속한 자로 간주되는 혜택을 누리며 살아왔다. 미디어와 문화는 그들을 대변하며, 그들은 자신의 인종에 관해 생각하지 않아도 되는 심리적 자유를 누린다. 이 모든 것이 백인에게는 자연스러워 보일지 몰라도, 실은 우리의 인종 때문에 주어진, 인간 경험에서 예외적인 현상이다. 우리는 무엇보다도 자기 자신을 개인으로서 바라본다. 누구도 다른 백인의 범죄에 대해 우리에게 책임을 묻지 않는다.

인종주의는 아무 노력 없이 사회에서 저절로 사라지지 않을 것이다. 젊은이들도 젊다는 이유만으로 인종주의에서 자유롭지는 않다. 한 연구에서는 미국에서 백인 밀레니얼의 41퍼센트가 "정부가 소수인종에 지나친 관심을 기울인다고 생각"하고 48퍼센트는 "백인에 대한 차별이 유색인종에 대한 차별만큼 심각한 문제라고 생각"하는 것으로 나타났다.[46] 미국 공영라디오방송 NPR, 로버트우드존슨 재단, 하버드 T. H. 챈 공중보건대학이 실시한 2017년 조사에서는 미국 백인 55퍼센트가 오늘날 미국에서 백인이 차별을 겪고 있다고 답했다.[47] 영국의 경우 2018년 유거브YouGov 조사에서 영국인 40퍼센트가 교육이나 일자리 등의 영역에서 흑인과 소수민족이 백인보다 더 많이 차별당한다고 생각하지 않는 것으로 나타났다.[48] 또한 이 조사에 따르면 14~20퍼센트의 영국인은 백인이 **더 많이** 차별당한다고 생각했고, 약 20퍼센트는 아예 영국에 차별이 별로 없다고 생각했다. 또

31퍼센트는 공공장소에서 영어가 아닌 다른 언어로 말하는 데 반대하는 것이 인종차별이 아니라고 생각했다. 전체적으로 사람들은 인종주의가 제도적 수준보다는 대인관계 수준에서, 특히 모르는 사람들 사이에서 발생한다고 보려는 경향이 있었다. 67퍼센트에 달하는 다수 영국인은 그러나 사람들이 인종에 관해 이야기하는 것을 "상당히 불편해"하거나 "전혀 편하게 여기지 않는다"고 봤다.

이러한 태도는, 만약 사람들이 영국과 미국의 유색인들이 지속해서 경험하는 인종주의의 객관적 사실들에 관해 배우려 하지도 않고 심지어 그들의 개인적인 경험담을 들으려 하지도 않는다면, 결코 흔들리지 않을 것이다. 그러한 배움은 극도로 불편할 수 있다. 왜냐하면 그것은 과거나 현재의 모든 부정의, 특히 백인으로서 그 자신은 수혜를 본 부정의에 관해 배우는 과정이기 때문이다. 자신의 인종주의를 지적당한 사람은 철벽을 치면서 되려 철회를 주장할 수도 있고, 아니면 그저 말없이 배울 수도 있다.

내가 모든 눈송이 비판자들 면전에 대고 외치고 싶은 말은, 과민하고 나약해서 깨지기 쉽다고 여겨지는 사람들, 즉 인종주의에 분개하는 유색인 학생들이야말로, 자신과 다른 의견을 대하는 데 있어 가장 탄력적이라는 것이다. 그런 논의를 위한 맷집과 탄력성을 길러야 할 사람들은, 평소 인종과 인종주의, 특권에 대해 생각하지 않는 사람들이다. 특히 백인 진보주의자에게 인종주의적이라거나 문제적이라고 불리는 건 대단히 근원적인 공포다. 인종주의자라는 비판은, 백인은 객관적이고 무고하며 능력 중심적이고 자립적이고 개인주의적이라는 가정, 자신이 평생 배워야 할 건 이미 다배웠다는 가정, 자신이 우주의 중심이라는 가정을 뒤흔든다. 만약 누군가가 당신이 인종주의적이라 말한다면, 그건 당신이 철회되었다는 신호가 아니다. 그것은 때로, 당신을 바로잡아준 그 사람이 당신을 구제불능으로 여기지 않는다는 신호일 수 있다.

그렇다면 '가해자 지목'을 당했을 때 방어적인 태도나 분노, 화제 전환, 피해자 탓하기보다 나은 반응은 무엇일까? 실수를 저질렀을 때 중요한 건 어떻게 해야 문제를 바로잡을 수 있느냐 하는 것이고, 바르게 대처하지 않는다면 상황은 더 악화할 것이다. 첫째, 그 불편함을 받아들여야 한다. 그것은 당신에게 무엇을 말해주는가? 화가 나는가? 그렇다면 일단 그 성난 마음을 가라앉히는 게 먼저다. 다음 단계는 자기 행동을 돌아보고, 귀 기울여 듣고, 어째서 그것이 상대에게 불쾌한 행동인지 스스로 더 알아보는 것이다. 그런 다음에는 적절한 사과가 필요하다. 하지만 실제적인 뉘우침이기보다 용서를 요구하는 퍼포먼스에 가까운 건 곤란하다. "**만약** 내가 당신을 불쾌하게 했다면"이라는 표현은 절대로 쓰면 안 된다. 그 작은 두 글자는 당신이 불쾌하게 만든 그 사람이 불쾌함을 느끼는 것이 온당하지 않다는 뜻을 내비친다. 그 상황의 핵심이 상대의 과민함이고 그것이 당신이 사과해야만 하는 이유인 것처럼 만들어버린다. 배운 사실은 마음으로 믿기 바란다. 당신의 관점은 보편이 아니다. 당신은 결코, 당신 자신이 유색인이 아닌 한, 그들이 경험한 것을 온전히 이해할 수 없다. 만약 그 사실이 당신의 중심성, 보편성, 전 인류와의 연결성의 감각에 고통스러운 위협이 된다면, 욕조에 물을 채우고 향이 좋은 초에 불을 붙여 보기를.

하지만 무슨 일이 있어도 철회당했다는 말은 하지 않기를, 그런 사람은 되지 않기를 바란다. 이 경험은 당신을 죽이지 않을 것이다, 그 근처에도 가지 않을 것이다. 도리어 당신이 이 경험을 통해 눈송이들에게는 없다는 좀처럼 얻기 어려운 그것, 강인함과 탄력성으로 한 걸음 더 나아가기를 바란다. 그리고 신이시여, 제발이지 '철회 문화'라는 말이 진지하게 쓰이는 걸 다시는 듣지 않아도 되는 세계로 우리를 인도하여 주소서.

그것이 끝장나게 하소서. 고통스러운 비명을 지르며 비참한 죽음을 맞게 하소서. 우리가 그것을 철회하게 하소서.

Snowflakes

제5장
지난 세대의 '강인함'은 우리가 원하는 것이 아니다[*]

다시 내 할머니의 힘겨웠던 젊은 시절을 떠올려보자. 눈송이 패닉의 중심에는 젊은 세대가 이전 세대들만큼 강인하지 않다는 가정이 있다. 하지만 할머니의 이야기를 더 알아갈수록, 나는 이전 세대의 그 '강인함'이라는 것이 아동기와 청년기의 트라우마를 감당해내는 데 얼마나 도움이 되었을지 의문이 들었다. 물론 나는 할머니를 진단할 수도 없거니와, 할머니를 뭔가의 피해자로, 더군다나 트라우마의 피해자로 그렸다가는 고전적인 방식으로 할머니의 유령에게 혼쭐이 날지도 모른다. 하지만 나는 점차 내 할머니뿐만 아니라 이전 세대 전체의 심리를 그들의 입장에서 조금 더 깊이 이해하게 되었다. 만약 이런 작업이 더 많이 이루어진다면, 실상 모든 감정에 대한 숨막히는 억압일 뿐인 그런 종류의 '강인함'을 키우라며 우리의 젊은 이들을 압박하는 일은 줄어들지 않을까. 트라우마가 개인과 사회 전체에 어떤 영향을 미치는지 더 잘 알게 된다면 눈송이 패닉은 누그러질 거로 생각한다.

문화전쟁의 상당 부분은 트라우마 과학의 전장에서 펼쳐진다. 눈송이 비

---

[*] 이 장은 성폭행, 강간, 전쟁, 자살, 총기 난사, 학대 등 트라우마를 환기할 수 있는 끔찍한 사건들을 다루고 있다. 원한다면 제6장으로 건너뛰기 바란다.

판자들은 학생들이 지나치게 예민하다면서 그들이 쉽게 **트리거** 발작을 일으킨다고 말한다. 예민함으로 비판받기 쉬운 집단은 살면서 트라우마를 겪었을 확률이 높다. 눈송이 비판자들이 옛 시절을 그리워할 때, 지금보다 더 강했다는 그 과거는 트라우마에 대한 이해나 치료가 전무한 시기였다.

인지하건 그렇지 않건, 눈송이들이 자신을 보호하기 위해 사용하는 많은 전략, 이를테면 안전공간이나 명확히 정의된 경계 같은 것들은, 트라우마에 대처하는 전략들이다. 눈송이의 유토피아 사회가 모든 형태의 트라우마를 제거할 수는 없을 것이다. 끔찍한 사고는 일어나게 마련이니까 말이다. 하지만 눈송이들은 트라우마에 관심을 기울이고 타인이 겪는 고통에 공감하는, 그리고 트라우마의 재경험을 막고 치유를 돕도록 노력하는 사회를 만들 수 있다.

트라우마 과학의 이해는 우울한 작업일 수 있지만, 눈송이를 다루는 책에서는 중요하다. '좋았던 옛 시절'에 관한 수많은 책과 기사, 정치적 언설이 인간의 고통을 미화하기 때문이다. 트라우마 과학의 역사는 논쟁적이며, 악행을 폭로하는 자와 폭로를 두려워하는 자들의 투쟁이 빚어낸 대단히 정치적인 역사다. 한 세대가 다음 세대의 고통을 부인하거나 혹은 '그들도 우리만큼 고통받아야 한다'고 생각하면 서로에게 상처를 입힐 수 있다. 트라우마 과학의 역사는 이런 이야기를 한다.

그러니 이제 고통의 과학 속으로 다소 우울한 여행을 떠나보자. 그리고 글을 읽어가면서 여러분도 나처럼 각자 조부모님의 이야기를 마음속에 떠올려보시기 바란다. 자신의 조부모를 알지 못한다면 내 할머니와 그녀의 줄담배를 생각해도 좋겠다.

1992년 주디스 허먼Judith L. Herman은 『트라우마와 회복: 폭력의 영향—가정폭력부터 정치적 테러까지Trauma and Recovery: The Aftermath of Vio-lence—From Domestic Abuse to Political Terror』를 펴냈다.[1] 이 책은 현대에 트라우마 과학에 대한 관심이 재부상한 원인을 1970년대 여성해방운동과 여성들의 트라우마에 대한 공적 평가, 그리고 아동기 성 학대의 만연함에 대한 1980~90년대의 새로운 각성과 연결짓고 있다(정신건강에 대한 공적 평가의 유사한 사례를 오늘날 우리는 대체로 남성이 대체로 여성에게 가한 트라우마에 대해 법·정치적 책임을 물은 #미투 운동에서 찾아볼 수 있다). 1970년대 여성해방운동과 때를 같이해, 수많은 베트남전 참전군인들을 짓누르는 외상 후 스트레스 장애 PTSD에 대해 국가의 지원을 요구하는 운동이 일어났다. 그들의 로비 덕분에 PTSD는 1980년, 미국정신의학회의 『정신질환 진단 및 통계 편람』에 등재되었다. 그러나 트라우마의 효과가 처음 연구되기 시작한 것은 그로부터 한 세기 전이었다.

한때 **히스테리**라 불리던 증상을 최초로 진지하게 연구한 인물은 19세기 말 프랑스의 신경학자 장마르탱 샤르코Jean-Martin Charcot였다. 당시에는 달리 설명할 길이 없는 기이한 증상들의 온갖 조합을 히스테리라는 말로 통칭했다. 샤르코는 정신질환에 대한 과학적 연구를 목적으로 파리에 거대한 정신병원 살페트리에르를 설립했는데, 살페트리에르를 방문한 이들 가운데는 피에르 자네Pierre Janet와 지크문트 프로이트도 있었다. 샤르코는 화요일이면 공개 강연회를 열었고, 부유한 파리 사람들은 샤르코가 무대 위에서 환자들의 히스테리와 최면의 잠재적 치료 효과를 시연하는 걸 지켜봤다. 오늘날의 기준으로는 정신병 환자를 무대 위에 세운 건 문제 있어 보이지만, 히스테리에 대한 샤르코의 연구와 강연은 이 기이한 정신질환을 진지하게 들여다보고 동시에 최면의 잠재적인 치료 작용을 발견하고 입증하고자 한 최초의 사례였다. 허먼에 따르면 샤르코는 히스테리가 당시의

의학적 통념대로 그저 여성들이 관심을 받기 위해 지어낸 무언가가 아니라 하나의 질병임을 보여주고자 했다.

샤르코의 선례를 따라 1890년대에 자네와 프로이트는 요제프 브로이어Josef Breuer와 함께 히스테리가 정신적 트라우마의 결과라는 가설을 더 깊이 탐구하기 시작했다. 그들은 어떤 치료법을 제안했을까? 프로이트와 브로이어 역시 최면을 실험했지만, 동시에 그들은 환자들과 대화를 나누기 시작했고, 안나 O.라는 가명의 젊은 여성 환자는 여기에 '담화 치료talking cure'라는 이름을 붙였다. 말하자면 오늘날의 심리치료therapy인 셈이었다. 프로이트는 최면 자체가 아니라 최면 행위 과정에서 나누는 대화에 치료 효과가 있음을 알아챘다. 또한 환자들과 함께 병증의 근원에 있는 과거의 트라우마를 찾아가는 과정에서 최근의 평범한 사건들이 그들의 히스테리를 격발trigger시켰다는 사실을 깨닫게 되었다. 1896년, 프로이트는 「히스테리의 원인론」에서 한 가지 급진적인 가설을 제안한다. "그러므로 나는 모든 히스테리 사례의 기저에 **한 차례 혹은 그 이상의 때 이른 성적 경험**이 있다고 본다. 아동기 초기에 일어난 그 경험은, 수십 년의 간격에도 불구하고 정신분석 작업을 통해 재현될 수 있다." 히스테리는 고장난 자궁의 결과가 아니었다. 그것은 아동기 성 학대의 결과였다.

허먼 박사는 그러나 히스테리에 관한 이 보고서를 출간한 지 채 1년도 되지 않아 프로이트가 자신의 주장을 번복했다고 설명한다.

히스테리는 여성에게 너무 흔한 것이었기에, 만약 환자들의 이야기가 사실이고 그의 가설이 맞는다면, 그가 "아동에 대한 도착 행위"라고 말한 것은 만연해 있는 무엇이 되어버린다. 그가 처음 히스테리 연구를 시작한 파리의 프롤레타리아 사이에서뿐만 아니라 자신이 개업의로 일하고 있는 빈의 존경받는 부르주아 가족들 사이에서도 아동학대가 빈발하고 있다고 결론지어야 했을 것이다. 이러한 생각은 절대로 받아들일 수 없었다. 도저히 믿을 수 없는 것이었다.

프로이트는 자신의 가설을 기각했다. 도리어 그는 학대당했다는 환자들의 주장이 거짓이었을 뿐만 아니라 그러한 성적 접촉에서 그들이 실제로는 쾌락을 얻었다고 주장했다.

그렇게 해서 트라우마의 정신적 영향은 과학적 연구영역과 대중의 인식에서 서서히 희미해졌고, 사정이 달라진 것은 1차 세계대전 참전군인들의 귀환과 더불어 엄청난 규모의 인간 트라우마가 가시화되면서부터였다. 허먼 박사는 "참호전의 참상에 지속적으로 노출된 병사들은 무너지기 시작했고, 그 숫자는 충격적이었다"고 쓰고 있다. 처음에 그들의 증상은 근거리에서 포탄이 터지면서 뇌진탕이 발생한 탓으로 여겨졌고, 그래서 '포탄 충격 shell shock'이라는 이름이 붙었다. 하지만 폭발에 휩싸이지 않은 병사들 역시 동일한 증상을 겪고 있었다. 이러한 사실은 역시나 논란을 일으켰다. 영국은 병력을 잃고 싶지 않았고, 한때는 '포탄 충격'이라는 용어의 사용을 금지하는 명령을 내리기도 했다. 정신의학적인 문제를 겪고 있는 군인들은 그 대신 '진단 보류, 신경과민Not Yet Diagnosed, Nervous/NYDN' 상태로 분류되었다. 군인들의 고통에 심리적인 기저 원인이 존재한다는 것이 점차 명백해지자, "의학적 논쟁의 초점은, 과거 히스테리가 논란이 됐을 때도 그랬듯이, 환자의 도덕성에 맞춰졌다. 전통주의자의 시각에서 볼 때, 정상적인 군인이라면 전쟁에 환호하고 약한 감정을 드러내서는 안 되었다". 이러한 낭만적인 군인 이미지는 오늘날까지도 대중문화와 정치담론 속에서 지속되고 있다.

지금 돌아보면 거의 우습기까지 하다. 가늠할 길 없는 공포 속에서 1차 세계대전의 참호전을 치른 그 세대의 부모와 조부모들은, 한때 그들을 순 겁쟁이로 여겼다. 지금은 비범하고 비극적인 용맹함으로 유명한 그 세대 가, 당대의 연장자들에게는 나약하다는 가혹한 평가를 받은 것이다. 또한 이 새로운 '포탄 충격'에 시달리던 참전군인들은 도덕성이 결여됐다는 질 책을 들었다. 허먼 박사에 따르면 당시 의학자들은 자신의 트라우마 환자 들을 '도덕 박약자'로 지칭했다. 독일에서는 트라우마를 겪은 1차 세계대 전 참전군인들을 전기충격 요법으로 '치료'했고, 얼마 후 집권한 나치는 전 쟁에서 병사들이 겪은 심리적 고통을 묘사한 에리히 마리아 레마르크Erich Maria Remarque의 『서부 전선 이상 없다Im Westen nichts Neues』를 '퇴폐' 금서로 지정했다. 1929년에 출간된 이 책에서 화자는 전쟁이 어떻게 정신 을 피폐화하는지 묘사한다.

삶은 우리에게 본능이라는 무기를 주기 위해 우리를 생각 없는 동물로 만들 었다. 명료하고 의식적인 사고를 할 때 우리를 압도하는 공포에 눌려 산산 이 조각나버리지 않도록, 삶은 우리를 흐리멍덩함으로 보호해주었다. 삶은 우리가 고독의 심연에서 빠져나올 수 있도록 동료의식을 일깨워주었다. 그 런 상황에서도 우리가 매 순간 긍정적인 것을 감지하고 그것을 비축해 두었 다가 밀려드는 허무의 공격에 맞설 수 있도록, 삶은 우리에게 야생동물의 무심함을 더해주었다. 그리하여 우리는 경직되고 닫혀버린, 극도로 피상적 인 존재로 살아가고, 거의 어떤 사건도 우리 안에 불꽃을 일으키지 못한다. 하지만 그러다가도 예기치 못하게 지독하고 끔찍한 갈망이 화염처럼 솟아 오르는 것이다.[2]

만약 누군가가 무적의 전시체제를 구축하고 병사들의 남성성을 과시하고자 한다면, 전쟁이 이런 식으로 생존자의 삶을 파괴할 수 있다는 생각은 그의 대의를 해칠 것이다. 그러니까, 만약 그가 나치라면.

1918년 루이스 옐랜드Lewis Yealland라는 영국의 정신과 의사는 고통받는 1차 세계대전 참전군인들을 위한 최고의 치료법은 "모욕, 협박, 처벌"이라고 말했다. 트라우마로 실어증이 온 환자에게 옐랜드는 전기 충격과 호된 질타를 처방했다. 종전 후 시간이 흐르면서 트라우마를 겪은 군인들에 대한 관심과 연민은 옅어졌다. 영국은 고통을 호소하는 군인들의 이야기에 귀를 기울이지 않았다. 1932년 미국의 1차 세계대전 참전용사들이 수도 워싱턴의 내셔널몰에 진을 치고 국가가 약속했던 연금 지급을 촉구하자, 후버 대통령은 더글러스 맥아더 장군에게 지시해 병력과 탱크와 총검과 최루가스로 그들의 진지를 쓸어버렸다. 참전군인들은 그 돈을 받지 못했다.

그러나 두 나라가 계속해서 전쟁에 관심을 두면서, 전사들의 신경증에 대한 의학적 관심도 되살아난다. 군 정신과 의사들은 트라우마를 겪은 장병들의 정신질환을 신속히 '치료'해 2차 세계대전의 전장으로 되돌려보낼 방법이 필요했다. 그 무렵의 정신과 의사들은 정신적 붕괴가 겁약함의 결과가 아니고 어느 군인에게나 생길 수 있다는 사실을 인정하고 있었다. 미국 정신과의 J.W. 애플Appel과 G.W. 비비Beebe는 압도적인 공포에 맞서 장병들이 가질 수 있는 최선의 방어책은 전우들 간의, 그리고 사병과 지도부 사이의 결속이라는 가설을 내놓았다. 전투부대라는 사회집단 내부의 사기와 응집력이 병사들의 정신을 지켜줄 수 있었다. 레마르크가 『서부 전선 이상 없다』에서 썼던 대로 말이다.

트라우마에 대한 의학적 관심은 2차 세계대전의 종식과 함께 다시 한번 희미해졌다. 그러다 미국의 베트남 참전군인단체인 '전쟁에 반대하는 베트남 참전 전우회'가 정신과의 로버트 제이 리프턴Robert Jay Lifton과 카임 세이튼Chaim Shatan을 만나 전투 경험으로 인해 극심한 심리적 스트레스를 겪고 있는 참전군인들을 위한 로비 활동을 요청하기에 이른다. 이들 참전군인은 그들의 세계관을 붕괴시킨 폭력의 목격자일 뿐만 아니라 가담자이기도 했다. 허먼 박사는 이렇게 말한다. "이들이 장기적인 심리적 손상에 가장 취약했던 이유는 단지 죽음에 노출되었기 때문만은 아니다. 그것은 이들이 악의적이고 무의미한 파괴 행위에 가담했기 때문이었다." 이길 수 없는 전쟁에서 "성공의 기준은 살육 그 자체였다". 많은 베트남 참전군인은 오늘날까지도 PTSD로 고통받고 있다.

참전군인들이 로비를 펼치고 있던 1970년대에 여성해방운동 역시 심리적 트라우마에 관한 새로운 연구를 촉발하고 있었다. 귀환한 군인들뿐만 아니라 자기 집에서 강간과 학대를 당하는 여성들 또한 심리적인 트라우마의 피해자였지만, 그때까지는 강간이 참전군인들이 경험하는 것과 같은 종류의 트라우마 및 스트레스 장애를 유발한다는 사실이 받아들여지지 않고 있었다. 하지만 트라우마에 대한 이해가 넓어지고 참전군인들과 여성해방운동의 이해관계가 일치한 결과, PTSD는 1980년에 처음 미국 정신의학회의 『정신질환 진단 및 통계 편람』에 등재되면서 '진짜' 진단명으로 인정되기에 이른다.

최근 여러분이 '트라우마'라는 말을 사용한 때를 떠올려보자. 여타의 많은 정신의학 용어와 마찬가지로, 트라우마는 임상적으로뿐만 아니라 일상적으로도 자주 사용하는 말이다. 우리는 이혼이 트라우마였다고 말하기도 하고, 수치스러웠던 학교 운동장에서의 경험을 트라우마라 부르기도 한다. 삶에서 겪는 수많은 괴롭고 충격적인 일들이 농담으로든 진담으로든 트라우마라 불린다. 이런 경험은 일상적 트라우마라 할 수 있겠다. 하지만 그것은 트라우마가 과학적으로 의미하는 바는 아니며, PTSD를 야기하지도 않는다.

현대 과학이 이해하는 진정한 트라우마 경험은, 그 순간 소멸의 위협과 완전한 통제력 상실, 극도의 공포를 느낀 경우를 뜻한다. 임상적 트라우마는 강간, 전투, 폭행, 아동기 학대, 끔찍한 사고, 혹은 그 밖의 방식으로 가까스로 죽음을 모면할 때, 그리고 이에 준하는 일이 다른 누군가에게 일어나는 것을 목격할 때 발생한다.

트라우마는 인간의 뇌에서 강렬한 화학적·내분비적 작용을 일으킨다. 인체가 위협에 직면하면 교감신경계가 자극되어 각성도가 높아지고 아드레날린이 솟구친다. 편도체라 불리는 뇌 영역에서 스트레스 호르몬이 분비되고, 이에 따라 심박수와 혈압이 상승하고 호흡이 가빠진다. 고통과 허기와 피로감은 억제된다. 이러한 생리적 반응은 극한 위험에 처한 사람의 생존 가능성을 높이기 위한 것이다.

그러나 일단 위협이 잦아들면 인체기관들은 다시 정상 상태로 돌아가게 돼 있다. 대개의 경우 그렇게 된다. 하지만 어떤 사람들의 몸은 마치 여전히 극심한 스트레스를 받고 있는 것처럼 이런 고도의 각성 상태를 벗어나지 못한다. 트라우마 사건이 마무리되고 나서 몇 주, 몇 달, 몇 년, 심지어 몇십 년이 지나도록 말이다. 이것이 PTSD다. 트라우마 순간에 인체가 생존을 위해 채택했던 모든 전략이 그 후로도 오랫동안 유지된다. 그 순간 유용했던 적응들은 이제 심신을 짓누르는 증상이 된다. 뇌는 진정할 수가 없고, 몸은 여전히 생사가 달린 급박한 위험에 처한 듯 과다각성 상태다. 뉴욕 마운트시나이 병원의 레이철 예후다 박사Dr Rachel Yehuda의 연구에 따르면, PTSD가 있는 사람은 역설적이게도 스트레스 호르몬인 코르티솔 수준이 낮다. 사실 코르티솔은 스트레스 반응을 종료시키는 역할을 수행한다. 위협이 사라졌을 때 이제 더는 위험하지 않다는 신호를 보내기 때문이다. 하지만 PTSD가 있는 사람은 이제는 안전하다는 그런 신호를 받지 못하는 것 같다. 그들의 스트레스 호르몬 수치는, 여전히 임박한 위험과 마주하고 여전히 소멸의 위협에 처한 듯, 균형 상태로 복귀하지 않고 그대로 유지된다. 이미 오래전에 사라진 위협에 몸과 마음이 혼란스럽게 대응한다.

그 결과 사람은 신체적, 심리적, 정신적으로 쇠약해진다. 뇌의 비상 대응 시스템은 트라우마 이후 재조정된다. 뇌는 주어진 상황에서 유의미한 정보를 그 밖의 정보로부터 걸러내는 능력이 감퇴한다. PTSD를 겪는 사람은 악몽과 플래시백에 시달리기도 한다. 플래시백은 트라우마를 연상시키는 갖가지 일상적인 감각자극으로 격발될 수 있는데, 그 순간에는 마치 트라우마가 현재 진행 중인 것처럼 느껴진다. 정신과 의사이자 트라우마 과학자로 『몸은 기억한다: 트라우마가 남긴 흔적들The Body Keeps the Score: Brain, Mind, and Body in the Healing of Trauma』을 저술한 베셀 반 데어 콜크Bessel van der Kolk 박사는 플래시백 연구를 통해 어떤 PTSD 환자는 언어와 관계된 뇌 브로카 영역의 활동이 저하되면서 사고와 감정을 말로 옮기는 능력을 상실할 수도 있음을 발견했다.[3] PTSD는 사고하는 능력, 현실과 인과관계를 정확히 인지하고 장기적인 계획을 세우는 능력에 변화를 야기한다. 그것은 고통을 정확히 표현하는 수단인 서사의 힘을 빼앗을 수 있다.

PTSD 환자의 신경계는 일상적인 상황을 적절히 처리해내지 못한다. 경미한 압박감의 경험조차 격한 생리적 스트레스 반응을 촉발하기 때문이다. 이는 수면 장애나 극도의 놀람 반응, 그리고 우울과 분노, 심질환과 중독 같은 여타의 신체·정신적 건강 문제로 이어진다. 감당하기 어려운 고통과 공포를 달래려는 무익한 시도가 폭음으로 이어지기도 한다.

하지만 트라우마를 겪은 사람이 과음에 의지하는지와 무관하게, 통제 불능의 스트레스 호르몬 자체가 신체에 손상을 가한다. 그들은 뚜렷한 물리적 원인이 없는 편두통, 만성 통증, 소화 불량, 만성 피로를 경험할 수 있다. 반 데어 콜크 박사는 스트레스 호르몬이 장기에 미치는 영향은 "누그러지지 않고 계속되다가 결국엔 질병을 일으켜 당사자가 인지하지 않을 수 없는 상태에 이른다. 약물, 마약, 알코올은 견디기 힘든 감각과 감정을 일시적으로 둔화하거나 지울 수 있다. 그러나 몸에는 모든 기록이 남는다"고 설명한다. 마음으로 PTSD를 무시하거나 억누르려 해봐도, 몸은 그들에게 기억을 강요한다. 장기간의 질병이나 중독을 통해서든, 격발된 플래시백을 통해서든 말이다.

'트리거'는 요즘 젊은이들의 이른바 과민함에 관한 논의에서 자주 오가는 말이다. 요즘 학생들이 위대한 문학작품 속의 노골적인 내용에 대해 '트리거 경고'를 요구한다는 말은 문화전쟁의 대단한 허수아비다(많은 친구와 동료들, 그리고 내 남편이 대학에서 일하고 있지만, 내가 전해 들은 실제 사례는 어느 참전군인 학생이 2001년 911 테러 공격에 관한 수업에서 자료화면을 보지 않아도 되도록 요청한 경우가 유일했다). 하지만 의학적으로 트리거는 무엇을 의미할까? 반 데어 콜크 박사가 설명하듯이, PTSD가 있는 사람이 "과거를 연상시키는 트리거를 접하면 반응은 다양한 형태로 나타난다. 참전군인들은 차를 몰다가 울퉁불퉁한 노면을 만나거나 거리에서 노는 아이를 보는 것과 같은 아주 작은 단서에도 전쟁터에 있는 것처럼 반응한다. 소스라치게 놀라거나 격분하거나 멍해진다". 트라우마를 경험한 사람이 트리거에 반응하면 그들의 스트레스 호르몬과 신경계는 곧장 수년 혹은 수십 년 전에 끝난 위협과 지금 마주하고 있는 것처럼 작동한다. 그런 플래시백은 트라우마 사건 후 수십 년 만에도 일어날 수 있다.

그런데도 도널드 트럼프 주니어는 진보주의자들의 한심한 예민함을 논하겠다며 『트리거Triggered』[한국어 번역서 제목은 『좌파가 우리 입을 막고 번성하는 법』]라는 책을 냈다. 트럼프 주니어를 비롯한 많은 문화전쟁 전사들이 보기에, 트리거 반응은 민망하고, 나약하고, 남자답지 못한 것이다. 이렇게 말하는 그들은 100년 전 포탄 충격을 받은 1차 세계대전 참전용사들이 도덕성이 부족하다고 여겼던 자들과 다르지 않다. 비록 우리가 전직 대통령의 가장 아둔한 아들의 아둔한 글에 관해 이야기하고 있긴 하지만, '트리거'를 비웃는다는 건 참전군인을 포함해서 트라우마를 겪은 모든 사람을 경시하는 짓임을 명심해야 한다. 이런 식의 업신여김은 트라우마를 겪은 사람들이 도움을 구하기보다 자신의 PTSD 증상을 무시하거나 임시방편으로 달래도록 조장할 수 있다.

트리거 반응은 어느 앙칼진 페미니스트가 진저브레드 '사람'이 아니라 진저브레드 **'남자'**라서 불쾌함을 느낄 때 일어나는 어떤 것이 아니다. 그것은 과거에 있었던 파멸적인 공격을 연상시키는, 일견 평범해 보이는 일상생활의 한 부분에 대한 의학·물리·신체적 반응이다. 만약 누군가가 민감한 내용에 대한 트리거 경고를 요청한다면, 그건 그들이 가령 강간에 관한 책을 읽음으로 해서 그 순간에 트라우마를 겪을 거로 생각해서가 아니다. 트라우마나 트리거나 그런 것이 아니다. 트리거 경고의 핵심은, 이미 트라우마를 겪은 사람에게는 지극히 평범한 것들도 트리거가 될 수 있다는 점이며, 다른 사람들에게 트리거 경고가 얼마나 빈번하게 느껴지는지는 중요한 게 아니다. 반 데어 콜크 박사에 따르면, 패닉은 트라우마를 겪은 사람이 "그 자신도 비논리적이라는 사실을 알고 있는 무언가에 의해 촉발될 수 있지만, 그때 느끼는 감각에 대한 공포는 몸 전체를 응급 상황으로 만든다". 사소한 자극에 트리거 반응이 일어난다고 해서 그 사람이 어리석은 게 아니다. 트리거 반응이 일어난 사람은 나약한 사람이 아니다. 그들의 몸이 트라우마의 결과로 오작동하는 것이다.

하지만 오늘날 트라우마와 싸우는 사람들은 정확히 그런 식으로 특징지어진다. 루키아노프와 하이트의 저서, 특히 대학 캠퍼스의 젊은이들이 지나치게 '애지중지'된다는 그들의 확신을 떠올려보라. 이 책에서 그들은 강간 피해자를 보호하고자 한 브라운대학 학생들의 노력을 비웃고 폄하했다. 2014년 브라운대학에서 열린 토론회에 저술가 웬디 매컬로이Wendy McElroy가 초청되었다. 매컬로이는 '강간 문화'라는 표현이 사실 여성을 억압한다고 주장하는 인물이며, 학생들은 그녀의 방문이 달갑지 않았으며, 루키아노프와 하이트는 학생들이 그녀의 방문을 달가워하지 않는 것이 달갑지 않았다. 두 사람이 이 일을 어떻게 묘사했는지 보자.

> 아마도 그 논리는, 브라운대학에 미국을 강간 문화로 보는 학생들이 있고, 일부 학생들의 경우 그러한 믿음의 근거가 부분적으로는 자신이 직접 겪은 성폭행 경험에 있다는 말인 듯하다. 토론회 도중에 매컬로이가 미국은 강간 문화가 아니라고 발언한다면, 미국이 강간 문화라는 주장의 근거로서 그들의 개인적 경험이 '무효하다'는 뜻으로 받아들여질 수 있었다. 듣기엔 괴로울 수 있지만, 그렇다 해도 이런 감정적 고통을 자신이 위험에 처했다는 신호로 해석해야만 하는 것일까?

이것은 자신이 강간당할 수 있다는 걱정을 한 번도 해보지 않은 사람들이 쓴 글이다. 또한 트라우마와 그 영향에 관해 배울 의향이 없는 사람들의 글이다. 두 사람에 따르면 일부 학생들은 "어쨌거나 토론회에 참석하는 사람은 캠퍼스 안에서 매컬로이를 보는 것으로 '트리거' 반응이 일어날 수 있

고 또한 (그들이 반-유약하기보다는 유약하다는 가정하에) 트라우마를 재
경험할 수도 있다"며 우려했고, 그래서 '안전공간'을 조성해 힘들어하는 학
생들이 도움을 받을 수 있게 했다. 저자들은 '트리거'라는 말에 인용부호를
달아 업신여김으로써, 강간이 트라우마 경험이라는 사실에 대한 회의를 드
러내며 또한 강간 피해자가 실제로 트라우마를 재경험할 수 있다는 증명된
사실에 대한 무지를 드러낸다. 그것은 히스테릭한 학생들이 동정심을 구하
고자 그저 지어낸 말이 아니다. 그것은 과학이다. 하지만 저자들은 심지어
PTSD를 앓는 사람들도 "반-유약"하다면서 "'외상 후 성장'을 다룬 연구에
따르면, 사람들 대부분은 트라우마 경험을 겪어낸 후 외려 더 강해지거나
어떤 면에서는 삶이 더 나아졌다고 보고했다"고 말한다. 하지만 이는 과학
에 대한 오해다. 맞다, 과학은 자신의 인생 서사에 트라우마를 통합하는 과
정을 통해 많은 생존자가 치유되고 더 강해질 수 있다는 걸 보여준다. 하지
만 PTSD가 있는 대부분의—**대부분의!**—사람들은 트라우마를 통해 "더 강
해"지기는커녕 그것을 제대로 이해하지도 못하고 아예 진단받은 적조차 없다.

 학생들에게 "반-유약"하라고, 트라우마를 딛고 그저 더 강해지라고 말
함으로써 두 사람은 무엇이 트라우마에 대한 바람직한 반응이고 그렇지 않
은 반응인지를 말하고 있지만, 그건 트라우마가 작동하는 방식과 동떨어진
얘기다. 그저 마음을 굳게 다잡는다고 혼자 힘으로 트라우마에서 회복할
수 있는 게 아니다. 그뿐만이 아니다. 강간당한 사람이 다시금 안전감을 익
히는 방법은 강간에 더 노출되는 것이 아니다. 저자들은 과연 PTSD가 있는
군인에게도 불꽃 축제에 가서 자신이 전적으로 괜찮다는 걸, 사실 더 강하
다는 걸 느껴야 한다고 말할까. 강간 피해자는 회복을 위해 대학 캠퍼스와
그 너머에 만연한 성폭력을 부인하는 사람의 말을 들을 필요가 없다. 저자
들은 일부 PTSD 치료법에 트라우마 기억에 대한 점진적이고 통제된 노출

이 포함된다는 것을 언급한다. 사실이다. 하지만 트라우마를 주제로 캠퍼스에서 열리는 강연회에 가는 것은 심리치료를 받는 것과 다르다. 그렇지 않다고 믿는 사람은 대단히 냉소적임이 틀림없다. 루키아노프와 하이트가 보기에 이 사건에서 가장 개탄스러운 건 브라운대학 학생들이 강간 생존자들을 돕고자 나섰다는 사실이다. 그들이 보기에는 바로 그 점이 요즘 세상의 문제다.

사실 트라우마를 겪은 사람에게 기운내고 털어버리라고 말하는 편이, PTSD의 증상들이나 애초에 그것을 야기한 끔찍한 사건들을 다루는 것보다는 훨씬 쉽다. 하지만 끔찍한 정서적 충격을 겪은 사람에게 그저 털어버리라고 말하는 건 도리어 상황을 악화시킬 수 있다. 대개의 경우엔 트라우마 경험 후에 시간이 흐르면서 실제로 고통은 서서히 아문다. 트라우마 피해자가 충격적인 경험 후에도 일상을 이어가는 엄청난 힘을 보여주는 일도 종종 있다. 그러나 강하다는 것과 삶을 온전히 누린다는 것은 결코 같지 않다.

셰일리 제인Shaili Jain 박사는 정신과 임상의이자 스탠퍼드대학의 트라우마 연구자다. 그녀는 저서 『형언할 수 없는 마음: PTSD 과학 최전선에서 들려주는 트라우마와 치유에 관한 이야기The Unspeakable Mind: Stories of Trauma and Healing from the Frontlines of PTSD Science』에서, 억눌린 것이건 아니건 트라우마는 매몰찬 관찰자라면 쉽게 나쁜 성격 탓으로 치부할 수 있는 부류의 행동을 야기할 수 있다고 설명한다.[4] "트라우마 스트레스는 사랑하고 창조하고 일할 수 있는 능력을 저해함으로써 삶에 치명상을 입힌다. 이러한 무능력의 상태를 가져오는 것은 잘못된 생활방식, 도덕성 부족, 성격적 결함이 아니라 생물학, 유전, 환경의 복합적인 상호작용이다." PTSD 환자들의 특징적인 증상인 심신을 짓누르는 플래시백과 악몽의 다른 한편에는, 삶을 즐겁게 해주는 것들이 희미해지는 증상이 있다. 제인 박사에 따르면 PTSD는 "사람의 정서적인 삶을 피폐화한다. 행복은 희미해지는 반면 짜증은 늘어서, 걸핏하면 세상과 담을 쌓고 사랑하는 이들과 소원해질 기로에 서게 된다".

트라우마로 인한 스트레스는 한 세대 이상에 영향을 미칠 수 있다. 새로운 연구들은 트라우마 스트레스가 건강에 미치는 악영향이 생물학적으로 대물림될 수 있다는 걸 보여준다(물론 한 세대의 트라우마가 전통적인 방식의 양육을 통해서 다음 세대에 영향을 미칠 수 있음은 두말할 필요도 없다).

레이철 예후다 박사는 이 분야를 선도하는 연구자로, 트라우마 발생 후 싸움-도피반응fight-or-flight response을 끝내는 데 코르티솔이 어떤 기능을 하는지 보여준 바 있다. 예후다 박사는 트라우마의 세대 간 효과를 연구하는데, 이 혁신적인 연구에서 코르티솔이 중요한 역할을 한다. 그녀는 홀로코스트 생존자의 후손들이 스트레스 호르몬 프로필의 변화로 인해 유사한 조건의 다른 유대인 성인에 비해 불안장애 성향이 더 높다는 사실을 확인했다.[5] 일반적으로 홀로코스트 생존자들은 코르티솔 수치가 더 낮고, 그중에서도 PTSD를 겪는 생존자들은 더더욱 낮다. 또한 그들은 코르티솔을 분해한다고 알려진 효소의 수치 역시 낮은 것으로 나타났다. 그러나 이야기는 여기서 멈추지 않는다. 이들의 후손 역시 코르티솔 수치가 더 낮고, 어머니가 PTSD를 겪었을 경우 특히 더 그렇다. 그러나 후손들의 경우 코르티솔을 분해하는 효소의 수치는 더 높다. 이런 변화가 일어나는 이유는 부모가 경험한 세계에 다음 세대를 대비시키기 위함이다. 하지만 이 경우 후손들은 결과적으로 PTSD 성향이 더 높아지고, 스트레스를 더 많이 받고, 고혈압 등 신체질환에도 더 취약해진다.

이것이 후성유전학이다. 한 사람이 가진 유전자들의 구조는 변하지 않더라도, 유전자들이 활성화되는 방식은 생애 사건들에 의해 변할 수 있다. 이 것을 메틸화methylation라고 하며, 이러한 후성유전적 패턴들은 자녀들에 대물림될 수 있다. 후성유전 연구는 경험과 환경이 생명 현상과 불가분의 관계임을 상기시킨다.

이 분야 초기 연구 중 하나는 맥길대학 모셰 시프Moshe Szyf의 것으로, 그는 학대가 아동의 후성유전적 프로필에 미치는 영향을 들여다보았다. 이 연구는 영국에서 최상위 특권층에 태어난 아동과 빈곤 가정에 태어난 아동 수백 명을 대상으로 진행되었고, 73개 유전자에서 변형이 확인됨에 따라 심리적 트라우마가 인체의 근원적인 코딩에 변화를 야기할 수 있음을 보여주었다.

예후다 박사는 또한 임신한 여성에게 트라우마 스트레스가 미치는 영향을 연구했다.[6] 2001년 911 테러 공격 이후, 뉴욕 인구 50만 명가량이 PTSD 증상을 겪었다. 약 1700명의 임신한 여성이 공격에 직접적으로 노출되었고, 그중 일부에게서 PTSD가 나타났다. 예후다 박사와 동료들은 테러 공격일 아침에 세계무역센터나 그 근처에 있었던 다양한 임신 주차의 여성 38명에 대해 코르티솔 수치를 조사했다. 테러 공격 이후 PTSD가 나타난 여성들은 그렇지 않은 여성들보다 코르티솔 수치가 낮았다. 1년 뒤 이 여성들이 낳은 아기들을 조사했을 때, PTSD가 있는 여성들의 자녀들 역시 다른 아기들보다 코르티솔 수치가 낮은 것으로 나타났다. 이 아이들은 자라면서 새로운 상황에서 더 극심한 스트레스 반응을 겪었다. 이 연구는 자궁 안에서 경험한 트라우마 같은 환경적 요인에 의해 DNA 서열 자체는 변하지 않더라도 그것이 발현되는 방식이 달라짐에 따라 유전자가 영향을 받을 수 있음을 시사하는 것으로 보인다. 쥐를 대상으로 한 연구에서는 이러한 후성유전적 표지가 자녀뿐만 아니라 손주에게도 대물림될 수 있는 것으로 나타났다. 두 세대 전에 일어난 한 번의 트라우마 사건이 어쩌면 자기 조부모를 만나보지도 못했을 이들의 유전자에까지 그 흔적을 남길 수 있는 것이다. 물론 트라우마의 영향을 받은 가정의 구성원 간 역학관계가 중요함은 두말할 나위도 없다. 트라우마의 세대 간 대물림은 생물학적으로뿐만 아니라 양육 행위를 통해서도 이루어진다. 생물학적 과정은 대단히 중요하지만, 트라우마에서 비롯된 상호관계 관행과 행동 방식 역시 후손에 대물림된다.

때로는 한 인간을 인간으로 만드는 DNA에 그 사람보다 앞서서 존재했던 고통이 압축적으로 들어가 있다. 자신이 경험한 것이 아닌, 자신은 살아 있지도 않았던 때로부터 새겨진 그런 트라우마를, 그저 "마음을 다잡는다"고 "털어버릴" 수 있는 걸까? 시인 필립 라킨Philip Larkin은 1971년에 이렇게 썼다.

그들이 널 망쳐놓지, 네 엄마 아빠가.
그러려는 건 아니겠지, 그래도 결국엔 그래.
자기들의 결점으로 널 가득 채우고
거기다 좀 더 얹어주지, 특별히 널 위해.

하지만 그들은 그들대로 망가졌던 거야,
구식 모자와 코트를 걸친 바보들에게.
걸핏하면 딱하리만치 엄숙하고
또 걸핏하면 서로 끝장낼 듯 싸우던 이들.

사람은 사람에게 비참함을 물려주고,

그 비참함은 연안 대륙붕처럼 깊어지지.

가능한 빨리 거기서 나와.

그리고 넌 아이 같은 건 낳지 마.[7]

50년의 세월이 흘러, 새로운 분야의 과학이 정확히 **어떻게** 한 세대가 다음 세대를 망치는지를 더욱 깊이 들여다보고 있는 지금, 라킨의 시는 또 다른 의미로 다가온다. 부모는 자신의 후성유전적 프로필을 자식에게 물려주려는 의도가 없을지 몰라도, 결국엔 그런다.

슬프게도 PTSD는 국소적이거나 희귀한 현상이 아니다. 트라우마에 노출되고 PTSD가 발생하는 사례는 영국과 미국을 비롯한 세계 각국의 여러 집단에 걸쳐 널리 분포한다.

미국 인구의 적어도 7퍼센트, 영국 인구의 4~5퍼센트가 PTSD를 겪고 있는 것으로 추정된다. 미국 아동의 40퍼센트는 잠재적인 트라우마 사건을 경험할 것이다. 베셀 반 데어 콜크 박사는 『몸은 기억한다』에서 미국의 아동기 트라우마에 관한 경악스러운 통계를 제시한다.

미국 질병통제센터의 조사에 따르면 미국인 5명 중 1명은 어린 시절 성추행을 당한 경험이 있고, 4명 중 1명은 부모에게 몸에 자국이 남을 정도로 맞은 적이 있으며, 커플 3쌍 중 1쌍은 신체 폭력을 경험하는 것으로 나타났다. 미국 전체인구의 4분의 1은 알코올에 중독된 친인척과 함께 자라고, 8명 중 1명은 어머니가 맞거나 공격받는 모습을 목격한다.

이 수치는 기념비적인 '부정적 아동기 경험Adverse Childhood Experience/ACE' 연구에서 나온 결과로, 미국에서 아동기 트라우마가 얼마나 광범위하게 발생하는지를 보여준다. 이 조사에서 여성 28퍼센트, 남성 16퍼센트가 어린 시절에 그들보다 최소 5살 이상 많은 성인에게 성적인 신체 접촉을 강요당했다고 답했다. 8명 중 1명은 누군가가 어머니를 밀치거나, 세게 붙잡거나, 뺨을 때리거나, 발길질하거나, 물거나, 주먹이나 단단한 물체로 구타하거나, 그녀에게 뭔가를 던지는 걸 본 적이 있다고 답했다. 그리고 이것은 아동을 세상 다른 곳으로부터 안전하게 지켜주어야 할 장소인 가정 안에서 발생하는 트라우마만을 대상으로 한 집계다. 미국에서 한 해 약 300만 명의 아동이 학대와 방임을 경험하며, 여기엔 신고된 건수만 포함된다. 한편 영국 잉글랜드와 웨일스의 18세 성인을 대상으로 한 2019년 연구에서는, 조사 참가자 중 거의 3분의 1가량이 어린 시절에 트라우마에 노출됐고 그 결과 13명 중 1명이 PTSD를 겪은 것으로 나타났다.[8] PTSD 증상이 있는 사람들은 그렇지 않은 사람보다 다른 정신건강상의 어려움을 경험할 확률이 거의 5배나 높았다. 그러나 정신건강 전문가의 도움을 구하거나 받은 사람은 거의 없었다.

참전군인, 여성, 그리고 여성 참전군인은 특히 더 PTSD에 취약하다. 해마다 자살로 생을 마감하는 미국인의 20퍼센트는 참전군인이다. 매일 참전군인 20명이 자살로 죽는다. 여성 참전군인의 자살률은 민간인보다 6배 높다. 이라크와 아프가니스탄에서 돌아온 미국 전투병들에 대한 연구에서는 23퍼센트가량이 PTSD 증상을 겪는 것으로 확인됐다. 영국 군인의 경우, 이라크와 아프가니스탄에서 과거 전투병으로 복무했거나 현재 복무 중인 이들 가운데 PTSD 유병률은 지난 10년 사이에 4퍼센트에서 6퍼센트로 올라갔다.[9] 또한 질병통제센터에 따르면 미국 여성 25퍼센트는 배우자나 애인에게 '친밀관계 폭력intimate partner violence/IPV'을 당한 경험이 있다. 몇몇 연구에서는 이 중 64퍼센트가 그 결과 PTSD를 겪는 것으로 나타났다.[10] 하나의 트라우마는 종종 다른 트라우마로 이어지며, 자연재해와 전쟁은 IPV의 빈도를 높이기도 한다. 그러나 IPV가 늘어나는 데 언제나 진정한 의미의 트라우마가 필요한 건 아니다. 축구전에서의 패배 같은 지극히 평범한 일도 가정에서 IPV 빈도를 높이는 것으로 나타났다.[11]

가시지 않는 총기 사건의 위험으로 인해, 미국인이 폭력적인 트라우마를 경험하거나 목격할 가능성은 전쟁터와 학대가정 너머 거리와 교실로도 확대된다. 제인 박사에 따르면, 미국에서 폭력적인 도심 빈민가의 PTSD 유병률은 "이라크전과 아프가니스탄전 참전군인들에게서 확인되는 유병률에 맞먹는다". 『워싱턴 포스트』의 내 동료들이 조사한 바에 따르면, 콜로라도주 콜럼바인 고교 총기 난사 사건이 있었던 1999년부터 2019년 말 사이에 23만 6000명 이상의 미국 학생들이 학교에서 총기 사건을 경험한 것으로 나타났다.[12] 잠재적인 트라우마 피해 학생의 숫자가 점차 늘어남에 따라, 『워싱턴 포스트』는 이제 총기 폭력 데이터베이스를 따로 두어 새로이 발생하는 사건들의 데이터를 반영해 지속해서 업데이트하고 있다.

여성의 경우 성적 트라우마의 위협은 평생을 따라다닌다. 미국에서는 거의 20퍼센트의 여성이 생의 어느 한 시점에 강간당한 경험이 있다. 여성은 남성보다 아동기 성 학대 및 성인기 성폭행을 당할 확률이 더 높다. 의학저널에 등재된 연구들에 따르면 여성 20~25퍼센트가 대학교육을 받는 4년 동안에 성폭행을 당하는 것으로 추정된다.[13] 강간은 완전한 통제력 상실과 소멸의 공포를 동반하며 PTSD로 이어질 확률이 가장 높은 유형의 트라우마다. 살면서 트라우마 사건을 경험한 적이 있다고 보고하는 여성은 남성보다 적지만, PTSD 위험이 더 높은 쪽은 여성이다. 여성이 겪는 트라우마의 성격, 그리고 성폭행 피해 여성에 대한 개인적·사회적 지지의 부족 때문이다.

"여성은 긍정적인 사회적 지지가 제공될 때 트라우마 사건을 더 잘 감당하게 됨을 경험한다"고 제인 박사는 설명한다. "그러한 지지를 거부당할 때의 영향은 대단히 파괴적이다." 강간당한 시기가 어릴수록 PTSD로 이어질 확률은 더 높아진다. 반 데어 콜크 박사에 따르면 "모든 강간의 절반 이상이 15세 이하 소녀에게 일어난다".

허먼 박사는 "강간의 핵심은 사람에 대한 신체적, 심리적, 도덕적 침해"라고 설명한다. "강간범의 목적은 피해자를 공포에 떨게 하고 지배하고 모욕하며 완전히 무력하게 만드는 데 있다. 즉, 강간은 본질적으로 심리적 트라우마를 야기하도록 의도적으로 고안된 행위이다." 반 데어 콜크 박사는 "몸을 마음대로 움직이지 못하는 상황은 대부분의 트라우마에 근본 원인으로 작용"한다고 지적하며, 강간당하는 동안의 제압 상태는 분명 그에 해당한다. 더군다나 다른 트라우마와 달리 강간의 경우에는 피해자가 도리어 비난당하는 경향이 있다. 허먼 박사는 강간 피해자에 대해 이렇게 쓰고 있다. "이들은 패배한 군인들보다 더 큰 멸시를 당한다. 불공정한 싸움에서 진 것이라고 인정받지 못하기 때문이다. 도리어 그들은 자신의 도덕적 기준을 저버리고 패배를 자초했다는 비난을 받는다." 강간 생존자가 자신이 입은 피해에 대해 도리어 책임을 추궁당하고 가해자를 허위신고했다고 의심받을 때, 치유로 가는 길은 더더욱 길고 외로워진다.

눈송이성에 대한 여러 비판의 중심에는 PTSD, 그리고 심리치료 자체에 대한 회의가 자리한다. 정신의학계 내부의 사정도 마찬가지여서, 트라우마의 영향이 존재하는지를 둘러싼 싸움은 정신의학이 태동한 지크문트 프로이트 시절로까지 거슬러 올라간다. 제인 박사에 따르면, PTSD가 처음 『정신질환 진단 및 통계 편람』에 공식 진단명으로 등재된 1980년부터 40년도 더 된 지금까지도, 일부 정신의학자와 다수의 목청 높은 언론인들은 PTSD가 "사회에서 지나치게 강조되고 병원에서 과다 진단되고 있다"고 본다. 기성 의학계에서조차 트라우마 피해자의 기억은 의심되며, 어떤 이들은 정말로 트라우마 피해자가 마음을 다잡고 그냥 "넘겨버려야" 한다고 믿기도 한다. 퇴출당한 영화계 거물 하비 와인스타인의 재판에서 그의 변호사들은 무엇보다도 트라우마를 겪은 여성들의 기억에 신빙성이 있는지를 따져 묻는 데 총력을 기울였다. 이는 정신의학계의 대단히 특수한 논쟁점이다. 하지만 우리는 이 싸움이 캠퍼스 문화전쟁과 미디어의 논쟁, 그리고 가정에서도 되풀이되는 것을 본다.

나는 셰일리 제인 박사에게 전화를 걸어 트라우마 과학자, 정신의학 임상의, PTSD 전문가로서 트라우마라는 용어가 일상생활 속에 스며든 현상을 어떻게 생각하는지 물었다. 한편으로 그녀는 과학자의 입장에서 그녀가 "대문자-T 트라우마"라고 부르는 것의 정의가 희석되는 것에 경계심을 가지고 있다. 트라우마 과학이 의학계에 수용되기 위해 싸워온 오랜 역사에 비추어 볼 때, PTSD의 명확한 진단적 정의는 이 분야에서 대단히 중요한 의미를 가진다. "과학을 위해서, 그리고 이 분야의 발전을 위해서도, 우리 모두가 동일한 대상을 놓고 이야기하는 것, 그리고 우리의 정의를 매우 정확히 사용하는 건 중요한 일"이라고 그녀는 설명한다. 상대적으로 작은 생애 사건들은, 심지어 이혼이나 사별처럼 매우 괴로운 것이라 해도, 대문자-T 트라우마보다는 소문자-t 트라우마로 이해하는 편이 낫다는 뜻이다. 물론 임상의로서 제인 박사는 인간 경험의 미묘함을 이해하며, 사람들이 자신의 고통을 묘사하는 방식에 늘 귀를 기울인다. 그렇지만 아무리 괴롭더라도 일반적인 스트레스 증상과 대문자-T 트라우마의 스트레스 증상을 한데 뭉뚱그려서는 안 된다고 경고한다. 그렇게 하면 PTSD 생존자의 경험이 하찮게 여겨질 위험이 있기 때문이다.

나는 제인 박사에게 트라우마가 과다 진단되고 있는지 아니면 과소 진단되고 있는지 의견을 물었다. "아마 둘 다일 겁니다." 그녀는 말했다. PTSD 연구를 어렵게 하는 점은, PTSD에 가장 취약한 이들이 역사적으로 목소리를 내지 못한 사람들, 즉 여성, 아동, 그리고 소수자 집단이라는 사실이다. "특히 가해자가 더 큰 힘을 가지고 있을 때는, 우리 문화 안에서 사람들이 누구의 이야기를 듣게 되는가 하는 엄청난 법·사회학적 함의가 결부돼 있죠." 오늘날에는 새로운 소셜미디어 플랫폼 덕분에 이들 집단이 전에 없이 큰 소리를 낼 수 있게 됐고, "우리는 지금까지 과소 인정되었던 목소리들을 듣고 있다"고 제인 박사는 말한다. "이런 이야기들에 귀를 기울이는 것이 중요합니다. 그리고 대문자-T 트라우마인지 소문자-t 트라우마인지를 판단하려 들기 전에 먼저 듣는 것이 중요하다고 생각해요. 임상의로서, 그리고 한 인간으로서, 전 누군가가 트라우마를 겪었다고 말할 때 큰 관심을 느낍니다." 엉망진창인 인간 경험의 현실은 연구자들이 요구하는 일관된 정의에 언제나 깔끔하게 들어맞지 않을 수도 있다.

문제는, 인간이 타인의 트라우마에 관해 듣기를 대단히 불편해한다는 것이다. 트라우마 스트레스와 일반적인 스트레스를 구별하는 작업은 PTSD를 이해하는 데도, 그리고 제인 박사가 말하는 "트라우마 인식이 제고된 사회"로 나아가는 데도 중요한 일이지만, 현재 눈송이를 매도하는 사람들, '트리거' 같은 용어를 누군가가 정신적으로 고통받는다는 사실 자체를 비웃는 데 이용하는 사람들이 벌이는 논쟁은 그런 것이 아니다. 트라우마에 관해 듣는 것이 너무 거북한 나머지, 많은 이들은 생존자를 연민하기보다 조롱하고 불신하는 편을 택한다. 프로이트도 그가 알게 된 사실의 함의, 즉 힘 있는 자들이 여성과 아동을 해치고 있다는 혐의 때문에 스스로 히스테리에 관한 자신의 가설을 기각했다. 제인 박사는 이렇게 설명한다. "대다수 사람이 그런 불편함을 견디지 못하는 게 현실이에요. 그 불편함을 차단하고 싶어하죠. 그럴 때 제일 좋은 방법은 말하는 사람의 입을 막는 거예요. 그래서 전 그런 이야기를 듣기 싫어하는 우리 내면의 편견을 직시해야 한다고 생각해요. 우리가, 인간의 뇌가 그렇게 설계되었어요. 우리는 불편한 이야기를 듣고 싶어하지 않아요. 하지만 우리 사회의 트라우마 인식이 제고되려면 그런 불편을 감수해야만 합니다." 물론 누군가의 말문을 막는 한 가지 방법은, 그 사람을 예민한 눈송이로 비난하는 것이다.

제인 박사는 젊은이들이 이전 세대에 비해 회복탄력성이 부족하다고 생각하지 않는다. 그녀가 보기에 이전 세대의 "이 악물고 버티기 접근법"은 전혀 통하지 않았다. "그저 문제를 뒤로 미뤘을 뿐이죠." 제인 박사에 따르면, 두 번의 세계대전에서 살아남은 세대들이 그런 끔찍한 일들을 목도하고 경험하고도 계속해서 삶을 이어갈 수 있었던 건 "의심의 여지 없이" 일종의 강인함이었지만, 거기엔 다른 것들도 동반됐다. "회피가 많았죠. 약물 남용도 빈번했을 거고요. 가족을 상대로 한 분노 폭발, 가정폭력도요. 그러니 그걸 미화하지는 말자고요." 그런 부작용을 떠안아야 하는 건 다음 세대들이며, 혹은 그들은 그들대로 다음 세대에게 트라우마를 겪게 할 수 있다. 그런 종류의 강인함에서 자주 보이는 또 다른 특성은 수치심이다. 제인 박사는 말한다. "제가 느끼기에 이전 세대는 강한 수치심을 가지고 트라우마를 대했어요. 그들은 자기 자신을 창피하게 생각해요, 피해자가 수치심을 느끼는 거죠. 그리고 수치심은 정말 깊이 감춰진 감정 중 하나예요. 두더지 잡기 같아요, 그런 감정을 느끼는 순간 얼른 내리쳐 누르는 거죠." 그에 반해 오늘날의 젊은이들은 일반적으로 "자신의 감정을 꽤 편하게 표현"한다. 이건 좋은 일이다. 한 세대가 제인 박사가 "강단"이라 부르는 것, 즉 좌절한 후에 다시 일어나 시작하는 힘을 잃지 않는 건 중요하지만, 감정을 소통하는 것은 옛날식으로 부정적인 감정을 억누르는 것보다 언제나 더 낫다.

밀레니얼과 Z세대가 실제로 나이 많은 세대들이 불편해할 만큼 자신의 감정에 관해 많은 이야기를 하더라도, 그건 그들에게 강단이 없다는 뜻이 아니다. 그들은 단지 플랜B를 가동해야 하는 슬픔에 대해 좀 더 솔직한 것인지도 모른다. 그들은 좋은 의미에서 창피한 줄을 모른다. "삶의 역경에 대처하는 방법으로 이 악물고 버티기를 선호하는 사람들은 오늘날 미국인의 사망 원인이 뭔지, 통계를 좀 보셨으면 좋겠어요"라고 제인 박사는 말한다. 그건 자살과 중독, "절망의 죽음"이다. "그게 움직이지 않는 사실이에요. 미국의 성인들이 스스로 자기 목숨을 끊고 있다면, 혹은 약물 과다 복용으로 죽어간다면, 그렇다면 우리가 뭔가를 잘못하고 있는 거죠. 전 어떤 면에서는, 만약 우리가 새로운 세대의 젊은이들에게 자신의 정신적, 정서적 안녕에 더 관심을 기울이고 잘 보살피도록 권장한다면, 그럼 미래에는 그런 일이 일어나는 걸 막을 수 있지 않을까 생각해요."

그토록 많은 이들을 자살로 잃는 사회는 분명 어딘가 잘못되었다. 또한 그것은 심리치료만으로 해결할 수 있는 문제가 아니다. 정서적인 안녕은 중요하지만, 불평등과 빈곤과 폭력에 시달리는 사람이 정서적인 안녕만 있다고 해서 성공적인 삶을 살 수 있는 건 아니다. 또한 개인의 안녕을 강조하더라도 집단적이고 구조적인 문제들을 간과할 수는 없다. 이런 상황에서 눈송이 비판자들은 사회의 가장 심각한 문제들을 10대들이 과도하게 예민한 탓으로 돌린다. 그런 식으로 말할 때, 그들은 한계에 내몰린 이들의 극심한 고통이 하찮아 보이게 할 뿐만 아니라, 모욕과 낙인을 재생산함으로써 그들이 도움을 얻게 될 가능성을 차단한다. 절망의 시간을 이 악물기로 버텨낸다면, 주변 사람들이 나의 고통과 마주해 불편함을 느끼는 일은 없을지 모른다. 하지만 그건 자신이 치유될 가능성을 해치면서까지 타인의 편안함을 위해 지나친 대가를 치르는 것이다.

심리치료를 받거나 과거의 트라우마와 다시 마주하려면, 두 주먹 불끈 쥐고 삶을 돌파하는 것이 늘 바람직한 방법은 아니라는 걸 인정해야 한다. 자신이 부정적인 감정을 처리하는, 혹은 억누르거나 회피하는 방식이 자신의 실존적 가능성을 제한할 수 있다는 걸 이해해야 한다. 자신의 나약함을 받아들여야 한다. 그리고 어쩌면 그 과정에서 자신이 트라우마를 겪게 된 정치적 조건에 관해 배우고 이야기하게 될지도 모른다.

어쩌면 정확히 그 점이 눈송이를 미워하는 사람들이 두려워하는 것인지 모른다. 그래서 대통령의 아들, 도널드 트럼프 주니어가 그의 책에 『트리거』라는 제목을 붙였는지도 모르겠다. 아니면 그리 깊은 생각이 없었는지도 모르겠지만.

여기까지 글을 읽고 상황이 좀 암담하게 느껴진다면 미안하다. 우울한 책을 쓰고 싶지는 않았지만, 우리가 사는 시대가 우울하다. 하지만 이 시대는 또한 트라우마와 트라우마 스트레스로부터 치유되는 데 무엇이 필요한지, 그리고 트라우마에 맞설 회복탄력성을 어떻게 키울 수 있는지를 그 어느 때보다도 더 잘 이해하는 시대이기도 하다. 탄력적인 강인함을 기르는 작업이 아동기부터 시작되는 건 맞지만, 그저 "강해지라"는 말을 듣는다고 강인함이 길러지는 건 아니다.

1980년대까지만 해도 아이들은 트라우마를 견디고 회복하는 힘이 대단히 강한 것으로 여겨졌고, 그래서 대체로 의학 연구자들의 관심을 받지 못했다. 이런 인식은 널리 퍼진 통념이었고, 오늘날까지도 많은 이들은 그렇게 생각한다. 하지만 우리가 젊은이들에게서 바라는 것이 진정한 강인함이라면, 그들이 이전 세대들처럼 홀로 트라우마를 견디거나 "자기 내면의 힘을 발견"하려다 번번이 실패하도록 내버려 두어서는 안 된다. 트라우마를 겪은 사람의 내면적인 힘으로 보이는 그것은, 실은 고통을 성공적으로 억누른 상태, 심지어 삶의 기쁨에까지 무감해진 상태일 수 있다. 반 데어 콜크 박사는 PTSD 환자의 뇌 영상을 연구하고 이렇게 썼다. "끔찍한 감각을 차단하기 위해" 그들은 "삶을 온전하게 느끼는 기능마저 죽여버렸다". 만약 강인함이 우리가 바라는 것이라면, 분명 다른 방법이 있어야 한다.

탄력적인 강인함을 키우는 열쇠는, 정신의학 전문가들에 따르면, 아동기의 적당한 스트레스다. 하나부터 열까지 남이 다 챙겨줘야 하거나 싫은 일은 절대로 하지 않는 소황제라면, 미래에 만나게 될 트라우마에 전혀 준비가 되지 못할 것이다. 또한 (이건 별개의 문제이긴 하지만) 아마도 끔찍한 성품을 갖게 될 것이다. 하지만 적당한 스트레스는 극단적인 스트레스가 아니다. 극단적인 스트레스는 정반대의 효과를 가져와 트라우마에 맞설 힘을 약화할 수 있다. 우리 몸의 스트레스 반응 시스템이 알맞게 작동하는 법을 익힐 수 있으려면, 스트레스는 평범하고 예측 가능한 것이어야 하며 보살핌의 안전망으로 보완되어야만 한다. 지나친 스트레스는 전체 시스템의 평형 상태를 깨뜨린다. 모든 사람이 일생에 걸쳐 겪는 스트레스 경험이 다를 수밖에 없기에, 어떤 사람의 트라우마가 다른 이에게는 별일이 아닐 수도 있다. 이것은 강한 성격의 결과가 아니다.

'애지중지'에 비판적인 이들이 오도하는 것과 달리, 부모로부터 아동에게 주입된 높은 자존감은 훗날 누군가가 그들을 마땅히 그래야 하는 만큼 존중하지 않을 때 훌륭한 척도가 되어준다. 만약 어떤 소녀가 어릴 적 자신을 추하고 무가치하게 느낄 수밖에 없었다면, 젊은 여성이 된 그녀를 파트너가 추하거나 무가치하게 대하더라도 그것을 당연하게 받아들이기 쉽다.

반면에 당신이 자신을 대단히 특별하게 여긴다면, 바라건대 당신은 그렇게 생각하지 않는 사람을 파트너로 받아들이지는 않을 것이다. 또한 스트레스 상황에서 위로와 달램을 받은 아동은 자신을 달래는 법을 익힐 것이며 이 능력은 성인이 되어서도 유효하다. 이런 종류의 지지는 운명이 그들을 최악의 상황에 내동댕이칠 때 완충제로 작용할 수 있다. 모순되게 보일지 몰라도, 강인감은 친절함에서 얻어진다.

반 데어 콜크 박사는 어린이들이 보살핌받았던 경험에 근거해 자신을 보살피는 법을 배우게 된다고 쓰고 있다. "부모가 안정적으로 위로와 용기를 제공해준 아이들은 평생 그 혜택을 누린다. 운명이 건네는 최악의 순간도 견딜 수 있도록 일종의 완충제를 확보하는 것이다." 혹독한 어린 시절은 미래의 역경을 이겨낼 힘을 보장해주지 않는다. 도리어 반 데어 콜크 박사에 따르면, 수십 년의 연구를 통해 "아이에게 안전한 피난처가 제공되면 자립심이 증대되고 공감할 줄 알고 고통에 빠진 사람들을 도울 수 있게 된다는 사실이 명확히 증명되었다".

나는 요즘 젊은이들의 나약함을 꾸짖는 평론가 대부분이 강한 사람이 되려면 정말로 어려서부터 트라우마를 경험해야 한다고 믿는 건 아니라고 생각한다. 뭐, 일부는 거의 그렇기는 하다. 특히 체벌을 옹호하고 젊은이들을 전쟁터로 내보내는 걸 낭만화하는 자들. 하지만 힘 있는 아이를 길러내기 위한 피난처 가설에 의문을 제기하는 그런 세계관이 결국 '인성교육'이라는 명목으로 아동과 청소년에게 저지르는 온갖 나쁜 행동에 면죄부를 제공해준다는 건 분명하다. 인간의 뇌는 20대 초까지도 계속 성장하므로 이건 성인 초기까지도 해당하는 말이다.

우리가 양육에 관해 어떻게 생각하고 이야기하는가는 중요한 문제다. 그 영향이 학교와 대학, 일터, 정치까지 모든 영역에 속속들이 미치기 때문이다. 우리 아이들을 어떻게 길러낼 것인가는 가정이 고민할 문제이지만 동시에 정부가 고민할 문제이기도 하다. 가정이든 국가든, 아이들을 세상의 트라우마에 대비시키기 위해서는 온화함으로 길러야 한다.

물론 부모는 '대문자-T 트라우마'를 경험하거나 저지르지 않고도 자녀에게 많은 상처를 줄 수 있다. 우리는 비단 자녀들이 미래에 끔찍한 일을 당했을 때 PTSD를 겪지 않게 할 방법으로서가 아니라 좀 더 일반적인 의미에서도 그들에게 회복탄력성을 길러줄 전략들에 관해 이야기할 수 있다.

부모가 할 수 있는 일 중에는 세대에 걸친 불행의 사슬을 끊는 것도 있다. 심리치료사 필리파 페리Philippa Perry는 저서 『나의 부모님이 이 책을 읽었더라면The Book You Wish Your Parents Had Read (and Your Children Will Be Glad that You Did』의 첫 장을 부모의 양육방법이 알게 모르게 다음 세대로 대물림되는 방식을 설명하는 데 할애한다.[14] 근본적으로 그녀의 주장은, 각자 어린 시절의 고통스러운 기억을 되돌아보면서 "나한테 그런대로 괜찮았으니 내 자식한테도 그런대로 괜찮을 것"이라고 여길 게 아니라, 그와 정반대로 "이건 내가 어려서 당한 부당한 처사이자 이제 부모가 된 내가 다르게 할 수 있는 부분"이라고 생각하라는 것이다. 이 작업에 착수하려면, 당신은 적어도 자신이 "괜찮은 어른"이 되지 않았다는 사실을 인정해야 한다. 당연하지만 이것이 첫 번째 걸림돌이다. 괜찮지 않은 건 뭐든 낙인찍는 사회에서 자신이 괜찮지 않다고 말하는 건 쉬운 일이 아니다. 하지만 페리는 이렇게 말한다. "자신이 양육된 방식과 그 잔재를 직시하지 않으면, 과거는 오늘의 문제로 되돌아올 수 있다." 그리고 그 문제가 자기 자녀이기를 바라는 사람은 아무도 없다.

페리의 설명을 보면, 부모가 자녀를 특별한 눈송이로 대하는 것이 훗날 아이가 건강한 성인으로 기능하게 하는 비결이라고도 말할 수 있을 듯하다. "자라는 동안 대체로 세상에 하나밖에 없는 소중한 개인으로 존중되고, 조건 없는 사랑과 충분한 긍정적인 관심을 받고, 가족들과의 관계가 만족스러웠던 사람은, 훗날 긍정적이고 원활한 관계를 맺는 데 필요한 설계도를 받은 셈이다." 반면에, 소중한 눈송이로 성장기를 보내지 않은 사람은 그 시절을 되돌아보기가 대단히 고통스러울 수도 있다. 하지만 불편하다고 해서 과거를 무시할 수는 없다.

페리가 보여주듯이 사람들은 자녀를 키우면서 일상적으로 트리거를 경험할 수 있다. 그런 상황이 본격적인 PTSD 플래시백은 아니더라도, 부모는 순간적으로 자신이 어렸을 때 느꼈던 감정으로 되돌아가곤 한다. 어렸을 때 너무 시끄럽게 군다고 혼이 났던 부모는 아이들이 내는 시끄러운 소리를 듣고 엄청난 짜증에 휩싸일 수 있는데, 그건 단지 시끄러운 아이들은 짜증스럽기 마련이어서가 아니라, 그 자신이 아이였을 때 시끄럽다며 혼이 났을 때 느꼈던 두려움과 억울함이 떠올라서다. 이 사례는 페리 자신의 가족 이야기다. 부모는 심지어 어렸을 때 자신을 고통스럽게 했던 일을 의도치 않게 똑같이 반복하기도 한다. 페리는 "부모가 자녀와 거리를 두기 시작하는 시기를 잘 살펴보면, 그 부모의 부모가 자신에게 소홀해졌던 바로 그 무렵일 때가 잦다"고 한다. 이런 생각을 하면 덜컥 겁이 난다. 안 그래도 겁나는 게 부모 노릇인데 말이다.

많은 눈송이 비판자는 이보다 더 권위적인 양육방식을 옹호할 것이다. 눈송이들에 비판적인 글들을 살펴보면 대체로 위계에 대한 관심이 깊다는 걸 알 수 있다. 그러나 지나치게 엄한 양육법의 결과로 형성되는 관계에서는, 권위자 위치에 있는 인물은 언제나 옳아야 하고 어떤 일이 있어도 절대 굽히지 않게 된다. 그 자녀들 역시 언젠가 권위주의자가 될 수 있다. 페리는 "자녀에게 줄기차게 부모의 뜻을 강요하는 건 도덕심이나 협업 능력을 함양하는 데 도움이 되지 않을뿐더러 그들과 좋은 관계를 맺는 데도 방해가 된다"고 말한다. 반면에 아이가 지켜야 할 규칙이나 한계를 전혀 두지 않는 건 내 어머니의 표현대로라면 아이를 '망나니'로 키우는 지름길이다. 두 선택지 사이에는 페리가 "협력적"이라 일컫는 접근법이 있다. 이때는 "부모와 아이가 머리를 맞대고 문제 해결 방법을 고민하기 때문에, 부모는 독재자라기보다는 조력자에 가깝다". 부모와 아이는 문제가 무엇인지, 서로의 감정이 어떤지를 함께 파악하고, 그런 다음에 같이 해결책을 마련한다. 시간 소모적으로 들릴지 모르지만, 권위적인 방법처럼 부당하지도 않고 전적인 방임형 양육처럼 혼란스럽지도 않다. 근본적으로 협력적인 양육은 위계의 존재를 인정한다. 그러나 여기서 힘의 관계는 상호 존중에 근거하며 유연하다. 또 실수가 생기더라도 해결하고 바로잡을 수 있다. 부모가 아이의 삶에서 고통의 가능성을 모두 제거할 수는 없다. 눈송이 비판자들은 오늘날 부모들이 그렇게 했다고 생각한다. 하지만 아이가 고통을 이겨낼 힘을 길러주는 길은 지지와 긍정이지, 이겨내라는 다그침이 아니다.

눈송이 비판자는 친절함은 나약함으로 이어진다고 가정하며, 아이에게 특별하다고 말하는 건 그들을 망치는 가장 확실한 길이라고 믿는다. 나는 눈송이 패닉에 대한 페리의 의견이 궁금해 전화를 걸었다. 혹시 아이들이 자신을 **너무** 특별하게 생각하게 된다면, 그건 걱정해야 할 일 아닐까?

페리는 내게 이렇게 말했다. "사실 누구나 적어도 한 사람에게는 정말, 정말 특별해질 필요가 있어요. 아이들에게는 그들에 대한 사랑으로 살짝 미쳐버린 부모가 적어도 한 명은 꼭 필요해요, 우리는 모두 사랑받는다는 느낌이 필요하거든요. 이건 우리가 다른 모든 사람보다 더 특별하다는 말이 아니에요. 하지만 우리 부모에게는 특별해야 해요. 그렇지 않으면 부모들이 학교에서 아무 애나 집으로 데려오게요." 아이에게 자신을 세상에서 가장 특별한 눈송이로 여겨줄 한 사람—이 사람이 꼭 생물학적 부모일 필요는 없다—이 없다는 건 무척 위험한 일이다. 그들이 미술시간에 만든 허접쓰레기를 집으로 가져오면 태양이 100만 배쯤은 더 밝아진다고 생각하는 사람. 이것이 우리 자존감의 바탕이다. 만약 어린 시절에 그런 바탕을 갖지 못했다면 나중에라도 찾아야 한다. "아이를 기분 좋게 만들어서 해로울 건 전혀 없어요." 페리는 말한다.

하지만 아이가 다쳤을 때의 반응은 과도할 수도 있다. 약간의 상처에도 부모가 이성을 잃으면, 아이는 무릎이 살짝 긁히기만 해도 응급실에 가는 게 **당연하다**고 배우게 된다. 반면에 대놓고 아이에게 그만 좀 징징대라는 태도를 보이는 부모는 아이의 아픈 마음을 전혀 달래지 못한다. 아이는 그 대신 자기 감정을 억누르고 감추는 법을 배우게 되며, 그 감정은 마음 깊숙한 곳에 도사리고 있다가 훗날 폭발할 것이다. 혹은 아이는 부모와 같이 있을 때는 좋은 감정을 기대할 수 없다는 걸 배우게 되고, 그들의 관계는 멀어져 정서적으로 소원해질 수 있다.

페리에 따르면 아이들이 회복탄력성을 익히는 길은, 부모에게 몇 번이고 위로받는 과정에서 그 능력을 내면화하는 것이다. 아픈 감정은 사실이고 정당하고 존중받는다는 것, 그렇지만 또한 그 감정이 영원히 지속되지는 않는다는 것을 체화하는 것이다. 페리는 말한다. "이상적인 부모는 그 감정을 진지하게 대해줘요. 하지만 그것에 짓눌리고 압도되지는 않아요. 제 생각에 '닥쳐'라고 말하는 부모, 억압적인 부모는 자기 자신의 감정적 반응이 겁나는 사람들이에요. 그래서 그런 감정적인 반응이 격발되게 하느니 차라리 상대의 입을 막고 싶은 거죠. 억압된 베이비부머 세대들은 다들 밀레니얼들의 입을 막으려고 해요. 감정을 느끼고 싶지 않은 거죠." 페리는 또한 오늘날의 아이들이나 젊은이들이 이전 세대들보다 회복탄력성이 약하다고 생각하지 않는다. "인간은 잘 안 변해요."

　오늘날 아이들이 물려받을, 이제 곧 그들이 헤쳐가야 할 엿같은 상황을 보면, 나이든 세대가 젊은이들을 불편해하는 이유가 단지 억눌린 감정 때문만은 아니라는 생각이 든다. 젊은 눈송이들은 비단 자신의 감정을 잘 아는 데 그치지 않는다. 그들은 그로 인해 행동에 나선다. 지난 세대들이 젊었을 때 그랬던 것처럼 말이다(물론 그중 많은 이들은 여전히 그렇게 한다). 과거와 현재의 젊은이들은 엿같은 상황을 보고 뭔가를 해보고자 한다. 그리고 그건 눈송이 패닉의 강력한 동인이다.

분명한 사실은, 사랑과 지지를 받는 아이는 일반적인 좌절이건 소위 대문자-T 트라우마건 관계없이 삶의 역경에 맞설 회복탄력성을 갖게 된다는 것이다. 어려서 얻은 교훈은 성인기까지 이어져 트라우마 스트레스를 이겨낼 수 있게 해준다.

　회복탄력성이 있는 사람들은 트라우마 경험으로부터 회복하는 데 적극적이다. 그들은 자신에게 일어난 일이나 그 사건에 대한 자신의 감정을 회피하거나 밀쳐내거나 부정하지 않는다. 회복탄력성이 있는 생존자는 삶의 목적의식을 유지하며 자신의 트라우마가 일과적임을 이해한다. 그들은 대단히 사회적이며, 몸이 편치 않을 때조차 기본적으로 자기 삶을 통제하고 있다고 느낀다. 지지받는 관계는 트라우마로부터 회복하는 데도, 애초에 심신이 붕괴하는 걸 막는 데도 필수적이다. 제인 박사에 따르면, 회복탄력성이 있는 트라우마 생존자가 자신의 안녕을 얼마나 잘 관리하건, "그들의 특징은 대개 타고난 것이라기보다는 어린 시절의 양육자, 환경, 공동체로부터 선물처럼 주어진 것이다". 트라우마 스트레스의 치유나 회복탄력성의 함양을 위해 개인이 할 수 있는 일에는 한계가 있다. 힘은 우리 주변 사람들에게서 온다. 힘의 부재도 마찬가지다.

대부분의 사람은 그러나 트라우마 사건 후에 PTSD를 겪지 않는다. 아동기의 긍정적인 경험 외에도 많은 요인들이 그 여부를 결정하지만, 그 요인의 상당 부분은 개인의 성격과는 무관하다. PTSD 발생 위험이 높은 사람들은 더 가난하고 더 젊고 여성인 경우, 그리고 그전에도 학대나 트라우마에 노출된 경험이 있거나 정신병력이 있거나 트라우마 당시 해리를 겪었던 이들이다. 동일한 트라우마를 경험하는 두 사람의 반응이 다를 수 있고, 아마 다를 것이다. 허먼 박사가 참조한 어느 연구에서, PTSD를 겪는 참전군인들 "각자에게 지배적인 증상 패턴은 어린 시절의 개인사, 정서적인 갈등, 적응 스타일과 관계가 있었다". 반 데어 콜크 박사는, 예를 들어 구조 활동을 적극적으로 지원하는 사람들은 트라우마 스트레스를 겪을 확률이 낮다고 말한다. 트라우마 순간에 주도적으로 행동할 수 있는 능력이 PTSD를 어느 정도 막아주는 것으로 보인다. 베트남에서 격렬한 전투에 참여했던 참전군인들을 대상으로 한 연구에서, PTSD가 발생하지 않은 사람들의 특징은 적극적인 대처와 사회적 교류였다. 그러나 베트남 참전군인들 가운데 힘겨운 어린 시절을 보냈던 이들은 전투 경험으로 인해 장기적인 PTSD를 겪을 확률이 가장 높았다. 어린 시절의 극한 역경은 사람을 반드시 강하게 만들어주지 않는다. 죽지 않을 만큼 힘든 일은 사실 당신을 "약하게" 만들 수 있다.

어째서 어떤 사람은 트라우마에서 회복하고, 어떤 사람은 PTSD에 빠지거나 재차 트라우마를 경험하는 걸까? 어떤 답은 뻔한 것들이다. 가용자원. 교육. 가족의 지지. 다른 요인들은 피해자 개인이나 그를 지지하는 관계망의 범위를 넘어선다. 사회가 강간 피해자에게 강간당한 책임을 돌리는가? 가정폭력 피해자가 처한 곤경을 그들 자신의 탓으로 돌리는가? 트라우마의 정치는 피해자의 회복가능성에 지대한 영향을 미친다. 트라우마 사건이 발생한 후에 생존자 주변의 사람들은 그들을 도울 수도 있고 상처를 입힐 수도 있다. 허먼 박사에 따르면 "타인의 지지는 사건의 충격을 완화하는 반면, 적대적이거나 부정적인 반응은 손상을 키우고 PTSD를 악화한다". 예컨대 어느 공인은 자신이 그저 강간의 원인에 관해 의문을 제기하거나 활발한 논쟁에 참여할 뿐이라 생각할지 몰라도, 회복을 시도하는 강간 생존자에게 실제적인 해악을 끼칠 수 있다.

회복탄력성의 구축과 마찬가지로 트라우마 후의 회복에도 피해를 당한 개인뿐만 아니라 공동체 전체의 노력이 필요하다. 회복은 집단활동이다. 혼자서 두 주먹을 불끈 쥔다고 될 일이 아니다. 피해자는 우선 안전해져야 하고, 자신의 트라우마를 기억하고 애도해야 하고, 그것을 자신의 생애사와 결합해야 하며, 그런 후에 일상으로 돌아가야 한다. 그리고 가해자에게 바라는 것이 사죄건 복수건, 치유 과정은 그 어떤 부분도 가해자에게 달린 일이 되게 해서는 안 된다.

사회가 남성성과 강하고 과묵한 영웅주의를 높이 산다면, 특히 남성인 트라우마 피해자들은 치유 작업을 시작할 엄두조차 내기 어려울 수 있다. 공격성의 표출이나 자발적인 고립이 지극히 건강한 남성적 행동으로 여겨지는 사회에서는, 트라우마를 겪은 남성 본인이 도움의 필요를 전혀 느끼지 못할 수도 있다. 한 연구에서는 PTSD 회복을 위해 도움을 구하는 데 방해가 될 만한 것이 무엇이냐는 질문에 이라크와 아프가니스탄에서 복무한 참전군인 65퍼센트가 "약해 보이는 것"에 대한 두려움이라고 대답했다. 한 사회가 감정을 나약함으로 여기고 정신건강 문제에 낙인을 찍으면 이런 일이 일어난다. 치유의 가능성을 높이려면 사회 전체가 피해자를 지지하는 행동에 나서야 하며, 무엇보다도 가장 먼저 트라우마를 사실로서 인정해야 한다. 그런데도 여성의 강간과 참전용사의 경험을 포함해 너무나 많은 트라우마와 PTSD가 낙인찍히고 감춰진다.

어째서 역사적으로 트라우마 피해자들은 번번이 그토록 경멸당했을까? 사람들은 피해자의 어떤 면이 싫은 걸까? 어째서 사람들은 트라우마 범죄의 가해자를 용서하고 믿어주고 두둔하고픈 마음이 생길까? 대개의 경우 그것이 가장 쉬운 길이기 때문이다. 허먼 박사는 이렇게 설명한다. "가해자가 제삼자에게 요청하는 건 그저 아무것도 하지 말라는 것이다. 가해자는 악이라면 보기도 듣기도 말하기도 싫어하는 보편적인 바람에 호소한다. 반대로 피해자는 제삼자에게 고통의 짐을 나눠지기를 요청한다."

제삼자나 사회 전체의 입장에서는 피해자보다 가해자 편에 서는 것이 훨씬 쉽다. 그래서 그들은 트라우마는 없었다고 말하고, 심지어 피해자 탓을 하고, 혹은 일어난 일은 어차피 일어난 일이니 더 생각해서 뭐 하겠느냐고 말한다. 하지만 피해자들은 때로 대단한 힘을 발휘한다. 트라우마에서 회복되는 과정의 일환으로 그들은 가해자에 대한 처벌을 요구하거나 더 나아가 정치체제 전반의 개혁을 요구한다. 트라우마에서 살아남은 사람은 그 결과로 자기 내면에서 새로운 힘, 혹은 전에는 미처 몰랐던 힘을 발견하기도 한다. 제인 박사가 썼듯이, 일부 생존자는 "심지어 자신이 정서적으로나 영적으로 성장했음을 발견하며, 이 현상은 외상 후 성장이라 일컬어진다. 그들은 새로운 우선순위, 깊어진 삶의 의미, 타인이나 더 높은 존재와의 연결감을 보고한다". 이런 깨달음에 이르기까지 사람들은 심리치료의 도움을 받기도 하고 아니기도 하지만, 트라우마 사건 후에 **그렇게 의지 박약아처럼 굴 거야?**라는 다그침을 들어서 그렇게 된 건 절대로 아니다. 하지만 눈송이 비판자들이 "죽지 않을 만큼 힘든 일은 당신을 강하게 만든다"며 현자처럼 말할 때 뜻하는 바는 바로 그런 것이다. 그들은 트라우마 피해자에게 계속해서 말없이 고통받으면서 감정을 안으로 삭이라고, 그럼으로써 진정한 "강인함"을 보이라고 말한다. 하지만 극단적인 감정을 모조리 회피한다면 삶은 더 비참해질 뿐이다. 강렬한 비이성적인 감정은 사실 삶에서 가장 근사한 부분을 이루기도 하므로. 반면에 어떤 트라우마 피해자들은 그렇게 회피하지만은 않는다. 그들은 행동에 나선다.

트라우마를 정치화한다는 것은, 같은 불운을 겪는 피해자가 더 나오는 걸 막기 위해 개인의 경험을 사회정의를 위한 투쟁이라는 더 넓은 역사적 맥락 속에 위치시키는 행위다. 우리는 그런 사례를 힘 있는 남성에 의해 강간이나 성적 괴롭힘을 당한 피해자가 자기 경험을 공개할 때 확인한다. 어니타 힐Anita Hill은 클래런스 토머스Clarence Thomas 대법관의 인준과정에서 성적 괴롭힘을 증언했고, 크리스틴 블레이시 포드Christine Bla-sey-Ford는 얼마 전 대법관으로 임명된 브렛 캐버노Brett Kavanaugh의 인준과정에서 성폭행을 증언했다. 포드 박사 본인이 트라우마 과학자였기에 그증언의 중심에는 트라우마 과학이 있었다(토머스 대법관과 캐버노 대법관모두 제기된 혐의를 완강히 거부했다). 우리는 그러한 비극의 정치화를 학교 총기 난사 사건 후 조직화에 나선 미국 학생들의 노력에서도 찾아볼 수있다. 플로리다주 파크랜드의 마저리 스톤먼 더글러스 고등학교 학생들은17명이 살해된 끔찍한 총격 사건이 있고서 불과 한 달 만에 워싱턴에서 총기 규제 강화를 요구하는 대규모 시위를 일으켰다. 그리고 그해 여름에는좀 더 평범하고 규모가 작지만 못지않게 충격적인 총기 범죄의 트라우마로고통받는 다른 학교 학생들과 연합해 전국 순회 집회를 시작했다. 나는 몇군데 집회 현장을 취재 보도했고, 학생들과 함께 이야기를 나누면서 그들의 트라우마가 얼마나 생생하고 쓰라린지 절감했다. 하지만 그들만의 공동체, 주도적인 행동, 공통된 목적의식 속에서 학생들은 자기 삶에 대한 통제력을 되찾고 있었다.

트라우마에서 비롯된 정치적인 행동은 빈번히 그리고 불가피하게 기존의 권력 구조와 갈등을 빚는다. 허먼 박사는 이 작업이 트라우마에서 회복되는 마지막 단계가 될 수 있다고 설명한다.

생존자 임무는 정의를 추구하는 형태를 띠기도 한다. 이 세 번째 회복 단계에서 생존자는 가해자를 향한 개인적 원망을 초월하는, 원칙의 문제들을 이해하게 된다. 생존자는 자신의 트라우마는 되돌릴 수 없고 보상이나 복수의 소망도 완전히 충족될 수 없다는 것을 이해한다. 그러나 동시에 가해자에게 범죄의 책임을 묻는 것이 자신의 개인적 안녕뿐만 아니라 사회 전체의 건강을 위해서 중요한 일임을 깨닫는다. 타인의 운명을 자기 운명과 연결짓는, 사회정의의 심원한 원칙을 재발견한다.

트라우마를 겪은 사람은 자신의 고통을 묻어버릴 수도 있지만, 그 비통함을 어떤 목적의식으로, 가급적 타인에게 도움이 되는 능력으로 변환시킬 수도 있다.

트라우마는 그런 의미에서 정치적이다. 트라우마 생존자는 정치적 행위자다. 그들은 힘을 빼앗긴 자이나, 자신의 경험을 이용해 정치적 변화를 꾀할 수 있다. 트라우마는 권력과 분리될 수 없으며, 트라우마 피해의 치유와 예방을 위해서는 권력 구조와 고통, 특히 주변화된 집단의 고통에서 눈을 떼서는 안 된다. 미국이든 영국이든 폭력의 흐름은 사회 안에서 깊은 악영향을 미치며, 그 회복에는 수세대가 걸릴 수도 있다. 애초에 피해자의 고통이나 가해자의 악행을 부인한다면 그 회복의 과정을 시작할 수조차 없다.

범죄의 명명은 그 자체로 정치적으로 큰 힘을 발휘할 수 있다. 말에는 끊임없이 사회를 바꾸어가는 힘이 있기 때문이다. 한때는 가정폭력을 지칭하는 말이 없었다. 내 친구 몇몇도 그랬지만, 심지어 요즘에도 성인이 되어 '가정폭력'이라는 말을 배우고 나서야 비로소 자신의 어린 시절에 심각한 문제가 있었다는 걸 깨닫는 경우가 있다. '성적 괴롭힘'이라는 표현이 있기 전에, 그건 그저 직장 여성에게 평균적인 화요일이었을 뿐이다. '데이트 강간'과 '스토킹'은 페미니스트들의 정의와 명명이 있고서야 비로소 범죄가 되었고, 그 심리적 영향이 연구되고 인정될 수 있었다. 짐작이 가겠지만 당시 이런 작업은 **성가신 불평**으로 여겨졌고, 여전히 그렇다. 범죄와 트라우마를 명명하는 작업은 실제로 사회의 현 질서와 관행에 어느 정도 혼란을 야기한다. 트라우마에 관해 이야기하는 것은 정치적인 행위다.

일단 트라우마에 관해 배우고 그것이 얼마나 만연하며 그 영향이 얼마나 파괴적인지를 알게 되면, 우리 사회의 가장 큰 위협이 일상의 삶을 감당하지 못하는 젊은이들의 나약함과 무능함이라고 말하는 책과 칼럼은 더없이 어처구니없게만 느껴진다. 그리고 통계를 알고 나면, 일상생활에서 매일 보는 사람들과 하루 중에 마주치는 낯선 사람들을 돌아보면서 거기 얼마나 많은 트라우마 생존자가 있는지를 생각하게 된다. 인간이 지금 정도로만도 버텨나가는 게 기적 같다. 내 할머니 같은 사람들은 끔찍한 어린 시절의 영향을 홀로 감당해야 했고, 그렇게 해냈다. 하지만 그들은 그럭저럭 굴러가는 삶보다 더 나은 삶을 누릴 자격이 있었고, 우리 역시 그렇다.

눈송이로 조롱당하는 사람들은 대개 세상에서 트라우마를 줄이고자 노력하는 이들이다. 안전공간과 트리거 경고는 사람들이 과거에 겪은 트라우마에서 치유되고 회복탄력성을 얻도록 돕기 위한 것이다. 무지한 관찰자는 안전공간이 마련되는 요즈음의 추세를 보면서 그 반대를 가정할 수 있다. 즉 안전공간이란 깨지기 쉬운 나약함을 보존하기 위한 곳, 반드시 갖춰야 할 강인함의 함양을 가로막는 곳이며, 그런 강인함은 오로지 트라우마 피해자의 고통을 부인하고 심지어 위해를 가하려는 이들과의 전투적인 만남을 통해서만 가능하다고 말이다. 대학에서 안전공간을 사용하는 사람들은 영원히 고생을 모를 것이라는 생각은 터무니없게 특권적이다. 이런 주장을 하는 사람들은, 솔직히 말해 세상이 그들의 안전공간이기에 안전공간의 힘을 이해하지 못하는 것이다. 그들과 달리 엄청나게 특권적인 배경을 가지지 않은 대부분 사람들, 주변부 집단에서 불균형적으로 빈발하는 갖가지 트라우마들을 피하지 못한 사람들의 경우, 대학이 그들을 약해 빠진 응석받이로 만들 거라는 생각은 앞뒤가 맞지 않는다. 그리고 트리거 경고는 어떤 작품 때문에 트라우마를 **겪게 될** 사람을 위한 것이 아니다. 그것은 이미 트라우마를 겪은 사람을 위한 것이다. 문제는 트라우마지 트리거 경고가 아니다. 주변화된 사람들에게 특히 더 자주 트라우마가 발생함을 이해하는 순간, 트라우마 피해자를 지지하고 보호하려는 노력에 분노가 집중된다는 사실은 부조리해진다.

누군가가 눈송이라는 것이, 그 사람이 웃음거리라는 뜻이 아니라 공감할 줄 아는 사람이라는 뜻이라면 어떨까? 고통받는 이들을 볼 때, 눈송이는 그들이 도덕성이 부족하거나 정신적으로 나약하기 때문에 고통받는 거라고 단정하지 않는다. 젊은이들은 우리가 가진 연민의 지평을 확장하기 위해 아직 할 일이 많다. 1차 세계대전 참전군인들이 수치스럽고 나약하게 여겨지던 시절, 전장의 명예와 남자다움에 대한 해묵은 고정관념에 맞서 싸우며 참전군인들을 괴롭히는 근본적인 원인을 추적하는 데는 급진적으로 연민 어린 사람들이 필요했다. 베트남전 후에는 자기 몫의 심리적 고투를 치르는 와중에도 단체를 조직해 정치인들이 그들의 고통을 진지하게 받아들이도록 압박한 참전군인들이 있었다. 자신의 심장을 끄집어내 공적 심판대 위에 올려놓은 여성들은 마침내 그들의 고통이 진지하게 받아들여지기를 열망하며 성적 괴롭힘과 강간의 이야기를 나누었다. BLM 시위자들은 고통받는 흑인들의 목소리가 경청되고 정책이 시정되기를 요구하며 거리로 나섰다.

눈송이 비판자들이 두려워하는 건, 민망하고 지나친 감정의 공유가 아니라, 그에 뒤따르는 정치적 심판이다.

제6장
농담은 계속해도 되나?

된다.

Snowflakes

제7장
젠더 패닉[*]

캘리포니아에서 햇살 넘치는 축복받은 어린 시절을 보내고 나서 20대 중반 영국으로 돌아갔을 때, 나는 뜻밖에도 얼마간의 문화 충격을 경험했다. 어쨌거나 나는 런던 태생이었고, 부모님은 고통스러울 정도로 영국적인 분들이었으며, 여름이면 자주 영국 이곳저곳의 친지를 방문했었다. 하지만 성인이 되어 그곳에 정착해 처음엔 학생으로, 그다음엔 직장인으로 살아보고 나서야, 비로소 나는 두 나라 사이의 깊은 간극을 알아채기 시작했다. 특히 영국은 젠더에 관해 대단히 보수적이었다. 어떤 면에서 영국은 미국에 비해 여자로 살기 더 좋은 곳이다. 출산을 원한다면 그 과정에서 사망할 확률도 미국보다 영국이 낮다. 육아를 위해 휴가를 낼 수도 있다―미국은 법정 육아휴직이 없고, 혹 고용주가 휴가를 주더라도 몇 주 정도이지 몇 달이 아니다. 실질적인 사회 안전망의 존재는 분명 여성을 포함한 모두에게 유익하다.

하지만 영국에서는 미국과는 사뭇 다른 방식으로 내가 판단되고 있다는 느낌, 여성이라는 사실이 나라는 사람을 규정한다는 느낌을 받지 않을 수

---

[*] 이 장에는 안타깝게도 트랜스 혐오적인 헛소리를 인용한 부분이 많다. 굳이 다 읽지 않으려면 제8장으로 건너뛰기 바란다.

없었다. 내가 누구이며 무엇을 좋아하는지까지도 말이다. 미국 대학에서 정치학 강의를 들을 때는 수강생의 남녀 성비가 거의 반반이었다. 나는 그걸 의식하지도 못했다. 교수진 역시 성별이 적당히 섞여 있었다. 그러나 영국에서는 어느 정치학 과목에서나 여학생을 한 손에 꼽을 수 있었다. 그건 **기이**했지만, 정치학은 명백히 남성적이었다. 그런 상황에서 학업적 성취로 칭찬을 듣는 여학생은 그냥 뛰어난 게 아니라 '의외로' 뛰어난, 모종의 싸움꾼처럼 여겨지곤 했다.

영국의 젠더 규범을 파악해가는 떨떠름함은 좀 더 가벼운 맥락에서도 이어졌다. 미국에서 바에 가면 와인 마시는 남자도 있고, 맥주 마시는 여자도 있고, 아무거나 마시는 아무 사람을 볼 수 있다. 영국에 가보니—놀라지 마시라!—내가 술집에 들어설 때마다 거의 모든 여자는 화이트 와인을, 그리고 거의 모든 남자는 파인트 잔에 맥주를 마시고 있는 것처럼 보였다(때로 진토닉이 이 간극을 메우는 듯했다). 멍청하게 들린다는 걸 안다. 나도 때로는 착각인가 싶었지만, 이 같은 장면은 몇 번이고 계속해서 반복되었다. 음료, 일자리, 교과목 등 너무나 많은 것들에 대한 호불호가 죄다 전통적인 젠더 이분법에 갇혀 있는 듯했다. 상큼한 화이트 와인을 즐겨 마시는 내 남편은, 가끔 한 자리에 모인 남자들 틈에서 유일하게 파인트 잔을 들고 있지 않은 그의 사진을 내게 보내곤 했다. "젠더 트러블 일으키기"라는 메시지와 함께. 우리는 이 현상을 "젠더 파인트 갭"이라 부르게 되었다.

영국에서는 손쉽게 젠더 트러블**을 일으킬 수 있다. 그저 음료를 잘못 주문하기만 하면 된다. 놀랍게도 나의 대학원 학우들이나 그 후의 직장 동

** 이 표현을 유명하게 만든 사람은 『젠더 트러블Gender Trouble』에서 젠더의 수행성을 주장한 페미니스트 철학자 주디스 버틀러Judith Butler였다. 하지만 나는 변변찮은 뇌세포들을 굴려 이 표현을 내 일상생활 속에 욱여넣었고, 그 결과 거의 망가질 정도로 말을 단순화해버리고 말았다.

료들은, 성평등에 대한 내 기본적인 믿음 때문에, 그리고 그것을 선뜻 표현한다는 이유로, 나를 **과격한** 페미니스트로 여겼다. 물론 과격한 페미니스트로 생각된다는 건 짜릿한 일이다. 하지만 내게는 이를테면 정치권에 남성만큼 많은 여성이 있어야 한다는 생각이 특별히 과격해 보이지 않았다. 나는 그런 것이 짜증스러웠고, 그래서 고집스레 맥주만 주문했다. 난 **고분고분하지 않으니까.**

더군다나 나는 영국의 젊은 남성들 사이에서도 이상하리만치 전통적인 젠더 관념을 확인할 수 있었다. 비단 내 주변의 나이든 삼촌들, 교수들, 상사들만이 아니었다(삼촌, 삼촌이 이 글을 읽고 있다면 걱정 마세요. 반대쪽 가계도에 있는 분들 얘기니까). 실제로 호프낫헤이트Hope Not Hate 자선신탁에서 내놓은 2020년 연구에 따르면, 16~25세 남성 절반이 페미니즘이 "도를 넘었고 남자들의 성공에 방해가 된다"고 믿는 것으로 나타났다.[1] 아무래도 내가 맥주 마시는 걸 봤나 보다.

누군가의 가시적인 젠더가 그 사람의 삶에서 가장 일상적인 부분들까지 결정하는 나라이다 보니, **진짜** 젠더 트러블을 일으키는 이들은 자연히 엄청난 적대감과 마주하게 된다. 물론 이건 미국인들은 위반을 저지르는 여성과 LGBTQ+인을 응징하지 않는다는 말이 아니다. 하지만 내가 본 바로 영국에서는, 심지어 다른 측면에서는 '진보적'인 공간에조차 어느 정도의 동성애 혐오와 트랜스젠더 혐오가 파고들어 있었다. 눈송이들은, 지금까지 우리가 살펴본 대로, 나약하고 한심하지만 동시에 파괴적이고 위반적이고 위협적으로 여겨진다. 영국에서 눈송이 비판자의 가슴 속에 공포를 불어넣는 가장 빠른 길은, 젠더 경계에 도전하고 이의를 제기하거나 트랜스인과 논바이너리인의 권리와 존엄성을 지지하는 것이다. 숀 페이Shon Faye는 그녀의 탁월한 저서 『트랜스젠더 이슈The Transgender Issue』에서 "트랜스"인이라는 말을 "젠더 정체성(자신의 젠더에 대한 개인의 감각)이 외부 생식기의 모습에 따라 출생증명서에 기재되는 생물학적 성별과 어긋나거나, 무난히 부합하지 않거나, 상이한 사람들을 이르는 포괄적인 용어"로 정의한다.[2] 여기에는 논바이너리인, 즉 자신을 남성으로도 여성으로도 정체화하지 않는 사람들이 포함될 수 있다. 요즘 젊은이들이 절대 불변하며 생물학적이고 근본적인, 섹스와 젠더에 관한 **오랜 지혜**를 어지럽히고 있다는 생각은, 그 지혜를 중심으로 자신의 삶과 세계에 대한 인식을 구성해온 사람들에게 무시무시한 전망을 불러일으킨다.

이러한 공포가 곳곳에 트랜스젠더 혐오를 확산시켰는데, 이 현상은 특히 영국 언론에서, 그리고 지난 몇 년간 「젠더 인정법Gender Recognition Act」의 간소화 개정이 시도되면서 가장 크게 두드러졌다. 도입 당시인 2004년에 이 법은 유럽에서 트랜스인 권리의 시금석으로 여겨졌지만, 이제는 시대에 뒤처졌고 관료 중심적이며 고비용에 종종 모멸적이다. 왜냐하면 낯선 사람들로 구성된 심사단의 승인을 얻어야 성별이 정정된 새로운 출생증명서를 발급받을 수 있기 때문이다[다른 유럽 국가 20여 곳에서는 이미 심사 없이 간단한 신고만으로 성별 정정이 가능하다]. 그러나 법 개정을 위한 움직임과 동시에 이에 대한 반발이 일었고, 트랜스젠더 권리에 반대하는 이들은 필요했던 간소화 조치를 저지하는 데 성공했다. 영국의 트랜스인들은 「젠더 인정법」 개혁을 통해 새로운 권리를 부여받지 **못하게** 됐을 뿐만 아니라, 그들이 이미 얻었던 권리마저 위협받고 있음을 깨닫게 되었다.

트랜스젠더 권리에 반대하고 젠더 이분법의 파괴를 두려워하는 사람들은 물론 대개 보수주의자들이다. 그러나 일부는, 특히 영국에서는, 자신을 페미니스트나 좌파, 혹은 둘 다로 지칭한다. 이들이 보기에 눈송이들은 페미니즘을 너무 멀리, 즉 더 많은 백인 여성이 기업의 이사가 되면 세상이 더 나은 곳이 되리라는 단순명료하고 합리적이며 받아들이기 쉬운 생각 너머로 가져갔다. 그들에게 눈송이가 공포의 대상인 이유는, 여성의 현실과 투쟁에서 질의 유무가 차지하는 중요성에 의문을 제기하기 때문이다. 눈송이들은 트랜스인과 논바이너리인을 지지한다. 눈송이는 젠더에 대한 포용성이 모두를 억압하지 않고 해방한다고 본다. 그러나 영국에서 특정 분파의 페미니스트들이 받아들인 이념은 그 반대가 사실이라고 상정한다. 그들은 자신들의 여성성, 권리, 발전에 트랜스인, 특히 트랜스 여성이 실존적인 위협이 된다고 본다. 그들의 편협성은 피해자 의식으로 전환되었다. 이들이 소위 TERF, 즉 '트랜스 배제적 급진 페미니스트trans-exclusionary radical feminists'다. 현대의 트랜스 혐오적인 페미니스트들은 이 말이 검○○에 준하는 멸칭이라고 주장하지만(그건 사실이 아니다!) 한때는 그들 스스로 자신을 그렇게 지칭했었다. 오늘날 그들은 '젠더 비판적 페미니스트gender critical feminist'라는 말을 선호한다. 하지만 어떤 식으로 표현하든 트랜스 혐오적이라는 말을 그럴싸하게 포장한 것에 지나지 않는다.

나와 대단히 상이한 의견을 가진 사람을 이해해보려는 시도에는 때로 곡예 수준의 정신적 활동이 요구된다. 하지만 그건 중요한 훈련이고, 심지어 상대가 지독히 나쁜 믿음을 가진 경우에도 마찬가지다. 세상을 더 잘 이해하기 위해서는, 때로 어째서 어떤 사람은 특정 방향으로 투표하고, 특정한 범죄를 저지르고, 온라인에서 테일러 스위프트를 욕했다고 누군가에게 죽으라는 소리를 하는지를 진지하게 골똘히 생각해야만 한다. 언론인에게는 다른 관점에 대한 호기심이 필수적이다. 인간을 그 모든 기이하고 근사하고 끔찍한 방식으로 행동하게 하는 이유들은 과연 무엇일까? 세상을 이해하고 싶다면 적어도 시도는 해봐야 한다. 하지만 지난 10여 년 동안 영국 언론에서 트랜스인들을 지목해 공격하는 데 앞장서 온 페미니스트들에 관한 한, 도덕적 공황을 부르짖는 그들의 줄기찬 칼럼을 수년째 읽어봐도 도무지 그들의 관점을 이해하기가 어렵다. 내가 보기에 그들의 이념은 단지 혐오로 가득할 뿐만 아니라 다른 종류의 사람이나 존재 방식에 대한 전적인 무관심을 드러낸다. 그들은 어째서 구조적 차별과 개인 간 차별을 어느 한 의미에서는, 다시 말해 여성이자 페미니스트로서는 이해하는 듯하면서, 같은 수준의 이해를 자신보다 더 취약한 사람들에게는 적용할 수 없는 걸까? 이건 어쩌면 그들이 전부는 아니어도 대체로 백인이라는 사실과 관계가 있는 듯하다. 그중 잘 알려진 이들은 대개 중산층이며, 다수는 탄탄한 플랫폼을 보유하고 있다. 하지만 어쩌다 그들은 전체 인구 중에서 너무나 소수인, 그러면서 너무나 많은 차별을 당하는 집단이 사회의 근간 자체를 위협한다는, 도저히 불가능해 보이는 생각을 갖게 됐을까?

이 문제를 이해하는 데 도움이 된 것은 2021년 봄 『워싱턴 포스트』 영상 보도 프로젝트의 일환으로 영국의 몇몇 유명 트랜스인과 진행한 인터뷰였다. 나는 트랜스인으로서 트랜스 패닉의 시기를 살아가는 경험에 관해 당사자들의 이야기를 듣고 싶었고, 인터뷰이 가운데는 작가 주노 도슨Juno Dawson—청소년책 부문에서 다수의 베스트셀러를 냈다—과 언론인 프레디 매코널Freddy McConnell—2019년에 아이의 출생증명서에 '아버지', 혹은 그저 부모로라도 기재될 권리를 청구했으나 패소했다—이 있었다.

나는 그들에게 영국을 유달리 트랜스 혐오적으로 만드는 원인이 뭐라고 생각하는지 물었다. 그들은 영국 언론을 문제로 지적했다. 연고지나 가족, 친구들은 자주 그들을 지지해주었지만, 영국 언론은 여론이 트랜스인에게 등을 돌리게 하려고 단단히 마음을 먹은 듯했다. 트랜스인의 권리와 인간다움에 대한 논쟁은 견디기 힘들 정도로 유독해져서, 그들은 때로 아예 뉴스와 거리를 두고 살아야 했다. 프레디 매코널은 이렇게 말했다.

아시죠, 보통 한 주 단위로 돌아가는 사이클이 있어요. 일요일 신문에서 트랜스인들이 또 뭔가 끔찍한 짓을 한다는 새로운 기사를 크게 터뜨리니까요. 그래서 말하자면 정신적 대비를 해요, 터진다는 걸 아니까. 어떤 날엔 알아서 트위터에 안 들어가고요. 알거든요, 어떤 곳은 피하거나 하는 식으로 자기를 보호하지 않으면 하루를 망쳐버리니까요. 거부당한다는 느낌이 더 심해지고요. 그런 걸 아니까, 어느 정도 할 일이 정해져요.

내가 인터뷰한 출연자들은 또한 트랜스 혐오가 영국에서는 대단히 점잖거나 유사과학적인 언어로 포장된다는 점을 지적했다. 주노 도슨은 이렇게 설명했다.

무서운 건, 영국에서 가장 두드러진 트랜스 혐오자 가운데 상당수가 학자나 언론인, 작가라는 사실이에요. 그래서 그 사람들은 트랜스 혐오를 대단히 유려하게, 대단히 시적으로 표현할 수 있어요. 전 항상 두 종류의 트랜스 혐오가 있다고 말해요. 하나는 그냥, 아시죠, 거리에서 웬 남자가 "하하하, 저것도 남자래" 그러는 거죠. 그럼 전 코웃음이나 치면 돼요. … 하지만 일요일 신문에 올라오는 온갖 유사과학류의 기사들은, 읽어보면 겉보기엔 아주 번듯해요.

영국에서 트랜스젠더 권리를 둘러싼 미디어의 언설은 트랜스인의 인간적 존엄을 심각하게 훼손할뿐더러 지속적이고 끈질기게 부정적인 효과를 낳는다. 트랜스인을 미워하거나 두려워하기는커녕 그들에 관해 **생각**조차 하지 않았음 직한 많은 영국인들이, 역시나 **트랜스인들이 문제**고 그들이 우리를 끝장낼 거라 말하는 언론에게서 독약과도 같은 부정적인 인식을 서서히 주입당하는 것이다.

보수주의자와 TERF는 트랜스인들을 모든 사회악의 근저에 있는 새로운 위협으로 그려낸다. 그러나 트랜스인은 새롭지도 않고 심지어 그리 흔하지도 않다. 전체 인구의 1퍼센트로 추정될 뿐이다. 미국 노스다코타주의 트랜스젠더 보건활동가 페이 사이들러Faye Seidler가 2015년에 지적했듯이, 미국인 중에는 트랜스인을 만나봤다고 말하는 사람보다 유령을 본 적이 있다고 말하는 사람이 더 많다.[3] 물론 유령을 알아보지 못하기는 어려워도, 트랜스인은 보고도 모를 수 있다는 걸 감안해야겠지만. 이 비교는 2009년 퓨Pew 리서치센터 설문에서 미국인 18퍼센트가 유령을 본 적이 있다고 답한 것과 2015년 GLAAD 조사에서 미국인 16퍼센트가 트랜스인을 안다고 말한 것에 근거했다. 그럼에도 사람들을 격앙시키는 건 유령이 아니다(물론 근년에 트랜스인의 가시성이 높아졌음을 감안하면 이 수치들은 이제 낡은 것일 수 있다. 더 많은 연구가 필요하다).

여기서 문제를 악화시키는 요인은, 영국에서 트랜스젠더 '논쟁'에 할애된 TV 프로그램 시간과 신문 지면이 그렇게 많음에도, 당사자인 트랜스인들의 이야기는 거의 듣지 못한다는 것이다. 2019년 3월 작가 패리스 리스Paris Lees가 BBC 〈퀘스천 타임Question Time〉에 출연했을 때, 그녀는 영국 언론이 매일같이 트랜스인을 "세상 만악의 근원"으로 그리는 것과 정작 트랜스인은 사회에서 가장 취약한 이들 가운데 하나라는 사실이 얼마나 대조적인지를 지적했다.[4] "전 지금까지 〈퀘스천 타임〉에 출연한 유일한 트랜스인이에요." 리스가 말했다. "왜냐하면 우리에 관한 대화를 우리 머리 위에서 그들끼리 나누고 있거든요. 대화의 직접적인 영향을 받는 당사자가 실상 그 대화에 포함되지 않는 거죠." 그녀는 계속해서 이렇게 말했다.

편협함은 어디까지나 편협함이에요, 종교로 치장하든, 페미니즘으로 치장하든 … 제 생각에는 아주 시끄럽게 목청을 높이는 소수의 집단이 사람들의 관심을 조종하는 것 같아요. 1980년대엔 게이 교사들에 대한 공포를 조장하고 소아성애랑 연결지은 사람들이 있었던 것처럼요. 정말 역겨운 일이에요.

현대 영국의 트랜스 혐오자들은 자신들의 행태와 지난 시대에 동성애자들이 겪었던 부당한 대우를 도무지 연결짓지 못하는 듯하다. 심지어 일부 동성애자들도 그렇다. 이들은 동성애자 권리를 트랜스인 권리와 별개로, 그리고 심지어 충돌하는 것으로서 옹호하는 'LGB 연대'를 조직하고 지지한다. 그러나 영국에서 가장 사나운 트랜스 혐오 세력은 대부분 (트랜스나 논바이너리가 아닌) 이성애자 시스젠더 '페미니스트' 여성이다. 하지만 여론 조사에서는 거듭해서 여성이 남성보다 트랜스인 권리를 지지하는 경향이 강한 것으로 나타나고 있어 주목할 만하다. 트랜스인 권리에 대한 옹호가 여성 혐오 에 근거한다는 TERF들의 주장이 꼬이는 대목이다.[5] 사실 트랜스인의 권리를 보호하고 트랜스인과 더불어 모든 종류의 차이를 귀히 여기는 사회는 시스젠더 여성에게도 유익한 사회다. 특정 부류의 여성을 배제하려는 시도는, 비단 트랜스 여성뿐만 아니라 어떤 정형화된 모습이나 신체적인 특징 등 여성스러움에 대한 자의적인 기준을 충족시키지 않는 모든 여성에게 위해를 가할 수밖에 없다. 영국 TERF들은 이것을 이해하지 못한다.

트랜스 혐오는 현재 영국 언론의 뚜렷한 기조다. 그것은 거의 집착에 가깝다. 트랜스인에 대한 공포와 정형화는 수동적인 편협성을 넘어선다. 트랜스 혐오자들에게 그것은 세상 모든 것을 설명하는 통합이론이다. 그들의 혐오는 그 대상과 더불어 자기 자신의 삶까지 망치고 있는 듯하다. 영국의 트랜스 혐오는 미국을 사로잡은 수많은 음모론을 연상케 한다. 그것은 모든 것을 집어삼키는데, 완전히 사실무근이고, 그것에 빠져든 이들에게 유해하고도 민망한 결과를 초래한다.

아일랜드의 코미디언이자 인기 시트콤 〈블랙 북스Black Books〉와 〈파더 테드Father Ted〉의 공동 제작자 그레이엄 리너핸Graham Linehan은 현재 인터넷에서 활동하는 가장 열렬한 트랜스 혐오자 가운데 하나다. 아, 인터넷에서 활동**했었다**. 트랜스인과 그 연대자들을 겨냥한 그의 집중적이고 끈질긴 괴롭힘 때문에 결국 트위터에서 방출되기 전까지. 그가 부당하게 철회되지 않았을까 하는 걱정은 접어두시라. 2021년 초 영국 상원이 그에게 증언을 요청했고, 그 자리에서 그는 트랜스인과 트랜스인 권리에 맞선 헌신적인 투쟁이 어떻게 해서 자신의 결혼생활을 파경으로 몰아갔는지를 설명했다.[6] 내가 민망할 거라고 말하지 않았나.

　리너핸은 다른 플랫폼들을 기웃대는 모습이 포착된 바 있고, 무슨 이유에선지 레즈비언 여성을 위한 데이트 앱에도 나타난 적이 있다. 그런 앱을 사용하지 말아야 할 트랜스 여성을 적발할 목적이었다고 한다[7](막상 그 앱은 트랜스 사용자를 환영하며, 증오로 가득한 편협한 이들은 달가워하지 않는다).

　하지만 그의 개인 블로그로 좌천되기 전까지, 트위터에서 리너핸은 트랜스 혐오적인 헛소리를 끝없이 남발해 수십만 팔로워들을 즐겁게 해주곤 했다. 어느 날이고 뉴스에서 무슨 소식이 들리면, 리너핸은 어김없이 그 책임을 트랜스인에게 돌렸다. 2019년 영국 총선에서 노동당이 패배하고 나서 며칠 동안, 그의 트위터 피드는 트랜스인과 트랜스 포용적인 정치가 좌파만 아니라 나라 전체를 망치는 주범이라는 논평으로 도배가 되었다. 워낙에도 늘 그런 말을 하지만, 선거 후의 논평에서는 특히 더 **격한** 어조로 트랜스인과 그 지지자들에게 패배의 주된 책임을 돌렸다. 어느 트윗에는 광분한 맬컴 터커Malcolm Tucker—아만도 이아누치Armando Iannucci의 정치코미디 시리즈 〈더 씩 오브 잇The Thick of It〉에 등장하는 욕 잘하는 공보담당관 캐릭터—가 손가락질하는 사진과 함께 이런 글을 덧붙였다. "빌어먹을 크리스마스여도 상관없다. 월요일 아침, 트위터 프로필에 대명사 있는 것들은 무조건 쏴버린다."

영국 TERF에게 트랜스 혐오는 하나의 완전한 정치이데올로기다. 트랜스 혐오는 그들이 가진 다른 모든 정치적 사상의 근간이다. 좌파이면서 트랜스젠더 권리를 부정하는 이들에게 '정체성 정치'는 더는 민권에 대한 옹호를 의미하지 않는다. 그것은 젊은 눈송이들이 젠더를 잘못 건드리면서 생긴 문제를 의미할 뿐이다. 그레이엄 리너핸이 보기에 노동당이 대패한 원인은 브렉시트도, 불평등도, 지방재정 긴축도 아니었고, 심지어 제러미 코빈[Jeremy Corbyn. 2019년 당시 노동당 당수] 때문도 아니었다. 노동당이 패한 건 트위터 프로필에 선호하는 대명사를 표시하는 이들 때문이었다(트랜스인과 그 연대자들은 이렇게 해서 인칭대명사의 지레짐작이 아닌 명확한 제시를 관행으로 정착시키고자 한다).

사실상 사람들에게 아무런 영향도 미치지 않는 사안을 대재앙으로 침소봉대하는 경향은 영국 정치에 널리 확산해 있다. 젠더, 대명사, 트랜스인 권리를 언급한 기사는 소셜네트워크에서 트랜스 패닉의 물결을 타고 널리 널리 전파된다. 나는 영국 트랜스인들과 인터뷰한 그 영상을 공개하고 나서 바보 내지 그보다 더한 욕설이 담긴 트윗 수백 건을 받았다. 2020년 1월 초 『가디언』에서 미국의 언어학자들이 '지난 10년의 단어'로 단수의 '그들they'을 선정했다는 소식이 전해지자, 트위터 프로필에 사자 사진을 쓰는 @골든_소버린이라는 사용자가 이런 반응을 보였다. "서서히 와해가 계속된다. 이 광기가 우리를 표류하게 한다." @골든_소버린의 반응에서 정말로 놀라운 점은, 그들(맞다, 나는 그 사람의 젠더를 모르고 그래서 **그들**이라 쓴다)이 두려워하는 그 **대재앙**이 그저 영어라는 언어에 일어나게 될 약간의 변화에 불과하다는 것이다. 너무 급속히 변하고 있어서 때로는 부모와 자식이 서로의 이야기를 전혀 알아듣지 못하는 바로 그 언어 말이다. 젠더 중립적인 대명사는 이 트위터 사용자에게 그저 조금 귀찮은 정도가 아니었고 불행하게도 수백만 명이 그들을 좋아했다. 아니다, 젠더 중립적 대명사는 우리를 **와해**한다.

나는 2012년 샌프란시스코에서 열린 '여성의 섹슈얼리티'라는 지역사회 수업에 참가한 적이 있다. 그 수업은 원래 UC 버클리와 브라운대학에서 학생 주도로 운영된 '디캘'이라는 과정에서 파생된 것이었다. 과정의 목적은, 우리가 처음 보는 사람은 물론이고 친구들과도 잘 이야기하지 않는 온갖 것들에 관해 함께 모여 이야기해보자는 것이었다. 이를테면 강간, 임신중절, 신체 이미지에 관해서, 그리고 우리에게 즐거움을 주는 것들에 관해서도 말이다. 우리는 논문을 읽고 개인적인 경험을 나누었다. 수업 참가자들은 전부는 아니어도 대부분 여성과 논바이너리인이었다. 내가 들어간 반은 모두 시스젠더 여성들이었다. 하지만 수업의 규칙에 따라 우리는 자신과 서로를, 그리고 가족과 친구를 지칭할 때 오직 젠더 중립적인 대명사만을 사용했고, 이야기를 전달하는 데 절대적으로 필요한 경우에만 예외를 허락했다. 우리 반은 삼인칭 단수 주격대명사는 phe로, 소유격은 phe's로 통일했다. 단수 they를 쓰는 것도 가능했다. 또 어머니mother나 아버지father는 '부모parent'로, 형제brother나 자매sister는 '동기sibling'로 표현했고, 그 밖의 말도 정했다.

트랜스 혐오자들에게 이건 아마도 최악의 악몽일 것이다. 언어에 대한

모독이라 말할지도 모르겠다. 위계와 보편질서의 파괴. 다가오는 종말의 예고. 한 번에 한 **phe**만큼씩.

젠더 중립적인 대명사를 쓰는 건 물론 처음에는 자연스럽지 않았다. 아기 때 대명사를 배우는 게 '자연스럽게' 되지 않았던 것과 꼭 마찬가지다. 언어는 타고나는 것이 아니라 학습하는 것이다. 그리고 학습의 한 부분은 실수다. 우리 반 사람들은 자주 실수했고 스스로 잘못을 바로잡고 웃음을 터뜨렸다. 그것은 새로운 경험이었다. 그 경험은 우리의 언어에서 젠더가 사용되는 방식에 관해, 젠더에 관한 가정들이 우리 삶의 거의 모든 부분에 영향을 미친다는 사실에 관해 숙고하게 해주었다. 우리는 어떤 이야기가 남성/여성에 관한 것임을 알 때 그 이야기에 대한 우리의 이해가 얼마나 달라지는지 깨달았다. "내 친구는 술에 잔뜩 취해서 어젯밤 처음 만난 사람과 함께 집으로 갔다." 마음속으로 이 친구가 남자라고 상상해보자. 그리고 이번에는 그 친구가 여자라고 상상해보자. 젠더 중립적인 대명사를 통해서 우리 자신의 세계관에 대해 얼마나 많은 것을 배울 수 있을지 짐작할 수 있을 것이다.

일주일에 단 하룻저녁만이라도 우리의 언어에서 젠더를 지워보는 그 작업은, 사람들을 젠더에 앞서 우선 **사람**으로 상정하면서 대화를 시작하는 한 방법이었다. 또한 만약 우리가 **실제로** 영어에 그런 작업을 한다면, 그래서 누군가를 이르는 말에서 그들의 젠더를 가정할 필요가 없다면 어떤 일이 일어날지 상상해보는 한 방법이었다. 물론 처음에는 익숙해지기 어려웠다. 하지만 뭔가가 **와해**되는 일은 절대 없었다. 여성으로서 내 정체성을 빼앗기지도 않았고, 여성성의 쾌락이 거부되지도 않았으며, 여성 스포츠나 생리용품에 대한 접근을 잃지도 않았고, 손톱에는 계속해서 매니큐어를 발랐으며, 제인 오스틴 소설을 읽으며 작게 훌쩍거렸다. 내 마음은 사상 경찰에 의해 통제되지 않았고, 나의 표현의 자유는 제약받지 않았으며, 오웰이 좀 보자며 찾아오지도 않았다. 그리고 10년이 흐른 지금, 나는 여전히 평상시에는 젠더화된 단어들을 사용한다.

하지만 그 훈련은 세상에 관해 더 깊이, 더 비판적으로 생각하도록 우리를 이끌어주었다. 지난 10년간 대면으로든 온라인으로든 트랜스인과 논바이너리인들을 접하고 그들과 우정을 나누면서 나는 바로 그 같은 경험을 했다. 나는 시간이 더 흐른 뒤에도 여전히 내가 더 깊이 생각하고 내 안에 있는 가정들을 더 많이 회의하는 사람으로 남았으면 좋겠다.

그런 작업에 전혀 관심이 **없는** 한 사람, 그리고 삶을 집어삼키는 트랜스인에 대한 집착에 비극적으로 빨려 들어간 또 다른 사람은 바로 『해리 포터』의 작가 J. K. 롤링이다. 어쩐 이유에선지 그녀는 트랜스인과 그 연대자들을 모욕하는 글을 반복적으로 왕성하게 게재하고 트윗하고 공유했으며, 그러면서 자신이 무엇보다도 '표현의 자유'를 옹호한다고 주장했다.

그 발단은 마야 포스태터Maya Forstater였다. 세계발전센터Centre for Global Development라는 싱크탱크의 연구원이었던 그녀는 트랜스 혐오적인 트윗을 올린 것이 문제가 되어 고용계약이 갱신되지 못했다. 그녀는 회사를 상대로 소송을 제기했으나 패소했다. 눈송이 비판자들이 보기에 이것은 표현의 자유를 행사했다는 이유로, 더구나 관점도 아닌 '단순한 사실'을 공표했다는 이유로 박해를 당한 전형적인 사례였다.

포스태터는 재판에서 자신의 믿음이, 따라서 트랜스인에 관한 그녀의 편협한 트윗이, "보호 대상 특성인 철학적 신념"에 해당한다고 주장했다[영국의 「평등법」은 나이, 장애, 성별 재지정, 결혼이나 동반자 관계, 임신이나 육아휴직, 인종, 종교나 신념, 성별, 성적 지향을 '보호 대상 특성protected characteristics'으로 명시하고 그에 따른 차별을 금지한다]. 그녀는 2010년 「평등법」을 이용해 그러한 신념으로 인해 자신이 보호 대상에 해당하며 따라서 해고될 수 없다고 주장했다. 그녀는 자신에게 트랜스인을 정확한 젠더로 지칭하라고 강요하는 것은 유대인에게 돼지고기를 먹으라고 강요하는 것과 같다고 말했다. 그러나 판사는 "원고의 견해는 그 절대론적 성격상 타인의 인간적 존엄 및 기본권과 양립할 수 없다"고 판결했다[8](이 표현은 포스태터의 경우처럼 보호되는 신념과 관계된 사건들에 대해 전거가 된 판례에서 인용한 것이었다).

재판에서 진 포스태터는 이렇게 주장했다. "이 판결은 여성의 권리, 그리고 자유로운 표현과 신념의 권리를 박탈한다. 또한 객관적 진실과 명료한 논쟁을 옹호하는 여성과 남성을 공격하고, 괴롭히고, 플랫폼에서 배제하고, 경제적 처벌을 가하는 행위에 대한 사법적 인가이다." 하지만 이건 표현의 자유 문제가 아니었다. 포스태터는 트랜스인 권리에 대해 얼마든지 마음껏 반대 의견을 내고 운동을 벌일 수 있다. 좌파와 우파에 걸쳐 영국의 무수한 유명인사들이 그렇게 하고 있고, 그녀도 실제로 그렇게 해왔다. 많이들 그렇듯 개인 브랜드를 구축해 자신의 편협한 견해를 상품화할 수도 있을 것이다. 하지만 그건 그녀가 트랜스 여성을 남성으로 부르고 트랜스 남성을 여성으로 부르기를 고집하면서도 아무런 반발을 사지 않을 거라 기대할 수 있다는 뜻은 아니다. 회사는 그녀가 주변화된 집단 성원들에게 모욕적이었기 때문에 그녀를 해고했다. 그녀의 트윗이 무슬림이나 흑인이나 동성애자들에 관한 것이었어도, 바라건대 회사는 마찬가지로 그녀를 해고했을 것이다.

포스태터의 변호인은 만약 그녀가 승소했다면 "차별에 대한 두려움 없이 자신의 신념을 표현하려는" 사람들의 승리였을 거라 말했다. 하지만 항소심에서는 포스태터가 이겼다. 재판부는 그녀의 신념이 보호 대상인 철학적 입장에 **해당한다**고 판결했다. 다만 그녀의 해고가 적법했다는 원심의 판단은 이 글을 쓰고 있는 현재까지 유효하다[결국엔 회사가 그녀의 계약을 갱신하지 않은 것이 차별이었다는 판결이 나왔다]. 이 밖에도 다른 법원 판결 및 정부 방침에 따라 트랜스인의 성별 자기결정권 및 의료 접근권이 제한되면서, 영국에서 트랜스인의 권리는 점점 더 위협받는 것으로 보이는 반면, 포스태터의 유명세는 날로 커지고 있다.

이 사건은 J. K. 롤링이 포스태터를 지지하는 트윗을 올리면서 세계적인 관심을 받게 되었다. "어떤 옷이건 마음껏 입어라. 자신을 뭐라고 부르건 당신들 마음이다. 동의하는 성인이 있다면 얼마든지 같이 자라. 평화롭고 안전하게 최선의 삶을 누려라. 하지만 생물학적 성이 진짜라 말했다고 여성을 직장에서 쫓아낸다고? #나는마야를지지한다 #이건실제상황이다." 프레디와 주노는 내게 영국의 트랜스 혐오가, 특히 유명작가의 펜 끝에서 나올 때, 얼마나 점잖고 미묘하게 표현되는지 일러준 적이 있다. 이 경우가 그렇다. 트랜스젠더라는 게 옷 입기 놀이나 마찬가지라는 시사는, 많은 트랜스인이 지적한 대로, 트랜스인으로 살아가는 실제의 경험을 폄하하고 부정하는 것이다. 롤링은 거듭 자신이 트랜스 혐오자가 아니며 사실 "수십 년 동안 트랜스 여성에 공감"해왔고 단지 "오늘날 트랜스젠더 운동이 가져온 결과들에 우려"할 뿐이라고 주장한다.[9] 하지만 앨리스 골드퍼스Alice Goldfuss가 트위터에 올린 것처럼, "그녀가 쓰는 말은 동성애자들을 멸시하던 말과 유사하다". 이를테면 "닫힌 문 뒤에서는 누구하고든 키스할 수 있다!" 같은.[10]

J. K. 롤링과 그녀의 작품을 사랑한 많은 팬들은, 환상적인 마법의 가능성들에 관한 책을 썼던 여성이, 인간의 성별에 대한 경직된 (그리고 과학적으로 그릇된) 관념을 강화하는 데 매몰된 여성을 지지하고 나선 데 실망

감을 드러냈다. 다르거나 약하다고 여겨지는 존재를 혐오하는 파시스트적인 악마와 악당들에 맞서는 영웅적인 어린이들에 관한 시리즈물의 저자가, 어느 성인 여성이 트랜스 여성은 여성이 아니라는 트윗을 올릴 권리를 위해 기꺼이 팔을 걷어붙인 것이다. 아무래도 마야 포스태터는 슬리데린[Slytherin. 해리 포터가 다닌 마법 학교의 4개 기숙사 중 하나. 야망, 냉혹함, 교활함, 그리고 순혈 우월주의를 특징으로 한다] 출신 같다.

2020년 내내, 팬데믹과 시위와 정치적 혼란이 세계를 휩쓰는 와중에도, 롤링은 굴하지 않고 거듭 자신의 견해를 널리 주지시켰다. 그녀는 트랜스인 권리의 증진으로 인해 시스젠더 여성이 위협받고 있음을 알리는 데 자신의 엄청난 영향력을 이용하기로 한 결심을 더욱 확고히 했다. 2020년에—**이천이십년에!**—걱정했어야 할 그 많은 사안을 제쳐두고 롤링이 발표한 에세이는, 많은 이들이 보기에 그녀의 트랜스 혐오적인 믿음을 되풀이한 것에 지나지 않았다. 여기서 그녀는 "여성과 소녀의 권리가 약화"되었고, 트랜스젠더 "운동"이 아동의 "교육과 보호"에 위협을 가한다고 썼다. 그녀는 어린이들이 가족들의 동성애 혐오 때문에 성전환을 시도할 수도 있고, 어린 소녀들의 경우 그들이 겪는 성차별 때문에 트랜스 남성으로 전환할 수도 있다고 우려했다. 30년 전이라면 그녀 자신도 성전환을 결심했을지 모른다고 말이다(나는 프레디 매코널에게 이 부분에 관해 물어봤고, 그는 이렇게 답했다. "롤링은 한 번도 트랜스 남성하고 얘기해본 적이 없을 거예요. 트랜스 남성 중에 그런 경험을 이야기하는 사람은 없어요").

"우리는 내가 경험한 중 가장 심각한 여성 혐오의 시기를 살아가고 있다." 롤링은 이렇게 단언한다. 그녀는 그 원인이 도널드 트럼프와 그 지지자들의 부상, 인셀(앞서 언급했던, 여자들이 자기들과 자주지 않는 것이 괘씸하고 그래서 여성들에게 폭력적인 온라인 커뮤니티들)의 확산, 그리고 그와 동시에 트랜스젠더 활동가들의 운동에 있다고 진단한다. 그녀는 세 집단을 모두 여성을 공격하는 남성으로 규정한다. 하지만 사실 시스젠더 여성 과반은 트랜스인 권리를 지지한다.

롤링은 또한 트랜스 여성이 가정폭력 생존자를 위한 쉼터 등 여성전용공간에 대한 위협이라고 주장했다.

> 자신이 여성이라고 믿거나 느끼는 아무 남자에게나 화장실과 탈의실 문을 활짝 열어준다면, 앞서 언급했지만 앞으로는 수술이나 호르몬 요법 없이도 젠더 확인서가 발급될지 모르는 상황이니만큼, 결국 안에 들어오고 싶은 아무 남자에게나 다 문을 열어주게 된다. 이것이 단순명료한 사실이다.[11]

하지만 그건 단순명료한 사실이 아니다! 심지어 복잡다단한 사실조차 아니다. 트랜스 여성은 시스젠더 여성을 폭행할 목적으로 쉼터에 드나들 권한을 얻으려는 사기꾼이 아니다. 트랜스 여성은 가정학대와 폭행에 노출되는 빈도가 비극적으로 높고, 따라서 안전한 여성전용공간에 대한 접근이 절실히 필요하다.[12] 「젠더 인정법」 간소화 개정의 잠정적 효과에 관한 스코틀랜드 정부의 2019년 보고서는, 트랜스 여성이 여성전용공간에서 시스젠더 여성에게 위협이 되거나 그간 위협을 가한 적이 있다는 증거가 발견되지 않았음을 요약 부분에서 아래와 같이 설명하고 있다.

- 트랜스 여성이 시스젠더 여성보다 여성전용공간에서 다른 여성을 성폭행할 가능성이 높다는 주장을 뒷받침할 증거는 확인되지 않았다. 증거의 부재는 다른 출처들에서도 거듭 확인된다.
- 본 문헌조사에서, 트랜스젠더 여성에 포용적인 여성전용공간과 시스젠더

남성이 이러한 공간에 들어가 성폭력을 저지르고자 트랜스인으로 가장하는 행위 사이의 연결을 뒷받침할 증거는 확인되지 않았다. 본 조사에 포함된 다른 출처들에서도 이러한 주장을 뒷받침할 증거의 부재가 거듭 확인된다.[13]

이미 가정폭력 쉼터는 학대 전력이 있는 여성을, 트랜스인이건 아니건 관계없이 거르고 있다. 한 가정폭력 쉼터 봉사자는 『핑크뉴스PinkNews』에 시스젠더 남성이 쉼터에 들어오기 위해 트랜스 여성으로 가장하는 건 "불가능하다"고 말했다.[14]

그럼에도 불구하고, 2020년에 여성을 위협했고 지금도 위협하고 있는 그 모든 문제들 가운데, 롤링은 만약 트랜스 여성이 여성전용 안전공간에 쉽게 들어올 수 있다면 "아무 남자나 다" 쳐들어와 시스젠더 여성을 위협하고 상해를 가할 것이라는 거짓되고 편협한 주장에 매달렸다. 이런 주장은 사실에 근거하지 않는다. 그것은 공포, 정확히 말하면 혐오증에 근거하며, 어떤 트랜스 여성은 여자 화장실 문을 부수고 들어가 그 안에서 악행을 저지르기 위해 성별 정정 신고를 한 사람일 거라는 생각에 근거한다. 여성을 해치는 남자들은 그러기 위해 굳이 수고스럽게 성전환이나 성별 정정 신고를 할 필요가 없다. 하지만 그런 주장을 하면서 롤링은 트랜스 여성은 위협적, 폭력적이고 진짜 여자가 아니라는 파괴적인 고정관념을 강화한다. 이 문제를 한 번도 생각해보지 않은 여성도 롤링의 주장을 읽으면서 여성전용 공간에 트랜스 여성이 들어오는 것에 대해 걱정이 밀려들 수 있다. 이런 거짓 주장을 널리 전파해야겠다는 생각이 들지도 모른다. 결국엔 대개 가장 절실하게 지지와 안전과 보호를 필요로 하는 이들인 트랜스 여성에 위해를 가하는 정책을 지지하고 찬성표를 던질 수 있다. 그래서 영국의 트랜스 혐오가 끔찍한 것이다. 단순명료한 사실은 바로 이것이다.

기억해야 할 점은, 트랜스인의 권리와 삶을 지지하더라도 누구도 손해를 보지 않는다는 사실이다. 그것은 표현의 자유도, 과학도, 여성의 권리도 해치지 않는다. 트랜스인에게 친절한 사회는 여성이 살기 좋은 곳이다.

어쨌거나, 만약 여러분이 여전히 『해리 포터』를 읽는 즐거움을 누리고 싶다면, 『버즈피드』 시절의 내 동료 케이 톨Kaye Toal이 롤링의 에세이 사태 후에 했던 말을 기억하기 바란다. 『해리 포터』의 모든 캐릭터는 사실 트랜스인이란다. 그게 정전이라고.

물론 트랜스 혐오는 영국에만, 혹은 영국 중도 좌파의 TERF에만 국한되지 않는다. 영국의 트랜스 혐오자들은 트랜스인에 대한 공포와 거짓말을 퍼트린다는 목표를 공유하는, 다소 고약한 동맹을 미국에 두고 있다. TERF의 그 기만적인 주장과 판박이인 소리를 우리는 미국 공화당 내의 가장 과격한 분파에게서 듣고 있다. 그들은 트랜스인의 법률 문서상 성별 정정을 더 쉽고 덜 관료 중심적으로 바꾸면 남자들이 간단히 자신을 트랜스인으로 신고하고 여자화장실과 탈의실에 침입해 여성들을 공격할 거라 말한다. 이미 살펴본 대로 그런 일은 일어나고 있지 않다. 남성은 여성을 공격하지만, 그러기 위해 트랜스인으로 가장하지는 않는다. 물론 범죄를 저지르는 트랜스인도 있다. 세상에는 범죄를 저지르는 왼손잡이도 있고, 범죄를 저지르는 국가수반도 있다. 강간은 트랜스인을 그들의 젠더 정체성과 일치하는 화장실에서 몰아낸다고 해결될 문제가 아니다. 트랜스 여성이 여성시설을 쉽게 이용하게끔 하는 것은, 그런 접근권이 **없을** 때 겪게 되는 폭력으로부터 **트랜스인을** 보호하는 한 방법이다.

화장실에 관한 주장은, 그 안에서 트랜스인이 누구인지를 거의 확실히 **모른다**는 사실에 비추어 보면 더더욱 부조리하다. 그걸 알아내려면 대단히 난감해질 것이다. 그럼에도 화장실 젠더를 단속하고자 한다면, 젠더 고정관념에 비추어 충분히 남성적이거나 여성적으로 보이지 않는 **남녀 모두**에게 불가피하게 피해가 갈 것이다. 그런데도 이것은 영국 좌파 진영의 트랜스 혐오자와 미국 보수주의자들의 주요 의제다. 미국 보수주의자들은 빈번히 트랜스인들이 원하는 화장실을 사용하지 못하도록 금지하는 법안을 제출하고 때로는 입법에 성공한다. 또한 그것은 유럽의 극우지도자들, 이를테면 헝가리의 빅토르 오르반 총리 같은 이들이 자주 거론하는 주제이기도 하다. 오르반 정부는 2020년 트랜스인에 대한 법적 성별 인정 자체를 종료했다.

화장실 문 앞에서 사람들의 생식기를 단속하는 길로 나아가는 동안, 영국의 트랜스 혐오자들은 미국과 전 세계에서 가장 무시무시하고 어처구니없는 보수 세력들과 동맹을 맺었다. 그들은 골수 파시스트들과도 손을 맞잡고 함께 트랜스 혐오의 초원을 뛰논다.

보수 진영의 트랜스 혐오자들이 어떤 생각을 하는지에 대한 맛보기로, 미국의 보수 저술가 애슐리 맥과이어Ashley McGuire의 책을 잠시 들여다보자. 『섹스 스캔들: 남성과 여성을 폐지하려는 움직임Sex Scandal: The Drive to Abolish Male and Female』(2017)은 트랜스인과 그 밖의 젠더 문제에 대한 보수의 두려움을 숨김없이 드러낸다. "어느 날 아침 눈을 떠보니 별안간 유치원에서 레고를 성차별적이라며 금지하고, 고등학교 남학생이 여학생 탈의실에서 샤워를 하고, 막 걸음마를 뗀 어린아이의 엄마가 미국을 적으로부터 방어하기 위해 파병되는 게 정상인 세상이 된 것이다."[15] 그녀의 두려움은 여군 문제에서 그치지 않는다. "미국에는 아이들을 생물학적 성에 따라 구별하는 것이 범죄이자 학대라고 생각하는 사람들이 있다. 그리고 그들은 당신의 아이들에게도 손을 뻗치고 있다." **그들이 온다, 그들은 당신의 아이를 트랜스젠더로 만들 것이다.**

당연한 이야기지만, 도널드 트럼프를 당선시킨 공화당 역시 트랜스인 권리에 그리 적극적이지 않다. 대통령의 아들은 그의 책 『트리거』의 상당 부분을 그 자신의 거친 남성성(사냥! 닭 도살!)을 강조하고 트랜스 패닉의 고정 레퍼토리를 훑는 데 할애한다. 그중에는 트랜스젠더 운동선수가 여성 스포츠를 끝장낼 거라는 주장도 있다. 힘주어 말하지만 이건 사실이 아니다. 트랜스 선수들은 2004년 올림픽부터 출전이 허용되었고, 그동안 그 어떤 종목도 파탄나지 않았다. 더 낮은 수준의 여성 스포츠도 마찬가지다. 그럼에도 도널드 주니어의 근심은 깊다.

> 그러니까 대학 리그에서 뛰는 어느 남자 선수가 소속 부에서 몸 좋고 힘센 다른 남자 선수들한테 된통 당하기만 한다면 좋은 수가 있다! 자기가 여자라고 신고만 하면 끝이다. 갑자기 경쟁자들 몸집이 작아지고 근육이 쪼그라든다. 마법이 따로 없다![16]

트럼프 주니어는 일어나지도 않은 일을 거론하며 마법 운운한다. 가만, 일어난 일이 **있던** 것 같기는 하다. 크리스 모저Chris Mosier는 트랜스 남성으로서 2020년 올림픽 경보 종목의 국가대표 선발전 출전 자격을 얻었다.[17] 그가 시스젠더 남성들과 경쟁한 건, 어, 아마 부당한 이점을 노리고 … 잠깐, 이 얘기가 아니었던가? 일어나지 않은 일 얘기가 나온 김에 덧붙이자면, 트럼프 주니어는 화장실 패닉도 건드린다("좌파가 치마를 입은 정신 나간 성인 남성이 어린 소녀들과 같은 화장실을 쓸 수 있어야 한다고 주장했을 때…"). 스포츠와 화장실을 둘러싼 패닉에서 우리가 확인하는 것은, 어떤 사람들은 화장실에서 사악한 범죄를 저지르거나 이런저런 운동 경기에서 이기기 **위해서** 트랜스인이 된다는, 사실무근의 괴이한 믿음에 기댄 편협함이다. 트랜스 운동선수가 **오로지** 메달을 따기 위해서 성전환한다는 상상은, 트랜스인의 실제 경험에 대한 지식이나 관심의 전적인 부재를 드러낸다. 하지만 트럼프 주니어는 사실이나 실상보다는 젠더 중립적인 대명사의 전횡에 관심이 많다. 그가 보기에 젠더 중립적 대명사는 "그린뉴딜과 무상 대학부터 재소자 투표와 무제한 임신중절까지, 좌파가 내놓은 그 밖의 모든 황당한 제안들" 중 하나다.

바로 이런 인사들이 트랜스 혐오적인 영국 페미니스트들이 선택한 그들의 정치적 동맹이다. 현재의 영국 보수당 정권도 트랜스젠더 권리 면에서 칭찬할 만하거나 한 건 아니지만, '좌파' 여성들의 트랜스 혐오는 가장 큰 배신으로 다가온다. 기후재앙이 임박해오고, 극우가 부활하고, 여성을 포함해 최근 몇십 년간 권익이 증진되었던 집단들에 대한 반동적인 폭력과 차별이 일어나는 이 시대에, 여성에게 가장 큰 위협이 트랜스인이라고? 제발 좀.

조 바이든 대통령이 취임 후 가장 먼저 한 일 가운데 하나는 트럼프 정권에서 시행된 트랜스 혐오적인 정책을 철회한 것이었다. 트랜스 여성이 여성 스포츠에 참여할 권리를 확인한 그의 행정명령은 그 밖의 트랜스젠더 포용적인 정책과 더불어 미국 진보주의자들의 환영을 받았지만, 영국 TERF는 분개했다. 그들의 분노를 타고 '#바이든은여성을지운다'는 해시태그가 세계 각국으로 퍼졌고, 트랜스 여성을 받아들이면 우리가 아는 여성 스포츠는 끝장날 거라는 (부정확한) 주장이 확산했다. 사실 고교 스포츠부터 올림픽 무대에 이르기까지 트랜스 여성의 경기 참여는 이미 수십 년간 허용되어 왔고—물론 그들을 배제하려는 시도도 수없이 많았다—그럼에도 "스포츠 경기에서 승리하기 위해 여성인 척 가장하는" 남자들의 폐해는 아직 나타나지 않았다.

아마도 그들 자신의 정체성 바깥으로는 구조적 억압에 대한 인식을 확대하지 못하는 탓으로, 트랜스 혐오적인 영국 페미니스트는 결국 시스젠더 여성의 권리를 약화하려는 이들과 똑같은 주장을 하고 만다. 그들은 그저 야릇한 동반자들이 아닌, 파괴적인 동반자들을 만난 셈이다.

가장 파괴적인 동반자 중 하나는 눈송이스러운 모든 것의 선도적인 비판자, 유튜브 선동의 아버지, 젠더 이분법 주창자, 분노하는 젊은 남성의 옹호자, 조던 피터슨Jordan Peterson이다. 손 닿는 곳에 후자극제[smelling salts. 향을 가미한 탄산암모늄으로, 주로 운동선수들이 각성제로 사용하며 과거에는 실신한 사람을 깨우는 용도로도 썼다], 텀스[Tums. 대중적으로 사용되는 제산제. 속이 부대낄 때 진정 효과를 기대할 수 있다], 메이스[육두구 껍질로 만든 향신료]를 준비해두시길.

그가 인간 경험의 다양성에 대한 증오에 기반한, 극히 단순화된 형태의 전파력 강한 자기계발 동영상의 대부가 되기 전, 조던 피터슨은 토론토대학에서 심리학을 가르치는 평범한 교수였다. 그는 여전히 토론토대학 심리학 교수지만, 동시에 너무나 그 이상이면서 또 너무나 그 이하다. 그는 『12가지 인생의 법칙: 혼돈의 해독제12 Rules for Life: An Antidote to Chaos』라는 베스트셀러의 저자다. 그의 주장에 따르면 2019년 말까지 300만 부가 팔렸다고 한다. 이 책을 읽다보면 어리둥절하고도 살짝 무시무시한 의식의 흐름 속으로 빠져들게 된다. 피터슨은 이 책에서 좌절감에 빠진 젊은 남성들의 문제를 해결하고자 하며, 그러기 위해 그를 비롯한 눈송이 비판자들이 종종 '오랜 지혜'라 일컫는 것을 찾아 구약성서 같은 종류의 텍스트를 자의적으로 인용한다.

피터슨이 『12가지 인생의 법칙』에서 '눈송이'라는 말을 쓰는 건 아니다. 이 책이 눈송이 문헌에서 차지하는 중요성을 이해하기 위해서는 그것을 유

튜브라는 맥락에 갖다 놓아야 한다. 유튜브는 피터슨이 수백만 팔로워에게 설파하는 여러 플랫폼 가운데 하나다. 그의 시청자 대부분은 불만 많은 젊은 남성들이며, 이들은 유튜브에 피터슨의 강연이나 대중과의 만남이 담긴 영상을 올리면서 이런 제목을 단다. 〈교묘한 질문 던진 눈송이 밟아주는 조던 피터슨 | 케임브리지 유니언〉, 〈"당신은 유해한 바보" 조던 피터슨 모욕한 건방진 눈송이 | 피터슨의 개쩌는 반응〉, 〈"철 좀 들자" 조던 피터슨 대학생 눈송이에 참교육 시전〉, 〈화난 조던 피터슨 잘몬[잘못] 물었다 급후회하는 눈송이〉, 〈급진 좌파 눈송이 간단히 조지는 조던 피터슨〉. 유튜브만 훑어보면, 영어권 세계에서 눈송이를 마지막 하나까지 쓸어버리는 게 피터슨의 인생 목표인가 하는 생각마저 든다. 어쩌면 그도 그렇게 생각할지 모른다.

피터슨이 평범한 심리학 교수에서 수백만 팬을 거느린 베스트셀러 작가/인터넷 스타로 부상한 계기는, 아이러니하게도 그가 표현의 자유에 대한 제약으로 규정했던 한 사건 덕분이었다. 2016년에 피터슨은 학생들의 요청이 있더라도 젠더 중립적인 대명사를 사용하지 않겠다고 선언해 캐나다 언론의 주목을 받았다. 그의 발언이 학생들의 항의 시위로 이어진 후, 토론토대학 트랜스젠더 학생들은 온라인 트롤들에게 협박을 받기 시작했다. 그러자 대학 행정당국은 피터슨에게 서한을 보내 "온타리오주 인권법에 따라 차별로 간주될 수 있는 발언의 중단"을 요청했다.[18] 토론토신문 『더 글로브 앤드 메일The Globe and Mail』에 따르면, 대학 측은 "학생들과 다른 이들에게 미친 영향이 그의 의도가 아닌 것으로 믿는다"면서도 "그러한 영향과 [법령이] 요구하는 바를 고려하여 그 같은 발언을 더는 반복하지 않도록 강력히 권고"했다. 정확한 대명사의 사용이라는 인간적 예의에 맞선, 그 자신은 숭고하게 여긴 그 투쟁으로 인해 피터슨은 그의 일과 커리어가 위태로워졌다고 말했다. 하지만 토론토대학이 개최한 토론회에 패널로 참석한 법학 교수 브렌다 코스먼Brenda Cossman은, 문제의 법령에 "대명사의 부정확한 사용을 처벌"하는 조항은 없으며 따라서 피터슨이 그의 법적 위험 부담을 과장하고 있다고 말했다. 그는 그 소동으로 자신이 영원히 침묵당할 거로 주장했지만, 결과적으로 피터슨의 대중적 인지도는 가늠하기 어려울 정도로 높아졌다. 피터슨은 사실상 트랜스인에 대한 그의 차별을 지렛대 삼아 단번에 화려하고 수입 좋은 커리어로 도약했다.

피터슨은 토론토대학 학생 및 행정당국과의 마찰을 표현의 자유에 대한 탄압으로 포장했지만, 이분법적 성별의 불변성에 대한 믿음은 그의 인기 저서 상당 부분을 채우고 있다. 2018년 LBC 라디오 쇼에서 진행자 마지드 나와즈Maajid Nawaz에게 말했듯이, 피터슨은 he나 she가 아닌 다른 대명사를 사용하자는 제안을 "급진적, 집산주의적인 좌파의 술수"로 본다.[19] 또한 선호하는 젠더로 지칭되기를 요구하는 사람들은 대체로 "자아도취적인 기싸움"을 벌이는 것이며, 자신은 "상대가 표출하는 대외적인 페르소나와 부합해 보이는 대명사를", 설사 그것이 그들의 실제 젠더와 어긋난다고 하더라도, 계속해서 사용하겠다고 말한다. 그는 트랜스나 논바이너리인 사람들과 그 지지자들이 "공적 담론장에서 언어적 우위를 점하려 든다"고 불평한다. "그러면서 마치 연민에서 우러난 행동인 양 사람들 눈을 속이죠. 나한테는 안 통해요."

젠더가 단순한 이분법을 넘어선다는 사실에 대한 피터슨의 깊숙한 불편함은, 그의 세계관 전체가 남성과 여성을 가르는 생물학적, 지적, 사회적 간극에 대한 믿음을 중심으로 구축돼 있다는 데 기인하는 듯하다. 역사 전체, 사회 전체가 이렇듯 선명한 이분법으로 설명될 수 있다고 믿는 누군가에게는, 남성과 여성 사이 어딘가에 존재하거나, 둘 중 어느 쪽도 아니거나, 혹은 출생 시 성별이 잘못 지정된 사람들이 있을 수 있다는 생각이 불편할 법도 하다. 피터슨은 남성이 선천적으로 권력의 자리에 적합하며 그것은 그들의 근원적인 생물학적 남성성에서 기인한다고 믿는다. 아마도 이것이 불만에 가득찬 젊은 남성들이 그의 저작물에 끌리고 거기서 위안을 얻는 이유일 것이다. 수백만의 젊은 남성들이 피터슨의 글을 읽고 그의 팟캐스트를 듣고 그의 영상을 본다고 생각하면 아찔하기까지 하다. 그는 경제적 불안정에 따른 고통과 불만을 대단히 효과적으로 끌어모아 페미니스트와 트랜스인에게로 향하게 한다. 그의 주장을 보면, 트랜스인에게 적대적인 사람은 또한 시스젠더 여성에게도 적대적이라는 걸 알 수 있다. 둘은 별개가 아니다.

『12가지 인생의 법칙』 앞머리에서 피터슨은 종교적 신화 등 중요한 역사적 텍스트에서 남성은 "질서"를, 여성은 "혼돈"을 나타낸다는 이야기부터 꺼낸다.[20] 혼돈은 무엇보다도 "미지 그 자체의 영역"이다(전형적인 여자들!). 그런 다음 피터슨은 가재 무리 사이에서 어떻게 지배 위계가 형성되는지를 들여다본다. 마치 자신이 사람인 것을 잊은 듯, 그는 이렇게 경고한다. "영역을 지배하던 바닷가재가 크게 패하면 그 바닷가재의 뇌는 사실상 해체된다. 그런 다음 새로운, 종속자의 뇌가 자란다. 녀석의 낮아진 지위에 걸맞은 것으로 말이다." 그는 종속된 인간 남성에게 바로 이런 일이 일어난다고 생각한다. "바닷가재 세계에서는 승자가 모든 것을 독식한다. 인간 사회도 꼭 마찬가지여서, 상위 1퍼센트가 하위 50퍼센트만큼의 전리품을 차지한다." 사회적 위계의 최상위 자리를 차지한 우두머리 바닷가재가 가장 많은 짝짓기 상대를 유인한다는 사실을 예시로 삼아, 피터슨은 젊은 남성들에게 여성들을 매혹하기 위해서는 어깨를 쫙 펴고 당당히 서서 다른 남자들을 지배하라고 조언한다.

암컷 바닷가재(모성이 두드러지는 시기에는 이들도 치열하게 영역 다툼을 한다)는 우두머리 수컷을 한눈에 알아보고 거부할 수 없는 매혹을 느껴 적극적인 구애에 들어간다. 내 보기에 이는 탁월한 전략이다. 다른 여러 종의 암컷들도 이 전략을 사용하며, 인간도 마찬가지다.

피터슨에 따르면 "지배 위계"는 자연의 종들에 수억 년간 뚜렷이 존재해왔고, 따라서 "아무리 사회적 혹은 문화적인 현상으로 보인다 한들" 그것은 "영속적인 것이며 실재하는 것이다". 피터슨은 대체로 이런 구조를 중심으로 그의 세계관을 구성한다. "지배 위계는 나무보다도 오래됐다"는 그의 말은, 그래서 가부장제는 사회적 구성물이 아니고, 그래서 여성은 정치에서 과소 대표된다는 말이리라. 빈부 격차, 젠더 불평등은 피터슨에 의하면 생물학적 차이의 자연스럽고 공정한 귀결이다. 바닷가재만 봐도 알 수 있지 않은가. 피터슨의 책은 대부분 기이하게 뒤엉킨 아무 말 대잔치라 때로는 그 의미를 분간하기가 어렵고, 또 뭐든 자기는 그런 말 한 적 없다고 부인하기 좋게끔 서술돼 있다.

피터슨의 책은 "혼돈"에 대한 해독제를 표방한다. 기억하겠지만 혼돈은 종교문헌에서 여성적인 것으로 표상되며, 따라서 여성적인 게 틀림없다는 것이 그의 입장이다. 피터슨은 생명체들은 "10억 년 동안 … 수컷 아니면 암컷이었다. 그것은 긴 시간"이라고 쓴다. "우리에게 남성과 여성, 부모와 자식은 범주들이라는 말이다. 이것들은 우리의 지각구조, 정서구조, 동기구조 깊숙이 내재한 자연적인 범주들이다." 이는 극단적인 단순화일뿐더러 과학적으로 사실이 아니다. 피터슨은 인류의 역사를 성별 이분법에 기대어 설명한다. "우리의 가장 기본적인 범주는 성sex인 듯하다. 남성과 여성이라는 범주는 어떤 의미에서 번식 행위만큼 유구하다." 피터슨에게 남성은 어떤 존재인가? "인간 사회에서도 기본적인 위계구조는 남성적이다." 왜냐하면 "남성은 지금과 마찬가지로 역사적으로 내내 마을과 도시의 건설자, 엔지니어, 석공, 벽돌공, 벌목꾼, 중장비 운전자였기 때문이다".

반면에 여성은 "(그들과 가장 가까운 동물인 암컷 침팬지와 달리) 까다롭게 짝을 고른다. 남성 대부분은 여성의 기준을 만족시키지 못한다"고 피터슨은 불평한다. "그래서 여성들은 데이트 사이트에 등록된 남성 85퍼센트의 매력도를 평균 이하로 평가한다." 이는 남성들에게 대단히 고통스럽다. "매력적인 상대"에게 거절당할 때마다 그들은 "직접적으로 혼돈과 맞닥뜨리며" 그 경험은 "매번 그들을 커다란 충격에 빠뜨린다". 피터슨은 이어서 최초의 남녀인 아담과 이브의 성격 특징과 행동이 어떻게 오늘날의 남성과 여성을 설명하는지 이야기한다. 그들은 불변의 존재다. "최초의 여자는 최초의 남자에게 자의식과 원망의 감정을 심어주었다. 그때 최초의 남자는 최초의 여자를 탓했고, 더 나아가 하나님을 탓했다. 오늘날까지도 여성에게 거절당한 모든 남성은 정확히 이런 기분이다." 피터슨은 원죄 개념이, 그의 마음속에서는 더없이 정당하겠으나, "오늘날 학계에서는 대단히 인기가 없다"고 말한다. 그가 상상하는 거절당한 남성의 속내를 보면, 내가 피터슨보다도 남성들을 더 괜찮게 보는 건가 싶다.

잠재적인 사랑의 대상이 그의 번식 적합성을 폄하한다면, 우선 그녀 앞에서 자신이 작아짐을 느낀다. 다음으로는 하나님에게 악담을 퍼붓는다. 어째서 그녀는 그토록 나쁜 년으로 만들었고, 그 자신은 그토록 쓸모없게 만들었으며(정신이 조금이라도 박혀 있다면 그런 생각이 들 것이다), 존재 자체에 이토록 심각한 결함을 심어 놓은 거냐고. 그러고는 복수를 생각한다. 얼마나 철저히 경멸받을 (또 전적으로 이해할) 만한가.

피터슨은 여성들이 자신의 본질적인 쓸모와 가치를 외모 및 출산의 역할과 결부짓는다고 믿는 듯하다("숨 막힐 듯 아름다운 할리우드 배우도 결국엔 새로운 백설 공주의 등장을 끊임없이 강박적으로 경계하는 악한 왕비가 된다"). 그가 보기에 "성인 남성이 명령을 내린다면 소리 높여 반발할 많은 어머니가" 어린 아들의 명령은 인성을 망치면서까지 꼬박꼬박 따라준다. 모든 어머니의 목적은 "재생산에 성공적인 아들"을 키우는 것이기 때문이다. 피터슨은 "부모들이 여아인 태아를 제거할 만큼 남아를 선호하는 데는 그럴 만한 이유가 있다"고 말한다. 등등등.

우리는 피터슨의 주장에서 TERF 논변의 필연적인 귀결을 본다. 여성이 남성에 종속되는 것은 오래전부터 확립된 규범이며, 여성에 대한 억압은 그들의 생물학적 기능에 따른 것이다. 더 나아가 우리 모두는 지배자가 되기 위한 바닷가재 전투에서 헤어나올 수 없으며, 이는 약한 바닷가재에게는 나쁜 소식이다. 여성은 짝이 될 남성을 두고 치열하게 싸우고, 남성은 서로를 지배하기 위해 싸운다. 그리고 그들은 아담과 이브이지 아담과 스티브가 아니다.

피터슨이 약한 바닷가재에게 제시하는 해결책은 끔찍하게 나쁜 사람 그리고/혹은 바닷가재가 되는 것이다. 그는 사람들이 "자기 내면에서 사악함과 극악무도함의 씨앗을 알아보고 자신을 (적어도 잠재적으로) 위험한 존재로 인식"하게 되면 "자존감이 높아진다"고 본다. 그럴 때 그들은 억압에 저항할 수 있다. "그들은 자신들 역시 끔찍하게 나쁜 존재이기 때문에 이겨낼 힘이 있다는 걸 안다." 아직 그 메이스가 손 닿는 곳에 있는지? 다음 인용문을 읽고 나면 필요해질 것이다. "권력욕에서 큰 몫을 차지하는 건 피와 강간, 파괴에 대한 욕망이다."

피터슨의 글은 마치 말 위에 올라탄 채로 쓴 것처럼 혼란스러울 때가 많다. 또 어떨 때는 자신을 선지자쯤으로 생각하는 듯싶다("세상을 더 나은 곳으로 만들 수 있다면 좋을 것이다. 어쨌거나 천국은 저절로 오지 않을 터. 우리는 천국을 이루고자 노력해야 할 것이고, 하나님이 그 앞에 세워둔 심판의 화염검과 죽음의 천사들에 맞설 수 있도록 스스로를 단련해야 한다"). 그는 인간의 고통을 그 자체로 찬미하며("고통은 중요하다. 객관적으로 존재하는 그 어떤 물질보다 중요하다"), 우리가 바랄 수 있는 최고의 인간상은 장례식에서 다른 모두가 그 강철 같은 힘에 의지할 수 있는 그런 사람이라고 생각한다. 이건 대단히 슬픈 생각이다. 조던 피터슨의 이분법적 이상 세계에서, 소년은 울지 않는다.

내가 이런 이야기를 시시콜콜 하는 이유는 여러분을 죽고 싶도록 고문하려는 게 아니라, 피터슨이 오늘날의 눈송이 혐오에 미친 영향이 지대하고, 그가 주도하는 반동적 경향이 여성과 트랜스인의 권리가 보호되고 확장되는 것을 가로막고 있기 때문이다. 수백만의 사람들이 그의 책을 눈송이에 대한 '해독제'로 여긴다. 그의 논리는 대부분 눈송이 비판자들의 논리와 일치하며, 새로운 눈송이 비판자들, 특히 젊은 남성들을 고무하고 있다. 그는 어린아이들이 지나치게 애지중지되고 있다고 생각하며, 그들을 작고 강한 전사로 길러야 한다고 믿는다. 그런 경향에 맞서 그는 아동에 대한 체벌을 우회적으로 옹호한다.

아무 생각 없이 "체벌은 어떤 이유로도 용납되지 않는다"는 말을 주문처럼 되뇌다보면, 한때 순수했던 아기 천사에게서 불가사의하게도 10대 악마가 튀어나왔다는 착각을 하게 된다. … 아이를 때리면 그 아이에게 폭력을 가르칠 뿐이라는 주장은 어떨까? 결론부터 말하면 이 또한 잘못된 생각이다. 이유는 간단하다. 우선 '때리기'는 유능한 부모의 훈육 행위를 가리키기에는 대단히 투박한 표현이다.

아직 119에 신고 안 했나? 아니라고? 그래, 경찰은 됐다. 무장한 낙하산병을 한가득 실은 비행기를 부르자. 심리치료사도 한 트럭으로. 헤이그[인도에 반한 죄, 집단학살, 전쟁범죄 등을 관할하는 국제형사재판소의 소재지]에도 연락 바란다.

피터슨은 자기 내면의 어둠을 다른 이들에게 투사한다. 그가 이렇게 해서 얼마나 많은 인기를 얻었는지 생각하면 덜컥 겁이 난다. 그는 "세상에서 아예 인간을 깨끗이 쓸어버려야 하는지도 모른다"고 생각한다. "그런 걸 한 번도 바란 적이 없다고 주장하는 사람은, 기억력이 나쁘거나 아직 자신의 가장 어두운 공상과 만나보지 못한 사람일 것이다." 이런 책이 전 세계 수백만의 젊은 남성에게 그토록 깊은 공감을 샀다. 인류가 지구에서 일소되어야 한다고 아무렇지 않게 말하는 책이 말이다. 이 책에 따르면 타인을 도우려는 시도는 그저 어리석기만 한 것이 아니다. "누군가를 구하려는 시도는 흔히 허영심과 자기애로 추동된다." 그는 타인을 도우려는 사람은 십중팔구 "그저 [자신의] 마르지 않는 연민과 선의를 과시하고 싶을 뿐"이라 말한다. 그런 자질은 권장하거나 드러낼 만큼 가치로운 것이 아니다. 여성은 아름다우면 그만이고, 남성은 강하면 그만이다. 『12가지 인생의 법칙』은 대단히 냉소적인 책이며, 오늘날 눈송이의 행동, 세상을 더 나은 곳으로 만들려는 시도를 이기적인 성향의 발로로 치부한다. 피해자는 도움은커녕 관심받을 자격도 없는 이들로 그린다. 그들이 피해자가 된 건 자기 자신의 도덕적 흠결 탓이다. 그리고 이 모든 생각의 중심에는, 감히 섹스와 젠더의 생물학적 불변성을 믿지 않는 이들에 대한 피터슨의 분노가 자리한다.

피터슨은 끊임없이 그 궁극의 혼돈에 대한 두려움, 즉 그가 보기에 사회에 더없이 파괴적인 영향을 미치는 젠더 이분법의 붕괴에 대한 두려움으로 회귀한다. 피터슨은 마음의 평화를 위해 단순한 범주화에 의지한다. 그는 변화가 **겁난다**. 그는 인간 사회를 기본적으로 레스토랑 수조 안에서 바닷가재들이 보이는 행태로 설명할 수 있다는 생각에 안주하기를 **갈망**한다. 그는 "우리 조상들이 현명하게 쌓아 놓은 장벽 뒤에는 경악과 공포가 도사리고 있다"면서 돌연 "1960년대에 이혼법이 급격히 완화되어" 여성이 남편에게 이혼을 청구하기 쉬워진 것이 "정말로 좋은 일이었는지" 묻는다. 그는 "부모의 주된 책무는 자녀를 사회적으로 바람직한 존재로 기르는 것"이며, 이것이 자녀를 "행복하게 해주거나 창의성을 길러주거나 자존감을 북돋아줄 책임"보다 더 중요하다고 본다. 그는 "전통적인 가사 분담"의 해체가 결과적으로 "혼돈과 갈등, 불확정성"을 초래했다고 믿는다. 조던 피터슨은 설거지가 **정말로** 싫은가 보다.

그는 여성의 지위가 상승해 법·문화적 평등에 좀 더 가까워진 것이 젊은 남성들에게 상처를 입혔다고 믿는다. "가부장제에서 특권을 누리는 수혜자로서 그들의 업적은 노력하지 않고 얻은 것으로 치부된다. 강간 문화를 지지할 가능성이 있기 때문에 잠재적인 성범죄자 취급을 받는다. 야망에 사로잡혀 지구를 약탈한다고 여겨진다." 그는 "젊은 여성은 그들과 친구인 젊은 남성에게는 매력을 느끼지 않는다. … 그들은 다른 젊은 남성들과의 지위 경쟁에서 승리한 젊은 남성에게 매력을 느낀다"고 쓴다. 『12가지 인생의 법칙』 내내 그는 레즈비언에 관해서는 거의 잊고 있다. 피터슨은 여성의 교육 수준과 업계에서의 지위가 높아지면서 그들 자신도 손해를 봤다고 본다. 왜냐하면 여성은 "경제적 지배 위계상 자신과 비슷하거나 상위에 있는 남성과 결혼하려는 성향"이 강해서 여성 자신이 꽤 지배적인 위치에 있는 경우 "배우자"를 찾기 어렵다는 것이다. 피터슨은 마치 쿵쿵대며 놀이터로 걸어 들어가 다른 사람의 아들에게서 거칠게 바비 인형을 낚아채는 사람 같다. **장난감 군인을 갖고 놀아야지!** 그는 어리둥절한 6살짜리에게 씩씩거린다.

당연한 이야기지만 피터슨은 대학이 남성을 배신했다고 본다. 그가 보기에 대학이 가부장제에 관해 가르치는 건 지구가 평평하다고 가르치는 것이나 마찬가지다. 그리고 그는 남자아이들이 "여자아이들처럼 사회화"되는 세상을 정말로, **정말로** 두려워한다. 그가 보기에 남아들은 공격성을 타고난다. "상냥하고 연민하고 공감하고 갈등을 회피하는 이들은 … 타인이 자신을 짓밟게 놔두고서 나중에 앙심을 품는" 사람들이다. 그는 친절함에 반대한다. 사회가 남자아이들을 망치고 있다. 마치 어머니들이 아들을 망치고 있는 것처럼. 그는 히틀러와 스탈린의 범죄도 사실상 그들을 잘못 키운 게 분명한 어머니들 탓으로 돌린다.

TERF는 트랜스 혐오에 빠진 나머지, 영화 〈겨울왕국〉이 어린 여아들에게 그들을 구출할 왕자가 필요없다고 설득하는 선전물이라고 생각하는 남자와 손을 잡았다. TERF는 피터슨이 바라는 식의 여성에 대한 제어와 단속을 원하지 않는다. 그러나 그들은 생물학적 성의 중요성과 불변성, 경직된 이분법에 동의한다. 아마 부지불식간에 가임 능력이 여성성의 중심이라는 데도 동의할 것이다. 마찬가지로 그들은 성별을 구분하는 '오랜 지혜'가 붕괴되는 것에 공포를 느끼고 있다. 피터슨과 그의 팬들은 눈송이들의 의제를 두려워한다. 그것은 남자다운 남자를 헤벌쭉거리는 어린아이로 왜소화하려는 것이다. 여성들이 모성의 의무를 저버리도록 허용하는 것이다. 조던 피터슨으로 하여금 트랜스 남성이 남성이고 트랜스 여성이 여성이라고 인정하게 하려는 것이다. 남자들이 술집에서 상큼한 화이트 와인을 마실 수 있는 세상을 만드는 것이다.

2019년 9월, 피터슨 가족은 그가 진정제인 클로나제팜에 대한 의존증을 치료하기 위해 재활시설에 입원했다고 밝혔다. 딸 미카엘라는 피터슨이 합법적으로 처방된 의약품에서 비롯된 신체적 의존증을 겪고 있으며 이는 심리적 중독과 다르다고 강조했다.[21] 그를 괴롭히는 것이 의존증이든 중독이든, 그건 그의 도덕성이 부족하다는 뜻은 아니다. 하지만 분명 그렇게 생각하는 사람도 있을 것이다. 특히 피터슨이 뚜렷이 밝혔던 그의 믿음, 즉 사람들의 나약함은 그들 자신 탓이며, 인간은 더 잔인해지고 감정에 무디어지고 철저히 자력에 의지해야만 똑바로 살 수 있다는 믿음에 동조했던 이들이라면 말이다. 나는 그저 피터슨이 힘겨워하는 순간에 누군가는 그에게 함부로 판단하지 않는 연민을, 그가 줄곧 타인에게 베풀기를 거부해온 그런 연민을 보여주기 바랄 뿐이다.

결국 세상은 피터슨의 인생 역작에 담긴 몇몇 진부한 경구들로 환원될 수 없다. 힘을 얻으려는 인간의 분투는 바닷가재 수조보다 더 복잡다단한 전장에서 치러진다. 또한 섹스와 젠더는 바닷가재의 로맨스보다 더 복합적이다.

눈송이에 관한 언설들을 들여다보고 『12가지 인생의 법칙』 같은 책을 읽는 동안에, 나는 가장자리 여백에 여러 차례 이런 메모를 남겼다. '볼테르의 팬츠.' 여기서 팬츠[pants. 바지]라 함은 사실 브리치스[breeches. 무릎 바로 아래서 졸라매게 되어 있는 옛 남성용 반바지]다. 『캉디드Candide』 첫 장에서 어린 캉디드는 스승 팡글로스의 '형이상학적-신학적-우주론적-몽매학'[원어는 프랑스어 nigaud(어리석은)을 이용해 볼테르가 만든 nigologue라는 말이다. 라이프니츠의 목적론/예정조화론을 풍자하려는 의도가 담겨 있다] 수업에서 세상에 관해 다음과 같은 가르침을 얻는다.

잘 살펴보면, 코는 안경을 걸치기 위해 만들어졌고, 그래서 우리에게 안경이 있는 것이다. 다리는 명백히 브리치스를 입기 위해 만들어졌고, 그래서 우리에게 브리치스가 있는 것이다. 바위는 캐내어 성을 짓기 위해 만들어졌고, 그래서 우리 각하께서 매우 고귀한 성을 가지신 것이다. 이 지역에서 가장 위대한 남작님께서 가장 훌륭한 곳에 묵어야 하기 때문이다. 돼지는 먹히기 위해 만들어졌기에 우리가 1년 내내 돼지고기를 먹는다. 따라서 모든 것이 다 좋다는 말은 실없는 소리다. 모든 것이 최선이라고 말해야 옳다.[22]

젠더를 비롯해 이 세계의 정치적, 사회경제적 현실이 어떤 내재적인 생물학적 진실의 반영이라고 주장하는 사람들이 보기에는, 코가 안경을 위해 만들어진 것이지 안경이 코를 위해 만들어진 것이 아니다. 세계의 현재 모습이 세계가 마땅히 그러해야 할 모습이라는 절대적인 확신을 가진 사람들은 모두 미국적인 의미에서 볼테르의 팬츠를 입고 있다[pants는 미국 영어로는 바지, 영국 영어로는 팬티를 뜻한다]. 세계가 지금의 모습인 건 그저 자연스러운 것이다. 모든 것이 **오랜 지혜**에서 비롯된 것이다. 우리 각하가 고귀한 성을 가진 이유는 그가 가장 훌륭한 바지를 입은 가장 위대한 남작이기 때문이다. 그의 성을 훔치려 드는 건 어리석은 짓이다. 그의 부와 권력을 비판하는 건 자연의 법칙을 거스르는 짓이다. 어쨌거나 그는 가장 위대한 남작이기 때문이다.

반-눈송이 문헌의 모든 글이 이런 논리를 따른다. 『미국인의 애지중지되는 마음』에서 루키아노프와 하이트가 보기에 교육수정법 제9장은 어리석은 법이고, 그건 여자아이들이 남자아이들에 비해 명백히 스포츠에 관심이 덜하기 때문이다. 두 사람은 관심도의 차이가 사회화 때문일 수 있다고 인정하면서도, 만약 정말로 그렇다면 "아이들이 공원에서 놀 때와 같이 비격

식적인 상황에서는 학교 환경에 비해 그런 성차가 적어야 할 것"이라고 말한다. 놀이터에서 노는 아이들이 젠더 고정관념을 재현하는 건 도저히 불가능하다고 생각하는 듯하다.

조던 피터슨이 보기에, 남성과 여성은 오랜 시간에 걸쳐 상이한 관심과 능력을 보유하고 표출해왔으며, 따라서 그들의 관심과 능력이 근본적으로 다른 건 사실이다. 바닷가재들은 위계적으로 축복받은 육중한 집게발에 성적으로 끌리며, 만약 그들이 그렇다면 우리 역시 그런 게 분명하다. 수도승처럼 철저히 이성과 합리성만을 따른다고 공언하는 사람들이 기꺼이 세상에 관해 가장 터무니없게 단순화된 결론을 끌어낸다. '과학'을 수호한다고 주장하는 사람들이 번번이 생명의 다양성과 생태의 신비에 대한 무관심을 드러낸다. 피터슨은 그저 바닷가재만 바라보면서 인간의 영혼이라도 설명할 수 있을 것이다. 그런 것은 깊은 사고나 비판적인 사고가 아니다.

여기서 좌파와 우파의 트랜스 혐오자들은 입장이 갈린다. 트랜스인을 배제하려는 좌파 페미니스트들이 젠더를 바꿀 수 없다고 믿는 건 젠더가 **중요하지 않다**고 생각해서다. 젠더는 남성과 여성이 삶에서 무엇을 할 수 있거나 할 의향이 있는지를 예측해주지 않는다.

그러나 트랜스 혐오적인 정치 스펙트럼의 좌·우파 모두는 생물학적으로 결정되는 이분법적 성별의 불변성과 중요성에 동의한다. 그들은 인간 실존에서 생식기와 크로모좀, 호르몬, 성징의 중요성을 믿는다. 좌파 트랜스 혐오자들은 여성에 대한 억압이 그들의 신체에서 비롯된다고 본다. 우파 트랜스 혐오자들은 여성에 대한 억압이 그들의 신체, 즉 타고난 능력과 기호와 나약함 때문에 정당화된다고 본다.

그런 이들을 좌파 트랜스 혐오자들은 자신의 동맹으로 선택했다. 여성의 권리와 여성에 대한 보호가 순전히 그들의 생물학적 성을 중심으로 구성되어야 한다고 주장함으로써, 그들은 모든 여성은 사실 일정하다는 생각, 즉 여성은 그들의 신체, 그중에서도 생식기관으로 정의된다는 생각에 힘을 실어준다. 만약 거기서 여성의 권리가 비롯된다면, 여성의 권리가 소멸되는 곳도 거기다. 볼테르의 바지는 편할지 몰라도 위험하다.

만약 누군가가 질의 유무가 여성을 여성이게 하는 가장 중요한 요건이라 주장한다면, 모든 점잔 빼는 성차별주의자들이 득달같이 동의할 것이다. 트랜스인과 논바이너리인들을 배척하고자 극우 이론가들과 손을 잡음으로써, 트랜스 혐오적인 페미니스트들은 스스로 조던 피터슨의 바닷가재 수조 안에 자신을 가두고 열쇠를 던져버렸다.

이따금 내 어떤 말이나 행동이 미래의 내 손주들을 불쾌하게 할지 상상해보곤 한다. 내가 어떤 말을 하면, 한때 런던이라 불리던 수중도시 위로 선상가옥을 타고 지나가는 동안 그들이 눈살을 찌푸리며 이렇게 말할까. "해나 할머니, 요즘엔 그런 말 하면 안 돼요. 할머니 바보!" 그게 뭐든, 나는 품위 있게 지적을 당하고 싶다. 미소 띤 얼굴로 낚시용 작살을 갈면서 이렇게 말하고 싶다. "아, 미안, 우리 때랑은 죄다 달라서!" (작살이 뾰족하지 않으면 가족은 굶게 될 것이다.)

아마 내 손주들이 문제삼는 건, 나의 육식(혹은 과거에 그럴 수 있을 때 내가 **그랬다는** 사실), 아니면 이따금 무심코 튀어나오는 젠더화된 단어들, 혹은 첫눈에 사람들의 젠더를 가정해버리는 습관일 듯하다. 많은 사람에게 이건 분명 경악스러운 미래상일 것이다. 2021년의 트랜스 혐오자들은 언어가 완전히 **와해**되었음을 크게 개탄할 것이다.

하지만 나는 이 장면을, 기후재앙 부분만 제외하면, 희망적으로 본다. 정치적 올바름에 경도된 비건-파시스트적이고 젠더 구별을 허무는 워크 전체주의의 "미끄러운 내리막"은 우리가 미끄러져 내려갔으면 하는 그런 내리막이다. 그 반대는 과거의 폭력적인 순응성으로 다시금 미끄러져 내려가는 것이다. 나는 나를 못마땅해하는 어린 손주들을 보며 '와, 얘네는 정말 골때리게 새로운 생각을 갖고 있구나!' 이렇게 여기고 싶다. 그들을 보면서 어쩌다 내가 어렸을 때보다도 세상이 더 억압적이고 획일적인 곳이 되었을까 탄식하고 싶지는 않다.

나는 오늘날 트랜스인에 대한 수용과 지지가 우리를 어디로 데려갈지 강박적으로 두려워하는 영국의 트랜스 혐오적인 페미니스트들이, 언젠가는 나와 같은 것을 느낄 수 있기 바란다. 증오를 멈추고 기만적인 주장을 거두기를 바란다. 내가 이해하는 것을 그들도 깨닫기 바란다. 여성으로서 나의 경험은, 이를테면 다른 문화권이나 국가의 빈곤층 또는 최부유층에 속한 여성에 비해, 영국이나 미국의 중산층 여성 언론인이면서 트랜스젠더인 이들과 훨씬 더 공통점이 많다는 사실 말이다. 아무리 내가 생리에 관해 불평하는 걸 좋아해도, 연대성은 질의 유무로 정의되지 않는다. 시스젠더 여성에게 실제적인 위협이 되는 것들은 트랜스 여성에게도 위협이 된다. 우파의 급진화된 젊은 남성들, 가정학대 포식자들, 일터에서 벌어지는 차별과 우리를 보호하는 데 관심이 없는 정치 지도자들 말이다.

우리가 두려워해야 할 것은 트랜스인과 그들의 권리가 우리를 어디로 데려갈지가 아니다. 우리가 두려워해야 할 것은 트랜스인이 없는 미래다.

Snowflakes

제8장
눈송이는 자본주의에 해롭다

오늘날 젊은이들이 난치성 눈송이병에 걸렸다고 진단하는 사람들은 문제가 어린 시절에 시작된다고 본다. 요즘 아이들은 매를 맞지 않고 애지중지 자라서 인성이 부족하다. 고등교육기관에 진학한 후에는 안전공간, 트리거 경고, 진보사상이 그들을 망친다. 그러나 눈송이 비판자들이 보기에 최악은, 이 개탄스럽고 밉살맞은, 징징대고 히스테릭하고 권위주의적인 작고 끔찍한 존재들이 일터로 나갈 때 생기는 일이다. 그들은 문제를 일으킨다.

어떤 면에서 이는 잘못된 공포다. 연구결과를 보면, 밀레니얼과 Z세대는 유례없이 많은 시간을 쏟아부으며 일에 몰두한다. 빈부 격차가 갈수록 극심해지면서, '나쁜' 일자리로 밀려났을 때 잃을 것이 훨씬 더 많아졌기 때문이다.

그러나 다른 면에서 보면, 젊은 세대들이 일터에서 문제를 일으킨다는 말은 전적으로 사실이다. 눈송이성의 정치는 일터로까지 확장되고 있으며, 이는 대단히 고무적인 일이다. 일터의 젊은이들은 때로 나이든 상사들을 미치게 한다. 그들은 부당한 업무에 항의한다. 그들은 서로의 임금을 비교하고 자신의 임금에 대해 불평한다. 그들은 직장 내 괴롭힘을 신고한다. 그들은 더 나은 처우를 요구한다. 그들은 '맡은 바 소임을 다하기'를 거부한다. 만약 소임을 다한다는 것이 일터에서 소모되고 혹사당한다는 것의 완곡어법이라면 말이다. 처우가 나쁘면 그들은 사표를 던진다.

어떤 이들에게 이것은 세상 모든 문제를 젊은이들 탓으로 돌릴 또 다른 이유가 된다. 정치 지도자는 나라 경제를 보고서 젊은이들이 제 몫을 해내지 않는다고 불평할 수 있다. 경영자는 기업의 문제를 보고서 자기 자신의 부실한 경영이나 터무니없는 사업 모델을 탓하기보다 요즘 젊은이들의 불량한 태도를 문제삼을 수 있다. 앞서도 살펴봤듯이, 젊은이들보다 더 미워하기 좋은 대상이 어디 있겠나? 늘 반복되는 일이지만, 경제나 정치나 일터를 괴롭히는 문제가 무엇이건, 가장 손쉬운 희생양은 경제적, 정치적으로 가장 힘없는 이들이다.

사실 눈송이는 정말로 같이 일하기 힘들 수 있다. 눈송이는 묵묵히 일만 하면서 상사나 회사의 잘못을 못 본 척하지 않는다. 눈송이는 괴롭힘과 차별이 발생하면 곧장 지적한다. 눈송이는 경영에 골칫거리가 될 수 있고, 그럴 때는 조롱과 비하가 답이다. 그들이 감히 분란을 일으키지 않도록, 일터에서 눈송이의 지위는 불안정해야 한다. 결국 대체 못 할 인력이란 없다.

내가 이 사실을 더없이 뼈저리게 느낀 건, 노조를 결성하려다 실패했을 때였다.

2016년을 기억할 이유는 많다. 많은 이들은 브렉시트 국민투표가 탈퇴론자의 손을 들어줬을 때 자신이 어디 있었는지를 기억할 것이다(나는 나이절 패라지의 축하파티에서 샴페인 병 모양의 케이크를 바라보고 있었는데, 병마개 부분이 마치 음낭처럼 생겼던 기억이 난다). 또 많은 이들은 미국 대선 결과가 트럼프의 승리로 기울었을 때 어디 있었는지를 기억할 것이다(나는 생방송으로 『버즈피드』의 선거 특집 프로그램을 공동 진행하던 중이었고, 무늬만 프로인 나답게 평정심 유지에 대차게 실패했다). 그러나 그 해의 다른 사건들 가운데 내가 죽는 날까지, 기후재앙의 물난리 속에서 〈타이타닉〉의 잭처럼 문짝 하나를 부여잡고 마지막 숨을 거두는 순간까지 기억할 일은, 버즈피드 UK에서 한 무리의 친구, 동료들과 함께 노조 인정을 추진하다가 실패한 것이었다.

시작은 순조로웠다. 우리는 술집 위층에 있는 방에 모여 이야기를 나누면서 우리들 각자에게 신경쓰이던 이런저런 일들이 사실 구조적인 문제임을 확인했다. 매주 새로운 동료들이 합류했고, 조합은 성장했다. 우리는 정신·신체적 건강 문제에 대한 배려가 부족하다는 이야기, 인종과 성별에 따라 임금 격차가 현격하다는 이야기를 나눴다. 묵혔던 불만을 꺼내 놓았고, 많이 웃었다. 회사의 불공정함은, 트렌디하고 진보적인, 젊은이들의 피난처라는 회사의 대외적인 이미지와 맞물려 우리를 화나게 했다. 편집국에서 과반의 지지를 확보한 후, 그 인원으로 우리의 교섭단위(한 단위 노조가 대표하게 될 직원 전체)가 구성되리라 보고서, 우리는 경영진에 서한을 보내 자발적인 노조 인정을 요구했다. 그러자 지옥문이 열렸다.

그 무렵의 일들에 관해 할 말은 차고 넘친다. 나는 동료들에 관해, 회사에 관해, 세상이 돌아가는 방식에 관해 많은 걸 배웠다. 또한 내 위장이 스트레스에 **매우** 취약하다는 것도 배웠다.

하지만 그 경험으로 내가 절실히 깨달은 가장 중요한 사실은, 인식이 노조를 꺾을 수 있다는 것이다. 우리는 응석받이로 자라난, 터무니없고 순진하고 유난스러운 눈송이로 그려졌고, 우리의 목표는 특권의식에 찌든 젊은이들의 당혹스럽고 지나친 요구로 그려졌다. 그건 상당수 동료 직원이 노조 설립이라는 공동의 대의와 거리를 두도록 설득하는 데 효과적인 방법이었다. 회사는 막 걸음마를 뗀 노조를 해체하는 데 비용을 아끼지 않았다.

우리의 CEO 조나 페레티Jonah Peretti 같은 고위 경영자를 포함해 몇몇 인사 담당자들과 변호사들이 미국에서 영국으로 날아왔다. 그들은 우리에게 노조가 필요없다고 말했다. 따지고 보면 우리 회사가 공장 같은 곳도 아니고, 조나는 '평범한 CEO'가 아니지 않나, 그는 후드티를 입고 회의에 참석하는 사람인데. 아니, 그들은 우리의 노조를 자발적으로 인정하지 않을 것이다. 하지만 공짜 간식과 점심식사의 질은 높여주겠다. 결국 우리가 원하는 게 그런 거 아닌가? (그렇지 않았다.)

우리가 느끼기에 회사 경영진과 그들이 대동한 몸값 높은 노조해체 전문 변호사단은, 복에 겨운 일부 밀레니얼 직원들이 근사한 직장에서 일하는 걸 감사하기는커녕 생떼를 부리는 것에 경멸을 감추지 못했다. 나를 비롯한 노조 설립 주도자들은 권위주의적이면서 동시에 엄청나게 순진하고 나약한 이들로 그려졌다. 한편으로 우리는 안쓰럽게 오해받는 우리의 백만장자 CEO에게 부당한 힘을 휘두르고 순진한 동료들을 그릇된 길로 인도하는 나쁜 늑대였다. 다른 한편으로 우리는 감사할 줄을 모르고 지나치게 예민했다. 우리는 근사한 회사에 일자리를 얻었고, 그런 다음에는 더 많은 걸 요구했다. 우리는 권위의 타당성을 의심했다. 우리는 위계질서에 맞서기보다는 거기서 한 발짝 비켜났다. 그것이 노조의 미덕이다. 노조는 아래로부터 힘을 획득해 회사 인사부—이들의 궁극적인 목표는 회사가 소송을 당하지 않게 하는 것이다—를 통하지 않는 별도의 책임 체계를 만든다. 그해 우리는 회사 경영진 및 외부 변호사들과 잊지 못할 만남을 여러 차례 가졌고, 그것은 기이하고 모멸적인 경험이었다.

결국 노조 인정을 위한 우리의 노력은 실패로 돌아갔다. 변호사들의 작업이 1년 넘게 이어진 후, 나를 비롯한 많은 이들은 회사를 떠나거나 해고되었고(노조와는 무관한 이유였다), 교섭단위(단체협약의 적용을 받게 될 직원들) 규모와 노조 지지자의 수도 감소했다. 우리는 지치고 너덜너덜해졌다. 우리의 시작은 강했지만, 동료 직원들에게 그들 각자가 노조의 수혜를 볼 것임을, 혹은 다른 이들이 혜택을 보게 되는 것만으로도 족하다는 사실을 충분히 설득하지 못했다. 상당 부분은 우리의 잘못이다. 나는 여전히 우리가 더 잘하거나 혹은 다르게 할 수 있었던 부분에 관해 생각한다.

얼마 후, 내가 워싱턴포스트로 이직한 다음, 버즈피드 US—직원 대부분은 이쪽 소속이다—에서 노조를 조직하려 한다는 소식이 들려왔다. 나는 뛸 듯이 기뻤다. 미국의 노조 조직자들은 우리보다 수도 많았고, 훨씬 더 카리스마 있고 쿨하고 매력적이었다. 그들은 예비 인력을 두텁게 확보했고, 노조를 결성할 뿐만 아니라 인정을 받고 더 나아가 단체협약을 이끌어내는 데 필요한 엄청난 노력과 에너지를 한결같이 유지했다. 결국 그들은 노조 인정을 위한 싸움에서 승리를 거머쥐었다. 비록 첫 번째 단체교섭 과정에서 우리가 마주했던 것과 같은 장애물을 여러 차례 맞닥뜨려야 했지만[2022년 5월, 교섭이 시작된 지 2년 만에 첫 번째 단체협약이 비준되었다]. 그럼에도 불구하고, 그해 미디어 업계에 등장한 새로운 노조들은 저마다 다른 노조의 결성을 북돋는 듯했다. 2010년대 말과 2020년대 초, 버즈피드 외에도 수십 곳의 영미 뉴스 매체에서 노조가 조직되었다.

한편 조나 페레티는 그 후로도 수차례 더 대규모 해고를 주도했다. 주기적으로 직원 상당수를 해고하면서 그가 내세운 명분은 언제나 회사를 '수익성 조기 개선 트랙'에 올려놓기 위함이라는 것이었다. 2018~19년에 버즈피드 직원들을 해고할 때도, 얼마 후 허프포스트를 인수한 후에도, 그리고 2021년에 추가로 허프포스트 언론인 수십 명을 해고할 때도, 그는 그렇게 말했다. 그는 아직 그 수익성 조기 개선 트랙을 찾지 못한 것 같지만, 가차없는 직원 해고는 적어도 벤처 캐피털 투자자들에게는 만족스러워 보일 것이다. 이들은 중요한 미팅에 후드티를 입고 나타나는 디지털미디어 시대의 총아, 조나 페레티에게 큰돈을 걸었기 때문이다. 나는 그와 버즈피드가 우리 노조를 신속히 인정할 수 있었음에도 그 바람을 철저히 짓밟은 것에 영원히 분노할 것이다. 그는 변호사들로 무장하고 그토록 사납고 단호하게 우리를 좌절시킬 필요는 없었다. 지금 나는 워싱턴포스트에서 일하면서 거의 100년 된 활발한 노조의 혜택을 보고 있다. 입사하자마자 노조 가입신청서를 쓰면서 얼마나 즐겁고 기쁘던지. 나는 그게 너무 쉬워서, 그리고 아무런 논란거리가 되지 않아서, 실소가 나왔다. 젊은이들이 미디어 업계에서 새로운 노조의 결성을 위해 운동을 벌이고 있지만, 사실 우리는 아주 오래된 생각을 바탕으로 진일보하고 있다.

제아무리 조나 페레티라 한들, 노조에 대한 젊은이들의 인식 변화를 저지할 수는 없다. 2018년 퓨 리서치센터의 설문조사에 따르면, 18~29세 미국인 68퍼센트가 노조에 긍정적인 것으로 나타났고, 이는 50세 이상에서 절반 정도에 그친 것과 대조를 이루었다. 또한 30세 미만 성인은 더 나이 많은 미국인에 비해 기업에 덜 긍정적인 것으로 나타났다. 퓨에 따르면, "30세 미만은 유일하게 기업보다 노조에 더 긍정적인 연령층이었다".[1] 2019년 초 전미자동차노조는 노조에 대한 관심이 증가하는 추세에 관해 이렇게 썼다.

지난 2년 동안 우리는 대학 캠퍼스의 대학원생들 사이에서, 또한 전통적으로 노조와 무관하게 여겨졌던 경제 부문들, 이를테면 디지털미디어, 비영리 기관, 커피숍 등에서 노조 결성 노력에 가속도가 붙는 것을 보아왔다.[2]

노조에 대해 더 긍정적인 견해를 가진 세대는, 까탈스럽고 관심을 요구하고 나약하면서 동시에 권위주의적인, 눈송이로 묘사되는 바로 그 세대다. 버즈피드 UK에서 우리의 화이트칼라 디지털미디어 노조를 해체하는 데 사용됐던 것과 똑같은 주장이, 공장 등 다른 환경에서 노조 설립을 저지하려는 기업의 시도들에서도 나타나고 있다. 앨라배마의 아마존 직원들이 미국 내 아마존 물류센터 중 최초로 노조 설립을 시도하자, 사측은 노조가 경영진과 직원 간의 관계에 방해가 될 뿐이라고 주장하는 인쇄물을 배포했다. 화장실 문에도 "여러분의 조합비는 어디로 갈까요?"라고 적힌 인쇄물이 붙었다.[3] 직원들은 그들의 임금, 복리 후생, 퇴직금이 이미 다른 대부분의 기업보다 낫다는 말을 들었다. 이 이상 뭘 더 바라는가?

이것이 노조를 막기 위해 경영진이 하는 말이다. 물류센터에서든, 혹은 회의실마다 비스킷 이름이 붙은 화사하게 꾸며진 디지털미디어 사무실에서든, 너희는 우리가 주는 것에 감지덕지해야 한다.

눈송이의 문제 중 하나는, 자신이 더 많은 걸 누릴 자격이 있음을 안다는 것이다. 그리고 그들이 그것을 위해 싸울 때, 모든 노동자가 혜택을 본다.

가장 나이 어린 Z세대는 이제 겨우 기저귀를 뗄 정도지만, 이 새로운 세대를 가장 잘 관리하고 착취하는 방법을 소개하는 첫 경제경영서들은 이미 세상에 나와 있다. 그런 책들은 기성 경영인들이 젊은 세대를 어떻게 바라보는지에 대한 풍부하고도 끔찍한 통찰을 제공한다.

이 장르의 진수를 보여주는 인물은 브루스 툴건Bruce Tulgan으로, 이미 그 자신이 속한 X세대와 밀레니얼 세대의 관리법을 저술한 바 있다. 후자인 『모두가 트로피를 타는 건 아니다: 밀레니얼 세대 관리법Not Everyone Gets a Trophy: How to Manage the Millennials』은 내가 속한 세대, 즉 단체 스포츠에 참가하기만 하면 모두가 트로피를 받는 미국의 위대한 전통에 따라 이미 어린 시절부터 망가져버린 세대에게 어떻게 하면 냉정한 진실을 전달할 수 있는지, 그 요령을 가르쳐주는 책이다(참가상에 관해서는 잠시 후 좀 더 이야기해보겠다). 그러나 지금까지 밀레니얼들의 문제는 충분히 살펴봤으므로, 이제는 이런 질문을 해야 할 때다. 그다음 세대는 뭐가 문제인가? 툴건은 그의 2015년 저서 『소프트 스킬 공백 메우기: 오늘날 젊은 인재들에게 기본기 가르치는 법Bridging the Soft Skills Gap: How to Teach the Missing Basics to Today's Young Talent』에서 그 답을 제시한다. 툴건이 "소프트 스킬"[업무에 필요한 전문적인 능력과 지식을 가리키는 '하드 스킬'에 대비되는 개념으로, 조직 내 의사소통이나 팀워크 활성화와 관계된 능력이다] 또는 "전통적인 기본기"라 부르는 것에는 "프로페셔널리즘, 비판적 사고, 팔로워십"[followership. 리더십에 대응하는 개념으로, 리더를 보좌하고 조직의 성공을 뒷받침하는 자질을 가리킨다] 등이 포함된다. 소프트 스킬의 부족은 갖가지 문제를 일으킨다. 아래는 툴건이 Z세대와 씨름하는 관리자들에게서 전해 들었다는 문제들이다.

그들은 프로페셔널하지 않다.

자기 인식이 없다.

개인적인 책무나 책임을 지려 하지 않는다.

태도 조정이 필요하다.

업무 습관이 형편없다.

대인관계 기술이 형편없다.

휴대폰을 들여다보지 않고는 어떻게 생각하고 배우고 의사소통해야 할지 모른다.

비판적으로 사고하지 않는다. 문제 해결, 의사 결정, 계획 수립을 할 줄 모른다.

권위를 존중하기 꺼린다.

일터의 전체적인 상황을 살피고 거기 맞춰 적응할 줄을 모른다.

공동의 이익을 위한 자기희생이란 걸 모른다.

공동체 의식, 봉사, 팀워크는 어디로 사라졌나?[4]

헐. '오늘날의 젊은 인재'는 과연 형편없게 들린다. 문제는, 아마 여러분도 짐작이 가겠지만, "Z세대가 성장기 대부분을 그들 각자를 위해 정밀하게 맞춤 제작된 안전지대 안에 편안히 들어앉아 보냈다"는 것이다. 툴건은 그에 앞서 수많은 사람이 채택한 전략을 답습한다. 말하자면 우리의 불만거리에 대해 책임을 돌릴 수 있고 우리 자신의 상대적 우위를 돋보이게 할 결함을 지닌, 허구의 눈송이 캐릭터를 만들어낸다. 이제 눈송이는 일터에서 특권의식을 드러내는 직원, 위험이나 불편을 두려워하는 직원이다. 그게다가 아니다. 툴건은 어마어마한 기술적 역량에도 불구하고 말하는 도중에 "그니까"를 너무 많이 사용한다는 이유로 직장에서 진지한 대접을 받지 못한 어느 젊은이의 일화를 소개한다(회사는 그러려니 넘어가지 않고 그를 말투 교정 수업에 보냈다). 응석받이로 자란 형편없는 철부지들에게서 수익을 짜낼 최선의 방법에 관해 쓰는 저자들은, 여러 캠퍼스 눈송이 비판자들의 선례를 따라, 젊은이들이 일터에서의 '오랜 지혜'와 권위를 존중하지 않는다고 지적한다. 툴건이 보기에 Z세대가 권위자에게서 기대하는 것은 "언제나 그들을 곁에서 지켜봐주고, 성공 기반을 닦아주고, 편의를 제공해주는 것"이다. "세계 어디서나 요즘 젊은이들은 평생 '모든 스타일이 똑같이 타당하다'는 말을 들어온 '소황제'들이다." 한마디로 그들은, 사실은 그렇지 않은데도 자기들이 특별하다고 생각한다.

툴건은 오늘날 Z세대가 고용주에게 골칫거리인 이유를 제시하면서 우리가 흔히 눈송이 대학생들에 관해 듣던 것과 똑같은 비판에 기댄다. 그는 Z세대들이 "모든 스타일이 똑같이 타당하다"고 생각하는 데 불만을 표하며, 이것이 "순응주의에서 멀어져 광범위한 문화 상대주의로 향하는" 경향의 일부라고 말한다. 여기서 그는 젊은이들이 다양한 부류의 사람과 행동방식에 수용적인 그런 못마땅한 경향을 보이는 원인을, 글쎄, 미셸 푸코쯤으로 여기는 듯싶다. 툴건은 "문화 상대주의"가 "억압적인 위계 시스템과 획일적인 규칙"에서 벗어나는 좋은 방법이 될 수 있음을 인정하면서도, "때로는 기존 체제에 순응하는 것이 너무나 합당하다"고 말한다. 그가 일터에서 염원하고 그의 책에서 조언하는 순응성은 "하드 스킬"과는 무관하다. 그가 문제삼는 것은 젊은 세대의 어떤 태도, 건방짐이다. 그는 이 점을 예시하고자 어느 Z세대 직원과의 면담을 상상한다. 이 인물은 "최근 획득한 인상적인 자격증들이 있고, 특히 수요가 많은 기술적 역량들"을 갖추고 있다. 면담 자리에서 그녀는, 아니나 다를까 휴대폰을 내려다보면서, 다음과 같이 말한다.

그니까 전, 회사에서 필요로 하는 하드 스킬이 있거든요? 그래서 제 소프트 스킬에 대해서는, 그니까 신경 좀 껐으면 좋겠어요. 그니까 제가 출근을 좀 늦게 하거나 퇴근을 좀 일찍 하거나 가끔 미팅을 제끼기도 하거든요?? 그럼 뭐 어때서요?! 회사는 그냥, 그니까 무슨 일을 해야 하는지만 알려주면 되잖아요?? 저한테는 그니까, 필요한 리소스만 제공해주고요?? 그럼 제가, 그니까 일을 해놓으면 되잖아요?? 근데 어째서 계속, 그니까 뭐든 자기들 식대로 해야 한다고 그러는 거죠?? 그 사람들 방식은, 그니까 말이 안 되거든요?? 제가 하는 식이, 그니까 훨씬 쉽거든요?? 그리고 전, 그니까 이런 말 그냥 대놓고 해요!!

나는 경제경영서에 약간의 창의적인 글쓰기가 들어가는 게 좋다. 이 얼마나 완벽하게 혐오스러운 가공의 인물인가. 어지러운 구두법은 순식간에 우리를 수요가 많은 기술적 역량들을 갖춘 이 어리석은 젊은 여직원이 앉아 있는 회의실로 데려다준다. 하지만 저 무시무시한 "그니까"와 느낌표를 걷어버리면, 이 가공의 피면담자는, 비록 지각은 좀 하는 사람 같지만, 분명 일리 있는 말을 하는 듯이 보인다. 정말로 관리자들이 모든 일에 그들 방식을 강요하지 않는 게 **맞고**, 필요한 리소스를 제공하는 게 **맞는** 것 같다. 자기 방식이 더 낫다고 말할 배짱이 있다니, 그녀는 얼마나 대담한가! 하지만 그런 건 중요하지 않은 모양이다. 지각, 기존의 업무처리 방식에 대한 무관심, 중요하지 않은 규칙의 무시. 더 나이 많은 남성이 이런 특징을 보이면 혁신적인 기업가처럼 보이기도 하지만, 젊은 여성은 **최악의** 불명예를 떠안을 수 있다.

일터에서 자신을 특별하게 생각할 수 있는 사람은 누굴까? 가령 규칙을 무시하는 장난스러운 천재라는 리더 개인의 브랜드를 잘 구축하면 그걸 기반으로 회사 하나가 차려진다. 그들은 마크 저커버그처럼 대학을 중퇴했거나, 조나 페레티처럼 후드티를 입고 출근한다. 하지만 젊은이들이 그렇게 하면, 특히 백인 남성이 아닌 경우에는 그들은 태도가 불량한 사람이다. 그들의 **외모**도 잘못됐고, 그들의 **말투**도 잘못됐다. 무엇보다도, 툴건에 따르면 그들은 자신의 '직감'을 지나치게 중시한다. 사실 느낌이라는 건 정말로 사업의 수익성에 방해가 될 수 있다(어느 CEO가, CEO들이 걸핏하면 그러듯이, '직감'에 따라 전략을 급선회하는 경우는 예외일 테지만). Z세대에 대해 툴건은 "그들의 감사는 무한하지도 않고 무조건적이지도 않다"고 쓴다. 그런데 그게 그렇게 나쁜가? 툴건에게는, 그리고 우리 모두 한 번쯤 일터에서 마주쳤던 그런 나쁜 상사들에게는 절대적으로 그렇다. "심지어 요즘은 출중한 젊은 인재들조차 지난 시절의 출중한 젊은 인재들처럼 그렇게 일찍 출근하고, 늦게 퇴근하고, 식사시간이나 주말이나 휴일이나 쉬지 않고 일하고, 어떤 난관을 만나도 기어이 헤쳐나가는 것 같지 않다."

첫째, 당연히 아직도 이런 사람들은 있다. 그들은 늦게까지 사무실에 남아 있고 그것도 모자라 집에까지 일거리를 싸들고 가 밤낮없이 일한다. 하루 중 밀레니얼이 결코 일할 리 없거나 아마도 일하지 않을 법한 시간이란 없다. 갈수록 더 소수의 사람에게 더 많이 주어 보상하고 나머지 사람들에게는 더 적게 주어 처벌하는 경제체제 속에서, 주말에도 일을 한다고 해서 평범한 삶이 엄청나게 성공적인 삶으로 바뀌지는 않을 것이다. 하지만 그것은 집을 소유하는 것과 평생 불안정한 시장에서 집을 임대해야 하는 것의 차이는 만들 수도 있다. 미국에서는 의료보험이 있는 것과 팔이 부러졌을 때 파산하는 것의 차이로 이어질 수 있다. 위험 부담은 더 커졌고, 우리가 여전히 주머니 속의 전화기라 부르는 악몽으로 인해 일과의 접속을 끊는 건 그 어느 때보다도 더 어렵다. 코비드19 팬데믹과 뒤따른 경제침체 속에서, 현장에서든 재택으로든 일해야 한다는 압박감은 전에 없이 더 커졌다.

미국 내 여행업을 위한 비영리 로비단체인 미국여행협회가 실시한 설문조사 결과는 젊은이들이 얼마나 일을 열심히 하는지에 관한 우울한 데이터를 보여준다. 밀레니얼들은 다른 연령층보다 휴가 사용을 포기하는 경향이 높다. 24퍼센트가 일을 위해 휴가를 포기하는데, 게다가 애초에 받는 휴가 일수 자체도 적다(미국인은 커리어 초년기에 연간 10일의 유급 휴가를 받으면 운이 좋은 것이다). 이 조사를 비롯해 『하버드 비즈니스 리뷰Harvard Business Review』에 인용된 "직장 순교work martyrdom"[일을 위해 자신의 안녕을 희생하는 것. 거기서 긍지와 자부심을 느낀다는 것이 일 중독workaholic과의 차이다]에 관한 연구들에 따르면, 밀레니얼들은 휴가 사용을 창피하게 느낄 뿐더러 휴가를 사용하는 다른 동료에게도 창피를 주는 것으로 나타났다.[5] 또한 밀레니얼 관리자들은 부하 직원의 휴가 신청을 재가하는 비율이 낮은 것으로 나타났다. 그러니까 우리가 재수탱이라는 말인데, 맞다. 하지만 눈송이 비판자들이 가정하는 그런 이유에서는 아니다.

그렇다면 밀레니얼들이 나이 많은 직장인들보다 일을 덜 열심히 한다는 말은 좋게 봐줘야 미심쩍다. 하지만 더 중요한 건, 설사 그것이 사실이라 해도, 젊은이들이 '식사시간에도 일하기'를 원치 않는 게 정말 나쁜 것일까? 미래는 우리가 더 열심히, 더 오래, 더 싼 값에 일하고 싶어하는 곳일까? 관리자들이야 그런 곳을 꿈꿀지도 모르지만, 우리도 그래야 할까? 아니면 우리는 일터에서 덜 불행하기를 바라야 할까?

노조 설립을 추진하는 동안 버즈피드의 암묵적인 태도는, 우리가 너무 예민하다는 것이었다. 우리는 너무 감정적이었다. 우리는 의연하게 어려운 상황을 헤쳐가야 했다. 우리 관리자들도 다들 그렇게 했었다. 우리는 덜 불행하고 덜 요구하고 덜 감정적이어야 했다(하지만 아이러니하게도—이 말은 하지 않을 수가 없다—노조 인정 요구서를 보냈을 때 그들의 첫 번째 반응은 **우리**가 **그들**의 감정을 상하게 했다는 것이었다).

사실 알고 보면 감정을 대단히 불편하게 여기는 건 직장의 상사들만이 아니다. 어느 곳에서든 눈송이 혐오자들 역시 그렇다.

미국의 보수 칼럼니스트, 강연자, 팟캐스터, 저술가인 벤 셔피로의 가장 유명한 한 마디는 아마 이것일 듯하다. "팩트는 당신의 감정에 신경쓰지 않는다." 그가 2016년 2월에 올린 이 트윗은 14만 회 훌쩍 넘게 리트윗되었다. 만약 당신이 트위터를 별로 혹은 아예 하지 않는 건강하고 축복받은 사람이라면, 그 저주받은 플랫폼에서 저만한 반응은 흔히 얻을 수 없다는 사실을 참고하시기 바란다. 셔피로는 그가 매일 올리는 수십 개의 트윗들 틈에 휩쓸려 가버리지 않도록 저 트윗을 프로필 상단에 고정해두었다. 셔피로의 철학, 그리고 그를 추종하는 수백만 팔로워들의 세계관에서 이 사실은 대단히 중요하다. 당신이 기분 나쁘더라도 우리는 신경쓰지 않는다.

우선 셔피로의 저 말은 거의 무의미하다. 여기서 말하는 팩트란 어떤 팩트인가? 감정은 어떤 감정인가? 하지만 동시에 그것은 완전히 틀린 말이기도 하다. 사실 팩트는 우리의 감정을 대단히 신경쓰기 때문이다. 또한 셔피로의 가장 열렬한 추종자들은 갖가지 사안에 대해 매우 강한 감정을 느낀다. 어떤 이들은 거의 항상 분노에 휩싸여 지내는 듯하다. 당연히 그들은 대단히, 자주 감정적이다. 그리고 그런 감정은 그들에게 무엇이 팩트이고 무엇이 아닌지를 판단하게 한다.

감정은 우리 삶의 중심부에 딸린 작은 곁다리가 아니다. 감정은 나다운 나에 방해되는 무언가가 아니다. 감정이 곧 나다. 어떤 감정을 느끼는지는 삶의 질을 결정한다. 또한 우리가 무엇을 사실로 믿는지도 어떤 감정을 느끼는지에 크게 좌우될 수 있다. 예일대학에는 감정만을 연구하는 별도의 센터가 있다. 바로 예일정서지능센터Yale Center for Emotional Intelligence다. 소장 마크 브래킷Marc Brackett은 『감정의 허용Permission to Feel』[한국어 번역서 제목은 『감정의 발견』]에서 우리가 이토록 감정을 의심스러워하게 된 경위를 설명한다.

감정에 대한 우리의 관점은 애초에 부모에게서 물려받은 것이고, 우리가 감정에 대해서 느끼는 감정은 자녀에게 대물림된다. "우리에게서 받은 명료한 메시지 탓에, 머지않아 우리 아이들 역시 그들 내면 깊은 곳의 가장 다급한 메시지마저 억누르는 걸 학습"하게 되며, 그 결과 "내면이 다소 무감각해진다"고 브래킷은 설명한다.[6] 우리는 성가신 정서가 타인이나 우리 자신을 번거롭게 하지 않게끔 제 감정을 잘 단속하고 있다고 생각하지만, 그것들은 그냥 사라지지 않는다. 그것들은 안에서 곪는다.

또한 감정은 그 자체로 정보다. 공포를 포함한 특정 감정은 생존에 필수적이며, 대뇌기저핵의 가장 깊은 부위에서 발달했다. 지금 생각하면 우습지만, 심리학자들은 대체로 1980년대까지는 정서를 그들의 작업에서 그리 중요한 영역으로 여기지 않았다. 감정은 "비본질적인 소음, 쓸모없는 잡음" 정도였다고 브래킷은 설명한다. 그보다 훨씬 전, 고대 그리스의 많은 철학자들은 정서를 "변덕스럽고 특이한 정보원情報源", 지성의 정반대로 여겼다. 정서는 분별 있는 훌륭한 철학자가 지향해야 할 이성의 활동을 방해하는 것이었다. 그 후로 내내 "서구의 많은 문학, 철학, 종교는 … 정서가 올바른 판단과 합리적인 사고를 방해하는 일종의 내적 간섭이라고 가르쳤다". 이것이 일부 보수주의 계열이 받아들인 전통이다. 벤 셔피로는 고대 그리스인의 이러한 정신을 계승했거나, 아니면 그런 사람으로 보이고 싶어 한다. 마치 훌륭한 이성적인 사람들은 고대 문명의 태동기부터 예민한 눈송이들과 그들의 거치적거리는 감정에 맞서 긴 싸움을 벌여온 것처럼. 당신이 트위터리안이라면 분명 이런 철학의 신봉자와 마주친 적이 있을 것이다. 그들은, 우생학은 물론 도덕적으로 비난받을 만하지만 이성적으로 얘기하자면 당연히 "효과적"이라고 말하는 부류다(2020년 2월에 이런 내용의 트윗을 올린 리처드 도킨스가 그렇다[7]).

정서는 우리가 세상과 상호작용하는 방식의 모든 면에 영향을 미친다. 정서의 존재나 그 힘을 부인하는 것은 어리석다. 자신을 지금껏 지구상에 존재한 가장 냉철하고 합리적인 천재 중의 천재로 여기는 사람이라도 마찬가지다. 또 한 가지 명백한 사실은, 어떤 사람들은 다른 이들에 비해 정서지능이 훨씬 더 높다는 것이다. 1990년 피터 샐러베이Peter Salovey와 존 메이어John Mayer는 정서지능emotional intelligence을 "자신과 다른 사람의 감정과 정서를 관찰하고 식별하여 그 정보를 생각과 행동에 활용하는 능력"으로 정의했다. 오늘날 '정서지능'은 어째서 사무실의 유일한 여성 직원이 대인관계 문제를 처리하는 등의 까다로운 감정노동을 모조리 떠맡아야 하는지에 대한 핑계로 사용된다. 물론 크리스마스 파티 계획도 빠질 수 없다. 그녀는 **정서지능**이 너무나 뛰어나니까(주의: 정서지능이 뛰어나다고 해서 임금이 인상되지는 않는다).

팩트는 우리의 감정을 너무 많이 신경쓰기 때문에, 감정은 우리가 무엇을 세상에 대한 객관적인 평가로 인식하는지에 영향을 미칠 수 있다. 연구 결과에 따르면, 교사들은 똑같은 숙제를 채점 당시의 기분에 따라 다르게 평가하며, 권력 있는 사람들은 "그렇지 않은 이들에 비해 고통을 호소하는 이야기를 들으면서 연민 어린 반응을 덜 보인다"고 브래킷은 설명한다. 우리는 일터에서 그런 사람을 만나봤다. 그들은 우리보다 돈을 더 많이 번다.

그렇다면 우리는 어째서 감정을, 좋은 감정이건 나쁜 감정이건 무시할까?

글쎄, 만약 우리가 **실제로** 감정에 더 세심히 관심을 기울인다면 아마 무더기 퇴사가 발생할 것이다. 브래킷의 예일대학 연구에 따르면, "고등학교 학생, 교사, 직장인들은 학교나 회사에서 보내는 시간의 최대 70퍼센트까지 부정적인 정서를 경험한다". 이는 미국이 제대로 돌아가고 있다는 강한 징후가 아니다. 만약 우리가 이런 감정을 진지하게 여긴다면 어떤 변화가 생길까? 주 4일 근무제? 표준화 시험을 통과해야 한다는 압박의 완화? 재택근무를 위한 유연성 증대? 감정에 대해 훨씬 더 많이 생각하는 사회는 혁명적일 수 있다.

팩트가 감정을 신경쓰는 게 다가 아니다. 감정이 우리 몸에 팩트를 만들기도 한다. 우리는 이것을 트라우마의 효과에서 확인한 바 있지만, 상대적으로 평범한 감정들조차 신체에 악영향을 미칠 수 있다. 의학 연구자들은 특히 분노를 심장 문제와 연결한다. 브래킷이 인용한 연구에 따르면, "가장 높은 수준의 분노를 보고한 남성들은 다른 남성들에 비해 심장마비와 같은 심혈관 사건을 겪을 확률이 2.5배 이상 높았다". 때때로 모든 접속을 끊어야 할 또 다른 이유다.

젊은 직원들의 감정은 관리자들에게 정보가 되어야 한다. 그런데 도리어 그것은 위협적인 것, 혹은 그저 민망한 것으로 여겨진다. 자신의 감정을 진지하게 받아들여달라는 요구는, 특히 일터에서 눈송이들이 불편하게 여겨지는 주요한 원인 가운데 하나다. 물론 어색할 수 있다. 감정에 관해 이야기하는 건 대단히 불편할 수 있다. 그러나 단순한 불편함을 넘어서서 젊은 직원들의 감정을 인정할 때, 그것은 일터에 변화를 강제할 수 있다. 만약 어느 관리자가 모두의 기분을 엿같이 만든다면 그 사람은 해고되어야 할지 모른다. 많은 사람이 임금 격차에 대해 매우, 매우 화가 나 있다면 그것은 시정되어야 할지 모른다. 만약 버즈피드에서 우리의 노조가 실패하지 않았다면, 여러 면에서 그것은 많은 감정들을 한데 모아 제도적 변화를 일으키는 통로가 됐을 것이다.

따라서 회사 입장에서는 감정은 민망하고 미성숙한 것이라고 설득하는 것이 강력한 수단이 된다. 적어도 상처받고 분개하는 감정에 대해서는 말이다. 뉴스 편집국을 포함한 여러 일터에서 특정 감정은 낭만화되고 칭송된다. 저널리즘에 관한 영화를 보면서 젊은 기자의 한심한 실수 때문에 편집자가 펄펄 뛰는 장면을 좋아하지 않는 사람이 어디 있나? 하지만 이런 감정은 흥분되고 짜릿한 것이다. 그에 비해 일터에서 대부분 사람들이 대부분 시간에 느끼는 감정은 불행감이다.

이 불행감은 다양한 연원에서 비롯된다. 성적 괴롭힘, 끔찍한 상사, 직원들 간의 차별 등등. 그러나 원인이 무엇이든, 회사는 불행한 직원들에게 정신건강 앱을 추천하거나 구매를 지원해 직원들 스스로 자기 시간을 쪼개 무너진 정신건강을 해결하게 한다. NBC 보도에 따르면, 구글 직원들이 일터에서 벌어지는 인종주의와 성차별을 고발했을 때 회사는 심리치료를 권했다고 한다.[8] 회사 입장에서는 유색인 직원들을 고통스럽게 하는 근본적인 문제를 해결하기보다는 그들에게 병가를 주는 편이 쉽다(구글 대변인은 NBC에 회사는 그러한 문제를 제기하는 직원들을 지지하며, 고발되는 사항을 "철저히" 조사한다고 밝혔다). 다른 사례를 보면, 버즈피드에서도 있었던 일인데, 회사가 불만 있는 직원에게 건강관리나 자기돌봄전략을 배우라고 권하기도 한다. 하지만 대개 직원들에게 필요한 건 명상 가이드를 제공하는 앱이 아니라 임금 인상이다.

임금 인상은 불행감을 완화할 수 있는 간단한 방법이지만 인기가 없다. 돈으로 행복을 살 수 없다고 말하는 사람은 대체로 매일같이 돈 걱정을 할 필요가 없는 사람들이다. 2020년 1월 『영국의학저널British Medical Journal』에 실린 연구에 따르면, 최저임금 1달러 인상은 고졸 이하의 학력을 가진 18~64세 성인의 자살률을 3.4~5.9퍼센트 떨어뜨렸다.[9]

저임금 일자리의 불안정성은 삶을 비탄에 빠뜨릴 수 있다. 그러나 우리의 참담한 현대 자본주의 사회에서 임금 삭감은 많은 기업이 선호하는 비용 절감책이다. 팬데믹 기간에 이 점은 전에 없이 더 분명해졌다. 많은 대기업이 생산성과 이윤을 직원의 건강보다 더 우선시했다.

분명 더 나은 방법이 있어야 한다.

밀레니얼들은, 적어도 미국에서는, '참가 트로피'에 중독됐다는 놀림을 오래도록 받아왔다. 영국은 미국만큼 청소년 스포츠의 열기가 강하지 않으니 간단히 설명을 덧붙이자면, 미국 아이들은 예를 들어 수영 같은 경기에 참가하면 1~3등 트로피나 작은 리본 여러 개를 받게 된다. 우리 동네 수영클럼에서는 8등까지 리본을 받았는데, 동네 수영장에 최대로 만들 수 있는 레인이 8개였다. 시즌이 끝나면 동네 문화센터에서 시상식이 열렸고, 성적이 우수한 아이들이 커다란 트로피와 박수갈채를 받는 동안 우리는 종이접시에 담긴 냉파스타를 먹었다. 하지만 나를 포함한 느림보들 역시 작은 트로피를 하나씩 받았다. 그저 너도 여기 있었다, 너도 참가했다, 수고했다, 그런 뜻이었다. 나는 집에 있는 책장 맨 위에다 내 트로피들과 8등상 리본들을 나란히 늘어놓았다. 지금까지도 나는 수영을 좋아한다.

그런데 이 참가 트로피가, 밀레니얼들이 과하게 행복한 아동기를 보낸 탓에 인성이 망가져서 결국 게으르고 밉살맞은 직원이 되었다는 가설의 핵심적인 부분이 되었다. 눈송이 비판자들이 보기에는 참가 트로피가 눈송이 세대의 탄생을 야기한 주된 요인이다. 장기자랑이나 수영경기, 미술전에 참가한 아이들이 모두 집에 가지고 갈 기분 좋은 트로피를 받으면, 결국 허접한 사람이어도 괜찮다는 확신을 평생 품고 살아가게 된다는 것이다. 참가 트로피를 받은 아이는 자기가 사실은 빌어먹을 패배자라는 교훈조차 깨닫지 못할 것이며, 그 결과 우리 모두가 피해를 볼 것이다. 좋았던 옛 시절, 우리의 의젓한 조부모들이 경기에 참가했을 때는, 오직 1등만이 담배 한 갑을 받고 나머지는 간단한 식사 한 끼 얻어먹지 못한 채 지하 탄광으로 되돌려 보내졌고, 그래서 그들은 2차 세계대전에서 승리할 수 있었다. 반면에 참가 트로피는 우리 모두를 지독한 나르시시스트로 만들었다.

나는 심리치료사이자 저술가인 필리파 페리에게 참가 트로피의 '위험'에 관해 물었다. 우선 그녀는 아이를 기분 좋게 하는 건 결코 나쁜 일이 아니라는 점을 환기했다. 그녀는 참가 트로피 패닉에 관해서는 구체적으로 들은 바가 없었지만 "작고 귀여운 미국스러운 문제인 모양"이라고 짐작했다. 맞는 얘기였다. 어쨌거나 페리는 그녀의 생각을 얘기해줬다. "아이가 사람이라는 걸 기억해야 해요. 우리의 기분을 좋게 하거나 나쁘게 하거나 혹은 유달리 걷잡을 수 없는 자아도취에 빠지게 하는 건, 아이의 기분도 좋게 하거나 나쁘게 하거나 혹은 유달리 걷잡을 수 없는 자아도취에 빠지게 할 겁니다."

여기서 아이러니는, 만약 **오직** 1등에게만 트로피를 준다면, 그건 그것대로 문제를 일으킬 소지가 있다는 것이다. 페리는 이렇게 설명한다. "우승자는 그 트로피가 없으면 자신은 아무것도 아니라는 생각을 할 수 있어요. 그러면 거기서부터 나르시시스트의 특질이 생겨나죠. 반짝거리는 외피는 중요하고, 내면의 느낌은 덜 중요해져요." 어쩌면 참가 트로피는 집단적인 탐욕과 착취에 맞서 우리가 가진 유일한 대안일지 모른다. 꼭 적을 이기고 짓밟아야만 인생에서 뭔가를 얻을 수 있는 건 아니다. 때로는 그저 최선을 다할 뿐이고, 그것도 괜찮다. 어쩌면 실제로 참가 트로피는 굳이 경쟁적일 필요가 없는 것들에 대해서 우리가 조금 덜 경쟁적이게 해주고 있는지 모른다. 수영 경기장에서 옆 레인으로 고개를 돌려 경쟁자가 아닌 동지를 보게 해주고 있는지 모른다. 만국의 수영인이여, 단결하라!

참가 트로피 패닉과 관련된 더 큰 개념적인 문제는, 사실 밀레니얼과 Z세대의 아동기를 지배했거나 지배하는 정서가, 학업이나 스포츠나 창의적인 활동에서 이룬 성취와 무관하게 우리 삶은 충분히 괜찮을 것이라는 정서가 아니라는 것이다. 아마 최부유층 아동은 이렇게 생각할 수도 있겠지만, 그들은 그들 나름대로 총리가 되라는 어마어마한 압박에 시달리는지도 모르겠다. 그렇다면 안된 일이다. 하지만 대부분의 밀레니얼과 Z세대는 고등학교나 대학을 졸업하자마자 세계적인 경기침체와 맞닥뜨렸거나, 아니면 오늘날의 경제체제가 최상위 소수에게만 유리하다는 사실을 인지하는 가운데 성장했다. 맬컴 해리스는 『밀레니얼 선언』에서 밀레니얼 세대의 아동기는 하나의 "자본 프로젝트"였다고 주장한다. 재력 있고 세심한 부모를 둔 운 좋은 아이들에게는 아낌없는 돈과 치밀하게 짜인 시간이 투자됐고, 이때 부모가 기대한 투자 수익은 부유하거나 적어도 중산층에 속하는 자녀였다. 문제는, 밀레니얼들은 지금껏 가장 많은 교육을 받고 가장 많은 "인적 자본"을 축적한 세대이지만, 경제적으로 볼 때 부모나 조부모, 증조부모보다 오히려 더 열악한 처지에 놓여 있다는 것이라고 해리스는 지적한다.

그 원인은 다양하다. 미국의 경우 (그리고 일부 정치인이 뜻을 이룬다면 미래의 영국에서도) 가혹한 학자금 대출금이 있다. 또한 우리는 하루 중에 우리 일이 우리에게 미치지 못하는 시간이 사실상 전혀 없는 체제 안에서 살아간다. 이 시대의 일자리는 또한 중간이 텅 비었다. 우리는 쥐꼬리만 한 임금을 받거나 아니면 최상위 임금의 터무니없는 풍족함 속에서 으스대며, 그 중간은 거의 없다. 게다가 우리의 일은 덜 안정적이다. 해고나 임금 삭감에 대한 두려움은 **엄청난** 동기를 부여하는 한편 대단히 가혹하다. 1948~2016년 미국 노동자의 생산성은 241.1퍼센트 상승했지만, 시급은 112.5퍼센트밖에 늘지 못했다. 2008년 경기침체에서 벗어나면서 기업 이윤은 2009~2014년에 50퍼센트 증가한 반면, 직원에 대한 보상은 2008~2013년에 9.5퍼센트 오르는 데 그쳤다. 고임금 일자리가 있는 도시에서 내 집을 마련하기란 이미 잘 사는 가정에서 태어나지 않은 이상 불가능하다. 집과 직장의 경계가 자취도 없이 허물어지면서 우리는 더 적은 대가로 더 많은 일을 하고 있다. 팬데믹은 이런 경향을 가속했을 뿐이다.

어쩌면 밀레니얼들은 정말로 참가 트로피를 열망하는 건지도 모른다. 안전한 주거공간이라는 트로피, 안정된 일자리라는 트로피, 연금과 휴가와 존엄성이라는 트로피 말이다. 이런 것들은 현대 사회에 참가하는 모든 사람에게 승패와 관계없이 응당 따라와야 하는 것들이다. 그리고 어쩌면 참가 트로피를 두려워하는 사람들이 **정말로** 두려워하는 건, 경쟁에서 이기지 못해도 누구나 집에 가져갈 뭔가를 얻어가는 세상인지 모른다.

Z세대인 조나 스틸먼과 그의 X세대 아버지 데이비드 스틸먼의 저서는, 참가 트로피와 일터의 밀레니얼들에 대한 놀랍도록 혹독한 비판을 담고 있다. 미국 전역을 순회하며 직장 내 세대 차이에 관해 컨설팅을 제공하는 이들 부자가 2017년에 내놓은 책 『일하는 Z세대: 다음 세대는 어떻게 일터를 바꾸고 있는가Gen Z @ Work: How the next generation is transforming the workplace』를 읽고, 나는 뜻밖에도 이들 X/Z세대 듀오가 밀레니얼들만큼 경멸하고 비판하는 베이비부머 세대에 깊은 연대감을 느끼게 되었다.

이들 부자에 따르면, 밀레니얼들의 문제는 그들이 부머 세대들 손에 자라났다는 것이다. 부머들은 자기들 "자녀가 모두 눈송이라고, 정말로 세상에 하나밖에 없는 존재"라고 믿었다. 그뿐만이 아니다.

> 부머 세대 부모들은 밀레니얼 자녀들에게 넘치는 자존감을 심어주고 싶었다. … 그 결과, 밀레니얼들은 CEO가 되겠다는 망상에 사로잡혔고, 관리자들은 성공에 대한 밀레니얼들의 기대를 조절하고 누그러뜨리느라 한계 상황에 몰렸다.[10]

그러나 밀레니얼들이 너도나도 당장 CEO가 되고 싶어한다면서도, 저자들은 또한 그들이 다소 지나친 동지애를 보인다고 말한다. "부머 세대 부모들에게서 밀레니얼들은 모두가 함께 노력하면 모두가 혜택을 볼 수 있고, 반드시 단 한 명의 승자가 있어야 하는 건 아니라는 교육을 받았다." 독자 여러분도 짐작하겠지만, 이건 우리가 어린 시절에 받았던 그 무수한 참가 트로피 탓이다. 이와 대조적으로 Z세대는, 저자들에 따르면 훨씬 더 가차없이 경쟁적이다. 그리고 기업에는 바로 그런 사람들이 필요하다. 스틸먼 부자는 우리 밀레니얼들의 문제가 경기침체 이전에 성장기를 거치며 지나친 자존감으로 꽉꽉 채워진 것이라고 주장한다. 그 결과 밀레니얼들은 종종 "회사가 운 좋게 그들을 채용했다고 생각하며 일터에 나타났다". 반면에 Z세대는 세계 경기침체와 씨름하는 부모 곁에서 힘겨운 성장기를 보냈고, 그래서 성공을 위해서라면 무엇이든 할 각오가 돼 있다. "Z세대는 그들이 운 좋게 구직에 성공했다고 생각하며 일터에 나타난다." 나는 대부분 밀레니얼들이 그랬듯 졸업과 동시에 경기침체 속에 **내팽개쳐**지는 것이 더 큰 영향을 주리라 생각하는 편이다. 팬데믹 때문에 이제 Z세대도 그런 상황을 맞고 있지만 말이다. 더구나 내가 아는 밀레니얼 가운데 불안정에 따른 압박감을 느끼지 않는 사람은 소수의 부유층을 제외하면 단 한 명도 없다. 데이터가 보여주듯이 밀레니얼들의 소득 전망은 이전 세대보다, **그리고** 이후 세대보다도 어둡다. 하지만 스틸먼 부자는 그런 이야기를 하려는 게 아니다. 그들의 목표는 젊은이들이 더 적은 보수를 받고도 더 열심히 일하게끔 착취하는 방법을 알려주는 것이다. 물론 그들은 이렇게 말하지 않지만, 어쨌거나 사람들은 그래서 이런 책을 산다.

부머들은 비효율적인 노동자를 길러냈지만, 부머들보다 비현실적인 히피 성향이 덜했던 X세대는 그들의 Z세대 자녀들에게 비루한 일이라도 아등바등 필사적으로 열망하는 태도를 심어주었다고 스틸먼 부자는 말한다. 그러나 그들도 "X세대가 자녀들에게 들려준 직설적인 이야기가 너무 과하지는 않았는지" 의문을 드러내기는 한다. 많은 교사들이 전하는 말이, "Z세대는 대단히 심각하고, 때로는 지나치게 심각한 것 같다"는 것이다. 부모들이 자녀가 행복하기를 바라는지 아니면 커리어 사다리를 타고 현기증 나는 높이까지 올라가기를 바라는지 하는 문제는, 스틸먼 부자의 세대관계 분석에서 대단히 중요하지만 명시적으로 언급되지 않는 긴장 요인으로 보인다.

스틸먼 부자의 조사에 따르면 밀레니얼들은 협업을 즐긴다. 그러나 Z세대를 일하게 하려면 서로 경쟁을 붙여야 한다. 그들의 책은 고용주들에게 Z세대의 필적할 수 없는 디지털 능숙성을 활용하라고 조언하며, 디지털 환경에서 빚어진 Z세대의 강한 포모증후군[Fear of Missing Out/FOMO. 흐름을 놓치거나 소외되는 것에 대한 두려움]이 그들을 "판매 · 마케팅 부서의 자산"으로 만들어줄 거라 말한다. 왜냐하면 젊은이들은 "어떻게 해야 잠재 고객에게 그들이 뭔가 대단한 걸 놓치고 있으며 뒤처지지 않으려면 그걸 구매해야 한다는 두려움을 심어줄 수 있을지 정확히 안다. 포모증후군의 활용은 잠재 고객으로 하여금 그들이 이미 갖고 있는 걸로는 절대 충분치 않다고 느끼게 하는 데 도움이 된다". 참 대단들 하다.

저자들의 데이터에 따르면, "Z세대 42퍼센트는 단체로 프로젝트를 끝내고 모두가 인정받는 것보다 혼자서 프로젝트를 끝내고 특별 보상을 받는 편이 낫다고 말한다". 한편 밀레니얼들은 Z세대 직원이 그들의 일터에 나타나서 "곧장 화기애애한 분위기에 합류하지 않으면 아마도 기분이 상할 것이다". 저자들은 Z세대가 그들의 아동기를 그늘지게 한 경제적인 조숙함 속에서 어렵게 얻은 투지를 "회복탄력성"이라 부른다. 하지만 이건 어떤 종류의 회복탄력성일까? 만약 스틸먼 부자의 주장을 그대로 받아들인다면, 누군가는 Z세대가, 다소 별난 디지털 의존성에도 불구하고, 착취에 최적화되어 있다며 기뻐할 것이다. 스틸먼 부자는 "남들은 그저 시원찮은 3분기 실적으로 여기는 걸 Z세대는 사망 선고로 받아들인다"고 말한다. 이런 일터의 모습은 절망적으로 서글프다.

하지만 Z세대는 정말로 그토록 회복탄력적이고 치열하게 경쟁적인 걸까? 어쩌면 그들은 그저 자신들이 물려받게 된 노동의 세계, 특히나 팬데믹 이후 전례없이 더더욱 불공평해진 그 세계가 너무나 두려운 건 아닐까?

　　노동시장에 진입한 밀레니얼들과 Z세대는 대체로, 내 개인적인 경험으로 보나 우스꽝스러운 경제경영서의 내용으로 보나, 싸늘한 판단과 조롱의 대상이 된다(아마 오늘의 아기들이 내일의 인턴이 될 즈음에도 마찬가지일 것이다). 이건 그들의 말투 때문일 수도 있고, 자신을 특별하게 여기는 그리고/또는 쉽게 불쾌함을 느끼는 눈송이스러운 성향 때문일 수도 있고, 혹은 전통적인 일터에 어울리지 않는 해괴한 옷차림 때문일 수도 있다. 하지만 그들은 노동의 세계에서 무엇이 가능한지에 대한 그들의 발상 때문에도 비웃음을 당한다. 일터의 눈송이는 묻는다. "우리가 이렇게까지 열심히 일하지 않아도 된다면 어떨까?" 이렇게 물을 때 그들 대부분은 기본적으로 끊임없이 일을 하며, 그런데도 내 집을 갖거나 빚에서 놓여나거나 안정된 삶을 누리는 미래는 요원해 보인다. 사실 이건 미래의 비전조차도 아니다. 젊은이들이 동경하는 건 과거처럼 보이기도 한다. 모든 직원에게 집에서 조용히 주방을 오가며 요리와 청소와 양육을 도맡아주는 착한 아내가 있다는 가정하에 주 40시간 근로제가 발달했던 시절 말이다. 우리는 한 명의 임금으로 가족 전체의 기품 있는 삶을 살 수 있었던 시절을 동경한다.

　　2019년 8월 마이크로소프트 일본 지사는 직원들과 함께 한 가지 실험을 진행했다. 만약 그들이 일주일에 나흘만 일하면 어떻게 될까? '2019 하계 일과 삶 선택 챌린지'라 불린 이 실험에서, 2300명의 마이크로소프트사 직원들이 전과 동일한 임금을 받으면서 다섯 번의 금요일을 쉬었다.[11] 한 달 후, 회사는 직원들이 더 짧은 시간에 더 많은 일을 해냄으로써 생산성이 40퍼센트 증가했을 뿐만 아니라 그들이 더 행복하다는 사실을 알게 되었다. 또한 직원들은 예정에 없던 휴가를 덜 썼고, 회사는 전기료 등 비용도

절감할 수 있었다. 직원 93퍼센트가 주 4일 근무제에 만족을 표했다(나머지 7퍼센트는 그저 비위를 맞춰준 것이지 싶다). 유사한 다른 실험들도 주당 근무시간을 줄이건 일수를 줄이건 유사한 결과를 낳았다.

이렇게 생각해보자. 어쩌면 더 나은 기술과 혁신은, 노동시간을 늘릴 것이 아니라 단축해줬어야 하는 것 아닐까? 관리자들은 눈송이들이 매양 더 많은 걸 요구한다며 그들을 골칫거리로 여긴다. 더 많은 배려. 차이와 능력에 따른 조정. 자신을 위한 시간. 탄력적 근무. 업무 위계 유연화. 그렇지만 어쩌면 더한층 쥐어짜인 직원들의 불행과 우울이 아닌 **이런 것들**이, 진보의 표징 아닐까? 안타깝게도 우리의 치열한 기업가들은 노동력 증대와 기술 발전으로 얻어진 생산성 향상을 노동자를 더더욱 압박하고 그리하여 자신들의 이윤을 더더욱 불릴 수단으로만 바라본다. 그러나 새로운 세대의 노동자들이 이러한 체제에 반발하기까지 그리 오랜 시간이 걸리지는 않을 것이다.

앞서 살펴보았듯이 사람들이 눈송이를 혐오하는 이유, 즉 예민함, 나약함, 집착적인 '워크'함을 둘러싼 주장들은 기만적이며 정확한 사실에 근거하지 않는다. 하지만 이런 특징들은 눈송이가 형편없는 자본주의자라는 말이기도 하다. 진정한 눈송이는 충분히 탐욕스럽지 않으며, 이윤에 집착하지 않으며, 성공을 위해 자신의 도덕성이나 건강을 희생하지도 않는다. 눈송이 비판자들은 이런 것들이 우리가 아는 노동의 세계를 끝장낼까봐 두려워한다.

허다한 반-눈송이 서적과 칼럼의 저자와 숨가쁜 팟캐스터들은 지금 세상은 파멸과 혼돈과 공포의 나락으로 떨어지기 직전이고, 자신이 어렸을 적 세상은 대단히 훌륭하고 좋은 곳이었다고 말한다. 또한 반대로 그 평론가가 어렸을 적 세상은 말도 안 되게 힘겨웠고, 요즘 아이들은 만사가 쉽다. 너무 깊이 생각하지 마라, 그냥 그런 거다. 어느 쪽으로 보든, 눈송이 비판자의 가장 큰 걱정거리는 "나쁜 일들이 일어난다"는 게 아니라 "나쁜 일들에 대한 반응이 지나치게 극단적"이라는 것이다.

사람들이 어떤 것에 분노하기로 선택하는지를 보면, 그들의 정치적 입장과 그들이 누리는 특권이 속속들이 드러난다. 물론 이 지옥 같은 세상에는 무수히 많은 문제가 있고, 우리가 선택할 수 있는 대의는 무수히 많다. 하지만 반-눈송이 담론의 촘촘한 분노는 세상의 나쁜 일들이 아니라 그 나쁜 일들에 대한 반응을 향한 것이다. 눈송이 비판자들에게 문제는, 온라인에서 인종주의적 발언을 한 사람에게 '뭇매'를 때리는 이들이다. 그러나 진짜 문제는 사람들이 인종주의적이라는 사실이다. 소셜미디어에서 우리는 백인들이 보통은 자기들끼리만 나눌 법한 소리를 버젓이 하는 장면을 목격하게 된다. 눈송이 비판자들에게 문제는, 젊은이들이 일터에서 너무 까다롭게 군다는 것이다. 그러나 진짜 문제는 대부분의 업무가 끔찍한 데다 끝도 없고 임금은 정체돼 있는데, 내 집 마련에 드는 비용은 점점 더 닿을 수 없게 높아져간다는 사실이다.

또한 사람들이 무엇에 분노하기로 선택하는지를 보면, 계급이 사회를 가르는 아뜩한 힘이 드러난다. 나는 대학 졸업 후 2년 동안 샌프란시스코에 있는 아랍문화공동체센터에서 예멘이나 시리아에서 막 건너온 난민가정의 아이들을 가르쳤다. 아이들은 텐더로인 지역에 있는 공공임대주택에서 살았는데, 비록 가족들이 생활하는 집 안은 나무랄 데 없이 깔끔했지만, 집밖 거리에서 아이들은 매일같이 폭력과 빈곤을 목격했다. 그들은 마약에 관해 오늘날 내가 아는 것 이상을 알고 있었다. 8살짜리도 우리 교실 창밖에서 어떤 약이 거래되고 있는지 분간할 수 있었다. 나와 동료들은 교사이자 사회복지사로서 아이들이 혹 눈에 잘 띄지 않는 트라우마를 겪고 있지는 않는지 잘 살펴야 했고, 그래서 아동에 대한 신체·성적 학대의 징후를 포착하는 법을 훈련받았다. 훈련 때마다 우리는 학대가정의 아동들이 어떤 범죄에 노출되는지 들여다보며 우울해졌다. 학대는 삶의 궤도를 영원히 어그러뜨릴 수 있다.

우리의 훈련은 매번 테리 그로스Terry Gross의 〈프레시 에어Fresh Air〉가 NPR에서 방송되기 시작할 무렵에 끝이 났다(익숙하지 않은 독자를 위해 첨언하자면, 이 프로그램은 미국의 공영라디오 방송에서 테리 그로스가 진행하는 문화계 화제인물과의 1시간짜리 토크쇼이다. BBC 라디오4의 〈무인도 디스크Desert Island Discs〉와 비슷한데, 거기서 섬과 디스크를 빼면 된다[매주 초대손님이 무인도에 가져갈 음반, 책, 사치품을 고르고 그에 관해 이야기를 나누는 형식의 토크쇼다]). 훈련을 마친 동료 시바와 나는 극도로 침울해진 상태로 내 차에 올라타 사무실로 돌아가면서 그로스 프로그램의 도입부를 듣곤 했다. 그날은 성적 아동학대에 관해 유달리 끔찍한 강의를 들은 후였는데, 라디오를 켜니 그로스가 구글 맵스인가 뭔가를 개선하는 걸 필생의 사업으로 삼은 한 남자를 소개하고 있었다. 시바와 나는 절망적인 웃음을 터뜨렸다. 나는 허공으로 두 팔을 올리고 소리쳤다. **"그게 문제가 아니야!"** 그건 하나의 테마가 되었다.

당연히 문화 프로그램은 좋은 것이고, 테리 그로스는 훌륭하며, 사람들은 기술 개발과 아동학대 모두에 관심을 기울일 수 있다. 하지만 그 일이 있고 난 뒤, 시바와 내가 서로를 바라보면서 "그게 문제가 아니야"라고 말하는 순간은 점점 더 많아졌다. 2012년 당시 우리가 활동하던 텐더로인 지역은 첫 번째 젠트리피케이션 물결에 조금씩 잠식당하던 중이었다. 어느 날, 우리가 돌보던 아이들과 몇 시간을 씨름한 후에—아이들은 고국에서 벌어진 전쟁의 잔상이 아른거리는 비좁은 아파트에 살면서 이제 막 이해하기 시작한 언어로 된 산더미 같은 숙제를 해내느라 진땀을 빼곤 했다—마켓 가를 따라 걷다 보니 새로운 팝업 스토어가 눈에 띄었다. '팝업'은 보통 산업화 이후 버려진 공간에서 한시적으로 운영되는 사업이다. 이 가게는 예전에 음식점이었던 자리에 들어서 있었다. 안쪽을 보니 수염을 기르고 비니를 쓴 힙스터 여럿이 길게 줄지어 앉아 타자기를 치고 있었다. 호기심이 생긴 우리는 문 앞에 있던 남자에게 무슨 일로 그렇게들 모여 있는지 물었다. "여긴 디지털기기 금지 공간이에요." 그가 짐짓 우쭐해하며 설명했다. "휴대폰은 가지고 들어올 수 없어요. 서로 상호작용을 해야 해요." 남자의 뒤로 사람들이 서로를 무시한 채 조용히 타자기 자판만 두드리는 모습이 보였다. 시바와 나는 정중히 감사를 표하고 걸음을 옮겼다. 소리가 안 들리는 곳까지 멀어졌을 때, 우리는 흥분한 눈빛으로 서로를 바라보며 속삭였다. "그게 문제가 아니야."

다시 한번 말하지만, 우리는 매일의 삶 속에서 갖가지 다양한 문제에 대해 걱정할 권리가 있다. 하지만 만약 어떤 사람이 이를테면 **요즘 아이들은 휴대폰을 너무 많이 한다**는 걱정을 하면서, 그와 동시에 예를 들어 **부국이라는 우리나라에서 수백만 명의 아이들이 극단적인 빈곤 속에 살아간다**는 것에 대해선 걱정하지 않는다면, 그 사람은 더 나은 사회를 만드는 데 관심이 없는 사람이다. 더 나은 사회를 만들려는 사람들에 관해 투덜거리기를 좋아하는 사람이다.

이는 내가 생각하기에 미디어, 특히 영국 미디어의 고질적인 문제다. 책을 쓰고 칼럼을 기고하고 라디오에 출연해 시사를 논하는 사람들이, 영국이 처한 가장 심각한 문제들과 극단적으로 동떨어져 있는 것이다. 그들은 대체로 백인이고 중산층이다. 그들은 그런 문제들과 동떨어져 있을 뿐만 아니라 자신이 동떨어져 있다는 사실조차 모른다.

젊은이들에 관해 걱정하는 건 괜찮고 자연스러운 일이다. 젊은이들은 걱정할 만하다. 그들은 지붕 위에서 수영장으로 뛰어들고 마약을 하고 주차장에서 서로를 향해 손가락 욕을 날린다. 하나같이 몹시 신경을 긁는 일이다, 나도 안다. 하지만 학생들과 노조 조직가들이 더 평등하고 더 정의로운 사회와 일터를 만들고자 시위를 벌이는 건 기뻐할 일이다. 설사 그 방법이 잘못됐다고 생각되더라도 말이다. 역사는 단선적이지 않으며, 노동자들을 위해 긴 시간에 걸쳐 일구어진 진보는 하루하루 힘써 지켜내야 한다. 젊은이들은 이 작업을 해낼 기운이 가장 왕성한 이들이다.

그리고 설사 일터의 젊은 직원들이 자신과 동료의 권익을 위해 싸우는 것이 다소 짜증스럽더라도, **문제는 그게 아니다.**

이 글을 쓰는 지금, 내 몸 전체에 mRNA 가닥들이 서서히 퍼지고 있다. 이들은 내 면역체계에 새로운 위협을 감지하는 법을 가르쳐 코비드19로부터 나를 보호해줄 것이다. 신종 코로나바이러스가 세계를 휩쓴 지 채 1년이 되지 않아, 놀랍도록 전위적인 과학적 성과가 이 팬데믹을 저지할 길을 마련해주었다. mRNA 백신의 성공은 다른 질병들을 위한 예방접종에도 새로운 가능성의 세계를 열어주었다.

2019년 중반, 나는 『워싱턴 포스트』 보도를 위해 프로듀서 자격으로 미국립보건원의 백신연구소를 방문했다. 내 동료인 과학 저널리스트 애나 로스차일드Anna Rothschild가 감염병 권위자인 앤서니 파우치Anthony Fauci 박사를 인터뷰했는데, mRNA 백신의 미래에 관한 그의 흥분 어린 기대는 당시 내게는 아득한 공상처럼 들렸었다. 오래지 않아 mRNA 백신은 현실이 되었고, 세계를 구했다(박사는 또한 자신의 가장 큰 두려움은 감염병의 세계적인 대유행이라 말했었다. 그가 옳았다!).

팬데믹은 세상 모든 것을 바꾸어 놓았고, 노동의 모든 것을 바꾸어 놓았다. 그것은 부자와 빈자, 재택근무가 가능한 사람들과 목숨을 걸고 일터에 출근해야 하는 사람들 간의 충격적인 대비를 드러내 보였다. 한편으로는 상당수 전문직 업무가 출퇴근 없이도, 비싼 옷을 걸치지 않고도, 가족이나 자녀들과 떨어지지 않고도 가능하다는 것이 드러났다. 다른 한편으로는 많은 기업들이 필요하다면 이윤과 생산성의 방어를 위해 직원들의 질병과 죽음을 용인한다는 사실이 드러났다.

언젠가 마침내 팬데믹을 뒤로하게 될 때(제발!) 우리가 선택할 수 있는 팬데믹의 교훈은 둘 중 하나다. 하나는 노동을 줄이고 삶을 더 즐기는 것이 가능하다는 것이고, 다른 하나는 전에 없던 수준의 노동 착취가 가능하다는 것이다. 우리는 팬데믹의 교훈이 어느 쪽이었다고 판단하게 될까? 생산성에 더해 행복까지 지키면서 노동시간을 단축할 수 있다는 것일까, 아니면 위기 상황에서 노동자를 이용하고 심지어 죽음으로 내모는 것이 가능하다는 것일까?

우리가 이 끔찍한 시간에서 얻어가는 교훈이 후자가 되지 않게 하려면, 일터에서의 존엄성에 대한 젊은이들의 권리 주장이 필요하다. 경기가 불안정한 때라도 존중받고, 괴롭힘당하지 않고, 차별받지 않고, 무엇보다도 자신의 노동력에 합당한 임금을 받을 권리가 주장되어야 한다.

젊은이들을 폄하하고 눈송이로 낙인찍는 건, 그들이 요구하고 쟁취하려는 가치들을 폄하하는 한 방편이다. 평등, 존중, 그리고 일과의 접속을 끊고 이전 세대들처럼 일 바깥의 삶을 즐길 권리. 이런 요구들을 조롱하거나, 눈송이들을 특권의식에 빠진 감사할 줄 모르는 철부지로 규정하는 건, 오로지 돈과 권력을 가진 자들에 복무하는 처사다.

상사나 동료가 자신을 눈송이로 여기기를 바라는 사람은 아무도 없다.

하지만 우리 모두의 노동을 덜 비참한 것으로 만들어줄 이들은 바로 눈송이들이다.

결론

도널드 트럼프가 정치를 비롯한 공적 영역에서 어쨌거나 당분간은 퇴장한 만큼, 그가 그토록 노련하게, 정력적으로 부채질하던 터무니없는 문화전쟁 담론도 이제 좀 잦아들 거로 믿고 싶을 수도 있겠다. 단순하고 모욕적인 말로 정적을 공격하고 수천만 지지자를 열광시키는 방법을 우리의 전직 대통령보다 더 잘 아는 사람은 없다. 트럼프는 불공평한 사회에 대한 분노의 물결을 타고, 그 분노를 그의 유해한 정치 스타일을 지지하는 표심으로 용의주도하게 전환해 백악관에 입성했다. 트럼프는 인종주의, 성차별, '정치적 올바름'의 전적인 결여로 비난받는 사람이라 해도 공적 영역에서 추방, 혹은 '철회'되기는커녕 어마어마한 문화권력으로 도약할 수 있다는 사실을 가장 효과적으로 웅변하는 살아 있는 증거다. 이제 그가 **당분간**은 사라진 만큼, 문화전쟁 역시 누그러질까?

내 마음 가장 깊은 곳의 가장 합리적이고 논리적인 목소리는 그렇지 않다고 말한다. 트럼프주의를 추동하고 트럼프주의에 의해 추동되었던 기제는 그 어느 때보다도 강력하다. 종류를 불문한 모든 언론 매체가 문화전쟁의 논변을 생명줄처럼 끌어다 쓴다. 너무나 많은 '눈송이 대大패닉' 사례들에서 우리가 살펴본 바와 같이, 그들은 완전히 허위인 이야기나 기만적으로 부풀려진 주장을 이용해 분노를 양산한다. 트럼프 이후 시대가 이전과 달라진 한 가지는, 이제 이목을 끄는 뉴스들이 소방호스 틀어 놓은 듯 쏟아지지는 않다 보니, 눈송이와 학생들, 철회, 표현의 자유, **떼거리**에 관한 터무니없는 주장들이 번성할 여지가 더 많아졌다는 것이다. 트럼프 시대였다면 1면에서 빠르게 밀려났을 어처구니없는 뉴스들, 예를 들면 아동문학가이자 만화가인 닥터 수스Dr Seuss의 비교적 덜 알려진 저서 중에서 인종주의적인 삽화가 포함된 몇몇 작품의 출간을 중단하기로 한 닥터 수스 재단의 결정을 둘러싼 논란이 이제는 몇 시간이 아닌 **몇 주** 동안 유통된다. 트럼프 시절에는 끔찍한 뉴스가 쉴 새 없이 연달아 터졌고, 하루 동안에 여러 건이 터지기도 다반사였다. 이제 그가 사라졌으니, 달리 많은 사건 사고가 벌어지지 않는 상황에서 도덕적 공황에 휘말리지 않는 건 언론의 의지에 달린 일이다. 나는 언론이, 특히 영국 언론이 그걸 해내리라는 믿음이 없다.

그렇기에 우리는 이 어리석은 세상을 헤쳐나가는 동안 우리 자신에 대한 감각을 단단히, 확신 있게 지켜나가야 한다. 권력자들의 옹졸한 이해관계가 젊은이들이 누구인지를 규정하도록 놔두어서는 안 된다. 우리가 자신에 대해 아는 것을 확고히 믿어야 한다. 우리는 이런 것을 알고 있다.

우리는 '눈송이'라는 말이 젊은이들, 가난한 사람들, LGBTQ+인, 유색인들의 주장과 정체성, 정치력을 약화하고 폄하하고 방해하는 데 이용된다는 것을 안다. 우리는 눈송이에 대한 두려움과 혐오가 사람들을 끌어당기고 더 나아가 사로잡는다는 걸 안다. 우리는 눈송이라는 말이 극우에서 발원해 주류로 흘러들었다는 걸 안다. 우리는 젊은이들을 조롱하기 위해 정신건강 용어가 이용되었음을 안다. 우리는 눈송이라는 낙인이 현 체제의 한계를 밀어붙이고 무너뜨리는 이들을 침묵시키는 수단임을 안다. 그것이 인종주의적 사회에 적극적인 변화를 요구하는 유색인, 그리고 그 존재만으로 젠더에 대한 전통적인 인식에 위협이 되는 트랜스인이나 논바이너리인의 행동과 발언을 평가절하하는 수단임을 안다. 공정한 대우를 원하는 노동자들을 조롱하는 수단임을 안다. 백인이 다른 백인을 눈송이라 부르는 것은 그들을 무안 주고 질책함으로써 연대를 단념시키려는 시도임을 안다. 언론과 정계에서 거대 플랫폼을 보유한 많은 이들이 사람의 감정보다 조각상의 감정을 우선시한다는 걸 안다.

우리는 안다. 만약 당신이 눈송이라 불린다면, 그건 당신의 사회적 위치를 둘러싼 수 세기에 걸친 기대와 제약에 어긋나는 말이나 행동을 했기 때문일 것이다. 축하한다! 아마도 여러분은 몹시 신경이 거슬릴 필요가 있었던 누군가의 신경을 꽤 긁고 있었을 것이다.

또한 우리는 눈송이란 평생 학습자이며, 설사 자신과 세상에 대한 배움이 스스로를 불편하게 한다 해도 그것을 멈추지 않는 끈기가 있다는 것을 안다. 눈송이 비판자는 외견상 과도해 보이는 학생 시위 뉴스를 접할 때마다 매번 눈살을 찌푸린다. 눈송이 역시 처음에는 눈살이 찌푸려질지도 모른다. 하지만 눈송이는 안다. 우리에게 거부감을 주는 무언가를 조금만 더 깊이 파고들어가 보면, 세상에 대해 전에는 알지 못했던 것들을 깨닫게 된다는 사실을.

오해는 마시라. 이 모든 것들에도 불구하고 나는 여전히 '눈송이'가 극도로 멍청한 말이라고 생각한다. 이 말은 너무도 다양한 멍청한 사람들에게 너무도 다양한 멍청한 것들을 의미하기 때문에, 때로 거의 아무런 의미가 없다. 그러나 멍청하다고 해서 곧 무해한 건 아니다. 그 단순함과 유연함으로 인해 '눈송이'는 실로 강력한 힘을 가질 수 있다.

눈송이성의 본질을 탐구하는 이 씁쓸한 여정을 끝까지 함께해준 소중한 독자분들께, 한 가지 제안을 해보고자 한다. 이제부터 누군가가 여러분이나 여러분 주변 사람을 눈송이라 부를 때, 혹은 눈송이의 활동에 대해 경멸이나 분노, 불편함을 **내비칠** 때는, 그들이 그러는 이유가 무엇인지 자문해보기 바란다. 할 수 있다면 **그들에게** 어째서 그 말을 썼는지 물어보기 바란다. 그렇게 해서 알게 되는 사실은, 당신보다는 그들에 관해 더 많은 것을 말해줄 것이다.

눈송이라는 말은 현 체제에 대한 도전을, 밖으로부터 온 것이든 안에서부터 일어난 것이든 관계없이 무력화하는 무기다. 내가 알기로 누군가에게 눈송이라 불렸을 때, 그것을 맞받아칠 뾰족한 수는 없는 듯하다. 온라인에서는 그냥 무시해버리는 게 가능하기도 하고 재미있기도 하다. 하지만 상대가 동료나 친지인 경우에는 그러기가 쉽지 않다. 최악의 경우, 당신을 눈송이라 부르는 사람은 그저 그런 꼰대가 아닐 수도 있다. 그들은 아마 꼰대가 **맞겠지만**, 당신을 '띨빡'이나 '바보'가 아닌 '눈송이'로 불렀다는 점에서 그보다 더 나쁜 무언가일 수도 있다. 그들은 어쩌면 자신이 대안 우파이거나 혹은 적어도 그쪽에 관심을 두고 있음을 드러낸 것인지도 모른다. 그들은 눈송이라는 표현을 〈파이트 클럽〉에서 들었을 수도 있고, 『선데이 타임스』 칼럼에서 봤을 수도 있고, 백인민족주의 게시판에서 읽었을 수도 있다. 그저 약을 올리고 싶었을 수도 있고, 당신에게 상처를 주고 싶었을 수도 있고, 혹은 둘 다일 수도 있다. 당신이 그걸 알 방법은 없고, 그래서 위협적인 것이고, 그리고 위협을 느낀다는 사실이 중요한 것이다.

만약 당신이 눈송이라 불린다면, 혹은 누군가를 눈송이라 부르고 싶다면, 당신의 언행으로 누구를 위협했는지, 혹은 무엇에 위협을 느꼈는지를 생각해보기 바란다. 그 사람은 어째서 음침한 정치적 연원을 가진 어이없는 모욕어를 갖다 쓰게 되었을지, 그리고 당신은 그 말을 휘둘러서 무엇 혹은 누구를 보호하고 싶은 것인지, 자문해보기 바란다. 다음번에 당신이 눈송이라 불릴 때, 당신은 이 질문들에 대한 답이 마음에 들지도 모른다. 다음번에 당신이 누군가를 눈송이라 부를 때는 그렇지 않을 수도 있다.

눈송이라 불려서 기분이 나쁘다면, 그냥 그렇다고 말하는 게 우리가 보일 수 있는 유일한 반응일 것이다. 그런 다음 그들이 **"하! 거 봐라, 당신이 얼마나 예민한지!"**라고 지적한다면 이렇게 답할 수 있다. 그래, 그럴지도 모른다. 하지만 나는 인종주의자, 등신, 편견 덩어리, 동성애 혐오자, 옅어지는 제 존재감을 되돌려 보려고 헛되이 발버둥치는 옹졸하고 복수심에 불타는 잔인한 사람이기보다는, 차라리 지나치게 예민한 사람이고 싶다고. 눈송이는 최악의 존재가 아니다. 사실 당신이 눈송이라 불린다면, 아마도 그것은 당신이 신념 있고 연민 어린 사람이라는 증거일 것이다.

눈송이는 사회의 억압에 저항한다. 그들은 인종, 계급, 젠더를 둘러싼 고정관념을 부순다. 그들은 자본주의의 불평등에 맞서 싸운다. 그들은 감정이 자신과 타인에 대한 더 나은 인식을 모색하는 데 방해가 되는 것이 아니라 유용한 도구라고 믿는다.

가장 격렬한 눈송이 비판자들을 설득하는 것이, 그래서 온갖 사회악을 눈송이 탓으로 돌려 세상만사를 설명하는 세계관으로부터 그들을 멀어지게 하는 것이 과연 가능할까? 그 점에 대해서는 회의적이다. 하지만 희망은 있다. 왜냐하면 눈송이에 대해 걱정하거나, 그들을 향해 눈살을 찌푸리거나, 그들에 관해 들리는 이야기를 곧이곧대로 믿어서는 안 된다는 걸 사람들 **대부분**이 이해한다면, 그것으로 충분할 터이기 때문이다. 그럴 때 우리는 헛소리에 대한 사회의 집단면역을 키울 수 있다. 언론과 정계의 기만적인 행위자들이 우리의 일상적인 언설에 흘려 넣는 독약을 중화시킬 해독제를 확보할 수 있다.

나는 언젠가는 눈송이 비판자들이 오늘날의 젊은이들에 관한 자신의 주장을 돌아보고 민망해하는 날이 오리라 기대한다. 심지어 그들은 인간 불행의 총량을 줄이기 위한 눈송이들의 기획을 한결같이 지지해온 것처럼 굴지도 모른다. 나는 눈송이들이 마지막에 웃는 자가 되기를, 그들이 언제까지나 정확히 그들 자신이기를 희망한다.

언제까지나 이런 식으로 눈송이를 폄하하고 조롱하고 박해할 수는 없다. 그러기에는 우리에게 그들이 너무나 필요하다. 우리는 각자의 삶에서 눈송이들을 지지하고 이해하고 그들에게서 배워야 한다. 우리를 위해 눈송이들이 번성하고, 정계와 언론계로 진출해야 하며, 이다음에 등장할 또 다른 불가해하고 제멋대로인 세대를 위해 그들이 좋은 선생과 본보기가 돼주어야 한다. 그리고 무엇보다도, 우리 자신이 눈송이가 되어야 한다.

그러지 않으면 우리는 다 망한 거다.

감사의 말

이 책을 위해 자료조사를 하고 글을 쓰고 다듬고 세상에 내놓는 과정은 엄청나게 어수선했고, 2020년 이후의 정치·생물학적 충격으로 인해 그 스트레스는 배가되었다. 그럼에도 내가 그 과정을 견딜 수 있도록, 심지어 때로는 즐거움을 느낄 수 있도록 도와준 수많은 이들이 있었고, 다음은 그중 일부에 지나지 않는다.

우선 내 에이전트인 찰리 비니에게 감사한다. 찰리는 무명이던 나를 출세시켜 글로벌 슈퍼스타의 명성과 부(적어도 느낌만은)를 가져다주었다. 당신은 내 좋은 지지자고 그보다 더 좋은 점심식사 친구예요.

더할 나위 없이 쿨한 해나 블랙이 이끄는 출판사 모든 분께도 감사를 전한다. 해나, 날 저자로 만들어줘서 감사해요. 소피 라자, 현명하고 신중한 편집에 감사해요. 당신은 내 비루한 원고를 멋지게 다듬어줬어요. 에리카 콜조넌, 내 멍청한 질문에 일일이 답해주고 출판 과정의 복잡하고 그리고/또는 무시무시한 단계마다 차근차근 나를 이끌어줘서 감사해요.

홍보를 맡아준 마리아 가벗-루서로, 마케팅을 맡아준 케이티 블롯에게도 감사한다. 나를 겁에 질리게 하는 이 두 영역에서 유능한 두 사람의 도움을 받을 수 있었던 건 행운이었어요. 조앤 밀러, 멋진 표지 디자인 감사해요, 마음에 들어요. 매슈 에버렛, 본문 디자인 역시 마음에 들어요, 고마워요. 교정교열을 맡아준 사바 아메드, 엄마가 내 실수를 지적해서 크리스마스 저녁을 망치지 않게 막아줘서 고마워요.

전문가의 안목으로 이 책의 각 장을 감수해준 여러분께도 감사를 전한다. 내 멋진 시어머니 마거릿 웨더럴 박사님, 그리고 인터넷 문화 보도의 여왕 세라 매너비스, 몇몇 핵심적인 장에서 내가 바보처럼 보이지 않게 해줘서 감사해요. 프레디 매코널, 중요한 도움과 조언에 감사해요. 켈리 오크스, 변함없는 연대 고마워요. 메리 베스 올브라이트, 이 책의 한 장을 읽어줘서 고맙고, 그리고 정기적으로 술과 치즈로 날 배불려줘서 고마워요.

빔 에듀언미, 당신의 멋진 우정에, 그리고 책 쓰기 패닉의 다양한 순간마다 베풀어준 신속한 조언에 고마움을 전해요. 케이 톨, 당신의 훌륭한 해리 포터 농담을 쓸 수 있게 허락해줘서 고마워요. 데이브 조건슨, 해리 포터에 관한 추가적인(늑대인간과 관련된) 정보를 알려줘서 고마워요. 결국 이 책에 쓰지는 못했지만 그래도 재미있었어요. 잭 파월, 10년 전의 (휴!) 몇 가지 세부사항을 기억해내도록 도와줘서 고마워요. 그리고 지난 얘기지만 내가 **첫** 책을 쓰는 동안 베풀어준 사랑과 지지에도 감사를 전해요.

내게 정서적인 응원을 보내준 로라 구티에레즈, 마음 든든해지는 냉장고 자석 고마워요. 아이샤 가니, 당신은 팬데믹 최악의 순간에 은총과도 같은 친구였어요. 지나-무르 배럿, 당신의 유명한 초록 소파에서 원고를 손보던 중에 작은 돌파구를 찾았어요. 당신의 완벽한 집에 머물 수 있게 해줘서 고마워요. 이제 어서 당신의 책을 끝내요! 요트 꼭 사고요! 에밀리 버치, 아마 이 책 일부는 당신과 같이하던 즐거운 시간에 썼을 거예요. 사실 기억도 잘 안 나요. 하지만 어쨌거나 당신과 바비 버치 아버지는 모범적인 지지자이자 영업왕이고, 내 감사는 영원할 거예요.

플로 페리, 출판사에 간 날 너의 놀랍도록 편안한 에어 매트리스에서 하룻밤 신세지게 해줘서 고마워.

크리스 케이시, 이 감사의 말을 쓰던 주말에 내 자전거를 수리해줘서 고마워. 코비드 내내 작은 사회적 안전망이 되어준 에리카 리, 팀 라이트, 미리암 보컬리우스, 그리고 귀여운 엘리어스, 우리가 눈을 맞으며 덜덜 떨면서 모닥불 곁에 둘러앉아 얼어붙은 포장음식을 먹고 지구 종말을 가늠하던 그 시간이, 지금 돌아보면 내가 제정신을 지킬 수 있었던 비결이었어.

이 끔찍한 역사적인 시간을 함께 허둥대며 헤쳐온 워싱턴포스트의 동료들에게도 감사를 전한다. 내 상사인 로런 색스, 미셸 저코니, 미카 겔먼은 이 책을 쓰는 동안 절대적인 지지를 보내주었다. 기운 넘치고 마음 따뜻하고 극단적으로 시크한, 노조 동료들에게도 소리 높여 감사의 마음을 전한다. 그리고 음, 안녕, T. J. 오텐지, 도움에 감사해요. 그리고 여기 이렇게 당신 이름이 있으니 약속한 그 건 부탁해요. 제발요!

내가 인터뷰하고 이 책에 인용한 셰일리 제인 박사, 톰 워드, 내털리 에스크릭, 필리파 페리, 암나 살림, 로우신 매캘리언, 주노 도슨, 프레디 매코널, 그리고 아름다운 익명의 인터뷰이들에게도 감사의 인사를 전한다.

내가 인용한 수많은 저자, 언론인, 그리고 잘 모르는 트위터리안들께도 감사를 전한다. 독자들께는 참고문헌 목록에 수록된 책들의 일독을 권해드린다, 적어도 좋은 책들은.

한 가지 당부 말씀. 내 인터뷰에 응하거나 다른 식으로 도움을 주신 분들은 이 책의 일부 내용에는 동의하면서 다른 부분에는 동의하지 않을 수도 있다. 그러니 그분들의 도움이나 개입을 이 책에 대한 지지와 보증으로 해석하지 마시기를 바란다. 그들이 직접 그렇지 않다고 밝히지 않는 한!

마찬가지로, 이 글에서 어리석은 건 뭐든 내 잘못이며 그들 잘못이 아니다. 이 점은 분명히 해두어야겠다.

고든 삼촌, 폰트가 괜찮다고 확인해줘서 고마워요. 삼촌 이름을 책에서 보는 거 좋아하시죠? 그래서 이번에도 이렇게 실어요, 고든 체스터먼Gordon Chesterman.

조너선 포터와 알렉사 헵번, 자주 내게 굴을 대접해주고 그보다도 더 자주 잠자리를 제공해줘서 고마웠어. 그 집 아래층 침실에서 지내는 동안 최악의 글쓰기 슬럼프를 겪고 있었지만, 훌륭한 와인과 훌륭한 말벗 덕분에 빠져나올 수 있었어.

시미언과 에이미 주얼, 그리고 내 아기 조카들, 한결같은 지지와 공항 픽업 고마워.

나는 이 책을 아버지 크리스 주얼과 어머니 제인 주얼께 바친다. 내 첫 독자 중 한 명인 아빠, 책이 괜찮다고 말해줘서 고마워요. 그리고 서문에서 흥미로운 가족사 일부를 공개할 수 있게 허락해줘서 감사해요. 고마워요, 엄마. 그 재밌는 엄마가 내 엄마라서 정말 기뻐요. 엄마가 이번에는 책이 발간되기 **전에** 오타를 발견했다며 좋아한 것도요. 살면서 내가 해낸 모든 게 두 분의 탁월한 양육 덕분이었어요.

그리고 마지막으로 남편 샘 웨더럴에게 감사의 마음을 전한다. 남편은 가장 먼저 글을 읽고 날 안심시켜줬다. 역병과 두려움과 고립 속에서 글을 쓰고 다듬고 존재한다는 건, 편의점들이 줄줄이 영업을 중단하기 전부터도 무척이나 기운 빠지는 일이었어. 하지만 팬데믹 기간에 침실 하나짜리 작은 아파트 안에서 당신과 갇혀 지내는 동안 분명해졌지. 내가 평생의 동반자, 친구, 개인 요리사를 얼마나 잘 선택했는지 말이야. 우리가 라스베이거스에서 드라이브 스루로 결혼한 건 정말 잘한 일이었어. 비록 당신은 소파에 음식 부스러기를 흘리지만 그래도 난 당신을 사랑해. 다음 책은 당신한테 바칠게, 부스러기 흘리는 습관만 고친다면.

옮긴이 후기

이 책에는 대단히 많은 비속어가 등장하지만, 한국어 '꼰대'에 정확히 상응하는 단어는 없다. 빈정대는 투의 'boomer'(사전적으로는 부머 세대, 혹은 그저 나이든 사람을 뜻한다)가 가장 가깝지만, 'dickhead', 'arsehole' 등은 딱히 꼰대라기보다는 재수없고 되먹지 못한 인간들을 두루 지칭한다. 하지만 핵심은 그들의 후짐이 누구를 괴롭게 하느냐일 터. 그 대상이 젊은 눈송이일 때, 그런 자들을 이 책에서는 '꼰대'로 옮겼다.

그러나 눈송이에게 부정적이거나 적대적인 이들은 아리스토텔레스가 고대 아테네를 거닐던 때로부터 역사와 전통을 자랑하는 평범한 꼰대들만은 아니다. 세대 문제와 더불어 눈송이를 둘러싼 (어쩌면 더 중요한) 다른 한 축은 정치 성향으로서 진보와 보수의 대립이기 때문이다. 젊다고 해서 모두 눈송이가 아니듯, 눈송이를 깎아내리는 이들 가운데는 나이든 좌파 엘리트도 있고 젊은 극우주의자도 있다.

멸칭으로서의 '눈송이'는 그저 새로운 세대의 어떤 태도를 문제삼는 쯧쯧거림을 넘어서서 젊은이들이 가진 변혁의 기운을 꺾는 강력한 도구로 기능한다. 저자는 눈송이들이 마주한 어려움들을 짚어보면서 자연스레 대안우파와 그들을 끌어안은 정치인들, 보수 평론가와 언론을 조목조목 비판한다. 하지만 눈송이들을 옹호하고 '눈송이'의 의미를 재전유하려는 이 책에서 저자가 가장 뼈아프게 질타하는 대상은 아마도 기성 좌파 엘리트들이 아닐까 싶다. 그가 가장 염두에 둔, 힘주어 설득하고자 하는 독자들 역시, 확고한 극우주의자들보다는 어느새 꼰대가 되어버린 젊은 날의 진보주의자, 그리고 스스로를 뚜렷한 정치색이 없는 온건하고 실용적인 부류로 여길 많은 사람들로 보인다.

저자가 이들에게 요청하는 것은 젊은 눈송이들에 관한 무성한 풍문에서 느껴지는 거부감을 접어두고 사안의 실상을 들여다보라는 것이다. 궁극적으로 그들의 주장과 요구가 주변화된 집단에게 힘을 실어주는지 아니면 힘 있는 자들의 이익에 복무하는지, 사회의 억압과 차별과 불평등을 더한층 고착화하는지 아니면 그것을 뒤흔들고 밀쳐내는지 말이다. 사심 없이 정말로 중요한 것과 그렇지 않은 것을 구별하고, 새로운 시각과 생각에 마음을 열고 평생토록 부단히 배워나가자고 말이다. 그 배움의 길에서 젊은이들은 좋은 벗과 스승이 될 수 있다.

풍자적인 어조가 종종 웃음을 터뜨리게 하지만, 이 글에서는 내내 절절함이 느껴진다. 그건 나날이 목소리가 커지는 대안 우파뿐만 아니라 심지어 진보 매체, 진보 지식인에게도 난타당하는 눈송이들에 대한 저자의 안타까움 때문이고, 그럼에도 놓지 못하는 그들을 향한 믿음과 희망 때문이다. 약자와 소수자에 대한 혐오와 차별에 저항하고 신자유주의의 횡포에 맞서는 와중에, 그들을 위하는 양 짐짓 낮춰보거나 혹은 제 이익을 위해 이용하려는 자들도 상대해야 하는 우리 사회 곳곳의 눈송이들에게도 저자의 뜨거운 응원이 전해지기를 바라본다.

2024년 1월

이지원

참고문헌

서론

1 Aristotle. 'Book II – Chapter 12: Aristotle's Rhetoric.' Accessed June 20, 2021. https://kairos.technorhetoric.net/stasis/2017/honeycutt/aristotle/rhet2-12.html. (아리스토텔레스, 『아리스텔레스 수사학』, 박문재 옮김, 현대지성, 2020)

제1장

1 Stolworthy, Jacob. 'Collins Dictionary's 10 Words of the Year, from "Snowflake Generation" to "JOMO".' *The Independent*, November 3, 2016. https://www.independent.co.uk/arts-entertainment/books/news/collins-dictionary-s-10-word-year-brexit-and-snowflake-generation-jomo-a7395121.html.

2 'Snowflake Generation Definition and Meaning | Collins English Dictionary.' Accessed March 7, 2021. https://www.collinsdictionary.com/dictionary/english/snowflake-generation.

3 'The American Heritage Dictionary Entry: Snowflake.' Houghton Mifflin Harcourt Publishing. Accessed March 10, 2021. https://ahdictionary.com/word/search.html?q=snowflake.

4 'Snowflake, n.' In *OED Online*. Oxford University Press. Accessed March 7, 2021. https://www.oed.com/view/Entry/183512.

5 Harrison, George. 'What Does Snowflake Mean?' *The Sun*, December 4, 2020. https://www.thesun.co.uk/news/5115128/snowflake-term-generation-meaning-origin-use/.

6 Reavis, L. U. *Saint Louis, the Future Great City of the World.* . . Barns, 1876.

7 'No, '"Snowflake" as a Slang Term Did Not Begin with "Fight Club".' Accessed March 7, 2021. https://www.merriam-webster.com/words-at-play/the-less-lovely-side-of-snowflake.

8 Grace to You. 'Concerning Spiritual Gifts, Part 3.' Accessed March 14, 2021. https://www.gty.org/library/sermons-library/1850/.

9 Palahniuk, Chuck. *Fight Club.* New York: W.W. Norton & Co, 2005 (1996).

　(척 팔라닉, 『파이트 클럽』, 최필원 옮김, 랜덤하우스코리아, 2008)

10 'Fight Club Author Chuck Palahniuk Takes Credit for "Snowflakes".' *Evening Standard.* January 24, 2017. https://www.standard.co.uk/news/londoners-diary/londoner-s-diary-chuck-palahniuk-i-coined-snowflake-and-i-stand-by-it-a3448226.html.

11 Schwartz, Dana. 'Why Trump Supporters Love Calling People "Snowflakes".' *GQ,* February 1, 2017. https://www.gq.com/story/why-trump-supporters-love-calling-people-snowflakes.

12 Tait, Amelia. 'The Myth of Generation Snowflake: How Did "Sensitive" Become a Dirty Word?' *The New Statesman.* Accessed March 7, 2021. https://www.newstatesman.com/politics/uk/2017/01/myth-generation-snowflake-how-did-sensitive-become-dirty-word.

13 Silman, Anna. 'For the Alt-Right, Dapper Suits Are a Propaganda Tool.' *The Cut.* Accessed March 7, 2021. https://www.thecut.com/2016/11/how-the-alt-right-uses-style-as-a-propaganda-tool.html.

14 Levin, Josh. 'The Year America's Most Famous White Supremacist Went Mainstream.' Slow Burn: David Duke. Accessed March 14, 2021. https://

slate.com/podcasts/slow-burn/s4/david-duke/e1/david-duke-1989-district-81.

15 Evans, Robert. 'Shitposting, Inspirational Terrorism, and the Christchurch Mosque Massacre.' *Bellingcat.* March 15, 2019. https://www.bellingcat.com/news/rest-of-world/2019/03/15/shitposting-inspirational-terrorism-and-the-christchurch-mosque-massacre/.

16 Harkinson, Josh. 'Meet the White Nationalist Trying to Ride the Trump Train to Lasting Power.' *Mother Jones* (blog). Accessed March 7, 2021. https://www.motherjones.com/politics/2016/10/richard-spencer-trump-alt-right-white-nationalist/.

17 Relman, Eliza. 'Steve Bannon Says Ivanka Trump Is "Dumb as a Brick".' *Business Insider.* Accessed March 7, 2021. https://www.businessinsider.com/steve-bannon-says-ivanka-trump-is-dumb-as-a-brick-2018-1.

18 Coppins, McKay. 'Channeling Breitbart from Behind the Resolute Desk.' *The Atlantic.* August 28, 2017. https://www.theatlantic.com/politics/archive/2017/08/breitbart-behind-the-resolute-desk/538239/.

19 Sky News. *Debate: Sexism in Science,* 2015. https://www.youtube.com/watch?v=kBiS4qTsjCg&t=445s.

20 Channel 4 News. *Richard Spencer Interview: How Alt-Right Are Testing the Limits of Free Speech at US Colleges,* 2017. https://www.youtube.com/watch?v=Yc55Xr_avR8.

21 Harkinson, Josh. 'Meet the White Nationalist Trying to Ride the Trump Train to Lasting Power.' *Mother Jones* (blog). Accessed March 7, 2021. https://www.motherjones.com/politics/2016/10/richard-spencer-trump-alt-right-white-nationalist/.

22　Yiannopoulos, Milo. 'Milo Yiannopoulos: Why I'm Winning.' Breitbart, November 24, 2015. https://www.breitbart.com/the-media/2015/11/23/why-im-winning/.

23　Helmore, Edward. 'Milo Yiannopoulos Resigns from Breitbart News over Paedophilia Remarks.' *The Guardian*. February 22, 2017. http://www.theguardian.com/us-news/2017/feb/21/milo-yiannopoulos-resigns-breit-bart-pedophilia-comments.

24　Peters, Jeremy W., Alexandra Alter, and Michael M. Grynbaum. 'Milo Yiannopoulos's Paedophilia Comments Cost Him CPAC Role and Book Deal.' *The New York Times*, February 20, 2017. U.S. https://www.nytimes.com/2017/02/20/us/politics/cpac-milo-yiannopoulos.html.

25　Jeb Lund. '"I Support Fat-Shaming" Says Barney-Wearing-a-Teen's-Poplin Top, Wonka-Accident Amazing-Gobstopper-Ass Motherfucker Https://T.Co/EEZ5dtIhPU.' Tweet. *@Mobute* (blog), November 30, 2015. https://twitter.com/Mobute/status/671390539070242816.

26　Beauchamp, Zack. 'Milo Yiannopoulos's Collapse Shows That No-Platforming Can Work.' *Vox*, December 5, 2018. https://www.vox.com/policy-and-politics/2018/12/5/18125507/milo-yiannopoulos-debt-no-platform.

27　Alan White. 'Stunned to Learn Milo Is Now Selling Bottles of Milk Thistle Extract at $20 a Pop on Infowars Https://T.Co/4ZQPkcN7fk.' Tweet. *@aljwhite* (blog), February 21, 2018. https://twitter.com/aljwhite/status/966331474495574016.lion.

28　Bokhari, Allum. 'The Regressive Left Are Losing on American Campuses.' *Breitbart*, March 21, 2016. https://www.breitbart.com/tech/2016/03/21/regressive-left-on-defensive-on-campus/.

29 Fox, Claire. *I Find That Offensive!* Biteback Publishing, 2016.

30 Ellis, Emma Grey. 'The Alt-Right Found Its Favourite Cartoonist—and Almost Ruined His Life.' *Wired*. Accessed July 27, 2021. https://www.wired.com/story/ben-garrison-alt-right-cartoonist/.

31 Garrison, Ben. 'Ben Garrison Cartoons – Posts | Facebook.' February 13, 2019. https://www.facebook.com/RealBenGarrisonCartoons/posts/aocs-bar-drink-up-suckers-new-bengarrison-cartoon-for-socialismnever-works-ocasio/2152686838124948/.

32 'Attack of the Cry Bullies – Grrr Graphics.' Accessed March 7, 2021. https://grrrgraphics.com/attack-of-the-cry-bullies-new-ben-garrison-cartoon/.

33 Brent Bozell. 'Unlike the Snowflake Left Four Years Ago, Today Conservatives Were Able to Survive without Having to Hug Teddy Bears, Scream into Pillows, Fill in Coloring Books, Find Crying Rooms and Have Therapy Sessions.' Tweet. *@BrentBozell* (blog), January 20, 2021. https://twitter.com/BrentBozell/status/1352016478850191362.

34 Lavin, Talia. 'The Far Right's Ironic Snowflake Problem.' The Village Voice, April 26, 2018. https://www.villagevoice.com/2018/04/26/the-harpy-the-far-rights-ironic-snowflake-problem/.

35 Zilinsky, Jan, Jonathan Nagler, and Joshua Tucker. 'Analysis | Which Republicans Are Most Likely to Think the Election Was Stolen? Those Who Dislike Democrats and Don't Mind White Nationalists.' *Washington Post*. Accessed March 14, 2021. https://www.washingtonpost.com/politics/2021/01/19/which-republicans-think-election-was-stolen-those-who-

hate-democrats-dont-mind-white-nationalists/.

36 Jewell, Hannah. 'Anthony Scaramucci Thinks Trump's "kookoo lala" Tweets
    Are Holding Him Back.' *Washington Post*, Accessed July 25, 2021. https://
    www.washingtonpost.com/video/politics/anthony-scaramucci-thinks-
    trumps-kookoo-lala-tweets-are-holding-him-back/2019/07/22/61804c49-
    9ce0-4b97-b48f-c4edac78b68f_video.html.

37 Schwartz, Dana. 'Why Trump Supporters Love Calling People "Snowflakes".'
    GQ, February 1, 2017. https://www.gq.com/story/why-trump-supporters-
    love-calling-people-snowflakes.

38 Nicholson, Rebecca. '"Poor Little Snowflake" – the Defining Insult of 2016.'
    The Guardian, November 28, 2016. Politics. https://www.theguardian.com/
    science/2016/nov/28/snowflake-insult-disdain-young-people.

제2장

1 Silverman, Rosa. 'Of Course Oxford Should Serve Its Students Octopus – Not
   a Snowflake Diet of Anti-Aspirational Mush.' *The Telegraph*, January 18,
   2019. https://www.telegraph.co.uk/news/2019/01/18/course-oxford-should-
   serve-students-octopus-not-snowflake/.

2 Coren, Giles. 'Uni Is a Safe Space for Alphabetti Spaghetti.' *The Times*, Ac-
   cessed March 14, 2021. https://www.thetimes.co.uk/article/uni-is-a-safe-
   space-for-alphabetti-spaghetti-m5vrrgvt0.

3 Sitwell, William. 'Take Octopus off the Menu? What Utter Cretinous Stupidi-
   ty.' *The Telegraph*, January 18, 2019. https://www.telegraph.co.uk/food-and-
   drink/news/take-octopus-menu-utter-cretinous-stupidity/.

4 Stefano, Mark Di. 'This Vegan Journalist Pitched to Waitrose Food Magazine, And The Editor Replied Proposing A Series About Killing Vegans.' *BuzzFeed*. Accessed March 9, 2021. https://www.buzzfeed.com/markdistefano/waitrose-food-killing-vegans-freelance-journalist. "Waitrose Food: Editor William Sitwell Resigns Over 'Killing Vegans' Row." BBC News, October 31, 2018. UK. https://www.bbc.com/news/uk-46042314.

5 Ibbetson, Ross. 'Students at Oxford University Are Latest to Demand Clapping Is Banned.' *Mail Online*, October 23, 2019. https://www.dailymail.co.uk/news/article-7605991/Snowflake-students-Oxford-University-latest-demand-clapping-banned.html.

6 Piers Morgan. "H @OxfordSU_WEO, Re Your Ban on Clapping to Stop Students with Anxiety Being Triggered, & Use of Silent 'jazz Hands' Instead.. a) Performing 'Jazz Hands' Is Racist. b) Your New Rule Excludes Blind People, so Will Make Them Feel Marginalised. c) Grow a Pair You Imbeciles." Tweet. *@piersmorgan* (blog), October 24, 2019. https://twitter.com/piersmorgan/status/1187348107836579840.

7 Cook, Chris, and Ella Hill. 'A College with Secrets.' *Tortoise*, February 18, 2020. https://www.tortoisemedia.com/2020/02/18/campus-justice-trinity-hall/.

8 Trinity Hall. 'Statement from Trinity Hall.' Accessed July 28, 2021. https://www.trinhall.cam.ac.uk/news/statement-from-trinity-hall-updates/.

9 Croxford, Rianna. 'What It Is Like for a Black Student to Go to Cambridge.' *Financial Times*, May 31, 2018. https://www.ft.com/content/cad952d2-215d-11e8-8d6c-a1920d9e946f.

10 University of Cambridge. 'Increase in Black Student Numbers.' October 11, 2019. https://www.cam.ac.uk/news/increase-in-black-student-numbers. Hazell, Will. 'Proportion of Black and Minority Ethnic Students Going to Oxford Rises to Record High in 2020.' inews.co.uk, February 4, 2021. https://inews.co.uk/news/education/oxford-university-black-minority-ethnic-students-record-high-858051.

11 Beauchamp, Zack. 'One of the Most Famous Incidents of Campus Outrage Was Totally Misrepresented.' *Vox*, November 5, 2019. https://www.vox.com/identities/2019/11/5/20944138/oberlin-banh-mi-college-campus-diversity.

12 Patel, Vimal. 'Colleges Are Losing Control of Their Story. The Banh-Mi Affair at Oberlin Shows How.' *CHE*, October 31, 2019. https://www.chronicle.com/article/colleges-are-losing-control-of-their-story-the-banh-mi-affair-at-oberlin-shows-how/.

13 Licea, Melkorka, and Laura Italiano. 'Students at Lena Dunham's College Offended by Lack of Fried Chicken.' *New York Post* (blog), December 18, 2015. https://nypost.com/2015/12/18/pc-students-at-lena-dunhams-college-offended-by-lack-of-fried-chicken/.

14 Friedersdorf, Conor. 'The New Intolerance of Student Activism.' *The Atlantic*, November 9, 2015. https://www.theatlantic.com/politics/archive/2015/11/the-new-intolerance-of-student-activism-at-yale/414810/.

15 Tran, Linh K. 'The "Real" Americans.' *Daylalinh* (blog), February 2, 2017. https://daylalinh.wordpress.com/2017/02/02/the-real-americans/.

16 Licea, Melkorka, and Laura Italiano. 'Students at Lena Dunham's College Offended by Lack of Fried Chicken.' New York Post (blog), December 18,

2015. https: / / nypost.com / 2015 / 12 / 18 / pc - students - at - lena - dun-hams - college - offended - by - lack - of - fried - chicken/.

17 Nichols, Tom. *The Death of Expertise: The Campaign against Established Knowledge and Why It Matters.* 1st edition. Oxford University Press, 2017. (톰 니콜스, 『전문가와 강적들 - 나도 너만큼 알아』, 정혜윤 옮김, 오르마, 2017)

18 Friedersdorf, Conor. 'How Campus Activists Are Weaponizing "Safe Space".' *The Atlantic,* November 10, 2015. https://www.theatlantic.com/politics/archive/2015/11/how-campus-activists-are-weaponizing-the-safe-space/415080/.

19 Obaro, Tomi. 'Before Syracuse, There Was Mizzou.' *BuzzFeed News,* November 26, 2019. https://www.buzzfeednews.com/article/tomiobaro/mizzou-football-boycott-protests-2015-racism.

20 Jones, Maya A. 'Lil' Joints: The Final Season.' *The Undefeated* (blog), May 31, 2016. https://theundefeated.com/videos/spike-lees-lil-joints-2-fists-up/.

21 Kingkade, Tyler. 'The Incident You Have to See To Understand Why Students Wanted Mizzou's President To Go.' HuffPost, 19:26 500. https://www.huffpost.com/entry/tim-wolfe-homecoming-parade_n_56402cc8e4b0307f-2cadea10. Ledford, Joe. 'University of Missouri System President Says He Handled Student Protests Poorly.' *The Kansas City Star.* Accessed August 8, 2021. https://www.kansascity.com/news/politics-government/article43438974.html.

22 Svrluga, Susan. 'U. Missouri President, Chancellor Resign over Handling of Racial Incidents." *Washington Post.* Accessed August 8, 2021. https://www.washingtonpost.com/news/grade-point/wp/2015/11/09/missouris-stu-

dent-government-calls-for-university-presidents-removal/.

23 Kertscher, Tom. 'Pro-Sheriff David Clarke Group Says Clarke Called Black Lives Matter Hate Group, Terrorist Movement.' *PolitiFact*, April 17, 2017. https://www.politifact.com/factchecks/2017/apr/17/sheriff-david-clarke-us-senate/pro-sheriff-david-clarke-group-says-clarke-called-/.

24 Nelson, Libby. 'Yale's Big Fight over Sensitivity and Free Speech, Explained.' *Vox*, November 7, 2015. https://www.vox.com/2015/11/7/9689330/yale-halloween-email.

25 Svrluga, Susan. 'Students Accuse Yale SAE Fraternity Brother of Saying "White Girls Only" at Party Door.' *Washington Post*. Accessed March 7, 2021. https://www.washingtonpost.com/news/grade-point/wp/2015/11/02/students-accuse-yale-sae-fraternity-brothers-of-having-a-white-girls-only-policy-at-their-party/.

26 Christakis, Erika. 'My Halloween Email Led to a Campus Firestorm – and a Troubling Lesson about Self-Censorship.' *Washington Post*, October 28, 2016. Opinions. https://www.washingtonpost.com/opinions/my-halloween-email-led-to-a-campus-firestorm--and-a-troubling-lesson-about-self-censorship/2016/10/28/70e55732-9b97-11e6-a0ed-ab0774c1eaa5_story.html.

27 Contributing Writers. 'Voices from the Movement.' *DOWN Magazine* (blog), November 10, 2015. https://downatyale.com/voices-from-the-movement/.

28 Lukianoff, Greg, and Jonathan Haidt. *The Coddling of the American Mind: How Good Intentions and Bad Ideas Are Setting Up a Generation for Failure*. Penguin Books, 2018. (그레그 루키아노프, 조너선 하이트, 『나쁜 교육』, 왕수민 옮김, 프시케의숲, 2019)

29 Dupuy, Beatrice. 'Most Americans Didn't Approve of Martin Luther King Jr before His Death.' *Newsweek*, January 15, 2018. https://www.newsweek.com/martin-luther-king-jr-was-not-always-popular-back-day-780387.

30 Izadi, Elahe. 'Black Lives Matter and America's Long History of Resisting Civil Rights Protesters.' *Washington Post*, April 19, 2016. https://www.washingtonpost.com/news/the-fix/wp/2016/04/19/black-lives-matters-and-americas-long-history-of-resisting-civil-rights-protesters/.

31 Walker, Victoria M. 'Here's Why Kendall Jenner's Pepsi Ad Is So Controversial.' *Washington Post*, 2017. https://www.youtube.com/watch?v=bTivpgMkGKA.

32 Ohlheiser, Abby. 'The UC Davis Pepper-Spraying Cop Gets a $38,000 Settlement.' *The Atlantic*, October 23, 2013. https://www.theatlantic.com/national/archive/2013/10/uc-davis-pepper-spraying-cop-gets-38k-settlement/309629/.

제3장

1 Grant, Jonathan, Kirstie Hewlett, Tamar Nir, and Bobby Duffy. 'Freedom of Expression in UK Universities | The Policy Institute | King's College London.' Accessed March 11, 2021. https://www.kcl.ac.uk/policy-institute/research-analysis/freedom-of-expression-universities.

2 'Zimmer and Isaacs – Report of the Committee on Freedom of Expression. Pdf.' Accessed June 20, 2021. https://provost.uchicago.edu/sites/default/files/documents/reports/FOECommitteeReport.pdf.

3 Riley, Charlotte Lydia, ed. *The Free Speech Wars: How Did We Get Here and*

Why Does It Matter? Manchester University Press, 2021 (2020). p.19.

4   Siraj Datoo. 'The Irony of This Is That by My First Year at University, the British Government Had Enacted a Policy That Meant Any Muslim Who Said Anything That Criticised Government Policy Could Be Subject to Scrutiny and Have Their Names Passed on to Authorities.' Tweet. *@dats* (blog), March 8, 2020. https://twitter.com/dats/status/1236560751440977920.

5   The Free Speech Union. 'Home.' Accessed March 11, 2021. https://freespeechunion.org/.

6   Bland, Archie. 'Students Quit Free Speech Campaign over Role of Toby Young-Founded Group.' *The Guardian*, January 9, 2021. Media. https://www.theguardian.com/media/2021/jan/09/students-quit-free-speech-campaign-over-role-of-toby-young-founded-group.

7   LII / Legal Information Institute. 'Fighting Words.' Accessed March 7, 2021. https://www.law.cornell.edu/wex/fighting_words.

8   Strossen, Nadine. *HATE: Why We Should Resist It With Free Speech, Not Censorship.* 1st edition. New York, NY: Oxford University Press, 2018. (네이딘 스트로슨, 『혐오: 우리는 왜 검열이 아닌 표현의 자유로 맞서야 하는가?』, 홍성수, 유민석 옮김, 아르테, 2023)

9   Hudson Jr, David L. 'Patriot Act | Freedom Forum Institute.' September 2012. https://www.freedomforuminstitute.org/first-amendment-center/topics/freedom-of-speech-2/libraries-first-amendment-overview/patriot-act/.

10 'Words of Freedom: Video Made from Mario Savio's 1964 "Machine Speech".' *Berkeley News*, November 30, 1AD. https://news.berkeley.edu/2014/09/30/words-of-freedom-video-made-from-mario-savios-1964-

machine-speech/.

11 Cohen, Robert, and Reginald E. Zelnik, eds. *The Free Speech Movement: Reflections on Berkeley in the 1960s*. 1st edition. Berkeley: University of California Press, 2002. p.515.

12 University of California. 'How Students Helped End Apartheid.' May 4, 2018. https://www.universityofcalifornia.edu/news/how-students-helped-end-apartheid.

13 '11.20.2009 - Chancellor's Message to Community: Wheeler Hall Protest Ended Peacefully.' Accessed July 28, 2021. https://www.berkeley.edu/news/media/releases/2009/11/20_wheeler-rjb.shtml.

14 Public Affairs, UC Berkeley. 'Campus Panel Issues Report on November 2009 Protest Response.' *Berkeley News*, June 16, 2010. https://news.berkeley.edu/2010/06/16/prb/.

15 Wong, Julia Carrie. 'UC Berkeley Cancels 'Alt-Right' Speaker Milo Yiannopoulos as Thousands Protest.' *The Guardian*, February 2, 2017. World news. https://www.theguardian.com/world/2017/feb/01/milo-yiannopoulos-uc-berkeley-event-cancelled.

16 Wan, William. 'Milo's Appearance at Berkeley Led to Riots. He Vows to Return This Fall for a Week-Long Free-Speech Event.' *Washington Post*. Accessed March 7, 2021. https://www.washingtonpost.com/news/grade-point/wp/2017/04/26/milos-appearance-at-berkeley-led-to-riots-he-vows-to-return-this-fall-for-a-week-long-free-speech-event/.

17 Staff, Lillian Holmesl. 'Looking into UC Berkeley's History of Activism.' *The Daily Californian*, April 9, 2017. https://www.dailycal.org/2017/04/09/look-

ing-into-uc-berkeleys-history-activism/.

18 Hiltzik, Michael. 'Column: Are College Campuses Growing More Intolerant of Free Speech? The Numbers Say No.' *Los Angeles Times*, March 13, 2017. https://www.latimes.com/business/hiltzik/la-fi-hiltzik-campus-speech-20170313-story.html.

19 Baer, Ulrich. *What Snowflakes Get Right: Free Speech, Truth, and Equality on Campus*. New York, NY, United States of America: Oxford University Press, 2019.

20 Southern Poverty Law Center. 'Charles Murray.' Accessed March 7, 2021. https://www.splcenter.org/fighting-hate/extremist-files/individual/charles-murray.

21 Charles Murray. 'Just One Little Quote from Me to Substantiate the "White Supremacist" Charge, Please. Just One.' Tweet. *@charlesmurray* (blog), April 20, 2019. https://twitter.com/charlesmurray/status/1119552582358269953.

22 Egginton, William. *The Splintering of the American Mind: Identity Politics, Inequality, and Community on Today's College Campuses*. 1st edition. Bloomsbury Publishing, 2018.

23 Siegel, Eric. 'The Real Problem with Charles Murray and "The Bell Curve".' Scientific American Blog Network. Accessed March 11, 2021. https://blogs.scientificamerican.com/voices/the-real-problem-with-charles-murray-and-the-bell-curve/.

24 Strauss, Valerie. "Analysis | Why This 1852 Frederick Douglass Speech – 'What to the Slave Is the Fourth of July?' — Should Be Taught to Students Today." *Washington Post*. Accessed October 2, 2021. https://www.wash-

ingtonpost.com/education/2020/07/04/why-this-1852-frederick-douglass-speech-what-slave-is-fourth-july-should-be-taught-students-today/.

25　Serwer, Adam. 'A Nation of Snowflakes.' *The Atlantic*, September 26, 2017. https://www.theatlantic.com/politics/archive/2017/09/it-takes-a-nation-of-snowflakes/541050/.

26　Hussain, Murtaza. 'The Real Cancel Culture: Pro-Israel Blacklists.' *The Intercept*, October 4, 2020. https://theintercept.com/2020/10/04/israel-palestine-blacklists-canary-mission/.

27　Trilling, Daniel. 'Why Is the UK Government Suddenly Targeting "Critical Race Theory"?' *The Guardian*, October 23, 2020. http://www.theguardian.com/commentisfree/2020/oct/23/uk-critical-race-theory-trump-conservatives-structural-inequality.

28　Ingraham, Christopher. 'Republican Lawmakers Introduce Bills to Curb Protesting in at Least 18 States.' *Washington Post*. Accessed March 7, 2021. https://www.washingtonpost.com/news/wonk/wp/2017/02/24/republican-lawmakers-introduce-bills-to-curb-protesting-in-at-least-17-states/.

29　ICNL. 'US Protest Law Tracker.' Accessed March 7, 2021. http://www.icnl.org/usprotestlawtracker/.

30　Axelrod, Tal. 'Tennessee Governor Signs Bill Increasing Punishments for Certain Protests.' Text. *The Hill*, August 21, 2020. https://thehill.com/homenews/state-watch/513201-tennessee-governor-signs-bill-increasing-punishments-for-certain.

31　UK Parliament. "Police, Crime, Sentencing and Courts Bill." Accessed October 2, 2021. https://bills.parliament.uk/bills/2839.

32 Goldwater Institute. 'Campus Free Speech: A Legislative Proposal.' Accessed March 7, 2021. https://goldwaterinstitute.org/article/campus-free-speech-a-legislative-proposal/.

33 Hiltzik, Michael. 'Column: How a Right-Wing Group's Proposed "Free Speech" Law Aims to Undermine Free Speech on Campus.' *Los Angeles Times*, May 30, 2018. https://www.latimes.com/business/hiltzik/la-fi-hiltzik-free-speech-20180530-story.html.

34 'Campus Free-Speech Legislation: History, Progress, and Problems | AAUP.' Accessed August 8, 2021. https://www.aaup.org/report/campus-free-speech-legislation-history-progress-and-problems.

35 Glaude, Eddie. 'The Real Special Snowflakes on Campus.' *Time*. Accessed March 7, 2021. https://time.com/4958261/eddie-glaude-special-snowflakes/.

36 Todd. 'University of Wisconsin Approves Free Speech Policy That Punishes Student Protesters' *Chicago Tribune*, October 26, 2017. https://www.chicagotribune.com/nation-world/ct-university-of-wisconsin-protest-punishment-20171006-story.html.

37 UK Parliament. "Higher Education (Freedom of Speech) Bill." Accessed October 2, 2021. https://bills.parliament.uk/bills/2862.

38 Harris, Malcolm. *Kids These Days: Human Capital and the Making of Millennials*. Little, Brown and Company, 2017.

39 Glaude, Eddie. 'The Real Special Snowflakes on Campus.' Time. Accessed March 7, 2021. https://time.com/4958261/eddie-glaude-special-snowflakes/. (맬컴 해리스, 『밀레니얼 선언—완벽한 스펙, 끝없는 노력 그리고 불안한 삶』, 노정태 옮김, 생각정원, 2019)S

제4장

1 'Statues to Get Protection from "Baying Mobs".' BBC News, January 17, 2021. https://www.bbc.com/news/uk-55693020.

2 Felicia Sonmez. 'Speaking on the Floor of the House of the Representatives, Rep. Jim Jordan (R-Ohio) Bemoans "the Cancel Culture That Only Allows One Side to Talk." As He Opens the House Debate for Republicans, He Declares That You "Can't Even Have a Debate in This Country." Tweet. @*feliciasonmez* (blog), January 13, 2021. https://twitter.com/feliciasonmez/status/1349411331640872965.

3 Sathnam Sanghera. 'This Is Incredible and Depressing. The National Trust Did an Important, Intelligent and Deeply Relevant Thing by Exploring the Colonial History of Its Properties. Even This Is Turned into a Culture War by the Charity Commission. We Are So Fucked Up About Our History. #EmpireLand Https://T.Co/2ZzrscOXfg.' Tweet. @*Sathnam* (blog), October 24, 2020. https://twitter.com/Sathnam/status/1319911879817519104.

4 Butler, Patrick. 'National Trust Report on Slavery Links Did Not Break Charity Law, Regulator Says," *The Guardian*. March 11, 2021. http://www.theguardian.com/uk-news/2021/mar/11/national-trust-report-uk-slavery-links-did-not-break-charity-law-regulator-says.

5 Sunder Katwala. 'Telegraph Letter from 28 Conservatives, Challenging the Idea of Portraying "Multiple Perspectives on History" https://T.Co/BtdY-3WO7ze.' Tweet. @*sundersays* (blog), November 9, 2020. https://twitter.com/sundersays/status/1325750156487237633.

6 keewa. 'The UK Is a Country with a Deep and Lingering Sickness in Its Soul

Https://T.Co/CTAOTaMqzN.' Tweet. *@keewa* (blog), August 23, 2020. https://
twitter.com/keewa/status/1297629662978478080.

7   Oliver, Neil. "I Solemnly Swear, It's Time to Get Serious about Having a
    Laugh." *The Times*, July 19, 2020. Accessed November 18, 2021. https://www.
    thetimes.co.uk/article/i-solemnly-swear-its-time-to-get-serious-about-hav-
    ing-a-laugh-pw2rqvz8l.

8   West, Ed. 'Ed West: So Far, 2020 Has Proved My Most Pessimistic Expectations
    to Be Horribly True. How Very Satisfying.' Conservative Home. Accessed
    March 7, 2021. https://www.conservativehome.com/platform/2020/08/ed-
    west-so-far-2020-has-proved-my-most-pessimistic-expectations-to-be-
    horribly-true-how-very-satisfying.html.

9   Gray, John. 'JOHN GRAY: Not Exaggeration to Compare "Woke Movement"
    to Red Guards.' *Mail Online*, July 19, 2020. https://www.dailymail.co.uk/de-
    bate/article-8537583/ JOHN-GRAY-not-exaggeration-compare-methods-
    new-woke-movement-Maos-Red-Guards.html.

10 Turner, Janice. 'The Woke Left Is the New Ministry of Truth.' *The Times*,
    July 11, 2020. Comment. Accessed August 18, 2021. https://www.thetimes.
    co.uk/article/the-woke-left-is-the-new-ministry-of-truth-vmrgt823b. As
    seen in: Declan Cashin. "A Tyrannical Minority Decide What We're Allowed
    to Say", Argues the Person with a Weekly Column in the Times Https://T.Co/
    W8UvW8njRa.' Tweet. *@Tweet_Dec* (blog), July 11, 2020. https://twitter.com/
    Tweet_Dec/status/1281886796549414913.

11 Turner, Janice. 'Children Sacrificed to Appease Trans Lobby.' *The Times*,
    November 11, 2017. Comment. Accessed July 29, 2021. https://www.the-

times.co.uk/article/children-sacrificed-to-appease-trans-lobby-bq0m-2mm95.

12 Hope, Christopher. 'Roads to Be Named after Victoria Cross Heroes in Latest Tory Plan for "War on Woke". *The Telegraph*, January 23, 2021. https://www.telegraph.co.uk/politics/2021/01/23/roads-named-victoria-cross-heroes-latest-tory-plan-war-woke/.

13 Waterson, Jim. 'BBC Journalists Told Not to "Virtue Signal" in Social Media Crackdown.' *The Guardian*, October 29, 2020. Media. https://www.theguardian.com/media/2020/oct/29/bbc-journalists-virtue-signalling-social-media-crackdown.

14 Harper's Magazine. 'A Letter on Justice and Open Debate.' July 7, 2020. https://harpers.org/a-letter-on-justice-and-open-debate/.

15 Robert Reich. 'I Declined to Sign the Harper's Letter Because Trumpism, Racism, Xenophobia, and Sexism Have Had Such Free Rein and Baleful Influence in Recent Years That We Should Honour and Respect the Expressions of Anger and Heartache Finally Being Heard.' Tweet. *@RBReich* (blog), July 8, 2020. https://twitter.com/RBReich/status/1280885837081661441.

16 Kim, Richard. 'Richard Kim on Twitter: 'Okay, I Did Not Sign THE LETTER When I Was Asked 9 Days Ago Because I Could See in 90 Seconds That It Was Fatuous, Self-Important Drivel That Would Only Troll the People It Allegedly Was Trying to Reach -- and I Said as Much." July 7, 2020. https://webcache.googleusercontent.com/search? q=cache:gU0R6L3Vq4MJ:https://twitter.com/richardkimnyc/status/1280592642645114880+&cd=1&hl=en&ct=clnk&gl=us.

17　Glenn Greenwald. '1/ Regarding the Apparent Fact That the Letter's Organiser Wanted to Have Me Sign but the Luminaries Actually in Control Cancelled Me (I Was Never Asked), It's Been Obvious from the Start That the Letter Was Signed by Frauds, Eager to Protect Their Own Status, Not the Principles.' Tweet. *@ggreenwald* (blog), July 18, 2020. https://twitter.com/ggreenwald/status/1284467879774244865.

18　CNA. "Full Text: Sister Dede Byrne's Speech at the 2020 Republican National Convention." Catholic News Agency. Accessed October 2, 2021. https://www.catholicnewsagency.com/news/45617/full-text-sister-dede-byrnes-speech-at-the-2020-republican-national-convention.

19　Mark Joseph Stern. 'Here Is Justice Alito Complaining That the Supreme Court's Same-Sex Marriage Decision Has Crushed the Free Speech of Anti-LGBTQ Advocates.' Https://T.Co/0eH9QsxMTU.' Tweet. *@mjs_DC* (blog), November 13, 2020. https://twitter.com/mjs_DC/status/1327070227339874306.

20　Sharf, Zack. 'Louis C.K. Reacts to Parkland Shooting Joke Controversy, Jokes About Masturbation in New Set.' *IndieWire* (blog), January 17, 2019. https://www.indiewire.com/2019/01/louis-ck-jokes-about-jerking-off-parkland-schooting-comment-1202036287/.

21　Ryzik, Melena, Cara Buckley, and Jodi Kantor. 'Louis C.K. Is Accused by 5 Women of Sexual Misconduct.' *The New York Times*, November 9, 2017. Arts. https://www.nytimes.com/2017/11/09/arts/television/louis-ck-sexual-misconduct.html. Miller, Liz Shannon. 'Louis CK and Others Didn't Just Allegedly Harass Women – They Silenced Them.' IndieWire (blog), November 10, 2017. https://www.indiewire.com/2017/11/matthew-weiner-lou-is-ck-harassment-victims-1201895994/.

22 Ronson, Jon. *So You've Been Publicly Shamed*, 2016.

23 Mettler, Katie. 'Nobody Is Buying Mark Halperin's Book. The Disgraced Journalist's Publisher Lambasts "Cancel Culture".' *Washington Post*. Accessed March 12, 2021. https://www.washingtonpost.com/arts-entertainment/2019/11/07/ nobody-is-buying-mark-halperins-book-disgraced-journalists-publisher-lambastes-cancel-culture/.

24 Wong, Julia Carrie. 'Journalist Mark Halperin Apologizes over Sexual Harassment Allegations," *The Guardian*. October 28, 2017. http://www.theguardian.com/tv-and-radio/2017/oct/27/mark-halperin-sexual-harassment-allegations-apology.

25 Hagi, Sarah. 'Cancel Culture Is Not Real – At Least Not in the Way People Think.' *Time*, November 21, 2019. https://time.com/5735403/cancel-culture-is-not-real/.

26 D. Clark, Meredith. 'DRAG THEM: A Brief Etymology of So-Called 'Cancel Culture'. *Communication and the Public* 5, no. 3–4 (September 1, 2020): 88–92. https://doi.org/10.1177/2057047320961562.

27 'Andrew Cuomo Apologises, Says He Didn't Know He Was Making Women Uncomfortable and Rejects Calls to Resign' *CNNPolitics*, Accessed July 29, 2021. https://www.cnn.com/2021/03/03/politics/andrew-cuomo-harassment-press-conference/index.html.

28 Sue, Derald Wing, Christina M. Capodilupo, Gina C. Torino, Jennifer M. Bucceri, Aisha M. B. Holder, Kevin L. Nadal, and Marta Esquilin. 'Racial

Micro Aggressions in Everyday Life: Implications for Clinical Practice.'
American Psychologist 62, no. 4 (2007): 271–86. https://doi.org/10.1037/0003-066X.62.4.271.

29 Geronimus, Arline T., Margaret T. Hicken, Jay A. Pearson, Sarah J. Seashols,
Kelly L. Brown, and Tracey Dawson Cruz. 'Do US Black Women Experience
Stress-Related Accelerated Biological Aging?: A Novel Theory and First
Population-Based Test of Black-White Differences in Telomere Length.'
Human Nature (Hawthorne, N.Y.) 21, no. 1 (March 10, 2010): 19–38. https://doi.org/10.1007/s12110-010-9078-0.

30 Chae, David H., Amani M. Nuru-Jeter, Nancy E. Adler, Gene H. Brody, Jue
Lin, Elizabeth H. Blackburn, and Elissa S. Epel. "Discrimination, Racial
Bias, and Telomere Length in African-American Men." *American Journal
of Preventive Medicine* 46, no. 2 (February 1, 2014): 103 -11. https://doi.org/10.1016/j.amepre.2013.10.020.

31 *Piers Morgan | The Ben Shapiro Show Sunday Special Ep. 64.* Accessed
March 7, 2021. https://soundcloud.com/benshapiroshow/sundayspecialep64.

32 Shapiro, Ariel. 'The Highest-Earning Stand-Up Comedians Of 2019.'
Forbes. Accessed March 7, 2021. https://www.forbes.com/sites/arielshapiro/2019/08/16/the-highest-earning-stand-up-comedians-of-2019/.

33 James Felton. '@Jacob_Rees_Mogg There's a Huge Difference between "No
One Laughed at My Shit Joke" and "Snowflakes Have No Sense of Humour"
You Fucking Potato.' Tweet. *@JimMFelton* (blog), July 16, 2019. https://twitter.com/JimMFelton/status/1151053903754137600.

34 Ricky Gervais. 'Please Stop Saying "You Can't Joke about Anything Any-
    more". You Can. You Can Joke about Whatever the Fuck You like. And
    Some People Won't like It and They Will Tell You They Don't like It. And
    Then It's up to You Whether You Give a Fuck or Not. And so on. It's a Good
    System.' Tweet. *@rickygervais* (blog), September 14, 2019. https://twitter.
    com/rickygervais/status/1172874651019763712.

35 Garbus, Martin. *Tough Talk: How I Fought for Writers, Comics, Bigots, and
    the American Way*. Crown, 2010 (1998).

36 Merrett, Robyn. 'New SNL Star Shane Gillis Offers to Apologise to "Anyone
    Who's Actually Offended" Over Racial Slur.' *PEOPLE.com*. Accessed March
    14, 2021. https://people.com/tv/shane-gillis-offers-apology-after-using-ra-
    cial-slur-resurfaced-video/.

37 Staff, MTV News. 'Sebastian Maniscalco Recasts Lil Nas X's Horse As An
    Emotional Support Animal In VMAs Monologue.' *MTV News*. Accessed
    March 14, 2021. http://www.mtv.com/news/3136540/sebastian-maniscal-
    co-vmas-monologue/.

38 Nwanevu, Osita. 'The "Cancel Culture" Con.' *The New Republic*, September
    23, 2019. https://newrepublic.com/article/155141/cancel-culture-con-dave-
    chappelle-shane-gillis.

39 Wilson, John K. *The Myth of Political Correctness: The Conservative At-
    tack on Higher Education*. Duke University Press Books, 1995, p. 8. As seen
    in: Becca Lewis. 'Here's a Quote from a Commencement Speech given
    by George H.W. Bush in 1991, Mere Months after the Brutal Beating of
    Rodney King. The More Things Change . . . Https://T.Co/2UaV4TGs0z.'

Tweet. *@beccalew* (blog). July 11, 2020. https://twitter.com/beccalew/status/1281960715658555395.

40 Krishnamurthy, Meena. 'What Martin Luther King Jr Really Thought About Riots.' *Jacobin*, September 6, 2020. https://jacobinmag.com/2020/09/martin-luther-king-riots-looting-biden.

41 Martin Luther King III. 'As My Father Explained During His Lifetime, a Riot Is the Language of the Unheard.' Tweet. *@OfficialMLK3* (blog), May 28, 2020. https://twitter.com/OfficialMLK3/status/1266040838628560898.

42 King Jr., Martin Luther. "'I Have A Dream' Speech, In Its Entirety." *NPR*, January 18, 2010. Race. https://www.npr.org/2010/01/18/122701268/ihave-a-dream-speech-in-its-entiret. (『나에게는 꿈이 있습니다』, 클레이본 카슨 엮음, 이순희 옮김, 바다출판사, 2018)

43 King Jr, Martin Luther. `Letter from a Birmingham Jail.' First published 1963. Accessed March 14, 2021. https://www.africa.upenn.edu/ArticlesGen/letter-Birmingham.html. (위와 같은 책)

44 Scribd. 'Questions About Civil Rights Protests 1960s | Gallup (Company) | Opinion Poll.' Accessed March 7, 2021. https://www.scribd.com/doc/308461037/Questions-About-Civil-Rights-Protests-1960s.

45 Bidol, Pat A. *Developing New Perspectives on Race: An Innovative Multi-Media Social Studies Curriculum in Racism Awareness for the Secondary Level.* New Perspectives on Race, 1972.

46 DiAngelo, Robin. *White Fragility: Why It's So Hard for White People to Talk About Racism.* Beacon Press, 2018. p.47.

47 Gonyea, Don. 'Majority Of White Americans Say They Believe Whites

Face Discrimination.' *NPR.org.* Accessed March 14, 2021. https://www.npr.
org/2017/10/24/559604836/majority-of-white-americans-think-theyre-dis-
criminated-against.

48 Mohdin, Aamna. 'Up to 40% of Britons Think BAME People Do Not Face
More Discrimination.' *The Guardian*, December 20, 2018. World news.
https://www.theguardian.com/world/2018/dec/20/up-to-40-of-britons-
think-bame-people-do-not-face-more-discrimination.

제5장

1 Herman, Judith. *Trauma and Recovery: The Aftermath of Violence--from
Domestic Abuse to Political Terror.* New York: Basic Books, 1997 (1992). (주디
스 허먼, 『트라우마―가정폭력부터 정치적 테러까지』, 최현정 옮김, 사람의 집, 2022)

2 Remarque, Erich Maria. *All Quiet on the Western Front.* Translated by Brian
Murdoch, 2010. (에리히 마리아 레마르크, 『서부 전선 이상 없다』 홍성광 옮김, 열린책들,
2009)

3 Kolk, Bessel van der. *The Body Keeps the Score: Brain, Mind, and Body in
the Healing of Trauma.* 1st edition. Penguin Books, 2014. (베셀 반 데어 콜크, 『몸
은 기억한다―트라우마가 남긴 흔적들』, 제효영 옮김, 김현수 감수, 을유문화사, 2020)

4 Jain, Shaili. *The Unspeakable Mind: Stories of Trauma and Healing from the
Frontlines of PTSD Science.* Reprint edition. Harper, 2019.

5 Yehuda, Rachel et al. 'Holocaust Exposure Induced Intergenerational Effects
on FKBP5 Methylation.' *Biological Psychiatry* Volume 80, no. Issue 5 (n.d.):
372–80.

6 Costandi, Mo. 'Pregnant 9/11 Survivors Transmitted Trauma to Their Chil-

dren.' *The Guardian*, September 9, 2011. Science. https://www.theguardian. com/science/neurophilosophy/2011/sep/09/pregnant-911-survivors-trans-mitted-trauma.

7   Larkin, Philip. "This Be The Verse." From *High Windows* Faber and Faber Ltd. 1974.

8   Lewis, Stephanie. 'Burden of Trauma and PTSD in Young British People Revealed – New Research.' *The Conversation*. Accessed March 7, 2021. http:// theconversation.com/burden-of-trauma-and-ptsd-in-young-british-peo-ple-revealed-new-research-112168.

9   Kelland, Kate. 'Rates of Post-Trauma Stress Rise in British Military Veterans.' *Reuters*, October 7, 2018. https://www.reuters.com/article/us-health-ptsd-military-idUSKCN1MH12E.

10   Centers for Disease Control and Prevention. "Preventing Intimate Partner Violence | Violence Prevention | Injury Center," November 5, 2021. https:// www.cdc.gov/violenceprevention/intimatepartnerviolence/fastfact.html.

11   Card, David, and Gordon B. Dahl. 'Family Violence and Football: The Effect of Unexpected Emotional Cues on Violent Behaviour.' *The Quarterly Journal of Economics* 126, no. 1 (2011): 103 –43.

12   Cox, John Woodrow, Steven Rich, Allyson Chiu, John Muyskens, and Monica Ulmanu. 'Analysis | More than 240,000 Students Have Experienced Gun Violence at School since Columbine.' *Washington Post*. Accessed March 7, 2021. https: / / www.washingtonpost.com / graphics / 2018 / local / school - shootings - database/.

13   Senn, Charlene Y., Misha Eliasziw, Paula C. Barata, Wilfreda E. Thurston,

Ian R. Newby-Clark, H. Lorraine Radtke, and Karen L. Hobden. "Efficacy of a Sexual Assault Resistance Program for University Women." *New England Journal of Medicine* 372, no. 24 (June 11, 2015): 2326-35. https://doi.org/10.1056/NEJMsa1411131.

14 Perry, Philippa. *The Book You Wish Your Parents Had Read (and Your Children Will Be Glad That You Did)*. 1st edition. UK: Penguin Life, 2019. (필리파 페리, 『나의 부모님이 이 책을 읽었더라면』, 이준경 옮김, 김영사, 2019)

제7장

1 Barr, Sabrina. 'Half of Generation Z Men "Think Feminism Has Gone Too Far"'. *The Independent*, August 4, 2020. https://www.independent.co.uk/lifestyle/women/feminism-generation-z-men-women-hope-not-hate-charity-report-a9652981.html.

2 Faye, Shon. *The Transgender Issue: An Argument for Justice*, 2021. (숀 페이, 『트랜스젠더 이슈—정의를 위한 주장』, 강동혁 옮김, 돌베개)

3 Michelson, Noah. 'More Americans Claim To Have Seen A Ghost Than Have Met A Trans Person.' *HuffPost*, December 21, 2015. https://www.huffpost.com/entry/more-americans-claim-to-have-seen-a-ghost-than-have-met-a-trans-person_n_5677fee5e4b014efe0d5ed62. Williams, Joe. 'More Americans Claim to Have Seen a Ghost than a Trans Person.' *PinkNews – Gay News, Reviews and Comment from the World's Most Read Lesbian, Gay, Bisexual, and Trans News Service* (blog), December 18, 2015. https://www.pinknews.co.uk/2015/12/18/more-americans-claim-to-have-seen-a-ghost-than-a-trans-person/.

4 BBC. 'BBC One – Question Time, 2018, 22/03/2018.' Accessed August 18, 2021. https://www.bbc.co.uk/programmes/b09x008x.

5 Stone, Jon. 'Majority of Women Support Self-Identification for Transgender People, Poll Finds.' *The Independent*, July 13, 2020. https://www.independent.co.uk/news/uk/politics/uk-women-support-self-identification-transgender-people-boris-johnson-gra-a9616136.html.

6 ryan john butcher. 'Graham Linehan Just Admitted to the House of Lords That His Fight against Trans People's Rights Placed His Marriage under "Such a Strain That My Wife and I Finally Agreed to Separate" Sad Https://T.Co/Td8xNHpkUc.' Tweet. *@ryanjohnbutcher* (blog), March 9, 2021. https://twitter.com/ryanjohnbutcher/status/1369311631029776390.

7 Kelleher, Patrick. 'Graham Linehan Joined a Queer Women's Dating App to Share Trans People's Profiles. It Backfired, Badly.' *Yahoo News*, February 21, 2021. https://uk.news.yahoo.com/graham-linehan-joined-queer-women-132516955.html.

8 Bowcott, Owen. 'Judge Rules against Researcher Who Lost Job over Transgender Tweets.' *The Guardian*, December 18, 2019. Society. https://www.theguardian.com/society/2019/dec/18/judge-rules-against-charity-worker-who-lost-job-over-transgender-tweets.

9 J.K. Rowling. 'The Idea That Women like Me, Who've Been Empathetic to Trans People for Decades, Feeling Kinship Because They're Vulnerable in the Same Way as Women – i.e., to Male Violence – "Hate" Trans People Because They Think Sex Is Real and Has Lived Consequences – Is a Nonsense.' Tweet. *@jk_rowling* (blog), June 6, 2020. https://twitter.com/jk_rowling/sta-

tus/1269406094595588096.

10 bletchley punk. 'She Is Taking a Very Real and Concrete Issue (the Accep-
tance of Trans People as Humans with Full Rights and Respect in Society),
Minimizing It to Some Surface Level Features (Appearance and Names), and
Then Abdicating Any Responsibility.' Tweet. *@alicegoldfuss* (blog), Decem-
ber 19, 2019. https://twitter.com/alicegoldfuss/status/1207734458213748736.

11 Rowling, J.K. 'J.K. Rowling Writes about Her Reasons for Speaking out on
Sex and Gender Issues.' *jkrowling.com* (blog), June 10, 2020. https://www.
jkrowling.com/opinions/j-k-rowling-writes-about-her-reasons-for-speak-
ing-out-on-sex-and-gender-issues/.

12 Office of Justice Programs. 'Sexual Assault: The Numbers | Responding to
Transgender Victims of Sexual Assault.' Office For Victims of Crime, June
2014. https://ovc.ojp.gov/sites/g/files/xyckuh226/files/pubs/forge/sexual_
numbers.html.

13 Scottish Government. 'Potential Impacts of GRA Reform for Cisgender
Women: Trans Women's Inclusion in Women-Only Spaces and Services.'
GRA EQIA Literature Search, November 2019. https://www.gov.scot/bi-
naries/content/documents/govscot/publications/foi-eir-release/2020/01/
foi-202000011201/documents/foi-202000011201-document-5---earlier-
version-of-literature-review/foi-202000011201-document-5---earlier-ver-
sion-of-literature-review/govscot%3Adocument/FOI-202000011201%2BDoc-
ument%2B5%2B-%2BEarlier%2BVersion%2Bof%2BLiterature%2BReview.pdf.

14 Parsons, Vic. 'Domestic Abuse Workers Once and for All Shut down the In-
sidious Myth That Trans Women Are a Threat to Women's Refuges.' *Pink-*

News (blog), September 8, 2020. https://www.pinknews.co.uk/2020/09/08/trans-women-refuges-domestic-abuse-myth-debunked-womens-aid-diana-james/.

15 McGuire, Ashley. *Sex Scandal: The Drive to Abolish Male and Female*. Illustrated edition. Regnery Publishing, 2017.

16 Trump Jr, Donald. *Triggered: How the Left Thrives on Hate and Wants to Silence Us*. Illustrated edition. Center Street, 2019. (도널드 트럼프 주니어, 『좌파가 우리 입을 막고 번성하는 법』, 경록 옮김, 경록출판사, 2020)

17 Minsberg, Talya. 'Trans Athlete Chris Mosier on Qualifying for the Olympic Trials.' *New York Times*, January 28, 2020. Sports. https://www.nytimes.com/2020/01/28/sports/chris-mosier-trans-athlete-olympic-trials.html.

18 Lum, Fred. 'Jordan Peterson Creating Climate of "Fear and Intimidation": U of T's Faculty Association.' Accessed March 13, 2021. https://www.theglobeandmail.com/news/national/jordan-peterson-creating-climate-of-fear-and-intimidation-u-of-ts-professors-say/article36924134/.

19 LBC. *Jordan Peterson Meets Maajid Nawaz | Interview in Full | LBC*, 2018. https://www.youtube.com/watch?v=IMBfT38xbhU.

20 Peterson, Jordan B. *12 Rules for Life: An Antidote to Chaos*. Random House Canada, 2018. (조던 B. 피터슨, 『12가지 인생의 법칙―혼돈의 해독제』, 강주헌 옮김, 메이븐, 2023)

21 Beyerstein, Lindsay. 'What Happened to Jordan Peterson?' *The New Republic*, March 10, 2020. https://newrepublic.com/article/156829/happened-jordan-peterson.

22 Voltaire. *Candide*, 1759. (볼테르, 『캉디드/미크로메가스/자디그』, 이혜윤 옮김, 동서문화동판, 2022)

제8장

1 'More See Decline of Unions as Bad for Working People than Good in US.' *Pew Research Center* (blog). Accessed March 7, 2021. https://www.pewresearch.org/fact-tank/2018/06/05/more-americans-view-long-term-decline-in-union-membership-negatively-than-positively/.

2 UAW. 'Millennials and Unions.' January 24, 2019. https://uaw.org/millennials-and-unions/. 3. Greene, Jay. 'Amazon's Anti-Union Blitz Stalks Alabama Warehouse Workers Everywhere, Even the Bathroom.' Washington Post, February 2, 2021. https://www.washingtonpost.com/technology/2021/02/02/amazon-union-warehouse-workers/.

3 Greene, Jay. 'Amazon's Anti-Union Blitz Stalks Alabama Warehouse Workers Everywhere, Even the Bathroom.' *Washington Post*, February 2, 2021. https://www.washingtonpost.com/technology/2021/02/02/amazon-union-warehouse-workers/.

4 Tulgan, Bruce. *Bridging the Soft Skills Gap: How to Teach the Missing Basics to Today's Young Talent*. 1st edition. Jossey-Bass, 2015.

5 Carmichael, Sarah Green. 'Millennials Are Actually Workaholics, According to Research.' *Harvard Business Review*, August 17, 2016. https://hbr.org/2016/08/millennials-are-actually-workaholics-according-to-research.

6 Brackett, Marc. *Permission to Feel: Unlocking the Power of Emotions to Help Our Kids, Ourselves, and Our Society Thrive*. Celadon Books, 2019. (마크 브래킷, 『감정의 발견』, 임지연 옮김, 북라이프, 2020)

7 Richard Dawkins. "It's one thing to deplore eugenics on ideological, political, moral grounds. It's quite another to conclude that it wouldn't work

in practice. Of course it would. It works for cows, horses, pigs, dogs & roses. Why on earth wouldn't it work for humans? Facts ignore ideology." Twitter, February 16, 2020. https://twitter.com/RichardDawkins/status/1228943686953664512.

8   Adams, Char, and April Glaser. 'Complaints to Google about Racism and Sexism Met with Therapy Referrals.' *NBC News*, March 7, 2021. https://www.nbcnews.com/tech/tech-news/google-advised-mental-health-care-when-workers-complained-about-racism-n1259728.

9   Kaufman, John A, Leslie K. Salas-Hernández, Kelli A. Komro, and Melvin D. Livingston. 'Effects of Increased Minimum Wages by Unemployment Rate on Suicide in the USA.' *Journal of Epidemiology and Community Health* 74, no. 3 (March 1, 2020): 219. https://doi.org/10.1136/jech-2019-212981.

10   Stillman, David, and Jonah Stillman. *Gen Z @ Work: How the Next Generation Is Transforming the Workplace*. Harper Business, 2017.

11   Paul, Kari. 'Microsoft Japan Tested a Four-Day Work Week and Productivity Jumped by 40%.' *The Guardian*, November 4, 2019. Technology. https://www.theguardian.com/technology/2019/nov/04/microsoft-japan-four-day-work-week-productivity.

꼰대들은 우리를 눈송이라고 부른다

왜 예민하고 화내고 불평하면 안 되는가

2024년 02월 02일 초판 1쇄 찍음
2024년 02월 16일 초판 1쇄 펴냄

지은이 해나 주얼
옮긴이 이지원

펴낸이 정종주
편집주간 박윤선
편집 문혜림
마케팅 김창덕

펴낸곳 도서출판 뿌리와이파리
등록번호 제10-2201호 (2001년 8월 21일)
주소 서울시 마포구 월드컵로 128-4 (월드빌딩 2층)
전화 02) 324-2142~3
전송 02) 324-2150
전자우편 puripari@hanmail.net
페이스북 www.facebook.com/puriwaipari
인스타그램 www.instargram.com/puriwaipari

디자인 박마리아
본문 조판 이아름

종이 화인페이퍼
인쇄 및 제본 영신사
라미네이팅 금성산업

값 22,000원
ISBN 978-89-6462-196-7 (03330)